强制执行

QIANGZHI ZHIXING

周　伟
赵贵龙
朱坤雷
著

法律出版社 LAW PRESS · CHINA

目录 Contents

新官上任

CHAPTER *01*

一

一辆黑色轿车在高速公路上疾驰。

宽阔的高速公路上,车流急速涌动。

坐在车内后排上看文件的中年男子叫白天。他是即将上任的天宁市中级人民法院代理院长。身着法官制服的白天,显得刚毅、冷峻、执着,但从他炯炯有神的眼睛中,可以看出他那内心的火热与激情。

望着窗外飞逝而去的青山绿水,白天的神情显得凝重。从研究室主任走向法院院长位置,他知道自己身上的担子有多重。天宁市的情况很复杂,这是全省都知道的。组织上安排他来,既是对他的信任,也是对他的考验。

临行时,省高级人民法院段明安院长那段语重心长的话,至今还在脑海萦绕:“白天同志,你这一去可以说是任重道远。从大的方面说,我们国家正处在民主与法治建设的攻坚时期。从法院的工作讲,司法体制改革也迫在眉睫。我们在大量的社会矛盾面前,必须改革,也只有改革这条路可走,别无他路。从当县人民法院院长算起,我干法院院长也有三十年了,今天我只想跟你说一句话,也算是给你的一个交代,你要记住:法院的根本任务是司法为民,法官的座右铭只有两个字——公正!这一去,正是你施展才华、实现抱负的好机会!你小子,好好干吧!这种机会不是每个人都有的!”

手机铃声突然响起,打断了白天的沉思。

白天掏出手机,看了一下来电显示,按下了接听键:“喂……”

手机里传来了一个女人的声音。那声音委婉中带有娇嗔,而又具有特别的磁性:“院长大人,到天宁了吗?我可准备好给你接风了啊!”

白天听到这个电话,既高兴又奇怪。高兴的是,方晓频这个老同学还记挂着他。他们是大学同学。当年他白天可是大学里出了名的才子,而方晓频则是红极一时的校花。拜在方晓频石榴裙下的男人不计其数:当官的、有钱的、风流倜傥的,各色人物比比皆是。不管这些人使用什么手段,方晓频就是不理不睬,偏偏死追其貌不扬的白天。实际上方晓频开始并不爱白天,之所以追他,是因为白天太傲。白天是学生会的主席,一次,方晓频找白天,让他帮助去某企业拉赞助,白天因为有事实在抽不开身,没有去。方晓频认为太丢面子,心存不快。在方晓频的心里,男人就是她的工具,她想怎么用就怎么用,白天不让她用,她就想法非用不可。再加上当时一个妒忌她的女同学从中挑唆:方晓频,别的男人你能征服,那不算本领,你能把白天揽到你的怀里那才算是真本事呢。方晓频说,照你这样讲,我非把白天弄到手不可。女人就是这么怪,方晓频更是怪中之怪。只要她想得到的,她总是想方设法去得到,哪怕得到了马上扔掉也在所不辞。不过,真正跟白天接触后,方晓频还真爱上了白天。她也说不出白天靠什么来赢取她的芳心的。她只觉得白天好像是一个无形的黑洞,她方晓频无法挣脱这个黑洞的引力。尽管白天知道方晓频是一朵带刺的玫瑰,很“扎人”,也可能是耍他,他还是和方晓频热恋了一阵子,那是一种纯天然的恋情,一种诗情画意的恋情,一种象征牵手到老的恋情。当时,同学们把他们列为“准恋人”关系。方晓频出国留学后,双方便断了往来。提出决裂的当然是白天,他有自知之明。多少出国的女人当了女“陈世美”?为了获得“绿卡”,或是钞票,她们可以抛夫弃子,可以出卖人格,一句话,可以不顾一切地去牺牲别人而实现自己的私欲。即便不是这样,他也不想拖住方晓频。他不想让方晓频在国内有什么牵挂。方晓频作为天宁市引进人才“海归”,并当了国有控股的天宁世纪投资集团公司董事长,白天听说过。

他来天宁市当法院院长，别人也有可能知道。但是，他何时来天宁谁也不清楚，方晓频是怎么得到消息的？所以他感到奇怪。他有个预感，方晓频不凡。不过，他仍然不露声色地回话："接风？你开什么国际玩笑。我还在省里没动身呢，你怎么接风？"

此刻给白天打电话的方晓频正坐在世纪集团董事长办公室里。办公室设在一栋高层写字楼内，通过落地窗可以看到外面鳞次栉比的楼群。整个办公室非常整洁、利索。方晓频有洁癖，所以，她的办公室里不能有半点尘污。办公室的正面墙上挂着一幅大照片，照片上的方晓频笑得很妩媚、很撩人。老板桌上放着一台高级的笔记本电脑，电脑正打开着。办公室当中，摆放着一座精美的楼盘模型，那是未来的世贸大厦工程。世贸大厦就是方晓频的梦。她要在天宁市竖起任何人都不能替代的梦——一个美丽的、梦幻的、含金量最大的梦。快到不惑之年的方晓频，看上去也不过二十七八岁。她那瀑布似的黑色秀发上架着一副宽白边墨镜，洁白的短背心，似遮似露地托着挺挺的乳峰。宝石蓝的宽松裤很坚挺，系在腰间的是条宽大丝织的花腰带，那腰带正好遮掩着裸露的肚脐。一双黑色的高跟皮凉鞋使丰满的身体变得更加修长。整个服饰看似随意，但给人的感觉像淡淡的云，飘游的雾，流动的水，柔美的花朵，朦胧的梦幻。方晓频的一切仿佛是在感性中交融，在曲线中构成。

方晓频拿着无绳电话从办公桌前的老板椅上站了起来，边说边走向落地窗，一边看着窗外一边说："好你个白天，院长宝座还没坐上，你就给我打起了官腔，明明你已经快到天宁了，还说在省城，你们这些当官的，是不是说假话说惯了，不论在谁面前都搞海陆空，我的院长大人，你这样做太不够意思了吧！"

"你怎么知道我今天来天宁的？"

"这你就不要问啦。"

"老同学，你不愧是'海归'派，消息够灵的。今后在天宁还靠你多支持哟！"

“院长大人,那我要是不支持呢?”

白天说:“你呀,这不饶人的脾气还是不减当年。我说的是实话,初来乍到,单枪匹马,你不支持谁支持?改天我一定去会会你这个‘地头蛇’!”

方晓频听白天想会会她,颇有点兴奋地说:“那好,咱们一言为定。”

白天说:“好,悉听尊便。”

方晓频说:“白天,说老实话,我从国外回来也有一年多了,咱们一次都没有好好地聊过,真的有好些话想跟你说……”

白天知道她想说什么,但是他不想听,也不能听。过去了就过去了,既然不能共同走进围城,就不要再去思念那个围城。既然无缘,既然失之交臂,就让那段美好的时光,伴着岁月的流逝,凝固成难忘的回忆。那回忆,或许粉红,或许墨绿,或许幸福,或许苦涩,但不管怎样,在双鬓如霜白发似雪时,能再忆起那段幸福的回忆,就足够了。他推托说:“我快进天宁了,咱们再联系吧。”

方晓频挂断电话,脸上洋溢着幸福感,她长长地舒了一口气,很有信心地攥了一下拳头,然后走到窗前,神采飞扬地眺望着外边。外边的天宁市是一座现代化的海滨城市,这个当年的古城,仿佛是一个渔姑,因为改革开放的洗礼,渐渐褪去往日的质朴,换上了外来的洋气与妩媚。那拥挤高耸的楼群,热闹豪华的商店,巨大醒目的广告牌,川流不息的人群,络绎不绝的车辆,在大海和蓝天的映衬下,显得更加美丽、年轻、充满朝气,俨然就是一个新贵。

方晓频很想在这个美丽的城市里大显身手。她想在这个王国里坐上至高无上的女王宝座,——是金钱王国,而不是政治王国。她对政治不感兴趣,她最感兴趣的是金钱。她绝不作看皇帝眼色行事的皇后。她认为,女人听命于人,就永远不能自立,永远不能成为大写的人。

原本就有副市长的鼎力相助,如今再加上白天的到来,她的信心似乎更足了。

她相信自己的能耐。

二

天宁市中级人民法院大楼,是一座西洋式建筑的老楼房。

庄严的国徽悬挂在法院大楼的正上方。

一个四十来岁的男子,忧郁地来到法院大门前。他叫刘志毅,是私营建筑企业老板。他从怀中掏出一条白布横幅,挂在法院门前的铁栅栏上,条幅上六个大黑字十分醒目:拍卖“法律白条”。

挂好条幅后,刘志毅一面声嘶力竭地大喊“快来看呀,快来瞧,法律打白条!”,一面把各种法律文书、上访信、各级领导批示等文件摆了一地,然后用石块压好。

一些人听到喊声,都纷纷涌了过来。有人问,什么是“法律白条”?有人说,不看不知道,世界真奇妙。这世上有卖吃的、卖喝的、卖穿的、卖假的、卖官的、卖孩子的,想不到还有卖法律白条的,嘿,有点意思。

刘志毅看到众多的围观者,愈加激动。他举起一叠文件,大声叫卖着:“法律白条30张,总价值207万元,30万起价,谁出的高就卖给谁。老少爷们,快来看,快来买,过了这村就没这店。谁买谁致富,谁买谁发财,不来白不来,不买白不买……”

围观者甲趁机起哄喊:“喂,你给大家说说,法律白条到底是咋回事,这几张破纸为什么能值几十万?”

围观者乙不屑一顾地从地上捡起一份判决书,边看边怪声怪气地念着:“天宁市中级人民法院民事判决书,原告:天宁市志毅建筑工程有限公司,法定代表人:刘志毅,被,被告……”念着念着,他不耐烦了,向众人摇动着判决书:“这几张破纸,大家说能值几个钱?”

刘志毅非常恼怒地将乙手中的判决书夺回，愤愤地说：“不懂，就别胡说八道！”

说完，刘志毅小心翼翼地把判决书展平，然后放进一个塑料袋里，又摆在地上，继续拍卖。此时，他又举起一个大牌子，上面列着每个判决书的胜诉金额：(1)天宁中院判决书、胜诉、50 万元；(2)省高院判决书、胜诉、70 万元；(3)天宁中院判决书、胜诉、50 万元……累计 207 万元。

刘志毅严肃而又悲伤地说：“各位父老乡亲，大叔大爷大娘，大哥大姐大妹子，我刘志毅今天来这儿卖判决书，也是万般无奈，没办法啊！我们志毅公司是一个芝麻粒大的建筑企业，说是公司，实际上也不过是个小小的建筑队。我这个被别人叫作‘包工头’的，说穿了也不过是个打工队长。人们都说‘包工头’黑，干了活不给钱。别人咋样我不知道，但是，我不是不想给钱，而是没钱给。我也不是没钱，我的钱都变成了法院的判决书，变成了一张张废纸呀！”

尽管外面闹得热哄哄的，天宁市中级法院副院长董启汉仍指挥着几个人将一张宽大的新办公桌，搬进院长办公室。说他拍新院长的马屁，不可能，干了几十年的工作，他还从没有和哪个领导过于套近乎，当然，他也没有远离过领导；说他不关心民众疾苦，也不可能，风风雨雨几十年，他还的确给老百姓做了不少好事。也许，他认为自己快“船到码头车到站”了，无须再烦劳，能平安保持晚节就足够了。也许，他对群众上访已经习以为常，他不能解决问题，又何必上前找麻烦。反正此刻他的心情谁也说不清。桌子放好后，董启汉走到屋中央看了看，对手下人说：“你们一定要快一点，抓紧把家具就位，好好打扫一下卫生，新来的代理院长白天同志已经在路上。”

董启汉安排好后，转身向办公室门外走去。

天宁中级人民法院民庭审判员吴小龙，顺着走廊急匆匆地跑来，正碰上从办公室走出的董启汉。他拉住董启汉连忙报告说：“董院长，大门口要出事，上百人围在那儿，是不是派人去看看？”

董启汉说："肯定又是上访的，咱这法院快成了'信访二局'了，老百姓只要有什么不顺心的事，就喜欢往这儿跑，我们能解决问题吗？唉，小龙，你先去看看，看是不是和案件有关。如果是的，抓紧疏散，咱得给新来的院长留点好印象。"

吴小龙转身要走，董启汉又喊住了他："慢点，我告诉你，一定要心平气和，不许耍态度，更不要动用法警！"

吴小龙说："您放心吧，咱也是穷人的孩子。"说完快速离去。

董启汉目送小龙离去，突然又想起什么，转身回来对办公室里的人说："白院长的宿舍那边派人过去了没有？"

对方回答说："搬家公司的车早就出发了，听说白院长夫人凌玲一起跟车过来，这会儿恐怕也快到了。"

董启汉自言自语地说："这个白天，上任还把家都搬来了，看样子想在这儿安营扎寨呢！"

这年月，人都想往大城市里挤，官都想往上爬，他白天竟从大城市里往小城市跑。家属留在省城，将来还有个回去的希望，现在都来了，以后走都是个事。再说啦，孩子留在省城，上学啦、工作啦都很方便，天宁的教育哪能跟省城比。即便将来能把孩子带走，这几年不是耽误了吗？唉，这样的憨官真是世上少有。

吴小龙来到法院门口，试图挤进外面的人群，可就是挤不进去。正在这个时候，白天的轿车从马路拐过，直向法院大门开来。

看到堵在法院门口的人群，白天的心突然沉了下来，上任第一天，还没进法院大门就摊到这事，的确是对他一个考验。毕竟新来乍到"摸不到锅灶"，他还不能下车伊始乱发议论。不过，类似的事，在省城也处理过不少，所以，他还是胸有成竹的，于是对司机说："停车！"

车在离法院二三十米的地方，停了下来。白天疾步走向人群，司机紧跟在后。

越说越激动的刘志毅，此时声泪俱下，他说："为了这些案子，我起早贪黑，节衣缩食，求爷爷，拜奶奶，终于判下来了，我和弟兄们总算松了一口气,心想这下可好了,工人的工资能发了,可谁知道人家就是不还钱,说判决书算老几,所谓的判决书不过是一张白纸条罢了,废纸一张！没办法,我只好拿着法院的‘白条’,踏上了漫漫的讨债长路。”

白天站在人群外面很严肃地看着、听着。

刘志毅继续哭诉着:“这条讨债的路,我一走就是9年,9年啊,从市里到省里,从省里到中央,从法院到政府,从人大到党委,我能找的关系都找了,该花钱的也花了,领导见了不下几十个,谁都说我在理,谁也都给我批示,一级批一级,一级转一级,可转到了我手里还是白纸一张,废纸一叠。”

白天神情越来越凝重,他真想不到法律在天宁市是这么无力,这么软弱。一个地方如果有法不能依,经济怎么发展,人们怎么能安居乐业,一切还不乱了套。

刘志毅伤心至极,哭着说:“老少爷们,我今天来法院真是无奈,我手下的100多个农民兄弟,已经一年半没发工资了,他们今天这个上门哭,明天那个到家里闹,这个要死要活,那个逼钱逼命,他们也是没办法呀,有的老父老母病了没钱治,有的孩子无钱上学,他们能不急吗?“刘志毅说得泣不成声,”我知道,他们到我这儿闹也是没法子,我理解他们,人家看着钱拿不到能不急吗?”

看到刘志毅可怜兮兮的样子,众人都很同情,纷纷议论。这个说,以前政府给农民打白条,没想到现在法院也打起了白条,法律成了一纸空文,法官难道都是吃干饭的！那个说,这事不止他一个人赶上了,多着呢,人家欠我几万块钱,经法院判决后,我也是得到了白纸一张,这是什么世道。这个说,“法律白条”不好卖,谁愿意花钱买一张破纸回家。这个人太可怜啦,二百多万哪。那个说,他真是走投无路了,法院真的就没法子制止那些赖账户吗?

白天听到这些议论后,心里真不是滋味。他看了看刘志毅,试图想什么法子解决这个局面。老是在法院门口这样闹,总不是个事。

吴小龙站在人群外,用力喊道:“刘志毅,我是天宁中院法官吴小龙,咱们有事到院里说,靠法律来解决,好不好?”

刘志毅看了看吴小龙,说:“我一直相信法律,相信法院,相信法官,信了9年哪,9年!可到头来还不是竹篮打水一场空。法院的门我是不会再进去了。”他又对围观的人说:“我求求各位了,今天谁能给我帮这个忙,我九泉之下也会感谢他的大恩大德!老少爷们,大哥大姐大妹子,说实话,我今天到这儿来,卖不到钱就不能回去了,真的,我是回不去啊!”

刘志毅泪流满面地边说边从包里掏出一瓶农药,打开了瓶盖……

三

刘志毅的行为,让围观的人都震惊了。刘志毅的呼喊,让在场的人无不心碎。

但是,谁也无法帮忙,因为谁也不想去买那无用的“法律白条”。

刘志毅绝望了,他声泪俱下地说:“今天的白条子卖不出去,我没脸再回去见那些民工兄弟,我只希望谁能把这些白条子拿回去,好能给我那些上有老下有小的农民兄弟换回一点工钱。可是,现在没人要,没人去帮助那些等着用钱的乡下人,我只能死在这里。我死了并没啥了不起,只可惜愧对了我的那些农民兄弟。我对不起他们哪!”说着说着,他举起农药瓶,一口气就喝下半瓶。

白天在哗然的人群中拼命向前挤,他急得大喊着:“快,快拦着他!别让他干傻事,快!”

吴小龙用力地拨开人群,高喊说:“快闪开,让我过去!”

此时,人群大乱,前呼后拥,挤成一团。有人急喊:“出人命了,快救他!”

刘志毅丢魂丧魄似的再次举起药瓶,想把剩下的半瓶农药喝光。

吴小龙终于冲破人群,跑上去就抱住刘志毅,大叫道:“刘志毅,你想干什么!”

刘志毅拼命地挣扎着,他想挣脱吴小龙:“你让我去死,我不能活了……”

白天和司机总算从人堆里冲了出来,白天一把夺过刘志毅手中的农药瓶,然后对司机大叫:“快,快把车开过来,马上送医院!”

吴小龙死死地抱住倒在地上的刘志毅。刘志毅则乱踢乱抓,哭喊着:“不要管我,让我去死! 你们能行行好,给民工兄弟一点钱,帮他们渡过难关,就是我的大恩人,下一辈子我一定报答你们……”

白天拉起刘志毅的胳膊,对吴小龙喊:“快,把他扶上车,快!”

人群自动闪开一条路,让白天和吴小龙将挣扎着的刘志毅搀扶到车前。司机帮助将刘志毅送进车内。

白天关上车门,对吴小龙说:“我是新来的代理院长白天,我让你马上去医院,安排最好的医生抢救,要不惜一切代价把人救活! 记住没有,不惜一切代价!”

吴小龙目光里闪烁着惊讶:“您就是新来的白院长?”

“对”,白天把吴小龙也推进车里,“快走,救人要紧,记住:一定要把人救活!”

轿车疾驰而去。

围观的人也渐渐散去。

白天一个人站在散满一地法律文书的狼藉现场,望着离去的人群,心中仿佛压着一块很重很重的石头,那石头沉甸甸得让他几乎透不过气来。

法院门口的马路上突然冷清起来,最后离去的是一个老头:蓬头垢面,浅浅的麻子毫不掩饰地点在脸上;头上不合时宜地戴着一顶大檐帽,那帽子又旧又脏,是铁路职工丢弃在垃圾箱里的产物;散落的稻草绳横勒腰间，上衣没扣，敞开着绛紫色的胸膛；两只没穿鞋的灰脚丫子，给马路留下了歪歪斜斜的影子。

麻子老头疯疯癫癫地走在马路上，无视旁人，偶尔来往的车辆只得给他让道。他语无伦次地唱着歌，与其说唱，不如说是喊、是嚎。那喊声、嚎声，很嘶哑，嘶哑得近乎声嘶力竭；很凄凉，凄凉的悲苍哀戚："大盖帽，两头翘，吃了原告吃被告，原告被告都吃穷，官司谁也打不赢。八字衙门朝南开，有理无钱莫进来，有钱无权也白来。法院逼死人命，惨哪，公理何在？青天何在？包老爷何在？"

白天看着太阳底下渐渐消逝的疯老头，很不是滋味，愈加感到肩上的担子千钧重。

当他正在收拾刘志毅散落在地上的各种材料，并摘取挂在铁栅栏上的条幅时，只见董启汉带着两个人从法院院里跑了出来。

董启汉一把抓住白天的手，很尴尬地说："白天同志，真对不起，让你一上任就碰上这么个事。唉，都怨我，工作没做好，太不称职啦。走，走，先到办公室，咱慢慢谈。"他边说边吩咐身旁的两个人："小王、小常，你们把这些东西收拾好。"

小王、小常连声说"好，好"，并很有礼貌地向白天点头问候："白院长，您好，欢迎您来天宁。"

白天跟董启汉握了握手后，又跟小王、小常握手，说："把这儿的东西一点不落地收拾好，马上送到我办公室。"说完，便大步走进法院大门。董启汉紧紧地跟在后面，并陪白天走进办公室。

白天的办公室布置得简洁大方，主要由一张宽大的绛色办公桌和几个组合书柜组成。董启汉解释说："我知道白院长爱好钻研法律，理论功底也特别深厚，好看书，书也多，所以，就多买了一些书柜。"

白天显然对办公室很满意，但是，刘志毅事件已经让他没有心情来欣赏自己的新办公室。他很自然地坐到办公桌前，同时招呼董启汉也坐下："启汉同志，我刚来，今后天天工作生活在一起，就不必客套了。"

董启汉对今天的事又自责了一番。小王收拾好刘志毅的东西后，来到白院长办公室,说:“院长,刘志毅在门口的东西都收拾来了。”

“都找全了吗?”白天问。

“都找全了,不会有什么遗漏。”小王回答。

“那好,谢谢。”

见没有别的事安排,小王把材料交给身边的董启汉后,很自觉地退了出去。董启汉又将材料递给白天。白天接过材料,粗略地看了一下,然后站起身,对董启汉说:“刘志毅的案子看来并不复杂。从字面上看,只不过是几起已经判决的拖欠工程款案。案情简单明了,非常清楚。但是,问题的关键是案子没得到执行,而且是长达9年没有得到执行。人家把我们的判决书叫‘法律白条’,这也难怪,称我们的法官是吃干饭的,这还是好的,因为还没把我们喊成贪官、赃官。当了法官不去给老百姓解决问题,最起码不是个好官。有困难不怕,有问题不怕,怕的就是咱们‘占着茅坑不拉屎’。启汉同志,‘法律白条’的背后有东西,值得我们深思啊。”

董启汉深有感触地说:“‘执行难’是个老大难的问题,它长期困扰着我们司法机关。已经是制约正常司法的顽症。天宁更不例外,甚至比别的地方还厉害。”

白天走到书柜前,对着空空的书柜,好像是自言自语地说:“我在省高院工作的时候,‘执行难’的问题不断见诸各类文件,我也下去搞过几次调研,可是,今天,在我们天宁市中级人民法院门前,刘志毅实实在在给我上了一堂课,这堂课太生动了,启汉同志,你看看,我们这些当法官的,在老百姓的眼里是一个什么位置,什么分量啊。”

董启汉连连点头说:“是的,是的。”

白天转过身来,对董启汉说:“老董,快打个电话,问问刘志毅怎么样了。”

董启汉正要去打电话,手机响了。他看了一眼号码,连忙接听:“喂,小龙吗?刘志毅怎么样,抢救过来没有?”

吴小龙回答说:“刚刚洗完胃,医生说,因为抢救及时,应该没有生命危险,但还要观察一段时间。”

董启汉说:“好,告诉医院,一定要用最好的药,钱不要考虑,救人要紧,一旦有情况,马上报告。”

白天听说刘志毅没有事,略微放下心来,他语气舒缓地说:“老董,咱们得好好研究一下解决办法,绝不能让刘志毅事件重演!什么叫司法为民,司法为民,就是让老百姓舒心,让党放心。刘志毅面对的是上百个民工兄弟,这不但牵扯到这些农民兄弟的合法权益,也牵扯到我们的党、我们的政府和我们司法机关的形象,更重要的是社会的稳定。什么叫以人为本,只有设身处地地为老百姓着想,才是真正的以人为本。老董,我建议就刘志毅的案子,专门组成调查组,举一反三,从根子上解决问题。”

“好,我马上去组织人员,开展工作,先从刘志毅的案子入手。”董启汉说完便走了出去。

白天看了一会文件后,便走到窗口,向外眺望。黄昏中的天宁市,尤为美丽。晚霞的灿烂,霓虹灯的绚丽,归鸟的亲昵,渐归平静的海滩,无不迷人。尤其是落日,圆圆的、红红的,给人以亲切,给人以遐想。记得有位诗人,写了一首诗,名叫《大漠落日》,诗的内容只有两个字:圆寂。白天不知道今天这个太阳是否圆寂了,但是,他很清楚,没有今天的落日,就不会有明天的旭日东升。今天太阳圆寂,实际上正孕育着新的明天开始。

“院长,下班时间早过了”,董启汉看白天还没走,以为他不知道家已搬好了,便说,“听办公室的人说,你的家里已经收拾得差不多了。弟妹真能干,快回去休息休息吧,今天正好我值班,你放心回去休息,一切有我呢。”

白天感谢地说:“好,你多辛苦,我回家看看,今天还有什么事吗?”

“今天有6个案子开庭。执行庭兵分两路,一路已经完成任务,正在回来的路上。另一路去国鼎厂北仓库,执行一起欠款案,刚才执行庭庭长郑义鸣打电话来说,进行得还比较顺利。另外,刘志毅病情已经稳定,我派专人守着,你放心好了。这里情况我熟,有什么特殊情况我会及时向你汇报的。”

白天微笑着,诚恳地说:“我初来乍到,基层工作经验不足,老董,关键时候你还要多指指路。”

董启汉憨厚地笑了笑,说:“我也是干了几十年的‘老法院’,再站这一班岗也该退休了,指路?嘿嘿,谈不上。不过,有时候可以给你多提供一些情况。我知道,像你这个年龄,以后还会有更好的发展,我会尽职尽责配合好你工作的。”

白天握着董启汉的手,真诚地说:“谢谢你,老董。”

正在这时,白天的手机响了起来。

“喂,是玲玲啊,都收拾好了吗?你辛苦了。好,我这就走,晚饭在家里吃。”白天关上电话,对董启汉说,“你先去吃饭吧,我收拾收拾就走。”

“我叫车在楼下等你。”董启汉说着转身离开白天的办公室。

白天把一摞文件放进公文包,手机又响了。打开一看,是方晓频的电话。他真想不接。

四

天宁市中级人民法院执行庭郑义鸣带着执行庭的法官们,坐着两辆依维柯警车,向天宁市老牌国有企业——国鼎机器厂飞速驶去。

三十来岁的郑义鸣,显得干练、持重。他正在给法官们布置任务。

郑义鸣说:“国鼎机器厂是我市老牌的国有企业,历史上曾为天宁市的发展作出了突出的贡献,市里领导对国鼎的事非常关心。国鼎厂欠款案已审结两年多了，胜诉方一而再，再而三地申请强制执行，我们反复考虑到国鼎厂的地位和影响，一直想通过做工作的办法解决，可是，一年过去了，没有任何进展。国鼎厂的老总张国兴每次都说好好好，一定想法解决，就是拖着不办。为了维护法律的尊严，我们只好对他们进行强制执行，法院不能不维护法律呀！”

执行庭的法官朱民生，是一个经验丰富、遇事冷静、威望很高的“老法官”，说他老，是因为他的工作年限长，实际年龄他才四十五岁。他提醒大家说：“据我了解，国鼎厂最近经营的状况非常不好，工人工资好长时间都没发了，大家火着呢，现在咱们去强制执行，我最担心的是激起一些工人的不满情绪，把法律问题闹成群体性事件，那可就麻烦了。”

郑义鸣深沉地点了点头说：“朱老兄说得对，我们在执行中一定要把握好法律界限，做到不说错话，不做错事，在工人面前，一定要有理有节有根有据，确保执行顺利进行。今天我们执行的主要目标是国鼎厂的北仓库，现在我在明确一下任务……”

两辆疾驶而来的依维柯警车在国鼎厂北仓库门口戛然而止。

郑义鸣和朱民生等法官下车后，快步走到门前，郑义鸣用手敲着关得严严实实的大铁门。

“老师傅，请把门打开。”

里面静静的，没有任何回声。

郑义鸣又敲了一下门：“有人吗？请开门。”

停了好一会，门里传来了一个老者很不乐意的声音：“谁呀，干什么的，我刚睡下来又来捣蛋，真他娘的讨厌！”

郑义鸣说：“老师傅，我们是天宁市中级人民法院的，请把门打开好吗？”

“法院的？是法院的这门我更不能开，你去找我们领导吧。”

众人面面相觑，显得有点无可奈何。

朱民生也上前叫门：“老同志，我们是路过这里的，有点小事想麻烦你,犯不着找什么领导,找你就行,你先把门开开行吗?"

隔了好大一会儿,大门中间的小铁门才开了一条小缝,看门老人露出了半个脸。

郑义鸣稍一用力,老人想关门也关不上了。郑义鸣一只脚踏进,说:"老师傅,先让我进去,我进去再跟你讲什么事。"

老人边推边喊:"你出去,快滚出去!"

郑义鸣不得不严肃地说:"老同志,我们是依法前来强制执行国鼎厂北仓库的库存物资,请你协助我们工作,否则你要负法律责任!"

老人慑于郑义鸣的威严,没有阻拦,但仍未开大门。

众人一拥而进,门被打开,两辆警车鱼贯而进。

老人见势不妙,一边大骂"你们是土匪还是强盗",一边去屋里打电话。

郑义鸣在一座座仓库间巡视着,执行法官和法警往一些物品上贴封条。朱民生不时对在仓库清点物品的法官说:"每一项都要点清楚,品种、规格、数量都不能出差错,要做好登记造册工作。"

郑义鸣走到朱民生跟前说:"老朱,你看天快黑了,这样一件件清点恐怕太慢了,夜长梦多,不好吧。再说咱们也不是内行,不如先将一号、二号两个仓库整体查封算了。咱们强制执行的目的不就是督促国鼎厂还款吗?查封他两个库,他们没了原材料,还能不急?"

朱民生说:"从执行的角度来讲,是个理。可是,国鼎厂是市里重点国有企业,一天生产也不能耽误。耽误一天就是流失了很多钱,耽误不起。咱们来之前研究执行方案时,也是考虑到不能影响国鼎厂的正常生产,才决定查封部分生产物资的,我们必须保证国鼎厂的生产秩序正常进行。"

郑义鸣点了点头,说:"我只担心出岔子,万一……"郑义鸣的话还没说完,仓库大门外传来了汽车马达的轰鸣声。他向外望去,只见十几辆各式各样的汽车,鱼贯而来,一起停在仓库大门外。每辆车上都拉来了好多人,车上人吵吵嚷嚷地跳下来,冲向大门。

郑义鸣很敏感,对朱民生说:“不好,老朱,看样子他们来了不少人,咱们快去看看。”

他们俩还没出大门,工人已经纷纷涌进院内。来人有几百口,院内院外,密密麻麻,执法人员被里三层外三层地围了个水泄不通。工人们将执法人员推来搡去,郑义鸣大声喊道:“工人同志们,你们要冷静点,不要乱来,不要妨碍执法!”

这时,一个身材魁伟,膀大腰粗叫李大柱的工人,冲到郑义鸣跟前,手指着郑义鸣的脑袋,吼道:“你们来干什么?执法?执什么法?你们能执什么法?这些产品,都是我们血一滴汗一点干出来的,你凭什么给我们查封!谁少钱你找谁,在我们这‘一亩三分地’休想横行霸道。”一个工人也插言说:“对,这是我们的工厂,是我们的家,是我们的生活来源,我们不能失去它,我们必须誓死保护它!”

李大柱带头高喊:“誓死保护我们的工厂!把这些人全部赶出去!”

“对,把他们赶出去!”众人应合着,纷纷将法院的人往外推。有的人趁机推搡,甚至打骂法官。朱民生一再提醒法官要打不还手,骂不还口。众法官被推得东倒西歪,进退不得。郑义鸣大声喊道:“工人同志们,你们这样做是违法的,是要受法律制裁的……”在工人们的嘈杂声中,郑义鸣的喊叫声全被淹没了。

双方正在相持不下时,大门外传来刺耳的警笛声。几辆法院的警车飞驰而来,齐刷刷地停在了大门外。警车上跳下来的法警们迅速地在工厂门口列队集合。法警队的何队长,让法警们原地待命,然后转身向人群聚集的仓库院内跑来。

工人们看到列队站立的法警,有点震惊。他们自动给何队长让出一条路。

何队长走进人群喊道:“工人同志们,你们一定要镇静,我们是按法律办事的,你们不能阻拦,阻拦是犯法。大家一定要冷静,不能胡来!”

看何队长来的还是那一套,工人们的情绪又激动起来。李大柱突然跳到一个石台上,激动地高声喊:“大家伙看到没有,他们是来处理问题的吗?他们是来搞镇压的,不然的话,他们调人来干什么,带枪来干什么?他们是来镇压我们的,你们说怕不怕?”

众人齐声说:“不怕!”

李大柱接着高喊:“人在仓库在,为了工厂,为了我们的饭碗,弟兄们,我们豁出去跟他们干!”

众人涌动起来,他们对执法人员拼命地推搡着。有人竟开始向法官们投掷东西。法官们努力地躲闪着,并不断地向工人们宣传法律。这是一个失控的局面,工人们把平时所有的怨恨都发泄了出来。

李大柱将一块烂西瓜,狠狠地砸在了郑义鸣的头上。何队长见状,赶紧护住郑义鸣。李大柱还要跟郑义鸣算账,被何队长一推,跌了个仰八叉。何队长人高马大,又练过功夫,李大柱当然不是对手。可是,何队长万万没想到,他这一推,竟让李大柱的头摔在地上的一块突起的石头上。顿时,李大柱头上的血流了出来。

何队长和郑义鸣都吓得愣住了。

一个工人惊呼道:“法官打人啦,李大柱被打伤啦!”

众人傻眼了,一下子把目光集中到李大柱身上。

何队长有点无所适从,但仍下意识地去扶李大柱。

李大柱甩开何队长,挣扎着爬了起来。他一手捂着流血的头部,一手指着何队长道:“你敢打我,老子今天跟你拼了!”说着对何队长就是一拳。郑义鸣上前一挡,拳头正好重重地打在他胸口上。郑义鸣捂着胸口向后打了个趔趄。不少工人趁机起哄:“打!打!打!”工人们异常激愤,对法官们猛烈地拳打脚踢。

突然,闪光灯频闪起来。原来是几个记者在拍照。省报驻天宁市的年轻女记者舒畅也在其中。

舒畅是一个很漂亮、很能干、很有活力的姑娘。她嫉恶如仇,正直无私,虽然踏入新闻界不久,但是,凭着她的刻苦好学,她的大胆开拓,她的勤奋努力，她的犀利笔锋，她的精辟见解，很快就在新闻界崭露头角。这天，她正坐在电脑前写稿，突然接到电话，得知国鼎厂几百名工人和天宁市中级人民法院的执行人员发生冲突，中院还动用了法警，闹不好就要出大事。凭着敏感的新闻嗅觉，她知道这里大有文章可做。于是，拿起相机就赶了过来。来到现场，她顾不得危险，连续地拍着照片。

郑义鸣看到后，赶紧冲了过去，一把抢过照相机，吼道："不准拍！"

"凭什么不让拍？快把相机还我！"舒畅愤怒地争抢相机。

混乱中，朱民生被打倒在地。郑义鸣又赶紧去救护朱民生。几个工人拦住了郑义鸣，和他推搡起来。

现场乱作一团。

正在这危急关头，一辆黑色轿车疾驶而来。车上跳下了白天、董启汉。

五

天宁中级人民法院第一审判庭的门外走廊里走来了陈茵和另外两名法官。

三十五岁的陈茵，显得很文静、很大方、很稳健。因为父母都是军人，她身上流淌的是军人的血液，所以，很有军人气质。初次接触她的人，只要看到她的一言一行、一举一动，就知道她是一个专家型的法官。她是天宁中院民一庭的庭长，此刻正去审理新世纪公司拖欠香港银团贷款一案。她刚要走进审判庭，却见对面走来了李一雄。

李一雄是世纪集团的副总经理、新世纪公司总经理。他和陈茵同岁,从小同在一个部队大院里长大。儿时是一对很要好的朋友。他们一起上学,是同一个年级、同一个班、同一个座位。小时候,陈茵瘦小,李一雄块头大,所以,李一雄处处保护陈茵。陈茵也很喜欢李一雄的关顾。因为他们相处得很好,所以同学们都戏称他们是“小夫妻”。两家父母原本处得不错,也曾有此意,后来不知啥原因,他们便各奔东西。大学期间,李一雄曾追过陈茵,但是,随着时间的推移,她越来越觉得李一雄太花哨、不诚实,是个风流情种,不可能牵手到老。所以,她对李一雄关闭了爱情的大门。

“陈茵,不,不,陈法官……”李一雄看见陈茵连忙上前打招呼。

陈茵停了下来,不亲不疏地回答说:“哟,李总亲自来应诉,难得。我们得拍手欢迎呀!”

“别欢迎啦,法官大人能高抬贵手,我们公司就感激不尽啦。”李一雄笑笑回答。

说话间,两位法官走了过去,走廊里只剩下陈茵和李一雄。陈茵主动地握了一下李一雄的手,说:“李总,你这一来,我是不是要回避啊?”

“别,可别,”李一雄一听有点急了,“咱俩的关系可不属于回避的范围。近来咱们也没打过什么交道,作邻居就不能同堂办案,世上哪有这样的道理?再说啦,咱们这么多年已经不住一个院了,即使同住一个大院,现代社会都讲究隐私权,住对门也不一定有来往呀。”

“逗你玩的,看把你急的!”陈茵被他急促的辩解逗笑了,“行了,咱们进去吧,希望你能胜诉。”

陈茵坐到审判长的位置上后,迅速扫了一眼法庭,原、被告都在,便宣布开庭:“香港银团诉新世纪公司拖欠贷款一案,现在开庭。下面先请原告陈述。”

原告方律师西装革履,戴着一副宽边眼镜,他不急不躁地站了起来,一字一句地诉说着:“尊敬的审判长,尊敬的审判员,被告新世纪公司于2000年向原告申请贷款7000万元,用于建设喜客来大酒店,贷款期限为两年,喜客来大酒店于2001年如期开业,至今经营业绩良好。

但是,新世纪公司拖欠贷款已经逾期一年,我方与被告多次交涉,被告却故意拖延,不能履约。为了保障我方的合法权益,维护法律的尊严,我方将被告诉至天宁市中级人民法院,请法院依法裁判。”

坐在被告席上的有两个人:李一雄和余婉妹。

余婉妹年方二十八岁,是天宁市正平律师事务所的律师,也是世纪集团的法律顾问,世纪集团所涉及案件的诉讼代理人。余婉妹被天宁人称为司法界的潘多拉,一是因为她很漂亮、风情、性感;二是她聪明、能干、鬼点子多;三是她为了钱可以不顾一切。她代理案子只认钱,不认人。她认为律师不过是谋生的职业,谁给钱,就给谁办事;谁给的钱多,就帮谁打赢官司。

余婉妹一边听原告律师的陈述,一边在写着什么。原告律师刚陈述结束,她便举手向审判长请求发言。

陈茵很了解余婉妹,她有时很替余婉妹悲哀,但是人各有志,她余婉妹要这样走,别人也没办法。她批准了余婉妹的请求。

风姿绰约、体态丰盈的余婉妹,胸有成竹地从坐位上站了起来。她答辩说:“刚才原告指责我方故意拖延,原告能拿出证据吗?审判长,实际情况是,我方一直高度重视欠款问题,多次与香港银团方面协商,在处理欠款这一事件中,我方的态度是非常积极的,行动是有效的。只是因为欠款牵扯到香港的十几家不同银行,我方无法在短时间内一一达成协议。”说着,她举起手中的一些资料,在庭内展示了一下,接着辩护说:“我这里有历次与香港各家银行协商达成的备忘录,这是我们积极工作、有效处理欠款事件的证据。另外,我还要向尊敬的审判长、尊敬的各位审判员说明一点,喜客来大酒店刚刚开业不久,有没有效益,业内业外的人都很清楚,除非睁着眼睛说瞎话。就是在这种没效益的情况下,我们仍在一年内还清了原告方的利息,不能不说是尽了最大的努力。”余婉妹看对方律师对她的发言不屑一顾,顿了顿,脸上掠过一丝冷笑,说:“再者,众所周知,我方在贷款时已将喜客来大酒店抵押给香港银团,这说明我们还是有诚意的,我们并不想将这么个简单的欠款事件闹上法庭。但是,你们既然来了,我们将会奉陪到底!我相信本案的审判长和各位审判员,能够以法律为准绳,以事实为依据,依法公正裁判。我的陈述完了。”

余婉妹轻轻地舒了一口气,坐了下来。李一雄与余婉妹对视一笑,赞许地点了点头,然后故意大声地对余婉妹说:“好,咱欠款光明正大,不当孙子!”

余婉妹相当自信地甩了一下飘逸的长发,用富有挑战的眼光看了一眼陈茵。

陈茵不为所动,用平和的眼光扫视了一下法庭的四周,然后有意无意地在李一雄的脸上停了一会儿。她想在那张油光满面的脸上判断一下,里面有多少真实与虚假。

原告与原告律师低低地交谈着。

陈茵敲了一下法槌,说:“请保持法庭肃静,继续开庭。”

散庭后,李一雄急急忙忙便往世纪集团赶。他第一次敲董事长办公室的门,里面没有声音。敲第二次的时候,里面才传来董事长方晓频“进来”的应声。

方晓频驻足在楼盘模型前,正陶醉在未来的憧憬中。

李一雄轻声说:“董事长,刚开完庭,我来向您汇报一下情况。”

方晓频有点不愿意听,脸都没转,眼睛仍瞄着楼盘模型,说:“有什么可汇报的,不就是欠人家钱,被人告上了法庭?”

“是,董事长,这件事一开始我没处理好,责任在我。”

方晓频离开楼盘模型,怀抱双手,在宽大的办公室里踱着步,说:“现在不是追究责任的时候,关键是如何处理好这件事情。”

“是的,董事长,请您相信我会妥善处理好的。”

“有把握?”

“有。董事长,您知道这次主审官是谁吗?”

“谁?你熟悉?”

“岂止熟悉,我们还是老朋友呢。她叫陈茵,是天宁中院民一庭庭长。我们的父辈是老战友,我俩又都在一个部队大院里长大。平时虽然没接触,但小时候的感情还是存在的,她不看僧面也得看佛面吧。”

“这么说,你们是青梅竹马了?”方晓频有点调侃地对李一雄说。

“这,董事长,您就别管什么马了,我保证处理好这件事。”李一雄不好意思地回答说。

“李总,不管怎样说,喜客来酒店的事被闹到法庭上去,这是我不愿意看到的。我现在考虑的不是经济上的事,而是名誉问题。像我们这样一个拥有10亿资产的企业,声誉比财产更重要!一雄啊,你明白我的意思吗?”

“我懂,董事长。企业发展到这个程度,声誉就是资产,而且是更重要的资产。请您放心,这次,我不但要维护好企业的声誉,而且在财产上也要做得更好。”

方晓频又走到那个很大很美的楼盘模型前,意味深长地说:“现在我们正处于与外方谈判的关键时刻,万万不能因为喜客来酒店让我们声誉扫地,那样的话,可就影响了我们的发展大计。”方晓频指着楼盘模型中鹤立鸡群的高大建筑深情地说:“你看,世贸中心大厦建成之后,将是天宁市最高、最现代化的建筑,它将成为天宁市的新地标,是天宁改革开放的 块里程碑。”

“这是您的梦想。”

“对,这是我的梦想,也是世纪集团共同的梦想。这里面有你的股份,我们是这座大厦的共同缔造者,是最好的合作伙伴,能说没你的梦想?”

“是的,有我的梦想。”李一雄有点沾沾自喜起来。

“一雄,你知道吗?这座大厦还有一个人的梦想。”

“谁?”

“向东,我们的常务副市长。这座大厦是他梦寐以求的一个标志,一项载入天宁史册的政绩。”

李一雄听说向东也在这个“共同的梦想”里很不高兴。别说是个副市长,就是个普普通通的男人掺入,他也不会高兴的。但是,他很快就掩饰了自己的情绪,说:“对,对对,这个项目多亏了向市长的支持。”

方晓频说:“世贸大厦工程对我们来说,是一个历史性的机遇,要抓住这个机遇,时时处处要小心谨慎,要不惜血本确保大厦如期开工!”

“请董事长放心,我一定竭尽全力。”

“一雄”,方晓频目光离开楼盘模型,直视李一雄,“我最欣赏的就是你那种敢于负责的精神。你也是我最信任的人中的一个。”

“董事长,您知道我为什么死心塌地跟您干吗?”

“为什么?”

“因为您最看重的不是金钱,真是大商不言财啊!”

方晓频看了看窗外,说:“金钱,谁都想要,而且多多益善。可是,你不能把眼睛只盯在钱上,整日钻到钱眼里的人,是永远赚不到大钱的。在商不言商,是真商;想钱不看钱,才能赚大钱。生意做到一定程度,企业的信誉将高于一切。这也是我对贷款一事闹上法庭不满意的重要原因。”

李一雄虔诚地点头称是。

这时,办公室的门开了。

女秘书走了进来,说:“董事长,金宝利公司的人到了。”

方晓频对李一雄说:“走,一起去见见。”

六

香港金宝利集团来了三个人:总经理叶嘉熙、公关经理白帆、财务部经理史小可。

在世纪集团女秘书的引导下,方晓频和李一雄先后走进会议室。看到会议室里正在等候的香港客人,方晓频礼节性地带头鼓掌,说:“欢迎,热烈欢迎金宝利集团的各位贵宾,各位的光临是我们世纪集团的荣幸。”

双方在会议桌两旁落座后,白帆主动介绍,她指着头发微脱、肚子略腆的中年男人,说:“这位是金宝利集团的总经理叶嘉熙先生。”

叶嘉熙对方晓频礼貌地点点头。

方晓频也礼貌性地回以微笑。在谈判桌上,方晓频总是给人微笑的样子。即便她内心怒火如焚,面子上仍然挂着笑容。她就是要让你捉摸不透,你掌握不了她,决策就会出现失误,她趁机才好打败你。

白帆介绍过史小可女士后,又作了自我介绍:“我叫白帆,就是白色的船帆,推动航船驶向远方的白帆。我是金宝利集团的公关经理。”

白帆的优雅举止、甜美嗓音,引起了方晓频和李一雄的注意。

李一雄注意的是白帆的美。

方晓频注意白帆,是因为白帆让她想起了一个人、一段往事:那还是在大学的时候,一天,她和白天在校园里正商量开办模拟法庭的事。两人你争我逗,谈得正开心时,十二岁的白帆穿着一身白色的连衣裙,迎面跑来,大声喊道:“哥哥,哥哥,告诉你一个好消息。”“什么好消息?”白天高兴地问。白帆抱着白天,撒娇地说:“我被保送上重点中学啦!”方晓频看兄妹俩高兴的样子,便告辞。刚走几步,或者说刚离开,就听白帆调皮地说:“哥,你老实交代,刚才那个姐姐是不是未来的嫂子?”白天笑着制止说:“别瞎说,小心让人家听到。”“听到就听到,那怕什么,别说,你俩还真般配呢。”方晓频听到白帆的话后,心里顿时有说不出的幸福。

“这位是世纪集团的董事长方晓频女士。”女秘书的介绍将方晓频从美好的回忆中拉了过来。

方晓频忙起身向大家致意,然后侃侃而谈:“世贸大厦工程是天宁市的重点工程,世贸大厦建成后将成为天宁市的新地标。根据天宁市的规划，在世贸大厦周围将形成一个新商业圈，也就是天宁市的 CBD，这是未来一个相当长的时期内，最有潜力的商业区。根据我们的预测，投资世贸大厦，在获得可观经济效益的同时，还将赢得更丰富的社会效益。叶老总，在商海里你是行家，新地标意味着什么，你应该比我清楚。这可是花钱也买不来的！”

叶嘉熙微笑地望了一下方晓频。那眼神分明告诉对方，他是赞成这个观点的。

看到他们那种神态，方晓频脸上露出了会心的笑容。你不能不承认，方晓频对付男人有的是办法，尤其在谈判桌上，她能想尽一切办法，让对方投入她织就的罗网。

方晓频的言谈举止，的确让白帆大开眼界。初次见面，她就从心里敬重这个女人，方晓频的容貌、气质、谈判的方式……哪一点都是她学习的榜样，她做梦都想做这样的女人。

史小可却不是白帆那种看法。她觉得这个女人不凡，很难对付。跟她打交道，如履薄冰，稍有疏忽，就会陷入冰窟。所以，她不露声色地观察着方晓频的一举一动。

方晓频是何等之人，她眼观六路，耳听八方，史小可的心里想什么她都猜得一清二楚。她瞟了史小可一眼，脸上掠过一丝冷笑，然后看一下手表，对港商说：“叶老总，俗话说耳听为虚，眼见为实，下面我想请你们跟我到现场实地考察考察，大家到实地一看，就知道那是天宁市黄金地段中的黄金地段，堪称为‘铂金’地段。”

白帆不解地说：“铂金地段？我还是第一次听到这种说法。”

李一雄不失时机地奉承说：“我们董事长什么事都会创新，抓机会也是先人一步。”

方晓频自信的脸上闪出一丝得意。她站了起来，众人也纷纷起身，在李一雄的招呼下走出门外。来到车前，李一雄急忙为方晓频打开第一辆车的后车门，方晓频刚想上车，突然转过身来对准备上第二辆车的白帆说：“白帆小姐，请你跟我坐一辆车。”

白帆有点不知所措,说:“这样不好吧。”

李一雄圆场说:“白帆小姐,方董事长的面子你不能不给。另外,我想金宝利的朋友们也不会有什么意见吧。”

叶嘉熙和史小可点点头说:“没什么,没什么。”

方晓频微笑着说:“白小姐,请吧。”

白帆笑着说:“我就恭敬不如从命了。”

李一雄用狐疑的目光,从背后看着方晓频和白帆这两个美丽的尤物上车。

坐进车后,方晓频说:“白小姐,我让你跟我坐在一起,是想跟你打听个人,可以吗?”

白帆一愣,心想,她会跟我打听谁呢?不过,白帆反应也很快,马上说:“董事长请讲。”

“白小姐,你认识白天白院长吗?”

“认识,那是我哥。”白帆惊讶地说。

“这就对了。白小姐,你大概忘了,以前我们见过面。”方晓频浅浅地一笑说,“这也难怪,那时你还小,我是你哥哥的同学,你回去问你哥就知道了。”

白帆细端详了一下方晓频,然后兴奋地大声说:“是的,我想起来了,你是晓频姐哎,你不是出国了吗?何时回来的?”

方晓频笑着说:“真是个傻丫头,以后咱们再慢慢聊,你先去考察吧,见到你哥后给我问个好。”

白帆非常高兴,意味深长地说:“晓频姐,你放心好了,见到我哥后,我一定代你问好!”

国鼎厂旁边已经平整过的一块土地,便是世贸大厦的建址。土地周围众多的高楼大厦竟相媲美,显然是一处繁华地段。站在落日的余辉里,方晓频给港商畅谈世贸大厦的未来蓝图。白帆边听边画着,时不时向方晓频打听什么。离开时,白帆没再跟方晓频坐一车。车上,方晓频突然问李一雄:“国鼎厂新建的加油站什么时候拆掉?”

“已经跟他们交涉好几次了，他们就是坚持不动。”李一雄为难地说。

“我不管你想什么办法，一定叫他们拆掉！不然，它会影响金宝利的投资信心。”

“请董事长放心，我一定处理好这个问题。”

方晓频目送着白帆、李一雄他们离去，直到看不见后，才走回办公室。拿起电话，她犹豫了一下，还是快速地拨通了白天的手机。

“你好，哪位？”电话里传来了白天的声音。明知是方晓频，他故意装作不知道。

“我是方晓频，连我的声音都听不出来了，是官做大了，还是忙昏头了？”

“老同学，你又批评我。”

“好了，别玩外交辞令了，咱们单刀直入，今晚我请你吃饭，就咱们俩，在金麒麟海鲜城，我已经定了位。”

“这，我……晚上……”听得出白天很犹豫。

“又是推，又是推，是不是？”方晓频坐在老板椅上娇嗔地说。

白天在电话里解释说：“刚来天宁，头绪太多，我想静下心来理一理，过几天我请你好不好？”

方晓频迟疑了一下，不太高兴地说：“那好吧，我的院长大人，你是父母官，我们小小老百姓听你安排。”没等白天再说什么，方晓频便挂断了电话。

方晓频挂断电话后，瘫坐在老板椅上。她感到很失落。我两次请你，你都不给面子。你有什么了不起，不就是个小小的法官吗？没有你这个杀猪匠，我还能连毛吃猪？咱们走着瞧，我看你这个谱能摆到什么时候，你白天能让我方晓频瞧得起你，我就瞧得起你，不让我瞧起你，我睬你都不睬。想到这里，她左手又拿起电话机，但是，她没马上打，而是用左手大拇指按着话筒键，右手神经质地敲打着办公桌面。停了好一会，她才下决心抬起左手重新拨号。

拨了好一会儿,电话终于通了。

"喂,向市长吗?我是方……多谢市长还记得我。哎,向市长,晚上您能不能从百忙之中抽点时间,听我汇报汇报世贸大厦的事?"

"董事长召见,岂敢怠慢!"对方回答。

"那好,晚上六点,金麒麟海鲜城三楼湾仔厅,不见不散。"

方晓频骄傲地离开办公大楼,走进黄昏里。

黄昏中的天宁市,一片朦胧。

七

向东只比方晓频大四岁。人长得很帅气。一米八的个头,国字形脸,白白净净的皮肤,浓眉大眼。此刻,他穿着黑色的高级西装,脖子间系着一根暗花的领带。头发梳得整整齐齐,皮鞋擦得锃锃亮亮。他认为,一个领导干部,应时刻注意自己的仪表。他是天宁市的副市长,他的形象就是代表天宁市的形象。他钻出"宝马",风度翩翩地迈入金麒麟海鲜城。时针正指在"6"上。他虽不是军人出身,但时间性很强。既然答应人家了,就得去履行自己的诺言,一个人不能不讲信誉,共产党的干部,尤其要注重诚信二字才行。

"向市长。"早已恭候在海鲜城门口的方晓频,此刻笑容大开,她款步上前紧握了一下向东的手,甜甜地说,"您大驾光临,我方晓频有失远迎!"

"晓频,你这就见外啦。"向东谦和地笑着说,"咱们谁跟谁啊。"

"您这大市长毕竟是一方父母官,我还真怕您不来呢。"

"说哪里话,你方总请我,是我的荣幸。"向东认真地说,"我能不来吗?”

方晓频挽着向东的胳臂,轻盈地走进湾仔厅。向东爱方晓频,所以,他也不在乎别人如何看待他俩的亲昵举动。向东是在国外的一次招商会上和方晓频相识的,向东对方晓频一见钟情。他爱的是方晓频的美丽和才干。方晓频喜欢他的是地位和事业心。向东力主方晓频回国到天宁市任职,并请方晓频出任世纪集团的董事长,负责筹资建设世贸大厦。方晓频当然求之不得,欣然答应。

湾仔厅装饰得很豪华:彩色大理石的墙面雍容华贵,羊毛毡地毯在地面上炫耀着迷人的猩红,巨大的裸体美女照片,虽然挂在墙上,仍咄咄逼人地撩你情欲。厅内有舞池,有卧室,有泳池。舞池和餐厅相连,泳池与卧室相通。舞池状若莲花,墙上有电视投影屏幕,一片柔柔的蓝光,轻轻地洒在池中,宛如一泓碧水。当球形的五彩灯旋转时,舞池内蓝光也缓缓地流动起来,如淙淙泉水,潺潺有声。

望着宽大的餐桌,阔美的餐厅,向东故意问:“今天就我们俩?”

方晓频莞尔一笑,带着撒娇、挑战兼调皮的口气说:“怎么,不行吗?”

向东连忙辩解说:“哎,哎,我没有别的意思,这样更好,更好。”

两个服务小姐分别给他们满上一杯开胃酒后,便垂手立在他们的身后。

“今天,我们和香港金宝利集团进行了第一次谈判。”方晓频呷了一口酒后,优雅地抽出一根香烟,对向东示意说,“可以吗?”

“可以,你随意些,不要太客气。”向东也呷了一口酒,笑笑说。

方晓频深深地吸了一口烟,然后轻轻地吐了几个烟圈,说:“谈判的势头不错。”

“晓频,这天宁的第一大厦,就靠你了。你是知道的,我向东的宝可都押在了你的身上。”

“我有那么重要?恐怕重要的还是您的世贸大厦吧!”

“不管怎么说,世贸大厦是天宁的现代化标志,也是我直接抓的最大的工程。”向东很严肃地说，“晓频，你只能成功，不能失败。”

“看看，看看，我没说错吧，您总忘不了您的世贸大厦！”方晓频笑容可掬地说，“我的大市长，谁不知道您是个事业心强、雷厉风行、敢想敢干、锐意进取的改革家。您又年轻，政治前途光辉灿烂呢，以后官升大了，可别不认识我们这些小小老百姓哟！”

“嗨，一不注意，我又遭受了你的一次表扬。”向东笑着回答，“你这个‘海归’派，发大财后，也不能忘了我这个七品芝麻官。”

“不管怎么说，世贸大厦是我们共同的事业，我们应该共同努力才是。”

向东举起酒杯说：“对，为共同事业干杯！”

菜渐渐上齐。方晓频边吃边说着。

“我刚才说的那些话，决不是奉承您，真的。”方晓频说，“您的确是想在天宁干点事业，而且是想干成大事业。我知道，您的政治理想不会限于在天宁实现。”

向东是想把天宁作为升官的跳板。四十岁刚出头的人，正是仕途的黄金时节，他还想往上爬。凭他的能力，他认为做个副省级以上的干部还是绰绰有余的。他也很明白，如今的官场，若想升迁，要么有后台，要么有关系，要么有钱买。他无钱、无关系、无后台，只能靠本事。不管上司是否清正，他认为靠本事做官，做得坦然，做得光明，做得问心无愧。向东的缺点就是官迷，但是他不迷钱，迷的是事业，迷的是名垂青史。

他很喜欢方晓频，尤其喜欢方晓频的善解人意。他望着方晓频深沉地说：“是啊，为官一任，造福一方。在市长这个位子上，谁不希望能留点什么。在经济上，我不贪不占；在工作上，我就是要搞点名堂出来。不管从什么角度来说，我都不能默默无闻。至于世贸大厦，作为政府，我们可以推动，可以提供一些优惠政策。但是，真正实干还得靠你们这些‘资本家’，靠你方晓频。”

方晓频说：“作为一个商人，我也和您一样，想建功立业。只不过我们追求的目标不同。您追求的是面子,是形象,是社会反响,是政治地位。我追求的是利益最大化,说白了,也就是钱,很多很多的钱。在现阶段的中国,我觉得这两方面可以结合得很好。您说不是吗?”

向东笑笑回答说:“你说的是有点道理,不过,这个问题太深奥了,我们还是说说世贸大厦吧。”

方晓频辛辣地说:“唉,你们这些当官的,说文明点,是玩含蓄,说俗点,是滑。遇到难题就喜欢躲着走,碰到不好说的话,就哼哼哈哈。”

“晓频,你什么都好,就是说话不饶人。知道你的人,还能理解,不知道你的人,还不被你噎死?”

“您不怕被噎死?”

“我噎死了没什么,你可不能把港商噎死了,那样世贸大厦可就抱怨你了。”向东笑着说。

向东还想说什么,手机响了。

“对不起,我接个电话。”向东对方晓频表示歉意。

“喂,你说什么,国鼎厂出事了?几百名工人和市中院的执行人员发生了冲突,法警还动了枪?好,我马上过去。”

方晓频听说国鼎厂出事了,心中一紧,脸色也变了。她想起了新上任的白天。一来,她怕白天出事。反正不知怎么搞的,她怕失去白天。尽管怨他,恨他,她还是想他。二来,她怕国鼎厂的事闹大,这样对世纪集团不利。她很明白,天宁市出现大的经济问题总归和世纪投资集团公司有点牵连,她怕世纪集团卷进去。

向东匆匆向方晓频告别说:“对不起,国鼎厂出事了,我得赶过去,改天我请你,我们好好谈谈,真的,和你在一起,我很高兴。”说完,深情地看了方晓频一眼,方晓频知道那一眼的含义。

“我送你。”

“不,不,”向东连忙摆手说,“我有车。”

向东疾步走出大酒店。

方晓频怅然若失,盯着门口发呆。

八

天上星光灿烂,国鼎厂北仓库院里院外灯光闪烁。

面对乱作一团的人群,白天冲了进去,高喊:“住手! 不许打人!”

法警何队长掏出手枪,冲天扣动了扳机。“啪”的一声枪响,将众人一下惊呆了。他大吼一声:“你们都住手!”

众人不由自主地向后闪开。

白天走到何队长等人面前,对何队长命令说:“把枪收起来!”

何队长赶紧收回枪支。

白天不满意地问身穿法官制服的郑义鸣:“怎么搞得?”

董启汉连忙对郑义鸣介绍说:“这是新来的白天院长。”

郑义鸣向白天致意后,说:“报告院长,我们正在清点查封物资,就被越聚越多的工人围住了,他们不让我们查封仓库。”

白天环顾了一下四周,神色十分严肃,问:“谁是工厂的负责人?你们的厂长、书记在哪里?”

一工人回答:“他们不在!”

白天苦口婆心地劝说:“工人同志们,你们这样做是错误的! 天宁市中级人民法院对国鼎厂北仓库执行查封,是依法行事,这是法律赋予我们的使命,我们必须执行! 我今天只想告诉大家一句话:请大家相信法律,相信法院,相信法官,法律是公正的,法官是公正的,请大家配合我们的工作,赶紧疏散离开!”

李大柱高声质问:“法官打人也是公正吗! 到哪里去跟你们法官讲理?”

另一胖工人指着不远处的法警，情绪十分激动地说："你们这么多人带枪来，是什么意思？想镇压吗？对我们开枪呀，开呀！"

众人附和着，一起围了上来。

法警们迅速冲了过来，团团护住白天和法官们。工人与法警，双方虎视眈眈，剑弩拔张，一触即发。

白天见此情景，立即命令何队长说："现在，我命令，法警大队全体同志立即撤离现场！"

何队长带着法警们极不情愿地跑步离开。

这时，郑义鸣等法官们扶着血流满面的朱民生站在了白天的身后，像一组铜墙铁壁。

白天看看李大柱，又轻轻地拍了拍朱民生的肩头，然后登到一个货物箱上，看着黑压压的人群，饱含深情地说："同志们，我是新来的天宁市中级人民法院院长，在来的路上，我刚刚知道，我们国鼎厂是天宁市老牌国有企业。多年来，国鼎厂为天宁市的经济发展作出了巨大贡献，在场的工人兄弟，都为天宁市翻天覆地的变化出过大力，流过血汗。在当今改革开放的新时代，我们国鼎厂在经济结构调整中，又作出了巨大的牺牲。可以说，国鼎厂是一个与共和国一起成长的'老黄牛'企业。在场的各位工人兄弟，对国鼎厂倾注了深厚的感情。你们有的举家老小甚至几代人都在这里工作、生活、学习，可以说你们和国鼎厂融为了一体。现在，活生生地看着自己辛苦挣来的东西被别人拿走，当然不好过。人非草木，孰能无情？同志们此时此刻的心情，我非常理解。但是，同志们哪，你们想过没有，咱们现在正在建设社会主义市场经济，正在走向法治时代，你们今天面对的是共和国的司法机关，我们来，就是要为社会主义市场经济保驾护航，就是要为工人同志们撑腰的。我在来的路上，还了解到，为了这次执行，我们执行庭的同志是作了周密安排的。他们只执行仓库里的部分物资，而且是不同类别的物资，目的就是不要让执行影响工厂的正常生产，不影响工人兄弟的正常工作。另外，我还想告诉大家一件事，就是在今天上午，一位七尺汉子在法院门前叫卖法律文书,他把那些法律文书叫作'法律白条',为什么,就是因为判决得不到及时执行。他是一个建筑企业的老板,因为拿不到工程钱,无法付给民工工资,被逼无奈,竟在法院门口喝农药自杀,现在还在医院里抢救……咱们大伙都设身处地想一想,如果别人欠你的钱不还,你会怎么样?"

众人默默无声。

白天扫视一下人群,顿了顿,指着李大柱,说:"刚才这位同志被打了,我们的一位法官也受了伤,你们看现在还在流血。我的意见是马上把伤者送到医院治疗,同时,我们来共同查清打人者,不管是谁,我们都要追究法律责任,你们看好不好?"

向东和国鼎厂的厂长张国兴不知什么时候也站在了人群中间,全神贯注地听白天的讲话。白天讲话的同时,向东对张国兴说:"国兴,等白院长讲完,你马上去疏散人群,让工人们离开。"

工人们被白天推心置腹的话语感染了,整个现场竟鸦雀无声。

突然,人群中爆发出雷鸣般的掌声。

白天暗自松了一口气,他知道僵局打破了。

张国兴挤到前面大声喊道:"请同志们都回去,这里的事由我来和法院的同志谈。"

看到厂长来了,人群开始散去。

两个急救医生用担架抬着朱民生向救护车走去。

省报记者舒畅拦着郑义鸣:"我是省报记者舒畅,请你把照相机还我!"

郑义鸣本来就是一肚子火,看到舒畅更气,没好气地说:"什么照相机,你不要来添乱了!"

舒畅寸步不让,质问郑义鸣:"谁添乱啦?难道说在今天的事件中你没有过激行为?你对今天的事件负什么责任?"

郑义鸣非常恼怒,若不是院长在,他肯定大发牢骚。他狠狠地望了舒畅一眼,说了声"我无可奉告",头也不回地走了。舒畅气得撅起了嘴,转身看到被急救医生抬着的李大柱,连忙上前采访。

李大柱听说是省报记者,马上从担架上欠起身来说:“记者同志,今天你可看到了,法院粗暴执法,还动枪打伤了我们工人,你可得给我们做主啊!”

跟在旁边的工人说:“记者同志,这事你一定要好好写,现在我们工人太难了,本来厂里就不景气,如今又摊上这么一档子事,真倒霉。”

李大柱和朱民生被送上救护车后,救护车急速远去。舒畅也随车而去。

只有白天、董启汉、郑义鸣、向东、张国兴还站在原地。董启汉对向东说:“这是中院新来的代理院长白天同志。今天上午刚到,就赶上这么个事。”他又对白天说:“这是天宁市常务副市长向东,这位是国鼎厂厂长张国兴。”

白天分别和他们一一握手。他对向东说:“感谢向市长的支持,你们来得真是时候,不然的话,我还真不知道如何收场呢。”

张国兴紧握着白天的手说:“白院长,国鼎厂情况复杂,以后恐怕少不了麻烦法院。”

白天笑着说:“只要是本院管辖的,你尽管来,法院的大门是永远敞开的。”

夜已深,天上没有月亮,但繁星满天。

九

连夜,白天和董启汉等人来到了天宁市人民医院急诊科,迎头碰上了郑义鸣。

“刚才两个同志的伤势怎么样？”白天问郑义鸣，“咱们那个同志叫什么名字？”

“他叫朱民生，执行庭的法官，正在包扎伤口。国鼎厂那个叫李大柱的工人，倒是问题不大，只是后脑勺擦破层皮。他说头痛，我们就安排他留院观察。”郑义鸣正说着，看到朱民生头上、胳臂上缠着绷带，在两名法官的陪同下从急救室里走出来，连忙迎上去，关切地说：“老朱，你怎么出来了？”

白天疾步上前，说：“老朱，你辛苦了。”

董启汉在旁边介绍：“民生，这是新来的白院长。”

白天关心地问陪同的法官：“老朱伤检查过了吗？”

朱民生笑笑说：“没问题，胳臂、腿上有几处软组织挫伤，不会影响工作。”

白天深有感触地说：“你们一线同志吃苦受累最多。老朱，你回去好好休息，我们去看看李大柱。”

朱民生说：“我没事，一块去吧。”

留观病房内只有李大柱一人。他头上缠着绷带，在病房里走来走去，嘴里嘟囔着：“哼，把我打伤了，有你们好看的，我这下子就不走，在这里舒舒服服养几天，看你法院能不给我医药费，能不给我误工费，能不给我营养费？”

听到外面有脚步声，他急忙躺回病床上，蒙上被子，假装难受哼哼着。在护士的带领下，白天等人走了进来。

护士问：“11床，现在感觉怎样？”

蒙在被子里的李大柱，故意呻吟：“哎呀，疼死我了……”

护士掀开被角，用手摸了摸李大柱的头，安慰说：“你的各项检验报告都出来了，一切正常。现在也不发热，不会有大问题，可能是精神太紧张了，如实在痛，就给你打一针止疼针。”

李大柱听后，一翻身坐起，对护士喊道：“你说我没病，没病送我来医院干什么！”

白天走上前去，劝导说："大柱同志，不要生气，我代表法院特来看你，向你表示慰问。"

李大柱看护士后边还跟着白天等人，吃了一惊，慌忙躺到病床上，抱着头大声哼哼："疼啊，疼死我了……"

护士看李大柱那种装病的样子，对白天苦笑了一下，表示很无奈。

白天望着李大柱，诚恳地说："大柱同志，我们在工作中如果有失误的地方，愿意接受你的批评和监督，在你受伤这件事上，我代表院党组，诚恳地向你道歉。事情刚刚发生，我们正在深入调查，一旦调查属实，我们将严肃查处责任人。在调查的过程中，还请你多多配合。"

白天说话时，李大柱没有哼哼，而是竖着耳朵听。待白天讲完，他又用被子蒙着头，哼叫着："疼死我了……"

郑义鸣实在看不下去，正要发火，被董启汉急忙阻止了。

白天临走时说："大柱同志，你放心休息，事情我们会解决的。我们安排两个同志在这儿，有什么事可以找他们，也可以随时找我。"

出了急诊室，白天说，我们去看看刘志毅。

刘志毅正在住院部挂水。他闭着眼，半躺在床上。吴小龙则坐在旁边盯着输液瓶中一滴一滴滴下的药水，时不时替刘志毅掖掖被子，顺顺手。

"现在感觉怎么样，胃还痛不痛，想不想喝水？"吴小龙问。

刘志毅微睁一下眼睛，痛苦地摇摇头。

吴小龙看刘志毅难受的样子，忍不住地说："我说老刘啊，你这个人乍一看还像个男子汉，没想到干出这样的傻事来，知道今天夺你药瓶的是谁吗？他是中院新来的代理院长，院长，你知道吗？这下可好，你现在没事了，我们可得吃不了兜着走。你想想，人家刚上任，就碰到这事，会对我们中院什么看法？"刘志毅痛苦地流着泪，哽咽着："我，我这也不是没办法嘛。"

"大老爷们还抹眼泪了，别哭，别哭，你的事，我们一起想办法，我不信人民法院就解决不了'法律白条'！"

“吴法官,我真的是被逼无奈,有家不能回,有班不能上,天天东躲西藏,那是人过的日子吗……”刘志毅鼻涕一把,眼泪一把地说。

吴小龙怕他伤心,逗他说:“东躲西藏,就没法过了?凡事得向前看,最起码,你现在还有200多万债权,一个不折不扣的‘百万富翁’,有钱,别发愁。”

刘志毅破涕为笑。

正在这时,护士带着白天等人来了。

白天紧走几步,来到床前,握着刘志毅的手说:“老刘,好点了吗?”

刘志毅连忙半坐起来,激动地说:“院长,你是我的救命恩人哪!”说着说着,眼泪夺眶而出。

白天安慰说:“老刘,保重身体要紧,有话咱们慢慢说。”

董启汉说:“志毅啊,你今天留在法院门口的材料,白天同志和我都认真看了,白院长指示院里成立专门的调查组,尽快调查处理你的案件。”

刘志毅看着白天和董启汉,激动地说不出半句话,只有抹泪以示感激。

白天轻轻地拍了拍刘志毅的手说:“老刘,谁没有难处,看了你的那些材料,我们很理解你的处境。可是,生命是人最宝贵的东西,不能轻易失去。无论到什么时候,无论有多少困难,都要树立必胜的信心。我们的法院,是人民的法院,是为人民作主的。老刘,你放心,我们会给你一个满意答复的。”

刘志毅流着泪,非常信任地点了点头。

白天看着董启汉等人,神情庄重地说:“今天,刘志毅同志给我们上了一堂课,出了一道题。这堂课就是,法院的执行工作中存在的问题,严重到了什么程度;这道题就是,让我们思考一下什么是司法为民,怎样才能做到司法为民。我们应该认真地体会一下,思考一下。一个七尺男儿竟被‘法律白条’逼入绝境,走上绝路,作为共和国的法官,我们该做点什么?!同志们,在天宁,绝不能再出现第二个刘志毅,否则,就是我们的严重失职。”

十

这是一套四室两厅的豪华型公寓楼房间。

李一雄说，这套房子的价值，就在于它阳光灿烂，在于它拥有一望无际的景色。踏入房子的第一步，就已经踏入了一片阳光之下，房中的那副精致的云石地台，是叫人难忘的序幕。之后便好像后羿追日一样，追赶那其余的九个太阳。这种太阳感觉，并非源自金光闪闪的装饰，而是巧妙地利用了原木的色系，加上天花板上众射灯的效果而构成了阳光感。一片大胆的紫尤如画龙点睛，把房子的龙气彰显了出来。半圆的酒吧带出了半开放的厨房，厨房一侧的裂纹玻璃，远看似磨砂，近看却又清晰可见厨房内貌，是磨砂与清玻璃的结合，天下难得的装饰材料。卧室有一片很大的窗户，窗外的市景、海景，尽收眼底。这套房子仅装修就花去了李一雄几十万元，天宁市西山小区几百户人家无人敢比。

李一雄正在客厅里踱步，看得出那步履中带着沉重。踱到窗前时，他沉沉地注目远方：夜晚的天宁，灯火辉煌，可李一雄的心里却是一片灰暗。

刚刚洗完澡的余婉妹，穿着浴衣从浴室里走了出来。她摘下浴帽，秀美的长发瀑布般地飘了下来。她理了理头发，走到李一雄后面，抱着他的腰，把头贴在他背上，柔柔地说：“一雄，洗洗澡休息吧。”

李一雄转过身来，轻轻地叹了一口气，用手抚摸着余婉妹的长发说：“婉妹，今天这个案子，我心里就是不踏实。”

“不踏实？为什么不踏实？”余婉妹剜了李一雄一眼，“我还不踏实呢，你给我老实交待，你跟陈茵到底是什么关系？”

“又吃醋了不是？”李一雄笑着说，“我和她绝对没超出一般朋友关系，真的，我可对天发誓。”说着轻轻推开余婉妹，自顾自坐到沙发上，两手摊在宽大的沙发靠背上，若有所思地说：“今天，你这一问，却让我想起什么来了，虽然我和陈茵没什么特别关系，可这些年我却时不时想起她，你说怪不怪？”

余婉妹偎依在李一雄身旁，用手轻轻地揪着李一雄的耳朵，撒娇地说：“还说没特殊关系，没特殊关系你怎么整天想人家？”

“不是的，她，和你就是不一样。”

余婉妹站起来，大声地说：“好呀，好一个李一雄，你说，哪儿不一样？是鼻子不一样，还是眼睛不一样？是比我漂亮，还是比我年轻？”

李一雄假装求饶说：“好，好，我交代，老实交代还不行吗？”

余婉妹松开揪李一雄耳朵的手，然后双手叉腰，站在李一雄面前，显示一副不依不饶的样子，说：“好吧，快说，不准讲假话。”

李一雄站起来，猛地抱起余婉妹，把她举离地面。

余婉妹夸张地大声惊叫：“快把我放下来，你想害死我呀！”

李一雄并没有放下余婉妹，而是抱着她转了好几圈，然后“砰”的一声放到了大床上。李一雄扑到余婉妹的身上，喘着粗气说：“你才是我最爱的宝贝……”

激情过后，两个人摊在床上，好一会儿，才爬起来去浴室洗澡。洗完澡，余婉妹余兴未减，翻过身又抱住李一雄亲吻着，李一雄也许是累，也许是有心思，他只吻了一下，便推开了余婉妹。

余婉妹不高兴地问：“一雄，你怎么了，卸磨就杀驴啦！”

李一雄四肢摊开摆成一个“大”字，长舒了一口气，没有说话。

余婉妹欠起身来，依附在李一雄身上说，“你说你怎么啦？”

“不知怎么搞的，我今天老是提不起兴致。”李一雄解释说。

“是不是还是那个倒霉案子的事？”

“我总觉得这场官司不好打”,李一雄说,“法院也越来越难打交道了。过去塞点钱就行,现在不行。那些家伙,有的心太黑,有的又拍门不入,你真不好把握。”

余婉妹说:“车到山前必有路,船到桥头自来直。只要有钱,没有摆不平的事。你别信那些拍门不入的,还是你钱没送到位,钱到位了,他会像狗一样听你使唤。”

“不,有的人你用钱是买不到他的。”

“钱买不到,就用女人;女人不行,就用古玩字画;这些还不行,就买官卖官。”

“买官卖官?”

“是啊。”

“怎么买官卖官?”

“这还不简单,你用钱买通大官,也就是能管他的上司,他能不听你的吗?”

李一雄亲了一下余婉妹,说:“不愧是我的小宝贝,我没看错人。”

“喂,你看我今天在法庭上还可以吧。”

“你当然行啦,谁不知你是铁嘴,死的都能说成活的。”

“照你这样说,我一个律师从来不讲理了。”

“别瞎扯了,婉妹,你看这案子能打赢吗?”

“案子再大,也是法官说了算。哼,还亏你和本案审判长有特殊关系呢。”说到这里,余婉妹的口吻又被醋泡了起来,酸溜溜的。

李一雄阴沉地说:“我担心的就是她……”

曝光事件

CHAPTER 02

一

一缕阳光穿过浓绿的树叶丛，射进天宁市市委书记的办公室的书桌上，桌上的两面小红旗——党旗和国旗，被映衬得分外鲜红。墙上挂着一幅楹联：得一官不荣，失一官不辱，莫道当官无用，百姓靠一官；穿百姓衣，吃百姓饭，别说百姓可欺，自己也是百姓。此联借的是河南省内乡县古县衙的楹联，字是周中华自己写的。

五十来岁的市委书记周中华，正站在天宁市的地图前，一手拿着点燃的香烟，一手在地图上找什么。

向东拿着一张报纸，急匆匆地来到书记办公室，敲了敲门，还没等周中华回答，就推门而进，看到周中华，忙说："周书记，今天的省报您看了吗？"

听到向东的问话，周中华转过身说："嗯，瞧你急急忙忙的样子，准是出了什么乱子？"

向东把报纸打开，指着上面的一篇文章，说："您看看，乱子还不小呢。天宁中院粗暴执法打伤工人上报了，唉，没想到市中院作为执法单位却捅出这么个娄子。"

周中华连忙接过报纸，一看：《天宁市中级人民法院粗暴执法打伤工人》这个特大黑体的标题，触目惊心地刊登在二版的显著位置上。他匆匆地浏览了一下报纸，问："人伤得到底怎么样？"

"昨晚发生这事的时候，市政府值班室通知了我，等我赶到现场，伤人的事已经发生了。当时几百名工人聚在一起,情绪很激动。我让厂长张国兴马上疏散了在场的工人,事态没有继续发展。”向东此刻故意隐瞒了真相,以显示自己驾驭非常局势的能力。他也并非想贬低白天,但是,在上司面前,他绝不会抬高别人。昨天同白天一见,他有种预感,那就是白天将是他仕途上的对手,而且是不好对付的对手。他继续炫耀说:“受伤工人我已经叫人送进医院,最新的情况还不太清楚,从我现场观察的情况看,估计问题不太大。”

“当时法院谁在场?”周中华问。

“新来的代理院长白天和副院长董启汉都在。”

周中华拿着报纸回到办公桌后面的椅子上坐了下来。这个白天,竟把市委不放在眼里,来了天宁一天了,连个招呼都不打,太狂傲了吧。我倒要看看你如何处理这件事。

周中华沉思不语,向东摸不清头绪,不知如何下手,只好焦急地等着。

“现在的问题关键有两个……”周中华站了起来,边踱着步,边沉稳地说,“第一,省报对这件事已经曝光,这是对我们工作的促进,我们应该借此契机,好好改进工作。当然,你要想办法尽可能地消除影响。什么办法都行,只要不违法。在省里,我们要时刻保持良好的形象。第二,对于国鼎厂来说,一个正在转型的老国有企业,经济效益出现点波动,本来是正常现象,工人想不通,也是可以理解的。不管怎么说,伤人是不对的,文明执法嘛,这个道理,作为执法单位为何不懂呢?向东,这个事你好好处理,要切记:稳定压倒一切。”

“我也是这么想的,看到工人情绪那么激烈,为了防患于未然,昨晚我跟厂长已经强调稳定的问题了。我给张国兴下了死命令,如果厂里再出现动乱,就拿他是问。”

“好,你再去部署一下,两个问题都要给我解决好,我相信你这个小伙子能办好这些事。”

向东高兴地离开了书记办公室。

“我是周中华。”周中华摸起电话就打。

对方回答说:“您好,周书记,我是白天。”

“白天啊,到天宁怎么也不来市委报个到,怕我招待不起你一顿饭嘛?”

“原打算昨天去您那儿,可是……”

“可是什么,你以为我不知道,哈哈,白天同志,你昨天去国鼎厂都上了省报了。”周中华玩笑的口气里明显有批评的味道,“你手头有没有今天的报纸,看看吧,看看天宁中院是如何粗暴执法打伤工人的。”

白天打开报纸迅速地翻看着,强刺激的特大黑体字刺入他的眼帘。他说:“看到了,周书记,我马上过去跟您解释。”

不一会儿,白天便来到了周中华的办公室。两个人坐到了沙发上。

白天说:“周书记,国鼎厂的情况我已经了解了一些,今天,我本来准备再去一趟的。我想和厂里工人、厂领导分别谈谈,看看法院能帮他们做点什么。至于那篇报道嘛,有失实的地方。不过,我们会正确对待的,您放心好了。”

“你说那篇报道有失实的地方?”周中华审视了一眼白天,“但不管怎样,都要正确对待,都要从自身的问题改起,尤其要注意消除报道的副作用。你要切记,稳定压倒一切。搞经济建设没有一个稳定的环境怎么行?稳定,是我这个市委书记最大的政治!你明白我的意思吗,白天同志?”

白天点了点头,说:“周书记,今天是我上任的第二天,昨天一天基本上都是围绕着执行的事情转。有人叫卖‘法律白条’,有人阻挠正常执行,还有的执行庭长被‘双规’……我寻思,这里面肯定有问题。周书记,我有一个不成熟的想法,咱们法院是不是来一次执行会战,兑现一批‘法律白条’,为老百姓解决一些燃眉之急……”

没等白天说完,周中华就打断了他的话:“你的想法都是好的,我也表示大力支持。你去会战也罢,你去兑现也罢,都行。可是,你必须给我注意两点:第一,我刚才说了,稳定压倒一切。这个我再强调一次,绝不允许给我闹出乱子来。第二,人民利益无小事。再小的事,只要与人民利益有好处,我们就去做,而且要做好,做细,做周全。这两点看似有点矛盾,实际是不矛盾的,就看你白天如何去处理。记住了吗?”

白天重重地点了点头,说:“人民利益无小事,稳定压倒一切。”

周中华接着说:“白天同志,我认为你当前的首要任务,就是处理好国鼎厂遗留的问题,要给广大工人同志们一个满意的答复。若是这样的话,我这个市委书记就能安心、放心了。”

白天笑着说:“周书记,您刚才说的话我都明白,我尽量做好这些事情,让您安心、放心。”

周中华拍了拍白天的肩膀,意味深长地说:“小伙子,对我们这样的老头来讲,你还是个毛头小伙子,不是我倚老卖老,你可能还嫩了些,虽说你是省高院的高材生,但在接触基层方面,与我这个老头子相比,可能少了点。官场、民间,复杂得很呐,光用曲线的眼光去看待当前的事物还不行,你的眼睛得有穿透力,看人能看到骨头,看事要看到真髓。你今后的路还长着呢,虽说是个法院院长,你也要从市委的角度思考问题。”

白天诚恳地说:“谢谢周书记的教诲,今后还请您老多指教。现在,我马上去安排处理国鼎厂的事,另外,我还想找那个记者谈谈。”

周中华目送白天出门。从白天沉稳的身影中,他感觉此人比向东要稳重得多。向东是有开拓性,事业心也很强,在他周中华的面前,可以说百依百顺、言听计从。但是,向东的身上总会透出一种浮躁、一种虚假、一种野心,而白天,虽说刚接触,可凭他的直觉,他感到白天诚实、刚毅、执著、可信赖,而且是一个性情中人。俯首称臣的人,当然需要。没有这样的人跟着,他的令就不能行使,他的威风就不能展示。但是,他更需要能独挡一面的人,他需要业绩,需要口碑,需要给他创业绩、立口碑的人。向东不行,白天能做到。

他相信自己的眼睛。

二

在天宁市中级人民法院民一庭的办公室里，陈茵、民庭的助理审判员吴小龙和几名法官正在研究新世纪公司与香港银团的贷款纠纷案。陈茵的桌上摊满了卷宗和笔记本。

吴小龙靠着桌子站着，其他人都坐在各自的办公桌前。

他们都在听陈茵讲话。

陈茵在办公室里一边走动，一边说："昨天，香港银团诉新世纪公司拖欠贷款案第一次开庭审理，庭审中查清了基本事实，新世纪公司贷款兴建喜客来大酒店，贷款的抵押物就是已经建成的喜客来大酒店。现在，新世纪公司逾期两年多没有归还贷款，贷款利息也仅支付了一部分。从当前掌握的证据看，新世纪集团如果不能偿还贷款，就得用贷款的抵押物喜客来酒店拍卖归还。"

吴小龙说："这个案子很简单，事实清楚，证据充分，尽管余律师会说，但是，新世纪公司也没有有力的反证，应该可以判了。"

其他的人也都点头称是。

陈茵微微笑了一下，说："恐怕没那么简单吧。"

"难道陈姐那里还有我们不知道的证据？"吴小龙好奇地问。

陈茵笑着坐到办公桌前，说："卷宗都摆在这儿，我难道还会把证据吃了？我是想提醒大家，好好想想，注意一下细节。"

吴小龙挠了挠头皮，拿起卷宗翻看着说："细节？细节，还有什么细节……"

其他人也都打开卷宗和笔记本认真地查阅者。

吴小龙看了一会卷宗忍不住问道："陈姐，你就别卖关子了，快告诉我们,还有哪些细节我们没想到。”

陈茵坐直了身体,把手中的材料整理了一下,说:“大家考虑了没有,如果喜客来大酒店拍卖后,仍不能还清贷款,怎么办?要知道,贷款的抵押物只有——请记住,只有这个喜客来呀。”

吴小龙说:“嗯,这倒真是个问题。喜客来是独立法人,只不过是新世纪公司投资兴建的,这是个问题……”

众人纷纷点头,向陈茵投来征询的眼光。

陈茵理了理头发,说:“我认为,新世纪公司应该负连带赔偿责任。”

吴小龙反驳说:“我不同意陈姐的看法。喜客来大酒店是一个股份有限公司,对自己的债务负有限责任,这也是我国公司法的基本精神。之所以作出这样的规定,一定程度上是为了保护出资人的权利,保证企业的良性运行和市场经济体制的建立。这一点是立法的精华。现在喜客来出了问题,让新世纪公司负责,不是典型的子债父还吗?儿子都成年了,独立了,哪还有让他老子还债的道理。”

众人附和说:“子债父还,比喻形象,有道理。”

“还有吗,小龙?”

“暂时就想这么多,还想听听陈姐的高见。”

陈茵停了一下,说:“小龙讲的是很形象,也很有道理,不愧为法学硕士。不过,有一个问题,不知同志们注意了没有,那就是在喜客来大酒店设立之时,新世纪公司的注册资金没有足额到位,这就是我刚才说的细节。新世纪有没有责任,我想,这个问题可以不忙回答,大家回去好好思考一下。咱们的‘法官学术沙龙’不是要开办了吗,咱们就以这个为题,各抒已见,探讨一下,小龙同志,你看如何?”

吴小龙望着陈茵挑战的眼光,不甘示弱地说:“陈姐既然来到阵前挑战,我这个大男子汉焉有不迎战之理。”

众人笑着说:“陈庭长,到时候我们可要领略一下你这巾帼英雄的风采哟!”

陈茵也笑着说:“好,到时我一定要让你们看看我这芭蕉扇的厉害,你们小心了,我非把你们这些猴头扇到天涯海角不可。”

“好哇,我们等着你这个铁扇公主。”

众人又说笑了一通。吴小龙说:“陈姐,第一期沙龙的主讲人是你,我们可要看你的表现哟。”

“你小子别老想着为难我就行。”

“在工作中你是我的领导,在学术讨论中,你可是我的同事,这可是你教导我们的。”吴小龙怪声怪气地说。

“你小子对领导不满了,是不是?”陈茵故作愠怒说,“看我不给你小鞋穿。”

“我才不怕呢,谁不知你是个女包公,啊,不仅如此,你还是个铁扇公主。”

“好了,少耍贫嘴,说正经的,小龙,咱新来的院长原来是省高院研究室主任,理论水平很高,这学术沙龙是不是请他参加?”陈茵一本正经地说。

“人家是院长,能来参加吗?”吴小龙犹豫地问。

众人插言说:“院长来了一天了,咱们连影子都没看到,他还能来参加咱们的沙龙?”

“小龙,不管他来不来,你只管发请帖给他,他是院长不错,但他更是法官。”

吴小龙调皮地答道:“遵旨……”

三

白天从市委回到法院后,立即召开会议,研究如何处理国鼎厂事件。

董启汉、郑义鸣、朱民生、法警队的何队长等人参加了会议。

白天手举当天的省报对大家说："今天的省报大家一定都看了，十分钟以前，市委周书记把我专门叫去，对国鼎厂作了指示。事态发展到这个地步，也是我始料不及的。现在，我想听听大家的看法。"

董启汉第一个发言："今天这事我负主要责任，我主管执行工作，这次强制执行行动也是我批准的，都怪我考虑不周，事先没有研究处置各种突发性事件的办法，才造成如此局面，给中院和市委、市政府增加了工作难度。"其他人也都抢着承担责任。

白天摆摆手，说："大家都不要抢着担责任了，要说责任，最大的是我。只要我在这个位子上一天，第一责任人就是我。整个事件的情况我都了解了，应该说，处理是果断的、得当的。现在事件被媒体渲染成这个样子，我们没有别的办法，只能下功夫尽量挽回影响。"

郑义鸣气愤地说："我们应该向报社反映一下，对失实的报道，他们应该澄清、道歉，应该追究记者的责任。"

董启汉说："我看当前最重要的工作，是处理好国鼎厂的事，千万不能让他们再出乱子。"

白天说："我看这样好不好，咱们两条腿走路。请中院宣传处立即和报社以及记者本人沟通一下，我们搞一个全面的情况送给他们，让报社做到心中有数。同时，也是最急迫的，我和老董、义鸣马上到国鼎厂去，召开工人座谈会，摸清情况。在为他们提供法律服务的同时，把问题的关键给他们讲清楚，为今后的执行创造条件。大家看行不行，如同意就这样办。"

白天看大家没意见，就招呼董启汉、郑义鸣一起去国鼎厂。

国鼎厂破旧、空旷、沉寂，到处杂草横生，断垣残壁，废旧的机器覆盖着厚厚的尘土，阳光从破碎的大窗户上射进厂房，形成一道道光柱，映衬着毫无生气的车间。望着惨败的工厂，白天仰天感叹说："这就是一个为共和国作出过巨大贡献的企业吗？"是我们的机器不行，还是我们的工人不行？如果说是市场经济造成的，为什么有的厂仍然轰轰烈烈，有的个体户，条件那么差，却能建成一个大企业，这说明什么问题？仅仅是机制问题吗？华西村是一个机制，南街村也是一个机制，它们是两个不同的机制，为何都发展得很好？看来，这里不光是一个机制问题，更重要的是人。

国鼎厂厂长办公室很简陋，一看就是个破落户的样子，没有一点朝气。张国兴正伏在桌子上看报纸，翻材料。白天一行人进了办公室，他还没发觉。

“张厂长……”白天轻声地叫道。

张国兴头都不抬，不耐烦地说：“去，去，没看我在忙吗？有什么事等会再说。”

董启汉忙说：“老张……”

张国兴仍是不耐烦地说：“叫你等一会儿，你就等……”说着抬起头来，一看是白院长，后半句话就吞了回去，“是你们又来了！”他以为又是来执行的，所以态度不热情。

白天爽朗一笑，说：“张厂长，我们今天又是不请自到。”

张国兴很尴尬地站起来，结结巴巴地说：“坐，坐——白，白院长请，请坐。”

白天笑着拍了拍张国兴，把他按到坐位上，说：“坐，坐下来谈。我们今天来是想了解国鼎厂情况的，看看你们有什么困难我们能帮上忙。”

听说是来帮忙的，张国兴很不好意思地笑了：“我以为你们又是来查封的呢。”

众人都笑了。

白天问：“国兴同志，现在你们厂债权债务有多少？”

张国兴答：“债权4000多万元，债务2000多万元。”

“天宁中院的案子共涉及多少？”

“判决后未执行的债权有1000多万元，债务350万元。”

白天皱了皱眉,对郑义鸣说:“你们都听到没有,马上回去列一个清单,条件具备的快办,快执行。”

郑义鸣说:“我们已经列了一个清单,等会儿和张厂长核对一下。”

张国兴说:“我们也不是不想要回这些钱,有几个案子申请了强制执行,都没有兑现,拖久了,也就不指望了。唉,我也知道你们有难处……”

正在这时,一个工人跑了进来,上气不接下气地说:“厂长,李,李大柱他,他们要上访……”

张国兴听后,腾地站了起来,离开办公桌,恼怒地喊道:“这个李大柱,真是反了他了!白院长,真对不起,让你见笑了。我这就去看看。”说着就往外走。

他能不急吗?向市长给他下过死命令,工人若是再闹事,就处理他,就撤他的职,触犯法律的,就查他个渎职罪。虽说是个受罪厂长,他还不愿意被撤掉。他不愿意离开厂长这个宝座,并不是他在这个宝座上能得到什么好处,说实在的,他接到这个位子时,国鼎厂已经成为空壳,肉早就被人吃光了。数数上几任厂长,谁不是能捞则捞,厂垮了,他们可肥了。张国兴是从部队转业分配来的,他接任厂长时,国鼎厂正处于瘫痪时期。一年后,厂长进行竞选,因为他全身心地扑到工作上,虽然工厂起色不大,大家还是选了他。既然受众人之托,他就要给老少爷们办事。办不成事,就无颜面对江东父老。天宁中院来厂里强制执行,工人出面抵制,对这件事他是睁一只眼闭一只眼的。他不是不懂法,也不是故意跟法院对抗,而是厂里实在太难了。再说啦,他们到外面要账,法院也是去强制执行的,人家抵制,法院也没招。人家能那样,他们为什么不可以。别人要能还他账,他又何苦赖人家的账。说实在的,他张国兴不怕法院来硬的。你来硬的,把工厂封垮了,工人会找你要饭吃。你总不能把为共和国出过大力、流过大汗的工人置之度外吧。可是,今天,他发现新来的白院长能知情达理,昨天晚上,他已领教过了。他很佩服白院长的能力,他也相信白院长能处理好国鼎厂的事情。

白天看张国兴要一个人去处理工人上访之事，当然不放心，何况他本来就想和工人们直接接触，所以，他拦住张国兴，说：“我们一块去。”

四

原来，正在住院的李大柱看到省报登了舒畅的文章后，竟得意忘形地跳了起来。

记者替我们工人说话了，报纸为我们撑腰了。他不能再住院，他得回厂，他得把这个好消息告诉厂里的弟兄们。他估计工人们没这么快就能看到报纸。厂里就有一份党报，那还是市委宣传部强行派订的，不然连这一份也不会订。厂里每年派订的报纸杂志太多了，哪家也不敢不要。

厂里现在只有几个车间有人上班。原是一个五千人的大厂，轰轰烈烈，热闹非凡。现在上班的工人加起来还不足五百人。李大柱脱下病号服，换上工装，拿着报纸，拎起白天来看他时送来的水果，三步并作两步，赶到了车间。

车间工人看头上缠着绷带的李大柱跑回车间，纷纷前来问讯。

这个问，大柱伤得怎么样？那个说，大柱你怎么不在医院里多待几天，你还怕他们不赔偿你的损失。还有的开玩笑说，李大柱是不是憋不住了，想跑回来放炮。

李大柱没有理他们的话茬，高高地举起报纸说：“弟兄们，咱们厂的事上报纸啦！”

众人围了过来问：“报上都说些什么？”

“报上批评天宁中院啦！”

“这些家伙就该批！吃原告，吃被告，执行就拣软的捏，太不像话了。人家少我们国鼎厂的钱，他们为什么不给我们要？我们少人一点钱，他今天来逼，明天来查封，闹得我们人心惶惶。他们照人下菜碟，还不是看我们好欺负。他们总认为我们国鼎厂是老厂，是大厂，瘦死的骆驼比马大，有油水可捞。就不知国鼎厂已经连骨头都要烂了，哪还有东西可捞。”

“你们还不知道吧”，李大柱说，“我们厂的地都给市政府卖了，说要在这儿建什么世贸大厦。现在工资还能发一半，将来怎么办？”

众人纷纷议论着，可是谁也说不出什么道道，谁也不想出这个风头。中国人就这样，不逼到绝境是不会动的，更不要说领头了。

李大柱看到这种情形，挺身而出，跳上高台说：“各位老少爷们，各位弟兄，依我看咱们现在不如趁热打铁，借报纸的东风，去找法院算账。他们不是封了咱们的东西吗，那好，他们也得去封别人的东西。不然，我们就拆他们的封条。反正我们不能停产，不能等着饿死。你们看好不好？”

众人一起说好。

“现在就去法院行不行？”

众人一起说行。

李大柱说：“我就不信没有讲理的地方，人民法院的牌子能随便挂吗？人民法院不为人民为谁？今天我们就去讨个说法，法院不行，就找市委市政府，市委不行，就找省里……”

“李大柱，你给我下来！”正当李大柱要带人上访时，张国兴、白天等人赶到了现场。张国兴挤到高台下，一声断喝，顺手一使劲把李大柱拽了下来。

“厂长，你干什么？”李大柱被突如其来的吼声镇住了。

张国兴一看是李大柱带头闹事就来火。这家伙，惹事精一个，唯恐天下不乱。厂里只要闹事，没有他不参加的。张国兴指着李大柱说：“你不是伤得很重嘛，不说是脑震荡吗？你怎么跑回来了，跑回来干什么,挑拨是非？破坏生产？你看工厂没垮你难受是吧？”

李大柱急忙辩解:“厂长,我这不是帮你讨债吗。”

“你帮我？”张国兴指着李大柱的鼻子说,“哼！我看你是害我！”

工人们看厂长发火了,都悄悄地想溜走。因为他们从来没看厂长发这么大的火。

“大家不要走”,李大柱还想狡辩,张国兴没有理他,“你们不是要到法院讲理嘛,正好白院长来了,你们就在这儿讲。”

董启汉他们已经挤到台边,白天跳上高台,看着工人们笑着说:“同志们,我是天宁市中级人民法院代理院长,我叫白天。昨天晚上我们已经见过面了,我是昨天刚刚来天宁上任的,真巧,在院里屁股还没焐热,就被国鼎厂的同志们喊来报到了,这不,又来了,看来我和国鼎厂真有缘分哪。”

白天风趣的讲话,让一部分工人乐了。气氛开始变得轻松。

白天接着说:“今天也不是你们张厂长请我来的,是我自己专门来向大家伙儿报到的,我这两天来了两次,不知大家伙儿烦不烦？”

众人被这句话逗笑了。

白天继续说:“今天,我们还来了副院长董启汉同志,执行庭庭长郑义鸣同志,”白天边说边向大家介绍董启汉和郑义鸣,“噢,还有,不该来的人包括法警队,我一个没让来！”

众人哄然大笑。

白天说:“我们今天来,不是要查封你们的东西,是来和大家交朋友的,所以,大家不要防备我们。我说的是实话,我白天从来不讲假话。凡是讲假话的人,绝不是好人,更不是党的好干部,也不是人民的好法官！”

众人一起鼓掌。

“我们既然是朋友,大家有什么事都可以跟我说。”白天环视了一下周围,说:“今天我当着大家面表个态,凡是我能做到的,凡是法院能做到的,我们一定做到！而且是不遗余力地做到！”

众人热烈鼓掌。

“现在我们就来一个答记者问怎么样,谁有问题就提出来。”白天笑着说。

李大柱刚想张口说什么,被张国兴猛地扯了一下。张国兴瞪了他一眼,说:“在人家面前装病,还好意思说!”

李大柱嘟着嘴,缩了回来。

整个场面突然平静下来,平静得出奇。

“朋友们,工人同志们,我知道你们有好多话要说,你们怕我当场解决不了问题会难堪是吧,你们想给我留了面子,我谢谢你们。”白天神情变得严肃起来,说过话后,就从郑义鸣那儿要出一张纸,然后慢慢地举过头顶,沉重地说:“同志们,你们知道我手里拿的是什么吗?我手里拿的是国鼎厂的债权清单,是别人欠我们国鼎厂的账单!”

众人默默地注视着白天,注视着他那坚毅的面孔。

白天缓缓地说:“同志们,这张上千万元的欠账单,让我寝食难安。你们如果有这上千万元什么问题不能解决,什么困难不能克服?你们是看着钱饿肚子,我作为一院之长,有责任帮助大家解决困难!”

寂静的人群中,突然爆发出一阵长时间的掌声。

五

蓝天、白云、绿地、阳光。

这是富人休闲的地方。

这是天宁市的世外桃源——阿米娜高尔夫球场。

李一雄戴着墨镜,穿着高尔夫球衣,坐在漂亮的太阳伞下,正在用手机和陈茵通话:“老同学,这几年咱们见面不少,可真正坐在一起的时间很少。仔细想想,觉得挺遗憾的。现在的人啊,真不知道都在忙些什么。”陈茵半开玩笑地回答说:“李总,现在怎么想起琢磨这些来了,是不是在商海里折腾累了?”李一雄叹了一口气,说:“不说这些了,哎,晚上请大小姐赏光,怎么样?”陈茵回答得很干脆:“不行!别忘了,我手上有你的案子。”“案子,案子,你这位法官满脑子都是案子,咱们不谈案子,行不?凭咱们这些年的交情,就不能谈谈生活,谈谈理想,谈谈感情……”李一雄是真爱陈茵,他始终在追着陈茵,尽管他和别的女人也勾来勾去,但那不过是逢场作戏。陈茵仍然对李一雄紧闭着爱情的大门:“李总,我现在太忙,以后再谈,请你能理解。”“那好吧,结案以后,我再找你。”

三辆高尔夫球车开了过来,车上坐着白帆和金宝利公司的几个人。

穿着白色高尔夫球装的白帆,浑身散发着青春的活力。倘若在大街上走一趟,回头率可想而知。

李一雄看到白帆后,原本萎靡的精神,顿时为之一振。他连忙迎上去打招呼,并陪他们打高尔夫球。这是方晓频交给他的任务。绿色的草地上,一个白色的高尔夫球,被李一雄击飞,在蓝色的天空中划出一道美丽的弧线,然后落在了离洞很近的地方,骄傲地显示着李一雄的球技。

李一雄得意地对金宝利集团的人说:“不好意思,献丑了。大家别老是看我,各人玩各人的,要玩得尽兴,玩得开心。”

白帆望着帅气的李一雄,笑着说:“李总,你打得真棒,我跑了不少地方,还从来没看到有人能打你这样的好球。”

李一雄得到白帆的夸奖,心中暗喜。但表面上仍装作不以为然地说了句“这算不了什么”,然后将一只球放在草地上,用手一示,微笑着说:“白小姐,请。”

白帆笑笑说:“我打不好。”

她走到球跟前,用球杆比划着,就是不好意思出杆。

李一雄走上前殷勤地对白帆说:“白小姐,其实打高尔夫球,不在球本身,主要是在于心情。心情决定球技。”

“心情决定球技?”白帆好奇地问。

“是的。”李一雄不失时机地炫耀说,“高尔夫是一种精神运动。物质生活达不到一定程度,是不能来这里享受的。从根本上说,它是富人的精神运动。高尔夫,它本身就是一个高贵、典雅的代名词,一种身份、地位的象征。你知道吗,有很多人为它的高雅、神奇所倾倒;为它那昂贵的身价、复杂的技艺所畏惧;为它的变化莫测、充满挑战所诱惑。高尔夫球具有其他运动无法比拟的特有魅力,它是人与自然最完美的结合。你看,在运动中,球员与大自然亲近、沟通,充分满足了现代人渴望回归自然的愿望。它是洗涤生命的运动。”

“洗涤生命的运动?”白帆不解地问。

“是啊”,李一雄看白帆听得入迷,沾沾自喜地指着遮阳伞,示意白帆坐下,然后继续卖弄说,“打高尔夫球,运动量大,一场球需要步行十公里以上。但是,它持续时间长,运动强度小,具有很好的健身价值。它不受年龄、性别、身体状况限制,不同水平的参与者都可同场献技。它也是挑战自我、沟通人际的很好途径。实际上,打高尔夫球也是玩哲理……”

“玩哲理?”

“不错,玩哲理。你看,打高尔夫球,成功与失败只是一瞬间。也许前一刻,你是世界霸主或无名小卒,但下一刻很可能就改变了。关键是你能不能把握机遇,能不能利用机遇上一个台阶。”

“上台阶?”

“对。这个世界,穷者愈穷,富者愈富。一个阶层有一个阶层的生活方式,要想上到富人这个台阶没有经济实力不行。经济实力靠你去创造,瞬间变化,不是等来的,是靠你努力创造才能得到。”

一辆车疾驶而来,一个急刹车停到了球场边,来人是余婉妹。她看到李一雄和一个年轻漂亮的女人坐在那儿有说有笑,显得很亲昵,脸上掠过一丝不快。但她很快调整情绪，没有上前，远远地喊李一雄。

李一雄回头看是余婉妹，一惊，连忙站起来对白帆说："噢，是余律师，可能找我有事。"

白帆也看到了余婉妹。

李一雄招呼余婉妹过来，余婉妹和白帆相互礼貌地点点头。李一雄介绍说："这是余婉妹，我一个案子的代理律师。"白帆和余婉妹握了握手，相互问好。李一雄又对余婉妹说："这位是香港金宝利集团的公关经理白帆小姐，我们是谈判对手。"

白帆笑着说："更有可能是合作伙伴。好了，李总，你先去忙吧，我去打一会儿球。"说完跟余婉妹微笑着点了一下头，算是告别，走了。

李一雄看余婉妹焦急的脸色，忙问："怎么啦，出了什么岔子吗？"

余婉妹瞟了他一眼，说："岔子倒没有，只是想到咱们的案子，心里不踏实。"

"嘿，你急匆匆赶来，我还以为有什么事呢。原来就是为这事。"李一雄不以为然地说。

"你这个人真是没肝没肺，人家不是替你着想吗？"

李一雄拍了拍余婉妹的肩膀，笑笑说："我知道你心疼我。"

"听说中院新来的白院长是个不简单的人物。"余婉妹焦虑地说。

"哼，再不简单也是人嘛。"李一雄轻蔑地说，"只要是人就好办，你不是也这样认为吗？"

余婉妹长舒了一口气，说："一换人，不管怎样说，我就是有点担心。"

二人漫步走进球场旁边的树林里，李一雄连忙揽住余婉妹的腰，上去就想亲吻。

余婉妹慌忙挣开，说："别动，让人家看见不像话。"说完，理了一下散乱的头发，又盯着李一雄说："我问你，你是不是又在打那个女孩的主意？"

李一雄假装争辩，说："你胡说什么，我是在和她谈生意，你扯哪去了。"

“哼,狗改不了吃屎,你是什么人,我还不清楚。”

“你知道她是谁吗,你瞎胡说。”

“她是谁?”

“她是白院长的妹妹。”

“真的?”

“那还有假,不然的话,我怎么能陪她打球。”李一雄用淫荡的眼光剜了余婉妹一眼,说:“这下打官司心里有底了吧。”

余婉妹故意撅着嘴,说:“哼,甭管是谁的妹妹,你要是沾花惹草,我决不饶你!”

六

一个大红的信封放在白天的办公桌上。

白天打开信封,一张精美的请柬滑了出来。那是一张自制的邀请函。

白天不由自主地读出声来:“法官学术沙龙——请你参加——第一期主讲人——陈茵。”字如其人,看了这飘逸清秀的签名,白天估计,这肯定是一个很能干、很漂亮的女法官。

门外传来敲门声。白天连忙招呼请进。

出现在门口的是舒畅。陪同的法官说:“院长,省报的记者来了。”

白天热情地欢迎说:“请坐,快倒水,”边说边和舒畅握手,“欢迎舒畅同志来我们法院。”

听说新来的院长召见,舒畅感到有点意外。因为还不知这位院长葫芦里面装着什么药,所以,舒畅来的时候是做好两手准备的。如果白院长因为那篇稿件找她麻烦，她就准备奉陪到底；如果找她疏通，她就周旋。不管怎样，她一定要坚持记者的立场，坚持新闻的真实性。兵来将挡，水来土淹。她是记者她怕谁。看白天热情的样子，她只是客气地说："谢谢院长。"

"舒畅同志，我今天专门请你来，就是要给你提供一条新闻线索。"白天满面春风地说，"这可是能上头版头条的新闻哟。"

"真的？"舒畅虽然年轻气盛，但十分敬业。她一听有好新闻，两眼顿时冒光，"白院长，上次关于强制执行的追踪报道我还没写呢。"

"这次就是让你继续跟踪报道有关强制执行的事。"

"那太好了！"舒畅快人快语，虽是女孩子，却有男孩子气质。

"不过，这条新闻虽说与执行有关，但与你上次的报道无关。"白天看了舒畅一眼，口气轻松地说，"有一条我可以保证，那就是客观、真实。"说到这里，白天显然是暗示舒畅的那篇报道有片面性。没等舒畅反应过来，他又说："舒畅同志，采访这篇新闻，我有个条件……"

"条件？什么条件？"舒畅用调侃的语气说，"难道院长想跟我做笔交易？"

"对。"白天笑津津地说。

嘿，真够胆大的。搞腐败竟搞到我舒畅的头上了。舒畅吊起眼，挑衅地说："真想不到，白院长也来这一套，你不怕见报？"

白天说："我的条件就是要你保证见报。舒畅同志，我希望这次你能深入了解一下事件的全面情况，既要摸清当事人的真实情况，又要客观地反映法院的工作。怎么样？"

舒畅不太乐意地问："院长是批评我那篇报道不客观，不真实，不全面？"

白天看舒畅不高兴，就笑着打趣地说："对新闻媒体，我可从来不敢批评，只能说提个建议。"

舒畅不依不饶地说："你刚才还说是条件，这条件可不是那建议噢。"

白天笑呵呵地说:“真不愧是省报记者,厉害,好厉害。我服了你。”

“你得服理不能服我哟”,舒畅一语双关地说,“白院长,这是法院,是讲理的地方,可不能是讲人的地方。”

“好,说得好!”白天赞叹地说,“舒畅同志,我现在就给你提供情报。”

白天将刘志毅的全部材料递给了舒畅,郑重其事地说:“别看这个案子很简单,但比较典型,能挖出深层次的东西,是一条好新闻啊。”

舒畅接过材料,对白天要求说:“白院长,我想和办案人、当事人谈谈,你不介意吧。”

“好,我这就叫人去找。”说着,马上就让陪同的法官去找郑义鸣和吴小龙。

不一会儿,郑义鸣和吴小龙来到了院长办公室。

“这不,办案的人来了,我来介绍一下。”白天分别指着郑义鸣和吴小龙说,“这位是执行庭庭长郑义鸣,这位是案件承办人之一,也是最了解刘志毅情况的民庭法官吴小龙,法学硕士,我们中院的高材生呐。”

舒畅微笑着,伸手想和郑义鸣握手,而郑义鸣并没伸出手来,相反用讥讽的口气说:“你的照相机,我们已经专程送到贵府了。舒大记者,你还要穷追不舍,继续给我们曝光?”

舒畅伸出的手僵在那里,笑容也凝固在了脸上。哟,还来个下马威!够可以的。

吴小龙见状,慌忙上前握住舒畅的手,说:“刘志毅的情况我最清楚,那天还是我送他进医院的。白院长,要不让舒记者先到我们民庭看看?”

白天瞪了郑义鸣一眼,明显不高兴。一个庭长怎么这样没水平,怎么这样没礼貌?他赔不是似地笑着对吴小龙和舒畅说:“好,先到民庭吧,小龙要好好接待,要把情况详细介绍清楚。”

吴小龙假装表情严肃,对白院长“啪”地敬了一个军礼,调皮地说:“是,首长请放心,我保证,以事实为依据,以法律为准绳,顺利地完成你交给的任务。”

大家被吴小龙滑稽的样子全都逗笑了。

舒畅从尴尬中被解脱了出来。在吴小龙的邀请下,她告别了白天。

白天目送舒畅出门后,严厉地批评郑义鸣说:“义鸣同志,你刚才什么态度?记者是我们专门请来的,事关执行工作大局,你怎么那样对待人家呢?她的那篇报道是过分了些,但是,你不能说我们没问题呀,我们不是老虎,要容许人家摸屁股……”

“报告!”一个清脆的女高音,打断了他们的谈话。白天下意识地答道:“进来。”

二十三岁的丁雨晨推开半边门,先探进一个圆圆的脑袋,看见白天在屋里,既高兴又胆怯地打开门,没有急着进门,而是立正站在门口,高声说:“报告,南江大学法学院毕业生丁雨晨前来天宁中院报到。”

丁雨晨清秀的脸蛋里闪动着活泼、火辣、激情,一看就是个阳光下的女孩。

白天被这个突来乍到的新人吸引住了。他微笑说:“请进,丁雨晨同志。”

丁雨晨笑着说:“白院长,您不认识我了?我可认识您。”

“噢,你认识我?”白天感到惊讶。

“怎么不认识?”丁雨晨十分认真地说,“上个月,白老师为我们作了《一个真正的法官》讲座,当时我还跟您提了一个问题呢。”

“南江大学?”

“是呀,我还看过您写的很多文章,这不,报到第一天,先来看看老师,不行吗?”

白天笑了。郑义鸣也开心地笑了。白天这才意识到旁边还站着个郑义鸣,忙介绍说:“这是执行庭庭长郑义鸣。”

郑义鸣说:“我在报纸杂志上早就知道丁雨晨这个名字,文章按现时话说,帅呆了。我原以为是个男的,而且是在政法战线上工作多年的老同志,谁知道,竟还是个漂亮的黄毛丫头。佩服,佩服。”

白天也开玩笑说:“看来小丁的名气不小啊。”

丁雨晨害羞地说:“您信他胡吹,我跟他比,还不是小巫见大巫。郑庭长,今后在您的麾下混饭吃,还请您多多关照。”

“你是院长的大熟人,我可不敢得罪哟。”郑义鸣嘿嘿地笑着说。

“好啦,小丁同志,”白天说,“你先去安顿一下,然后到庭里报到上班。”

“是。”丁雨晨做了一个鬼脸,离开了院长办公室。

七

吴小龙比舒畅高半头,一米七五的样子,身子骨略微单薄一些,长方脸上戴着一副眼镜,白白净净,文文雅雅,一看就是个学者派头。如果说舒畅和丁雨晨都是外向型的女孩,那么,舒畅则精明老练一些。毕竟她比丁雨晨大几岁,而且接触社会也早几天。舒畅最大的优点,就是敢做敢当,不信邪。是个典型的事业狂。

“吴老弟……”舒畅话还没说,就被吴小龙打断了。

“我比你大,应该喊哥才对。”

“真的吗?报报你的年龄,不准说假话。”

“我说真话,你要骗我怎么办?”

“我们都把有效证件拿出来看,这样公平吧。”

“行,你要输了怎么办?”

“谁输谁请客。”

“一言为定。”

输的是舒畅,她比吴小龙小一岁。吴小龙故意摆出老大哥的样子,“怎么样,叫我哥。”

舒畅看吴小龙高兴的样子，眼珠子一转，狡诘地说：“喊哥你请客，请客你喊哥。你选哪一条？”

“选哪条我都吃亏，你还怪刁呢。算啦，当老大哥总得吃点亏，只要你把稿子写好，我请客。”

“这没问题，不过，你得让我看刘志毅的案卷。”

“行，保证让你一路绿灯。”

两个人有说有笑地来到民一庭，迎面碰到了陈茵抱着一摞案卷走来。吴小龙对舒畅介绍说：“这就是我们的陈庭长，陈茵大姐。”

舒畅和陈茵握手时，主动自我介绍说：“我叫舒畅，省报记者。”

陈茵打量着舒畅，半天才笑笑，说：“舒畅，嗬，久闻大名。你不仅文章写得妙笔生花，而且人也长得如花似玉。现在流行什么美女作家、美女画家，我看你倒是个名副其实的美女记者。哈哈，小龙，你可要照顾好哟。”

吴小龙不好意思地笑笑说：“陈大姐，她要看刘志毅的案卷。”

“去吧。”陈茵走了几步，突然转过身来，叫住了吴小龙，神秘地说：“你过来。”

吴小龙走了回来。陈茵附在吴小龙的耳旁低声说：“我看这姑娘很有灵气，你们也很般配，小子，要好好把握，别错过良缘噢。”

吴小龙羞红了脸，笑着说：“陈姐，你净胡说！”

陈茵拍了一下吴小龙的肩膀，做了一个鬼脸，说：“小子，记住老姐的话没错，快去吧。噢，别忘了，今天的‘法官学术沙龙’。”

舒畅和吴小龙查阅刘志毅的案卷后，刚走到法院办公大楼门口，吴小龙就发现一个六十多岁的老头，不顾老传达的阻拦，硬往办公大楼闯。吴小龙说了声“嗨，老刘头又来了”，顾不得和舒畅说话，就顺着台阶向老刘头跑去。

老传达气喘吁吁，终于抓住了老刘头的后衣襟。老刘头挣了几下没挣脱，干脆一屁股坐在了台阶前的水泥地上，大喊大叫：“你们法官不公，你们法院乱判，我儿子是冤案……”

老传达想扶他起来，他就是不起来，索性躺在地上耍赖：“我儿子被撞死了,还得赔人家钱,天底下哪有这样道理,冤啊,冤……”

舒畅被这个场面惊呆了,不知怎么才好,只是直直地看着。

吴小龙跑到老刘头跟前说:“老刘头,我是吴小龙,有话站起来慢慢说。”

老刘头一看是吴小龙,知道他是个好人,就一把抱住吴小龙的腿,哭说:“吴法官,你可要给我做主啊,我不能没有儿子……”

吴小龙俯身扶起老刘头,拍掉他身上的土,劝说道:“老刘头,你失去了儿子,心里很难受、很痛苦,我们知道。可是,法院得依法办事呀。你来了这么多趟,没有用。我给你解释多少遍啦,你怎么就不理解法院呢？走,咱先到接待室去坐一会儿,喝口水,好吗？”

老刘头抓着吴小龙的手,像小孩子似的“呜呜”地哭着说:“吴法官,你是大好人,大大的好人,每次来,你都对我好,像我儿子一样伺候我,真难为你啦,唉,我的儿子要在多好啊。”

舒畅回过神来,赶紧帮吴小龙扶老人走上台阶。吴小龙安慰老刘头说:“老人家,你的事谁都同情,可是,法律无情啊。要不,这样,你现在不是没儿子了吗,若是不嫌弃,就把我当儿子看吧。”

老人抬起头来,眼含泪水,紧紧地握着吴小龙和舒畅的手,颤抖地说:“吴法官,有你这份心情我就满足了。唉,谁叫我命不好啊……”

看到老人那种苍凉、哀戚、悲伤无奈的样子,吴小龙心情十分沉重。他替老人擦了一把眼泪,继续安慰说:“老人家,别再想那些伤心事了,走,到接待室歇歇。”

老人伤心地说:“不了,不给你们添麻烦了,吴法官,能见你们一面,我心里就好受一些,不然就堵得慌。我……这就回去……”老人松开舒畅和小龙的手,蹒跚而去。

吴小龙和舒畅急忙跟在后面,一直送出大门。

送走老人后,吴小龙对舒畅抱歉说:“对不起,耽误你的时间了,我送你上车。”说着便和舒畅一起走向富康车。路上,吴小龙有意无意地说:“在大多数人眼里,法官不过是坐堂问案。可他们根本不知道每一起案子后面都有许多这样或那样的事情发生。就拿刘老头来说,他儿子交通肇事死了,交警部门认定他负全部责任,事实清楚,法院判他败诉,他就是想不通,如今成了法院的常客。无论法院如何向他解释,他就是不听,时不时就来闹一通,这么大年纪了,你能拿他怎样?作为法官,很多时候都感到无能为力。就拿国鼎厂来说吧,我们法官去执行,被围攻,被打伤,没人同情。反过来,倒说我们粗暴执法,我们苦口婆心,道理讲了一大车,法律讲了一条又一条,谁睬你?可是,当你去执行,去查封他们的仓库时,他们都来了,跟你吵,跟你闹,跟你蛮不讲理,让你无法依法办事。你说,换了你,你又能怎么样?难哪,舒记者,客观现实跟书本上讲的是不一样的。"

舒畅听了吴小龙的一番话,自觉有点内疚。细琢磨,"粗暴执法"的稿件,是有点极端,这是她没全面深入调查所致。这种情况的出现,正说明自己浅薄、狂傲。初次接触法院的同志,发现他们对事业如此执着,对同志如此热情,对老百姓如此关心爱护,这是她无法可比的。作为记者,光凭热情不行,还需要深入实际,脚踏实地地做点事情。无冕之王,不是无礼之王,更不是无法之王。她望着吴小龙对人的那种感情,对工作的那种负责,动情地说:"吴兄,我今天跟你学了不少东西,真的。今后还少不了给你增添麻烦。"

吴小龙俏皮地说:"瞧你,见外了吧,咱们谁跟谁,别忘了请我吃饭就行。"

八

陈茵家中的门铃,一声连一声地响。

哪个家伙,这么冒失,这么不礼貌。陈茵边嘟囔边走到门前,问:“谁呀?”

“我,李一雄。”

“哎,你这个人怎么这样,下午不是打电话跟你说好了吗,今天我有事,不见面。”陈茵在门口犹豫着,没有立即开门。

李一雄对着门上的猫眼,故装一副可怜的样子说:“是啊,我是没准备来,可我觉得心里不踏实,一不留神就来了。”

“有事明天到办公室说吧”,陈茵站在门内说,“我可不给你开门。”

“陈茵,你看仔细了”,李一雄对着猫眼举起双手,为了表示没带礼物,还转了一圈说,“我是空手而来,没有行贿法官的企图。”

陈茵从猫眼里看到李一雄滑稽的样子,忍不住“噗嗤”一声笑了起来。不过,她仍没有开门,故意说:“那你要不要把口袋都翻出来,看看有没有东西。”

“行,你怎么说,我就怎么办。”李一雄真的脱下上衣,提起来边掏口袋边说,“伙计们,都出来亮亮相,让我们的大法官看看,肚里装没装货。”

毕竟是一块长大的,毕竟小时玩过家家,毕竟以前相处过,虽然陈茵对李一雄没有爱情,但感情还是有的。要不是因为牵扯到案子,说什么她也不能把李一雄拒之门外。经不住李一雄的纠缠,陈茵还是打开了房门,无奈地苦笑着说:“进来吧,别出洋相了。”

李一雄迅速闪进屋内,嬉皮笑脸地说:“这年头哪还有你这样铁面无私的法官,连个面都不让见,老同学,有点过分了吧。”

陈茵用手指着李一雄说:“你别跟我耍贫嘴,说好了,你来玩可以,但不许提关于案子的一个字。”

李一雄说:“喂,这太不公平了吧。你张口闭口说案子,却不许我提一个字。哼,陈茵,别以为你是法官,手里有点权,就把别人看扁了,我告诉你,今天我还真不是为案子来的。”

陈茵疑惑地说:“你是无事不登三宝殿,今天不为案子你为啥来的？”

“你就不能让我坐着说吗？”

“请坐吧，我的李总经理。”陈茵做了一个请的手势说。

“好了吧你哪”，李一雄坐到了沙发上说，“叫我总经理，明摆着是生分了不是？我是总经理，你是大法官，两人都与案子有关联，那你现在还能见我？”

“好了，李一雄，说实在的，这个时候我真不想见你，也不该见你……”陈茵显得很无奈，面对李一雄，赶不得，留不得。赶，不行。他们是从小一块长大的，可以说是青梅竹马，当然不能赶。再说啦，他们上一辈，一起扛过枪，一起跨过江，一起赴过朝，一起负过伤，“文革”中也一起遭过殃。可以说，李陈两家是同甘苦共患难的战友。她怎么好意思不给李一雄面子？留，更不行。李一雄是喜客来大酒店的被告，她是此案的主审官，在案子没结之前，按法律要求，两人是不准私下见面的，所以留不得。陈茵左右为难，只好央求说，“不管什么事，咱以后再谈行吗？”

李一雄很放松地靠在沙发上说：“其实，我也没什么要说的，只是想来看看你，真的。”

陈茵微笑着，眼睛一吊，问：“看我？”

“是啊”，李一雄认真地说，“真的，至于案子嘛，那不过是我想和你见面的借口。”

“我有那么重要？”

“当然啦，对于我来说，”李一雄一语双关地说，“你比什么都重要。这些年，我一直在南方做生意，每当闲暇时，望着南方的海、南方的山，就想到咱们老家天宁。每每看到海滩上、山麓下嬉笑的孩子们，不由自主地就想起咱们少年时在一起的美好时光。唉，那也就是想想而已。回到天宁后，你忙你的案子，我忙我的生意，大家见面机会也不多。偶尔相见，也多是朋友聚会，人多嘴杂，再加上你又是咱们朋友中的一枝花，谁都想和你多唠几句，我想挨都挨不上号，更别说深谈了。哪像小时候,我们天天在一起……”说到这里,李一雄深深地望了陈茵一眼。嗨,这家伙还真受看呢。猛一看,你并不觉得她怎样,细一瞅,那脉脉含情的目光,那嫣然一笑的神情,那仪态万方的举止,那楚楚动人的面容,真是胜过千言万语。余婉妹说她是个谜,是个带有点神秘感的不可轻易破解的谜。他现在倒觉得陈茵是篇百读不厌的美文,是一本奇妙无比的书。如果在人流如织的大街上打望,她也可以是很亮眼的风景,吸引人的不完全是她挺拔颀长的身材、风中翻飞的如云秀发,更是她眼眸中流转闪烁的特殊的清冽气质。如果有机会细细品味,可以觉察出这个温婉的年轻女人,蕴含了绝对的能量:自信和坚强,柔韧和执著,聪明和平和。这些就像潜流在冰层下的河,默默地淌在你静静的感知中。她也很“女人”,善良和快乐,细腻和宽容,娇宠和体贴,传统和现代,这些都给她平凡的生活染上幸福的颜色,还证明了她可以完美。她既像邻家亲切可人的大姐姐,又似情怀万种的恋人。有时又是两者的结合体,如清风里慢啜浓浓的美酒,让你的世界在醉意中朦胧。正是这种变化,才让李一雄觉得她新鲜又神秘,从而在不知不觉中被吸引。他钟情地继续说:“陈茵,不管你信不信,我今天来找你,真的不是为了案子,只是想追回往日的真情。喜客来也罢,香港银团也罢,谁输谁赢,无所谓。输是为了钱,赢也是为了钱,输赢胜负,对我来说,早已成了过眼烟云。不就是一个钱字吗?钱是什么,钱是狗屎,是毒药。贪官污吏走上断头台,是因为它;花季少女出卖肉体,是因为它;流氓骗子敲诈勒索,是因为它。总而言之,钱不是个好东西!想想过去,为了它打打杀杀,东奔西走,像只凶残的饿狼,到处窥测着猎物伺机捕杀,差点连命都送掉了,真不值得。”

也许李一雄讲的是真心话,也许他在这儿故作红尘看破。不管他出于哪种动机,陈茵都看作别有目的,是醉翁之意不在酒。陈茵点了点头——这个点头,不是赞许,而是审视。她带有点嘲讽的口气——这个嘲讽也不是鄙视,只是近似调侃,一种老同学的亲情沟通,说:“看来,李总经理是只想情不要钱喽?难得,难得。”

“钱,能买来房子,不一定能买来家;能买来女人,却不一定能买来爱情;即便能买来一切,也买不来不死。生命是第一可贵的,真情是第一可贵的。”李一雄煞有介事地说。

“我可是想钱哟。”陈茵理了一下头发,眯眯一笑说,“没钱,我没法生存。我总归要吃、要穿、要人情来往。再说啦,那些下岗工人没钱怎么让孩子上大学?那些老少边远的穷地区,没钱就没法发展。中国没钱就不能强大,李老总,你说没钱怎么行?”

“你呀,竟跟我讲一些不着边际的话。”

“你呀,有钱才说不爱钱的话。实际呢,老同学,你是口是心非。”陈茵点着他的麻筋说,“你一刻不见钱,恐怕就要了你的命。不要钱,你搞那么大的公司干什么?当然,我不反对你把公司做大。你的事业做得越大,我越高兴,越欢迎。”

陈茵这话说的是实话。老同学,老朋友,能发大财不好吗?当今这个社会,你穷,不是光荣的事。这只能说明你无能。有能,你就应该去拼搏,去发展,去挣大钱。穷光蛋不是社会主义中国希望的,社会主义中国希望大家都是百万富翁。

李一雄听陈茵说了这句话,以为陈茵对他有意,竟沾沾自喜地说:“我的事业做大,你欢迎?”

“当然啦,等这个案子一结束,我一定和你好好地谈一谈。”陈茵说,“老同学,我也有很多话想跟你说。”

李一雄听到这话更是喜不自禁,说:“我一定恭候,一定,一定。”

“老同学,我做法官,有自己的原则和处事标准”,陈茵慢条斯理地说,“今天不让你来,你应该理解。在喜客来的案子上,更应该支持我,配合我。好啦,不多说啦,你该走啦。”

陈茵下了逐客令。

“好吧,你能让我见一面,就是我李一雄的莫大荣耀,案子结束后,咱们再相会。”

陈茵站了起来,说:“对不起,我只能送客了。”

九

白天刚想出门,办公桌上的电话铃响了。

他拿起电话,电话里传来了方晓频的声音:“你好,白大院长。”

白天一愣,说:“晓频,你怎么知道我办公室的电话?”

“堂堂大院长的电话号码,一打听不就知道了。”

白天笑着说:“看来,你还真是一条地头蛇,无孔不入啊。”

方晓频也笑着回应:“人都说强龙压不过地头蛇,我看不都是这样,我这条地头蛇,就是缠不住你这条强龙。”

“你这话什么意思?”

“我没什么意思。只是觉得自己面子太小,白大院长架子太大。不然的话,为什么我一而再,再而三地请你吃饭,就是请不动?”

白天抱歉地笑着说:“就为这事啊,我不是忙嘛。我刚到天宁,还有许多事需要……”

还没等白天说完,方晓频就截断了他的话:“好了,好了,大院长,你别再拿工作来挡我了。说好了,今天晚上我请你吃饭,你来不来?”

“看来是最后通牒了。”白天开玩笑说。

“你少废话,来不来?”

白天知道,这饭不好吃。吃了,说不好会吐出来。但是,考虑再三,他还是答应了。

方晓频听白天答应了,非常高兴。笑着说:“我总算盼到太阳从西边出来了。好,今晚六点半,在‘小北海渔村’不见不散。”还没等白天回话,她就挂了电话。

白天无奈地摇摇头，放下了电话。

白天来到了天宁市中级人民法院的会议室，只见会议室里装饰一新，四周被沙发围成了一个圆圈，沙发的一角，放着一块大黑板，黑板上方的墙上贴着“法官学术沙龙”六个大字，那是陈茵写的，清秀而挺劲，正对着会议室的大门。白天悄无声息地走进屋里，不声不响地坐到了门旁边的一个坐位上。屋内一二十个人正围坐在一起，相互打招呼，相互交头接耳议论什么，谁也没有注意到白天的到来。就是注意了，谁也不认识白天。毕竟白天刚来，来了又忙着处理刘志毅和国鼎厂的事，没机会和大家接触，所以大家不熟悉白天。

吴小龙是最后到的，来后就想坐在门口的位置上。陈茵看到后，笑着招呼说：“小龙，你想应战，不到阵前来怎么行呢，快，往里面坐。”

吴小龙只得往里挪了几个位子，笑了笑说：“陈姐，你等着好了，我非把你打得落花流水不行。”

“你小子，好，我等着你。”陈茵说罢，从坐位上站了起来，看沙发上人已满，两手拍了一下，很随和地招呼大家说：“各位，我看人来得差不多了，咱们开会吧。”她清了清嗓子，“今天是我们法官学术沙龙的第一次活动，叫学术沙龙，顾名思义，就是一个畅所欲言讨论学术的场所。前面加上法官，就是说，是我们法官学习研讨的园地。在这里，只要是和法有关的，你可以天南海北侃，可以纵横捭阖说，不管是平时的点滴思想，还是鸿篇巨著；不管是亲手办的案子，还是国外的疑难案件；不管是理论问题，还是实践感受，都可以说出来给大家听。重在参与，目的只有一个，那就是：辨明真理，用准法律。”

大家都在听着，有的表情轻松，有的则严肃持重。

陈茵停了一下，喝了一口水，又接着说：“不过，今天我们是第一次举办沙龙，参加的人员大多是本庭的，带有内部案件研讨会的性质，今后可以根据情况扩大规模。这次，大家推举我做第一期学术沙龙的主讲人，我就抛砖引玉吧。下边我先介绍一个案例。这是一家境外银团诉本市喜客来大酒店拖欠贷款案。”

陈茵把案件的来龙去脉陈述了一遍，最后说："案子的基本情况就是这样，现在，我向各位提一个问题，在这个案件中，新世纪公司扮演了一个什么角色，它要不要承担责任？这个问题，吴小龙不能先回答，因为他是合议庭成员。"

法官甲不假思索地说："这个案子太简单了，没讨论的必要。喜客来大酒店是具有独立法人资格的公司，在归还贷款这个简单的法律问题上，毫无疑问，它要负全责。"

法官乙说："问题恐怕没那么简单，如果这么简单，陈庭长不会拿到这里来考我们。"

陈茵听到议论后，笑了："我可没有考大家的意思，只是想让大家帮我出出主意。各位也可以给我提出问题。"

法官丙问："喜客来大酒店拖欠贷款多长时间？"

法官丁问："喜客来现在的经营情况怎么样？"

众法官纷纷提出各式各样问题，陈茵十分自信地一一回答。

尽管问题提出不少，但切中要害的却没人提出。陈茵看大家没提出新问题，又问了一次："大家好好想想，还有没有问题提出？"

有人说，陈庭长，你就别卖关子啦，你给我们讲讲，里面还有什么问题。

正当陈茵要开口时，白天从后排站了起来，问陈茵说："我能提一个问题吗？"

所有人的目光"唰"地一下，一齐射向白天。这是一个陌生人，一个很不起眼、衣着便服的男人。倘若走在大街上的人群里，你真不容易发现他，因为他太普通了。

吴小龙见过白天，看白天能不显山不露水地参加这次会议，非常高兴，也非常敬佩。白天的目光扫了一下吴小龙，示意吴小龙不要声张。吴小龙会意地点了点头。

陈茵用疑惑的目光，看了一下白天，还来不及思考，就顺口答道："可以，当然可以，请讲。"中院的人很多，而且常有新人来，若与自己案件无关，她决不去打探别人。所以，院里有些人她根本不认识。

白天慢声慢语地说:“刚才陈庭长和一些法官同志提到,说喜客来是一个具有独立法人资格的公司,我有两个问题想问:第一,在喜客来酒店中,新世纪公司的股份比例有多大?第二,新世纪公司对喜客来的投资到位了多少?”

一语道破天机。妙,太妙了!陈茵惊喜得差点叫了出来:“这位同志,你的问题提得太好了……”

众人如梦方醒,惊呼道,对呀,这个案子的奥妙就在这里。吴小龙憋不住,站起来说:“我给大家介绍一下,这个提问的,就是我们新来的代理院长白天同志!”

人们一下子愣住了。陈茵更是用责怪的眼光狠狠地挖了吴小龙一眼,言外之意,你小子不地道,院长来了你怎么不事先跟我打招呼,害得我不得不打被动仗。

白天微笑着向大家点点头。

一阵沉寂之后,陈茵带头鼓起掌来。紧接着掌声一片。

白天走上前和大家一一握手。待握到吴小龙时,他开玩笑说:“你小子,泄露机密,干扰学术讨论,看我们的陈主持怪罪下来怎么办?”

白天的话把大家都逗笑了。陈茵更是感到尴尬,含羞地说:“白院长,您就别出我洋相啦。”

白天走到陈茵跟前,很热情地和她握了握手。双目相对,都闪出了信任、理解、支持。白天说:“陈茵同志,谢谢你的邀请,能让我有这个学习的机会。”

陈茵激动地说:“白院长,请您给我们讲几句吧。”

大家热烈地鼓掌,都想听听新来的院长这头一场的演说。

白天没有推辞。他站到中间,谦虚地说:“同志们,我到任两天了,还没有正式和大家见面,今天,我正式向大家道歉,请同志们原谅。”

白天神色严肃起来,他望着大家,沉沉地说:“同志们,我刚到天宁,有两件事让我很震惊:第一件是国鼎厂的执行事件,第二件是刘志毅在法院门口公开叫卖‘法律白条’。这两件事都与执行有关,它非常生动地反映了人们常说的'执行难'的问题。记得来时,省高院领导跟我一再强调说,法官一定要公正。一个法官只有公正才能依法办好事,办成事。对于法官来讲,公正是前提,是基本要求。一个案件必须公正才能维护最广大人民群众的利益。但是,我们在追求公正的基础上,还要讲究提高司法审判的效率。试想一下,如果一个公正的判决,三年五年,甚至十年八年还不去执行,或者说,应该执行的得不到切实执行,或者说,过了很长时间才去执行,那人民群众的合法权益不是仍然受到损害了吗。人们习惯把司法公正界定为裁判公正,往往忽略了执行公正对于司法公正的特殊意义。裁判公正是基础,只是个基础。而通过公正的执行,将裁判的公正变为真正的现实,这才是司法公正的最终体现。同志们,公正与效率,是天平的两个砝码,是人民法院的双翼!"说到这里,白天在每一个到会者的脸上停留了一下,接着又说了起来,"同志们,我还想告诉大家一件事,在我来天宁之前,我原来的一个同事,一位曾经十分出色的执行法官被'双规'了,让人十分痛心哪!法官违法,已经不是出现一次了,这反映了我们法官队伍里存在一定问题。我们必须面对,必须正视。队伍变了质,公正和效率,就是无源之水、无本之木。今天,我在法官学术沙龙里,看到了我们天宁中院这只队伍的生机,这只队伍的活力,这支队伍的希望!在今后的日子里,我将和在座的同志们一起,为法院的公正和效率而奋斗,而前进!"

鸦雀无声的会场里,突然爆发出长时间的掌声。

十

小北海渔村坐落在天宁山的山腰间,依山傍海。

千米长的石径,在枝叶编织的翡翠般的浓荫里变得曲曲折折。正是这曲曲折折把小北海渔村同天宁市连了起来。径的那一头,是海的涛声、灯的霓虹、喧嚣的市井。径的这一头,是碧绿的鸟鸣、芬芳的泉声、寂静的山林。

来到小北海渔村,就是回归了自然,就是走进了忘却。方晓频认为:忘却,是一种释放,是一种享受。忘却了市井的喧嚣,就是无忧的享受;忘却了失重的心态,就是自由的释放。在天宁市,方晓频宴请贵客,只选两个地方:一个是金麒麟海鲜城,另一个就是这小北海渔村。金麒麟象征着豪华、富有、高贵,小北海则显示至尊、休闲、高雅。到金麒麟,是为了炫耀自己的财富与天分;到小北海,就是为了蕴藏自己的霸气和野性。

方晓频和白天是一前一后到的小北海,白天还略早了一步。

小北海渔村一层大厅里的客人很多,但不像金麒麟里那样嘈杂。似乎受山的熏染、花的教诲,这里的来客不由自主地也文雅起来。方晓频和白天的包间在二层,名曰:海情。在这个名字的包间里请客,白天自然明白方晓频的用意。这个用意无非两种:一是莫忘往日的旧情;二是今后手下留情。白天也是凡夫俗子,当然有情,只不过是把握了情的分寸罢了。

走进包间,方晓频示意服务员退去。服务员微笑着,马上退到门外。

方晓频顺手把门关死,有些陶醉地靠在门上,深情地看着白天,轻声地说:“白天,我们总算又见面了……”

白天看着方晓频痴情的样子,心中不由自主地生出一丝慌乱,慌乱得手中提包都不知放在哪儿好。他努力地掩饰自己,说:“是啊,你回国后,我们这是第一次见面。”

方晓频很快恢复了常态,优雅地说:“请坐。”

两人面对面地坐着,相互对视。一个令人留恋的场景出现在两个人的脑海里——大学校园的红楼湖边,荷花盛开,湖水入镜,两个走在湖边的人影倒影在水面上。方晓频含情脉脉地说，白天，我们一起去美国吧，我叔叔会为我们安排好一切的。叔叔说，出国留学是我们最佳的选择。白天说，我的理想是当一名法官，为祖国的法治事业奋斗终生。你知道，法律是一门社会实践性很强的学科，我想尽快到社会上去锻炼，早日实现我的理想。我劝你最好也能留下来，当前我们的国家多么需要法律人才啊。方晓频说，叔命难违呀。白天说，从进大学的第一天起，我就告诫自己，大学毕业后一定要回到生我养我的那片土地，早日为家乡的法治事业作些贡献。方晓频说，如果出国深造几年，回来不是能更好地干出一番事业嘛？白天说，我的家乡需要我，我也不忍心让我的父老乡亲为我支付高昂的留学费用了。方晓频说，我叔叔会负担一切的。白天苦笑着说，那样更不合适。方晓频慢慢将头靠在白天的肩上，抽泣着说，那我就先走一步，在国外等你。白天沉沉地说，莫愁前路无知己，天涯处处有亲人。既然人各有志，那就各自保重吧。方晓频动情地扑入白天怀中，泣不成声。白天静静地扶着方晓频，默然无语。湖边的垂柳发出轻柔的摩娑声……

静默了好一会儿，谁也没开口。该说什么，不该说什么，大家都在思考着。毕竟他们多年没见，毕竟他们曾经有过一段旧情，毕竟现在他们所处的位置不同。

在白天的眼里，方晓频仍然跟大学时一样美丽。只是现在的美丽不像过去的单纯，现在的美丽里，添加了成熟与傲慢，过去的美尽管有点傲气，却没有霸气。现在的美，能让人明显感到冷漠、霸道、神秘。他很想找回往日的方晓频，找回那份真情，可是，他知道这是不可能的。金钱已经让这位美女失去了过去。

在方晓频的眼里，白天也不是过去的白天。原本精干的白天，经过这些年的洗礼，城府愈加深沉。走近白天，你能闻到他那强烈的事业气息，你能感受到他那逼人的凌然正气，当然，你若能读透白天，你同样能看到他的和善、憨厚、真诚和可靠。方晓频自认为是读透了白天的，所以，尽管白天想和她保持一段距离，尽管白天待她不冷不热，她仍然盯住白天。她相信,只要抓住了白天,她在天宁市的金元帝国梦就能实现。只要能实现自己的梦想,她可以低下高贵的头,可以献上自己不愿意献上的笑容。

白天回避了方晓频的眼神,首先打破沉默,给方晓频斟上一杯茶水,身不由己地无话找话说:"晓频,你还是那么漂亮。"

方晓频嫣然一笑,说:"嗬,想不到你也学会了赞美女人。"说着,便把手机关上了。

白天注意到了这个细节。但装作什么都没在意的样子,诙谐地说:"我说的是实话。嗨,这年头真是的,在哪儿说实话都难。"

"好,我接受你的这句实话。"方晓频呷了一口茶,本能地想去抽一枝烟,突然控制住了。她浅浅地一笑,说:"白天,说实话,听说你来天宁,我真的激动了好一阵子。我也不知为什么,反正很激动,信不信由你。分手这么多年了,有好多话想跟你说,可是,今天见到你,却又不知从哪里说起……"

白天淡淡地笑着说:"是啊,是有很多话想说。当了好几年的同学,离开了好几年才相见,怎能没话说?有关你的情况,我是零零碎碎听人家说了一些,详细情况我并不知道。我只知道你出国发大财去了,回国后干什么,不太清楚。再说啦,你也没向我及时汇报呀?"

"向你及时汇报?"方晓频笑中有怨地说,"你那时正忙着跟嫂子谈恋爱,哪还能想到我。有几个像我这样又憨又呆的,我这边还在信奉着山盟海誓,人那边就洞房花烛了。唉,这是命。我信命,真的。"

"算了吧你,别人说信命,我还可能相信",白天调和气氛,说:"你方晓频说信命,鬼才信呢。你信什么,你就信你自己,不对吗?"

服务员上齐了酒菜,方晓频给白天斟了满满一杯酒,然后自己倒了一杯,端起来望着白天,说:"老同学,我敬你一杯。"说完,也不等白天,径直喝了下去。喝过之后,把空杯子亮给白天看。

白天只好喝干了杯中酒。这次,白天没让方晓频斟酒,而是自己替方晓频倒了一杯酒。方晓频又是一饮而尽。

连喝了三杯……这是天宁人的规矩，开始三杯酒，算是敬天、敬地、敬父母。三杯酒过后，又互敬了两杯，酒才停下来。白天酒量不是太大，但这种场合还是能应付的。何况，他们都相互知道对方的底细。

五杯酒下肚，方晓频的脸艳若桃花，别看她脸红，但没醉。她还是控制不住，抽起烟来。透过淡淡的蓝色烟雾，方晓频盯着白天说："白天，你有了官气。"

白天轻轻地摇了摇头，不置可否地说："你瞎说什么，我有什么官气，平头百姓一个，整天瞎忙乎，能干到这份上，就是老林土冒青烟啦，还官气呢，'官欺'差不多。"

"我知道你这两天忙"，方晓频说，"报纸上的事我都看了。老同学，怎么样，折腾得够呛吧。"

"总算告一段落。"白天笑笑，停了一下，但马上就话外有话地说，"看来，我干什么事你都清楚。"

"别忘了，你现在是天宁的公众人物"，方晓频也不笨，白天脑子里想什么，她马上明白，于是说，"谁不关心你的行踪？多少当事人的命运都掌握在你手里呢。"

"掌握在我手里？要都掌握在我手里就好了。"白天并没有隐瞒观点，他说，"能掌握在我手里的，基本都是掌握在法律范围内的。可总有一些不可能掌握在我手里，即便是在法律范围内的，我也不一定管得着。"

"不谈这些"，一看白天对这些上劲，方晓频马上岔开话题，"都二十年了，你还是那种忧国忧民的样子。喝酒！"

白天跟方晓频又碰了一杯，说："你最近怎么样，听说生意做大了。"

"我这是误入歧途，读大学时，我立志想当一名律师，却阴差阳错地走上了经商的路。"方晓频似乎对做生意不太满意地说："做生意哪有什么止境，说大也大，说小也小，关键是看你心有多高了。"

"你一向是志存高远，何曾服过输？"

“那是以前,现在到年龄了,不服输不行。”方晓频还要讲什么,只见服务生走了进来,对她招手,说外面有人找。她只得跟了出来。

是李一雄找她。

李一雄看到方晓频,立即掐灭烟头,迎上去叫了一声:“董事长……”

方晓频很不高兴。她难得和白天相聚,很想多待一会儿,续续情,结结义,找找感觉,结果被李一雄打断了,她能乐意吗:“你怎么知道我在这儿?”

李一雄没有回答方晓频的问话,而是压低了声音对她说:“董事长,事情闹大了,国鼎厂把咱们告了。”

方晓频好像一点也不在乎,大声大气地问:“它凭什么告咱们?”

“你小声点。”李一雄拉了一下方晓频,附耳低声说:“情况是这样的……”原来世纪投资集团有限公司,低价收购了天宁市国有企业——国鼎机器厂的120亩土地,按照协议,世纪投资集团有限公司还要负责安排国鼎厂130名职工。世纪集团低价取得了土地使用权后,非但没有付款,而且连一名职工也没安置。张国兴厂长找过李一雄,没用;又找副市长向东,也没解决。原本不找算了,后来看新来的白院长不错,像是给老百姓办事的样子,于是,一纸诉状将世纪投资集团有限公司告上了法庭。

“知道了”,方晓频故作镇静地说,“你回去吧。”

李一雄很知趣、很吃醋地离开了小北海渔村。

方晓频梳理了一下被海风吹乱的头发……那即是她爱美的自然动作,也是她遇到不顺时想厘清万千烦恼丝的习惯。然后很镇静地回到包间,对白天抱歉说:“实在对不起,公司有急事找我,我不能不回去。”

“时间本来也不早了,该回去了,走,我送你下山。”

降落在山涧、林梢、沙滩和海面的夜幕,夹携着大海的蔚蓝和温馨,笼罩着整个小北海渔村。一钩镰月,恬静地悬挂在浅蓝色的天空上,逗得星儿在夜空杂乱无章。山径旁、林荫间、海岸上,华灯闪亮,恰似一朵朵白玉兰,竞相开放。山上山下,火树银花,交相辉映,把个小北海渔村装点成了一座璀璨的鳌山。尽管景色秀美,方晓频却无心光顾,更谈不上欣赏了。

泊车的服务生早将一辆粉红色的跑车停在山门前。

临上车前,方晓频用手又轻拂了一下被微风吹动的头发,富有挑战地看了白天一眼,慢慢地说:“白天,不,白院长,我刚刚得到消息,我将坐在你的被告席上。”

白天惊讶地问:“你说什么?”

方晓频打开车门,对白天说:“你刚才说过,我方晓频是从来不服输的!”说过后,对白天伸出了纤纤玉手,不过,那手心是朝下的,而且一根食指突出前方。白天不会看相,但是他对人的一些举动还是颇有研究的。当法官不懂得心理学怎么行?不能从对方的举止间,判断出对方的心理怎么行?他研究过握手,尤其是女人的握手。他明白:握手时,手心朝上的女人,大多温顺而且好处;手心朝下的女人,一般争强好胜;只伸手指的女人,肯定精于世故,工于心计。方晓频这种握手的姿势,并非有意。恰恰就是这无意,才说明她是一个不好对付的女人。

白天机械地和方晓频握了一下手。方晓频上车后,“砰”地一声关上了车门,在车窗里对白天挥了挥手,说了声“拜拜”,便随着跑车的红色尾灯消失在夜幕中。

充满神秘传奇的大海,淡化了所有的复杂章节,给白天院长留下的只是那段最浅显最简练的潮声。

那潮声应和着风的节拍,不断澎湃着,想要上岸。

执行风暴

CHAPTER 03

一

天宁市中级人民法院第一审判庭正在开庭。

身穿法袍的陈茵，神色严肃地说："香港银团诉天宁新世纪有限责任公司借款合同纠纷一案，现在判决如下：天宁新世纪有限责任公司自本判决生效之日起，三十日内偿还香港银团贷款本息共计 7380 万元。诉讼费 37.8 万元由被告天宁新世纪有限责任公司承担。如不服本判决，可在接到判决书之日起，十五日内向本院递交上诉状，上诉于东山省高级人民法院……"

李一雄听到判决结果后，由紧张逐渐转变为一副不以为然的样子，并对陈茵闪出一丝冰冷的笑容。

陈茵离开法庭后，李一雄紧跟其后，追了上来。"审判长……"李一雄感情很复杂地笑着喊陈茵。

"这是法庭之外，用不着这样客气。"陈茵报以微笑说。

"你真是铁面无私啊！"李一雄皮笑肉不笑地说，"但是，你判了又能怎么样？还不是空头支票一张！"

"一雄，你……"

不等陈茵说完，李一雄便悻悻地抢先下楼，扬长而去。直到晚上，他才意识到自己的做法有点过分。毕竟，他还爱她，他还有求于她。于是又打开了手机拨通陈茵的电话："陈大庭长，我是李一雄。怎么样，今天晚上能一起吃顿饭吗？"

“怎么啦，是不是忘了你是我的当事人？”陈茵回答说，“白天，我看你的气不是鼓得很足吗，现在怎么又不生气啦。”

“我想通啦，生气能怎样，不生气又能怎样？就那么回事，无所谓。”李一雄说，“喂，败诉的当事人请法官吃顿饭不算是行贿吧？”

“一雄，你的心意我领了，饭就别吃了吧。”

“不吃也行”，李一雄迟疑了一下，马上又说：“这样吧，我们到海滨公园走走，散散心，赏赏海边夜色，总该赏个脸吧。”

“那……好吧，晚饭后见。”

“晚饭后？晚饭后是几点？”李一雄故意说，“见，又是在哪儿见？”

“七点吧，小时候常玩的老地方。”

海滨公园的林荫小道上，人们三三两两地散着步。陈茵准时地来到约会地点，老远就看到李一雄匆匆赶来。陈茵迎了上去，笑眯眯地调侃说：“哟，李总经理，没开车子来，不怕累着？”

李一雄也笑着反击说：“陈大法官，你在这窄窄的小路上等候，我的车子怎么开进来？”

“你的本领不是很大吗？”

“孙悟空的本领大，可就是逃不出如来佛的手心。”

“你这个家伙，说话总是别有用心。”

“哪敢呐。嘿，跟你这个大庭长见面可真难哪。”李一雄望了望陈茵，那张冰冷俊俏的脸，让他不得不敬而远之，“陈茵，我总觉得咱们之间的距离越拉越远了。”

“我不是跟你说过了吗，等案子一结束，我一定和你好好谈谈。”陈茵解释说，“这不，今天我这么忙，还是答应你来了。”

“你不就是想等我败诉后，跟我谈好看笑话吗？”李一雄想往感情上扯。在李一雄的心中，陈茵就像是刚出锅的汤圆，含在嘴里，想吃又怕烫着，丢掉还有点舍不得。

“案子胜败与否，是法律说了算。但是，案子没结之前，法官是不能和当事人私下接触的。这是我职业所决定的。”陈茵说得很认真，很执着,很坚决。

“现在像你这样坚持原则的人太少了!”李一雄感慨地说,“要是能有一半的话,中国的事就好办多了。”

“每个人都有每个人的做人原则”,陈茵说,“我想你会理解我的。”

“我不一定是最理解你的人,但我肯定是最了解你的人。”李一雄摘下一朵路畔的野花,在手里一边轻轻地拧着,一边盯着陈茵的眼睛,……那是一双美丽的大眼睛,能洞穿人心的大眼睛,发自内心地说,“其实,我对你这个人还是十分钦佩的。”

“官司打输了还钦佩我?”

“这是两码事,你是你,案子是案子。”李一雄将手中的小花扔进路边的夜色中,然后用手帕擦了擦手,说:“不过,案子输了又怎么样?喜客来在那儿放着,谁也搬不走,谁也占不去。让新世纪还钱?我上哪儿去弄7000多万元,拖着就是了。”

“贷款是以新世纪公司的名义贷的,人家当然要向新世纪公司要钱。”陈茵看李一雄那种要无赖的样子,很不高兴,说:“你拖着不还,法院是会强制执行的。一雄,我之所以想等案子结束后找你好好谈谈,就是因为这个。我觉得你变了,你变得让我陌生,让我不想接触,有时甚至让我怨恨。做人处事,不讲原则不行,不讲道德不行,站起来是条汉子,躺下去还应该是条汉子。”

“其实,我也没想到喜客来能落到今天这种地步。”李一雄很无奈地耸了耸肩,“香港银团总得给我一点时间吧。”

“人家给你的时间还少吗?贷款到期后,那么长时间你们一分钱都不还,人家能不起诉吗?你们这些大老板,平时欠我们内地银行的钱欠惯了,人家香港的银行能买你这个账吗?”

李一雄听陈茵说这话,不好意思地笑了。是的,内地的一些老总,贼大胆。不问是什么人的钱,能弄到手就行。银行的钱,那就更敢用。你给他贷得越多他越高兴,贷了他就没打算还,还怕你贷多吗?就怕你不贷。

“一雄,我觉得你是不是把企业的摊子铺得太大了?”

“企业之间的竞争,说白了,就是大鱼吃小鱼,小鱼吃虾,你不把摊子摆布大,早晚要被人家吃掉。”

“我认为企业的理念首先是讲诚信。一个成功的企业老板,最讲究的应该就是诚信二字……”

“好了,好了”,没等陈茵说完,李一雄很不耐烦地打断了她的话,“搞企业我比你懂。”

“你是比我懂。正因为你懂,你现在这样的做法我才担心。我总觉得你的经营思想有问题,你那个大脑不正常,你们贷人家香港的钱,压根就没想还,最起码是没打算按期归还。”

“银行的钱,好比一块大蛋糕,谁利用得好,谁就可以在激烈的市场竞争中立于不败之地,谁不利用谁就吃大亏。你懂吗,我的大法官!”

“好借好还,再借不难。你不能把利用资金和赖账不还画等号。”

“商业竞争是残酷的,残酷,知道吗?”李一雄说,“凭我这样努力,还跟不上趟呢。”

“这是你心太高所致,不管干什么行当,都应该在力所能及的范围内行事。”陈茵推心置腹地说,“一雄,凭你的聪明,只要能做到守法经营,你一定会如鱼得水。”

“唉,说实在的,商场如同战场,在我的事业和生活圈子里,能像这样真心疼爱我的人恐怕只有你了。”李一雄投去试探的目光。

“你别自作多情啦,”陈茵连忙打消他的邪念,“我只是不想眼看着你成为‘失足青年’!”

“陈茵,说真的,我还是那句话,金钱是身外之物,我只把它当作狗屎。”李一雄动真情地说,“我每次约你见面,真的不是为了案子,只是想和你说心里话。也不知怎么搞的,只要见到你,我什么忧愁,什么烦恼,什么困难,统统都会烟消云散。”

“我能有那么大的能耐?”陈茵似乎心有所动。她不可能不动,她毕竟是女人。她是和李一雄一块长大的,少年时代还有过一段千丝万缕的关系。不可否认,少年时,她曾非常热恋过李一雄。那段初恋,是永远无法从心中抹去的。

永远。

二

舒畅在天宁市又扔下了第二颗“重磅炸弹”。

——如果说《天宁市中级人民法院粗暴执法打伤工人》是第一颗“炸弹”的话。

省报在头版头条,用大红标题、特号大黑字刊登了舒畅有关法院执行的第二篇文章——《胜诉者法院门前叫卖“法律文书”——透析“执行难”》。

受到“炸弹”伤害最重的应该是市委书记周中华。

周中华有个习惯,上班第一件事,就是看报纸。三级党报他是必看的。……其他报纸他很少看。他看党报不是看其他信息,也不需要看方方面面的政策法规……这些在红头文件上早就看过了。他关心的是天宁市有没有好的消息上报纸,别的兄弟市又有什么成绩上报了,天宁市的见报率高不高于别人。他跟宣传部门一再交代:天宁市在报纸上要有字,在电视上要有影,在广播里要有声。尤其在上一级的报纸、电视、广播里,更应如此。他认为,一个地方的知名度是喊出来的。你干得再好,不宣传出去人家不知道。

如果说周中华追求虚名,也不准确。他要名不追求名,更不愿意沽名钓誉。在市委书记中,他甘做中间派。既不愿意太先进,太出名,……木秀于林,风必摧之,这个道理他懂。他也不愿意落后,落后人家瞧不起。他当官期间，只求一个“稳”字。稳定压倒一切，不仅仅是对他管辖的天宁市形势而言，也是对他的个人仕途而言。他只想平平安安地离开最后的岗位。

法院“执行难”的问题，在全国都是普遍现象，中央也因此下了文件。但是，因执行不力而被省报头版头条曝光，这在省内尚属罕见。尽管舒畅的文章是针对“执行难”存在的原因进行客观地分析，并没有批评天宁市，但是周中华看了还是不高兴，于是他叫来了白天。

“那个叫舒畅的记者，又写了篇文章你看了吗？”周中华冷冷地问。

“我认真地读了一遍。文章对‘执行难’的原因分析，还是符合实际的。”白天肯定地说，“不能算是曝光。”

“在天宁市中级人民法院门口叫卖判决书，这毕竟不是光彩的事。”周中华站了起来，走到窗前，背手面窗沉思了好一会儿才说：“现在看来，‘执行难’的问题不仅影响到司法的权威，也会影响到一个地方的整体形象。你们应该下决心解决‘执行难’的问题，不能再让它给天宁的形象抹黑了。”

“周书记，解决‘执行难’的问题，单靠法院一家的力量是不够的。这得借助社会舆论，引起各方面的注意，得靠市委市政府的支持。”白天说。

“行，你们回去研究一下，拿个方案来。这个问题要抓紧解决。”周中华对和白天一起来的郑义鸣说，“白天，我还是那句话，稳定压倒一切，人民利益无小事。”

回到中院后，白天让郑义鸣把负责执行的副院长董启汉叫到了办公室。白天跟董启汉说：“刘志毅的事被省报报道以后，引起了强烈的反响。我和郑义鸣专门向周书记作了汇报，周书记支持我们加大工作力度，要我们彻底扭转‘执行难’的被动局面。”

“是啊，执行工作是到了非抓不可的地步了。”董启汉说。

“根据目前形势，我建议在全市法院开展一次集中执行活动，把近年来执行积案进行一次大清理，你们看行不行？”

“我完全同意。只有这样,才能变被动为主动,才能激活执行工作这潭死水。”

“对,就得加大力度。”郑义鸣附和说。

“老董,我看你负责牵一下头,从各基层法院再抽调一些执行骨干,组成执行大队,在全市掀起一次‘执行风暴’,刮它个十二级台风。”白天信心十足地说,“肯定会有收获。”

这时,吴小龙抱着卷宗和陈茵敲门走了进来。

白天见陈茵和吴小龙来了,便对郑义鸣说:“你先回去准备吧。”

郑义鸣起身告辞。

陈茵说:“院长,我和小龙把国鼎厂诉世纪投资集团有限公司的卷宗都带来了。”

“老董,这个案子可不凡,刚起诉就引起市里重视了。”白天笑着对董启汉说,“现在咱们一起听听陈茵的介绍。”

陈茵说:“这是一起土地使用权纠纷案。国鼎厂在诉状中称,该厂将120亩土地转让给了世纪投资集团,双方约定,国鼎厂以优惠价位转让土地,世纪投资集团负责安置国鼎厂的130名职工。世纪投资集团在约定的时限内,既不付款,也不安置工人,国鼎厂多次交涉不成,便将世纪投资集团一纸告到了法庭。据说,这120亩土地是用来兴建世贸大厦的。”

“世贸大厦?”董启汉神情严肃了起来,说:“那可是市里关注的重点规划建设项目啊。”

“一方面牵扯的是市里重点规划建设项目,另一方面又牵扯的是老牌国有企业的工人再就业的问题,所以我们必须慎重处理。”白天说。

董启汉说:“我建议这起案子由陈茵担任审判长并具体承办。”

白天说:“行,吴小龙,你参加合议庭积极配合。”

晚上,白天又带着郑义鸣来到了刘志毅家。

刘志毅的堂屋里挤满了讨债的人。刘志毅正坐在墙角抽闷烟,看白天和郑义鸣进屋,慌忙迎上前去,说:“白院长,报上登我的事,我看了。我叫卖'法律文书'的事真是逼的。修路公司欠我的钱一欠就是九年,我拿什么付工人工资?你看,他们又在我家等了一整天了。"

白天用同情的目光扫视了一下满屋的民工。民工们也用渴望的目光注视着白天。

刘志毅指着白天高声地说:"兄弟姐妹们,他就是新来的法院白院长,可是个大好人呐,你们有什么就跟他说,让他给咱们做主。"

民工们听到这话,纷纷站了起来,围到白天跟前。白天与民工们一一握手。

农民工孟庆祝握着白天的手说:"白院长,我上有老下有小,妻子长年生病,女儿晓霞、儿子晓东上学就靠我外出打工挣点钱交学费。结果……结果这几年一分钱的工钱都没拿到。没办法,两个孩子先后都辍学了。我对不起孩子啊……"说着说着,眼泪便止不住地流了下来。

张洪有、张洪亮兄弟俩也上前来握着白天的手。张洪有一边流泪一边说:"白院长,俺村是天宁有名的贫困村。俺父亲死得早,俺兄弟姊妹五个就靠母亲拉扯大的。前几年,俺母亲得了胃癌,弟兄姊妹几个商量,砸锅卖铁也要把母亲的病治好。俺兄弟俩外出打工,来到了刘经理的建筑公司。实指望挣点钱回去给老母亲治病,一干几年也拿不到工资,家里地也耽误种了,老母亲她……"说到这里,张洪有再也说不下去了。

白天眼睛红红地问:"老母亲现在怎么样了?"

张洪亮泣不成声地接上说:"母亲交不起住院费,让医院赶了出来,去年病死了。俺对不起老母亲哪!"

刘志毅说:"讨债的民工们也知道是修路公司欠我们施工队的钱,他们都帮我要。为了讨债,他们在收费站的西边,搭起了小窝棚,一住就是几年哪。谁看了谁不辛酸……"

郑义鸣那么强硬的汉子,也控制不住,流下了眼泪。

刘志毅继续说:"他们住在四面透风的窝棚里等着拿工钱,修路公司骗我们,说今天有钱,明天有钱,整整骗了我们九年。有一位女民工,修路时和男人一样，搅灰浆、抬大土、搬石头，当场累得吐血，到头来一分钱也没拿到，还落了一身病。她九年没在家完完整整地过一个晚上，听说常常想孩子想得饭都吃不下去。还有一位民工，身患重病没钱医治，家人只好把他抬到天宁收费站的窝棚里，最后病死在一张破旧不堪的床上，丧葬费是我拿的。结果他的家人还找我闹了几次，骂我是黑工头，说是我害死了他。我确实也有愧啊！白院长，我只能靠您给我做主了……”刘志毅哭着，说着，说着，哭着，竟跪到了白天的面前。

离开刘志毅家后，白天和郑义鸣的心里都很压抑。白天对郑义鸣说：“我们一定要把拖欠农民工工资的案子和国鼎厂的债务纠纷案，作为这次集中执行活动的重中之重来抓。”

坐在白天身旁的郑义鸣，很沉重地点了点头。

黑色轿车射出两束耀眼的灯光，箭一般插进了黑色的夜里。

三

为赶赴河宁市五金厂执行天宁市国鼎厂债务纠纷案，郑义鸣、朱民生、丁雨晨和两名法警登上了依维柯警车。白天和董启汉为他们送行。临上车时，白天对郑义鸣一再叮嘱说：“这次赴外地执行的担子很重，你们一定要注意安全，要讲究执行艺术。必要时可以争取当地法院支持，河宁的法院院长是我老同学，有什么困难可以找他。”董启汉反复交待说：“你们一定要注意安全，有什么情况要及时向院里汇报！”

郑义鸣从车窗里探出身来，对白天和董启汉行了一个不太标准的军礼里，说：“请两位首长放心，我们保证完成任务，平安无事回来！”他的滑稽举动，引得大家一阵哄笑。

车子没有开进河宁市五金厂，而是悄悄地在附近的停车场里停了下来。

郑义鸣、朱民生、丁雨晨便装打扮，走出警车。

两名法警被留在车上。

“同志，你们找谁？”五金厂传达室的老头问。

郑义鸣不慌不忙地回答：“老大爷，我们是外地的客户，来找你们李厂长签订合同。”

一听说是来签订合同的，老头原本冰冷的脸，马上春风解冻，微笑着说：“请你们先来登记一下。”

三个人登记后，便大摇大摆地走进厂里。工厂里机器隆隆，工人们正在紧张地劳动。看样子，生产秩序一切正常。

朱民生说：“看来这个厂是有履行能力的。他们可能认为国鼎厂是外地客户，不能常来，所以故意赖账。”

郑义鸣说：“赖账不怕，只要有履行能力，我们就依法强制执行。”

此时，五金厂财务室里会计李敏和出纳徐梦正在整理账目。李敏问：“大象集团的那笔款到了吗？”徐梦答：“到了，刚从银行提出了40万元现金。”李敏说：“厂长刚才还问呢，说这笔款有专门用途，不能乱动。”两人正说着，郑义鸣三人敲门走进。

这家伙，这里是财务部门，怎么能随便进呢？徐梦警觉地问：“你们找谁？”

朱民生向他们出示了工作证和执行公务证，严肃地说：“我们是天宁市中级人民法院的执行人员。你们厂欠天宁市国鼎厂的债务纠纷案，经我院判决后，现已进入执行阶段。我院执行庭对你们厂曾多次督促，可是，你们厂却拒不履行。今天，我们对你们五金厂依法采取强制措施，请你们配合我们依法执行。”

“这，这事我们俩做不了主，”李敏发觉情况不妙，推托说，“我们得请示厂长。”

郑义鸣说：“我们会和你们厂长见面的。”

李敏仍推托说:“我们还是先请示厂长一下吧。”

朱民生说:“你请示,是你的事。我们现在就对你们的财务账目进行检查,请你们配合。”

丁雨晨走到办公桌前对李敏和徐梦说:“请你们离开。”

李敏和徐梦无可奈何,只好离开。

丁雨晨仔细的盘查财务账目,李敏和徐梦有点紧张地看着。

“今天刚到账的40万元现金呢?”丁雨晨抬头问。

“在保险柜里。”徐梦回答。

“请打开保险柜。”朱民生说。

徐梦只得去开保险柜。李敏趁机溜出财务室,在走廊里拨通了厂长的电话。厂长要她千万别让天宁市法院把钱拿走,她说恐怕来不及了。这时郑义鸣开门喊她,她只好关上手机,返回市财务室。

办公桌上放着四捆钱,丁雨晨正把钱装进帆布口袋里。

郑义鸣对李敏和徐梦宣布说:“现在,我们依法对这40万元现金实施扣押。并和你们办理法律手续,请你们签字。”

“同志,我们做不了主。”李敏着急说,“你们这样搞,厂长来了找我们要钱怎么办?”

郑义鸣说:“手续办完后,我们一定会见你们厂长的。按照法律规定,你们俩必须配合我们依法执行,否则,你们就得承担法律责任。”

丁雨晨向财务人员出具了法律手续。李敏和徐梦只好签字。

五金厂厂长接到李敏的电话,可就拉长了脸。因为他知道厂里刚刚到了一批款,40万元哪,不是个小数。万一给执行走了,那可就坏了大事了。他赶紧和公安局联系。

“张局长,一群不明身份的人,把我们厂的财务室查了。”厂长明知是法院的人,故意这样说,他们提走了我们的大批现金,请赶快派人来,不然就来不及了。张局长问,对方是什么身份,来多少人?厂长告诉说是天宁市法院的,但没穿制服,好像是三个人。局长说,如果是法院的,就不好插手。厂长着急地说,我们可是公安局挂牌保护的企业,你们不能光说不管事。局长说,不是不管,是不好管。厂长拿出“撒手锏”,说,我的局长大人,厂里可就只有这点周转金了。你们刑警队让我们赞助的五万元办案经费,也都全在里面。再说啦,与其让外边人拿走,还不如再多赞助你们一些办案经费呢。张局长听说有钱,口气软了些,问,他们都没穿制服?厂长说,肯定没有。局长大人,你就说是我们报案称一些不明身份的人扰乱生产秩序的,你还不好办吗?局长说,好吧。我马上派人去。

郑义鸣、朱民生、丁雨晨提着钱袋,正暗自庆幸,准备出门时,只见两辆警车呜哇呜哇呼啸而至,几个警察跳下车来,凶神恶煞地挡住了他们去路。

郑义鸣、朱民生用身体护着提钱袋的丁雨晨,丁雨晨则把钱袋紧紧抱在怀里。

这时,许多工人围上来看热闹。

郑义鸣很镇静地对“110”熊大队长说:“我们是天宁市中级人民法院的执行人员,今天在这里依法执行公务。请问你们这是怎么回事?”说着便向大队长出示了证件。

熊大队长说:“对不起,我们接到举报,说有人非法扰乱该厂的生产秩序,并强行扣押企业流动资金,领导要我们前来调查此事。”

朱民生说:“我们是依法对五金厂进行强制执行,你们这样做是不对的,是违法行为!”

熊大队长说:“对不起,我们是奉命维持企业的正常生产秩序。”

“嘿,这真是八路军碰上了新四军,一家人不认一家人了。”郑义鸣气得乱蹦也没办法,他指着熊大队长说:“今天你是领头的,这样做你就不考虑法律后果!”

熊大队长毫不理会地说:“我们是执行上级命令,法律后果由他们负,我们不问。领导说了,只要你们将非法扣押的企业流动资金留下,尽管走人,决不会有人留你们。”

郑义鸣斩钉截铁地说:“这绝对不可能!你们知道吗,河宁五金厂拖欠天宁国鼎厂的贷款有多长时间了吗？一个好端端的大企业，硬是被这些赖账户拖垮了！”

熊大队长狡辩说：“那这事也该由我们法院管呀，凭什么让你们来问？”

郑义鸣耐着性子，解释说：“天宁是合同的履行地，本案的管辖权当然归天宁法院。再说了，这个案子也是天宁市中级人民法院判的，所以归天宁市中级人民法院执行。”

熊大队长不是不明白这个道理，为了地方利益，故意装糊涂罢了。此刻，他板着一副黑脸，对郑义鸣说：“我不管你那些，你们今天要是带走资金，我就认定你们扰乱企业生产秩序，带走你们。”

这时围观的工人开始起哄，大喊大叫：“带走他们！绝不能让他们抢走我们厂的钱！”

朱民生气得脖子上青筋爆起，大吼一声：“我们是法官，我们是依法办案的，我看谁敢带走我们！”

郑义鸣怕发生不测，几十万元的现金，要是被坏人抢了，那还得了！他连忙用手机通知法警。

法院的警车鸣响警笛，一路呼啸着冲进厂里。两名法警跳下车，挤入人群，持枪护在郑义鸣他们两侧。此时，提着现金款袋的丁雨晨居中，前有郑义鸣，后有朱民生，两边是两个法警。

郑义鸣再次严肃地对熊大队长说：“请你们让开路，不要妨碍我们执行公务。”

熊大队长依然不买账：“不行！今天没有上级的命令，你就是天王老子，我也不能放你们走！”

刚出校门的丁雨晨，哪里见过这样的场面。她真不相信，在咱们法治的中国，竟能有光天化日之下抗法的执法人员。难道他们真的不懂法吗？少人家钱，有钱也不还人家，眼睁睁看着人家饿死，这跟土匪强盗有什么两样？河宁市，难道是法外之地？

四

女人喜欢逛商场。

漂亮的年轻女人更是。

逛商场无非是看看,看看好吃的,看看化妆品,看看金银首饰,看看流行服装。看,不一定买,尽管心里馋得要命,也轻易不会买的……除非有男人跟着。

白帆就是这样的女人。上次,她在一家商场看中了一件进口连衣裙,转了两天,这不,又转来了。她在商场门口犹豫了半天,还是走了进去。这一切当然逃不出李一雄的眼睛。他像一只馋猫,已经嗅出了白帆身上的鱼腥味,能不跟踪嘛。当白帆一踏进商场,他赶紧把奔驰车泊在停车场,跟了进去,远远地盯着。

白帆直接来到上次挑选连衣裙的服装档口。还好,衣服还在。她舍不得花钱买,也舍不得让别人买去。连衣裙的式样、花色、款料,一看就是高档的。她白帆若是穿在身上,街上的回头率一定不会比明星差。她身不由己地走过去,将连衣裙取下,在身前比画起来。

售货小姐一眼就认出了白帆,连忙上前殷勤地说:"小姐,这件连衣裙真的很适合你,它是唯一的一件,意大利进口的面料。让别人买走你会后悔的。"

"就是价格太贵了,能不能再便宜点?"

"小姐,八折就是最优惠的价钱了,我们总不能赔本卖呀!"

1800元,白帆想来想去还是放下了连衣裙,遮掩着窘态说:"我再看看还有没有更好的款式。"

白帆恋恋不舍地离开柜台,走了很远还回头看了两眼。躲在远处的李一雄,将这一切都看在眼里,禁不住心中一阵暗喜。待白帆离开后,他赶紧走过来对售货小姐说:“这件衣服我要了,请帮我包一下。”

白帆徜徉在五光十色的商场里,游荡在色彩鲜艳的衣服丛中。她的出现,无形中给商场增添了一道亮丽的风景。突然,李一雄出现在面前。白帆露出惊喜的神色,笑着说:“李总,你也喜欢逛商场?”

李一雄微笑着,彬彬有礼地回答说:“白天太忙,晚上没事,出来散散心。想不到在这里碰到了你,真是有缘啊。白小姐,你也没事?”

“没事。”

“如果白小姐愿意,我们去喝杯咖啡怎么样?”

白帆羞涩地说:“这多不好意思。”

“这有什么不好意思的,不就是一杯咖啡嘛!走吧。”李一雄摊开手邀请说,“我的车正好在外边。”

看着李一雄的背影,白帆脸上闪出一丝掩饰不住的笑容。

五光十色的夜天宁,醉眼朦胧的康迪酒吧。厚厚的、沉沉的、柔柔的紫色天鹅绒落地大窗帘,将烦人的噪音推到了窗外。

康迪酒吧不需要噪音。

桔红色的烛光,东一点西一点闪烁在充满怀旧情调的古典大厅和欧式风格的包厢里。

康迪酒吧也不喜欢绝对的黑暗。

一个漂亮的长发女孩,正在用小提琴如泣如诉地演奏着《梁祝》,整个酒吧洋溢着旋律的美妙和女孩的倾情。来此休闲的红男绿女们,或围坐在绿格布桌旁漫啜黑褐色的咖啡,或斜倚在洁白舒适的藤椅里品尝中国红茶,或手把鸡尾酒,透过那五颜六色的层层迷惑,感悟生活的真谛。

李一雄和白帆捡了个豪华的包间坐了下来。

李一雄要了一杯咖啡,白帆要了一杯可乐,服务生又端来一个果盘。

白帆坐在对面楚楚动人,李一雄看得神迷意乱。突然,他想起提包里的连衣裙,赶紧取出来放在白帆面前。

“李总,你这是……”白帆露出惊讶的样子,问。

“这是我送给小妹的一件小小的礼物,请笑纳。”

白帆打开一看,正是自己梦寐以求的连衣裙,那种内心的激动是无法用言语可以表达的。她惊诧地说:“李总,这礼物太贵重了,我……”

李一雄笑着说:“什么贵重,我还怕这么便宜的衣服配不上咱们漂亮的白小姐呢。”

尽管白帆爱这件连衣裙,但是,当李一雄真的把它送到自己跟前时,白帆还是很犹豫的。

李一雄见状,硬是将连衣裙塞到白帆手里,说:“这点面子得给大哥吧,不然就瞧不起我了!”

白帆只好收下,感激地说:“那好,有情后补吧。”

“上次在新生活酒吧,真是对不起,我因有事提前离开了,今天咱们要好好聊聊。”

“李总平时那么忙,能和你聊聊天真是三生有幸。”

“哪里哪里,能和你这样的白领丽人合作共事,是我最大的荣幸。白小姐,可别忘了,咱们以后是常打交道的合作伙伴呢。”

白帆兴奋地说:“很高兴碰到你这样的合作伙伴。上次在高尔夫球场,李总的一番高论,让我大开眼界。穷者愈穷,富者愈富,一个阶层有一个阶层的生活方式,的确不错。每当我一个人走在繁华的大街上,看着形形色色的行人,就常想起你说的这句话。”

“很多人在商海拼搏,目的并不在于挣多少钱,而是追求一种方式,一种精神境界。特别是商业社会,没有经济实力作支撑,你就很难按照自己所追求的方式去生活,更谈不上去实现自己的人生价值了。”

白帆似乎很幼稚、很茫然地看着李一雄高谈阔论的样子,不知她是有意在男人面前耍巧卖乖,还是真的啥也不知。

李一雄看白帆那种小鸟依人的模样,愈加动心。他突然话锋一转,暗示白帆说:“白小姐,你这么年轻,这么漂亮,这么聪明能干,就是最好的创业资本。人在年轻的时候,不要封锁自己,尤其是女孩,青春是短暂的,漂亮也是短暂的,应不失时机放开自己的翅膀。让青春得到放纵,让个性得到发挥,这样老了才不会后悔。”

白帆用一种近乎崇拜的目光望着李一雄说:“以前只知道李总是一个风流倜傥的企业家,想不到还是一位富有浪漫思想的哲人。佩服,佩服!”

“哪里,哪里,在你这位女高材生跟前,我只不过是班门弄斧罢了。”

“别太谦虚了,李总,以后在生意场上还希望你多带带我哟。”

“瞧你说的,连我们方董事长对你都另眼相看,我岂敢怠慢?”李一雄说到这里,又提醒白帆说,“不过,咱们的私人交往,可用不着向你晓频姐汇报哟!”

白帆用眼斜瞟了李一雄一眼。那一瞟,在李一雄看来很有韵味,李一雄的骨头几乎被那一瞟……瞟酥了。白帆笑了笑说:“看你说的,我又不是小孩子。”

李一雄听了这句话,尤为兴奋。他知道这句话与他的目的只有一步之遥。于是激动地站起来,说:“上次没能陪你跳舞,今晚咱们好好跳个够。”

白帆欣然答应。

五

修路公司的大楼极为豪华,在天宁市也算一个亮点。

外观,是一个仿欧式建筑。大楼装修有一个突出的特点:楼顶是红色,红得大方,红得热烈,红得它处鲜有能比。也许是大海过于湛蓝,把这伞般尖瘦、球般圆滑的楼顶映衬得愈加鲜艳。蓝天、碧海、青墙、红瓦,修路公司被映衬为一朵彩色的浪花。

内瞧,生机勃勃的绿意空间,让办公室超脱钢筋水泥的束缚而置身于大自然之间,纯生态的规划,时刻传递着新鲜氧气,员工不出大厦即可感受清新的氛围。办公室的落地窗外,可让疲劳的眼睛享受扑面的绿意;楼下的花园平台,能渲染着你工作之余的浪漫与惬意。

公司的奢侈、豪华,与农民工的破旧窝棚形成了显著对比。看到这里,白天对一起前来执行的董启汉愤愤地说:“这个老板该杀!”

“是的,这个家伙是用农民工的血汗造起了自己的这座大楼。”董启汉赞同地说,“几年前他还是一个穷光蛋,地地道道一个暴发户”。

白天、董启汉和三名执行人员走进修路公司接待室。

一位负责接待的小姐,很有礼貌地忙着倒茶水。

“小姐,不要忙着倒水了,我们是天宁市中级人民法院的,找你老板有事情,请你让他快来一下。”董启汉说。接待小姐正要出去,一位三十多岁的男子走了进来。

“我是修路公司办公室主任”,他彬彬有礼地问,“请问各位今天来有什么事吗?”

董启汉打量了他一下,说:“我们今天来依法执行你们公司拖欠农民工工资的案子,抓紧把你们老板找来。”

“我们经理开会去了。”办公室主任狡猾地说,“法官同志,你们有没有搞错,我们公司从来没欠农民工的钱呀?”

“你们没欠施工队的钱吗?”董启汉问,“你们不给施工队钱,施工队怎么发农民工的工资?我们今天来执行的就是你们欠施工队的钱!”

“这事我做不了主。”

“那就找个能做主的人来。”白天一眼就看出他讲的是假话。

“陆经理开会去了,真的,真不知道他什么时候回来。”办公室主任推诿说。

“那好,我们只好依法强制执行!”白天气愤地说,“你让法警做好查封的准备。”

办公室主任看他们来真格的,慌忙阻拦说:“别,别,我再和陆经理联系一下!”

“那就快一点,我们时间有限!”

“你请喝茶。”接待小姐将茶水送给白天说。

办公室主任急匆匆地走进经理办公室,告诉经理说是法院来执行刘志毅的案子。陆经理不耐烦地说,把他们打发走就是了,不行的话,你去请他们吃一顿饭,每人塞一个红包,不就了结了,哼,这事还要我问吗?办公室主任说,这次不行,这次是新来的白院长亲自带队,还带来了法警队的人呢。我刚说了两句,白院长就要喊法警队来查封,所以我赶紧来找你了。陆经理看碰到了硬茬,只得喊贾副经理商量。

白天和董启汉等人正等得不耐烦时,修路公司陆经理、贾副经理、办公室主任三个人笑容可掬地走了进来。

油光满面、腆着将军肚的陆经理,对白天眯缝着小小的笑眼说:“对不起,让各位久等了。我正在外面开会,王主任打电话说你们来了,我请个假就忙着赶来了。实在对不起。”

这小子,讲假话连草稿都不打!白天不高兴地问:“在哪里开会的?”

“在——喂,快倒水!”陆经理搪塞着,又对王主任说,“怎么没上水果?”

“别忙啦,我们还是坐下来谈一谈正事吧。”白天说,“今天我这个院长亲自来,执行一件最普通的案子,就是要看一看,敢把法院判决拖上九年不执行的公司,到底是个什么样子!”

突然,白天的手机铃声响起。白天打开手机一看,是郑义鸣的电话,便走出接待室。

“义鸣,情况怎么样?”白天问。

“院长,情况不好。”手机里传来了郑义鸣焦急的声音,“我们扣押了40万元现金正要离开时,受到当地‘110’大队的阻挠。他们说是奉上级命令执行任务,不把钱给他们,他们就不放人!”

“你们现在在哪里?”

“就在河宁五金厂,双方闹得很僵。”

“你们一定不要发生武力冲突,我马上跟当地法院院长联系。”

郑义鸣关上手机后,对熊大队长说:“听到了吗,我们院长听说执行受阻,很气愤,正与你们领导联系呢。”

熊大队长说:“只要领导叫撤,我们不是巴不得吗?”

白天拿着手机愣在那里,几秒钟后,他急忙转向轿车。上车后,他又想起来老董。于是打开手机,对董启汉说:“老董,我有急事去市委找周书记,修路公司的事你先处理着。”说完急奔市委而去。

留在修路公司的董启汉继续做公司经理的工作。

董启汉说:“这次集中执行,我们是下了决心的。我们一定要把这几年的积案清理完。你们这个案子也太典型了,拖欠农民工的工资,一欠就是九年。像这样下去,不出大事才怪呢。”

胖子陆经理说:“我们也是能力有限,资金一直周转不过来。要不……”

“据我们所知,收费站每天的收入就有几万元”,董启汉点陆经理的麻筋说,“这些年收费站的钱都弄到哪去了?”

“政府和房地产开发公司都要从中分红,除去他们的,我们就所剩无几了。”肉满肠肥的大肚子陆经理装作委屈的样子说。

“不对,你们是最大的股东,这几年的收入相当可观。”董启汉纠正说:“看看你们的楼,看看你们的装潢,得多少钱才能干起来呀?干其他事有钱,还工人的血汗钱你就没钱,拍拍你的良心问问,像话吗?还有点人味吗?这次,你们要是再躲躲闪闪,我们就强制执行。该查封的查封,该扣押的扣押。听说你们几位经理坐的车都很值钱嘛,不行先扣几辆?”

“这个……”

“你别这个那个的,我们白院长的态度,刚才你也看到了。”董启汉看他有点松动,趁热打铁说,“我们今天来,不拿到钱是不会走的!你看,我们有关强制执行的手续都带来了,你说怎么办?”

“董院长,我们会尽全力履行法院判决的。”胖子陆经理擦着头上的虚汗,似乎下了很大的决心说,“不过,你也得理解咱们企业的难处,我们资金确实紧张。现在账户上只剩80多万元,不行就全拿出来!”

“这样做还算有个态度嘛。”董启汉说,“这样吧,你们先把这80万拿出来,其余部分再订个还款计划,我们肯定不会采取强制执行措施的。”

“那好,那好。”胖子陆经理急忙对身旁的人说,“快去让财务开一张80万元的现金支票来。”

那人答应而去。

董启汉笑笑说:“这就对了。一个企业不守信用行吗?水泥厂的案子也拖好长时间了,你们最近也应该有个态度。”

胖子陆经理脸上露出了非常无奈的神情,央求说:“我的院长大人,你先缓一缓吧,我现在实在是没钱了。你总得留口饭让职工吃吧。等我稍微喘过气来,立马就还。”

走出修路公司,董启汉的心情稍微宽松一点。白院长来天宁市后,执行的第一案,就小获胜利,不能不说是个好的苗头。只是,他现在最担心郑义鸣,不知河宁市执行得怎么样。不过,他相信白天会帮助郑义鸣处理好河宁市一案的。

他有预感。

六

路上,白天并不想去找市委周书记,他想先通过自己的关系处理好这件事。

于是就用手机拨通了河宁市中级人民法院院长穆顺的电话。

白天说，老同学，我们的执行人员在河宁市执行任务时，受到你们“110”大队的围攻。请你与公安部门联系一下，叫他们不要干预司法。

穆顺听到后，看样子很支持，也很配合。毕竟是老同学嘛，说不定哪天还会用到他。都是法院院长，以后需要相互合作的事不会少。于是，马上打电话给公安局张副局长：“张局长吗，听说你们的干警把天宁市法院的执行人员给扣了，请问是怎么回事？”

张局长回答说：“穆院长，我们‘110’大队接到五金厂报警，说是有人扰乱生产秩序，所以就出警了。”

穆顺说：“张局长，听天宁市中院的白院长说，他们是正常执行公务，如果是那样，我们公安干警插手，人家会说我们搞地方保护主义的。”

张局长说：“那，我再了解一下。”

穆院长说：“拜托你了，张局长，我也是受人之托。但是，人家如果确实是执行公务，咱们插手肯定会有负面影响，弄不好还会帮倒忙。”

张局长说：“我这就去落实这事。”

不一会，张局长回话说：“穆院长，情况我调查了，也请示了。市领导说了，五金厂是我们河宁市的支柱企业，让我们一定要从河宁市经济发展的大局出发，为企业保驾护航，绝不能让资金外流。穆院长，五金厂是市里挂牌保护的企业，如果没有领导的同意，我们不敢放人哪。”

穆院长说：“你向领导解释一下嘛，人家是依法执行公务，按照法律规定，是不能干涉人家办案的，张局长，这个你不比我还清楚吗？”

张局长说：“穆院长，我们敢‘抗旨’吗？这不是你我可以通融的事。老朋友，我无能为力呀。”

穆顺沉默片刻，无可奈何地给白天回话说：“老同学，看来对这件事，我是帮不了忙了。我已经尽了最大的努力，没用。法院管不了公安。要不，你通过关系找市委主要领导通融一下？”

无奈，白天只好请求周中华书记帮忙……以他的地位、权限，还走不通别的路。

周书记问：“你们没跟当地法院联系？”

白天说:“联系了,对方说无能为力,叫我们找市里主要领导通融。唉,这地方保护主义也太严重了!早知道这个样子,当时不如带新闻记者一起去。”

一听到记者这两个字,周中华心里就不是个滋味。舒畅的两颗“炸弹”,给天宁市带来不少麻烦。他不喜欢被人曝光,也不想曝光别人。他不冷不热地对白天说:“都是本省的事,要以和为贵嘛!我与他们市委书记联系一下。”

周中华拿起电话又放下,问白天,案子扎实不扎实?

白天说:“绝对没问题!国鼎厂就是被他们拖垮的。他们到我们市里来办案,我们可是全力配合的。周书记,上次在国鼎厂闹冲突的那个案子,就是河宁中院委托我们执行的。”

周中华站起来,在办公室里来回踱着步。几十万块钱,对一个中小企业来说,就是血,就是命。突然抽掉这些钱,就等于是釜底抽薪,这个企业很可能就被抽垮掉,河宁市委能同意吗?不当家不知柴米贵,十个指头,个个连心。让哪个企业难受,河宁市委能不心痛?如今,欠账的是大爷,钱到他手,他就狠。只要他们自己好过,哪管别人死活。窟里拔蛇,能拔出来吗?停了一会儿,抱着试试看的心情,他还是决定找对方说话。毕竟国鼎厂也是天宁的心上肉啊。因为没把握,为了不让白天看到自己的尴尬,他让白天到会客室等候。等白天出了门,他才重新拿起电话,很热情地问候说:“李书记,你好,我是周中华。”

河宁市委书记李耀先回答说:“哎呀,周书记,你可稀罕呢!整天盼你到河宁来‘视察’,就是不见你的影子!”

周中华笑着说:“不是经常在一起开会嘛。”

李耀先说:“开会不算数,你要亲自到河宁来指导工作才行!”

周中华说:“去了你又不欢迎。”

李耀先说:“此话怎讲?”

周中华说:“我的人现在在河宁就被你们的人扣了。”

李耀先问:“人被扣了?怎么回事?”

周中华说:“天宁中院的法官到你们五金厂执行案件,被你们‘110’大队公然扣留,还说是你们市委叫他们挂牌保护这个企业的,李书记,你这个地方保护主义搞得也太猛了吧?”

李耀先说:“周书记,这里面肯定有误会。让政法部门为企业保驾护航,绝不是支持他们搞地方保护!如果有人敢这样,我肯定会严厉地批评他们!不过,有一点得向你老兄说明,河宁可不像你们天宁,财大气粗。五金厂这样的企业一停产,我们的工资都会受到影响。如果真摊上强制执行这码子事,你老兄也要向法院打个招呼,让他们执行时不要一棍子打死一个企业,他们可以先执行一部分,再由双方签个还款计划之类的,河宁的企业确实都很困难哪。”

周中华说:“这好说。法院院长就在我这里,我跟他说一下。不过,法院真要把这事往上捅,你老弟脸上也无光哟!”

李耀先心里话,你老小子少跟我来这一套!往上捅,谁怕谁?我不过想赏个面子给你,不然的话,我理你都不理!但还是笑着说:“周老兄,一家人不说两家话,这事我来处理,你放心好了。有空你一定来河宁指导工作!”……什么指导工作,我是让你来看看,看我李耀先是怎么干事的。

周中华说:“我一定去参观学习你的地方保护主义!”

电话里发出了两个人的笑声。

正当两个市委书记谈判时,郑义鸣和熊大队长也在交谈。焦急不安的只有在会客室等候周书记的白天。

郑义鸣对熊大队长说:“都说现在执法环境不好,想不到政法系统内部也是这样。大水淹了龙王庙,自己跟自己都玩起了窝炮,合适吗?我们是依法强制执行,你们这样做,就是典型的防碍公务。如果你们到我们那儿抓逃犯,我们的政法干警阻挠你们,你们会怎么想?”

熊大队长说:“这是两码子事。那叫保护罪犯,谁敢担那个责任。今天的事就不同了,领导说了,要以经济建设为中心,一切从大局出发。上级下令,我们就得执行。这叫作为经济保驾护航嘛!”

丁雨晨插言说:“你们的经济建设是大局,人家的经济发展就是小局？都市场经济了，你们还有没有一点法治观念？”

熊大队长看了丁雨晨一眼。心想，小样，我吃过的盐比你喝过的水还多，还要你来教训我？他白了丁雨晨一眼说：“反正你们只要把款留下，咱们照样是一家人。这叫作敲锣买糖，各管一行。端谁的碗，属谁的管。谁也不愿意闹不痛快呀！”

看他那个样子，郑义鸣真想训他几句。这样水平的人，怎能让他当大队长？突然，他接到了白天的电话。白天对他说，河宁的李书记正在处理此事，问题一解决，要安全地把款子带回来。

熊大队长不一会也接到了电话，那是河宁李书记打来的，要他马上放人。他挂断电话，走到郑义鸣跟前说：“老兄，实在对不起，咱们纯属误会，纯属误会！原来你们真是法院的！”

丁雨晨说：“什么误会，你早就知道我们是法院的！我告诉你，你们今天这样的做法，一是地方保护主义，二是非法干扰办案！”

熊大队长皮笑肉不笑地说：“小姐，请息怒……”

丁雨晨恼怒地说：“什么小姐，我是人民法官！”

熊大队长连连点头说：“你是法官，你是法官。咱们都是一家人，一家人。今天我请客，给几位压压惊？”

郑义鸣说：“这倒不必，希望以后这样的事情不再发生。”

说完，郑义鸣就带着朱民生、丁雨晨，在两位法警的保护下，走向依维柯警车。

七

天宁市中级人民法院第一审判庭。

上午8点30分，法庭公开审理天宁市国鼎厂诉天宁市世纪投资集团有限责任公司土地使用权纠纷案。

此时，审判台上整齐地摆放着审判长、审判员的牌子。书记员面前的笔记本电脑已经打开，旁听席上坐着很多国鼎厂的工人。坐在原告席上的国鼎厂厂长张国兴，显得有点紧张，不时打量着审判庭里的一切。坐在被告席上的李一雄则悠闲自如，一副满不在乎的样子。余婉妹作为世纪投资集团的诉讼代理人，与李一雄相挨而坐。李一雄掏出烟来刚要点上，书记员马上起身提醒，告诉他审判庭内不许抽烟。李一雄极不情愿地将烟放回烟盒中。

8点27分，审判长陈茵身穿法袍，夹着卷宗，带着两名审判员依次走进法庭。

书记员声音嘹亮地喊道："全体起立！"

当事人和旁听席上的观众都纷纷站了起来。张国兴和李一雄神情很严肃，他们都在等着一个心想的结果。合议庭成员在审判台上落座后，陈茵才请大家坐下。

陈茵环顾了一下四周，然后举起法棰轻轻一敲，说："现在开庭。天宁市中级人民法院民事审判第一庭，依照《中华人民共和国民事诉讼法》第一百三十四条第一款之规定，今天在这里公开开庭审理原告天宁市国鼎厂诉被告天宁世纪投资集团有限责任公司土地使用权纠纷一案。本庭由天宁市中级人民法院民事审判第一庭庭长陈茵担任审判长，与审判员吴小龙、张洪永组成合议庭，陈茵担任主审法官，书记员汪玲担任法庭纪录。根据《中华人民共和国民事诉讼法》第四十四条的规定，当事人认为审判人员及书记员是本案当事人或者当事人、诉讼代理人的近亲属，与本案有利害关系或者其他关系，可能影响对本案公正审理的，有权申请回避。原告是否申请回避？"

张国兴说："不申请。"

陈茵问被告是否申请回避？

李一雄说："不申请。"

陈茵说:“下面开始法庭调查。首先由原告方宣读起诉状。”

张国兴宣读说:“审判长、审判员,前几年国鼎厂经济效益好的时候,曾经有一个大的计划,想进一步扩大生产规模。我们拿出多年积攒的家底,将国鼎厂后面的120亩土地买了下来。这几年因为多方面原因,厂里的生产经营状况越来越不景气,有不少车间被迫停产,下岗职工越来越多,扩大生产规模已不现实。为了解决厂里的燃眉之急,我们只好将处于黄金地段的120亩土地,廉价转让给世纪集团,并约定由世纪集团负责安置国鼎厂的130名下岗职工。协议生效后,我们及时将那块地交给了世纪集团,世纪集团也开始规划建设。但是,我们至今没拿到一分钱,该安置的职工一个也没得到安置。下岗职工整天找厂里闹,说我们是败家子、窝囊废。没办法,我们只好到法院讨个公道。”

张国兴读完诉状坐下后,陈茵又让被告方宣读答辩状。

李一雄答辩后说:“让世纪集团一下子安置130名工人,确实有很大困难。”

张国兴辩驳说:“这都是协议上明明白白写好的条件。再说,土地转让金本来定得就低,就这样,我们一分钱也没拿到手呀!”

李一雄说:“我们的资金周转得很困难,世贸大厦是重点规划建设项目,市里催得很紧。上哪儿腾出钱来给你们。”

张国兴说:“这与我们之间的协议没关系,我们要求世纪集团信守诺言,尽快落实合同约定的义务……”

法庭答辩结束后,陈茵宣布休庭,下午继续开庭。

回到公寓后,李一雄将公文包往沙发上一扔,走向冰箱,取出两听饮料,递给余婉妹一听。

余婉妹对李一雄说:“开了一上午庭,我看结论只有一个,买人家的地,既不给人家钱,也不给人家安置工人,这个官司必败无疑。”

李一雄边倒饮料边说:“要你这个律师干啥?养兵千日,用兵一时。现在就是要你想想办法,给我打赢这场官司。”

余婉妹说:“没什么好办法可想,除非国鼎厂也有违约之处。”

“对呀,我们应该找找对方的违约之处呀。”李一雄喝了一口饮料,沉思了一会儿,突然一拍大腿说:“有了！上次去看工地,我发现那儿有一个新建的加油站,位置正好处在协议规定的120亩土地范围里。香港的叶总当时问我,被我搪塞过去了。对,他们违约了！”

余婉妹喜从心来。这么一个死定的官司,若能打赢,那她在律师界岂不是名声鹊起？但是,在李一雄面前,她仍然不动声色,说:“如果情况属实,对方构成违约,那么这场官司就会有转机。”

李一雄轻揽余婉妹说:“我就知道你会有办法的。”

下午两点继续开庭。这次舒畅也坐到了旁听席上。

余婉妹代表被告方提出反诉。她说:“审判长、审判员,我的当事人世纪投资集团有限责任公司,之所以不履行合同约定的义务,是因为国鼎厂违约在先。从上午的法庭调查得知,国鼎厂卖给世纪集团的土地是120亩,世纪集团也正是按照120亩土地规划建设项目的。可是,世纪集团很快就发现,国鼎厂所说的120亩土地是打了折扣的。他们早已将其中的5亩土地租赁给一个加油站,并且签的是长期合同。这就会大大影响世纪集团的整体建设规划。世纪集团正想让国鼎厂作出合理解释,今天正式提出反诉。”

余婉妹说完,旁听席上的工人开始议论起来。李大柱大声地说:“明明是他们违约,还说是我们影响了他们的建设规划,这也太不讲理了！”一老工人憋不住,气愤地说:“你们不按合同办事,协议就没生效,土地还是我们的,我们想怎么用就怎么用！”众工人附合着,议论着。陈茵不得不敲了敲法槌,让大家安静。

法庭内静了下来。

陈茵问:“原告对此有什么要解释的吗？”

“那5亩地是不包括在120亩地当中的。”张国兴听了世纪集团的反诉意见,顿感措手不及。听到审判长发问,有点言不由衷。

李一雄看余婉妹的反诉,击中了要害,心中暗喜。他冷笑着说:“张厂长,协议上写得很明确,国鼎厂后墙以北、冈山公园以南、小清河以西、世纪大道以东的120亩地，全部都在转让范围。不然的话，可以实地丈量一下，如果去掉加油站那5亩地，不够120亩怎么办？”

张国兴张了张嘴，说不出话来。

陈茵明知李一雄是在钻空子要赖，可是没法说。她和吴小龙小声商量了一下，然后宣布：“现在闭庭，本案经合议庭和议后，再决定下次开庭时间。”

陈茵对舒畅点了点头，走出法庭。

吴小龙看见舒畅，开始有点不自然，笑笑说：“舒记者，你好，欢迎你来旁听我们开庭。”说完紧跟着陈茵走出法庭。

舒畅追上吴小龙，笑眯眯地问：“我的大作你拜读了没有？”

吴小龙说：“恐怕全院干警都拜读了，大家都在议论这件事。你又曝了我们一次光！”

舒畅争辩说：“我这次可谈不上是曝光，我是在为攻克‘执行难’摇旗呐喊呢！你们的院长大人可是支持我的这次行动哟！”

两人会心地笑了起来。

八

不知道怎么搞的，这几天，方晓频总是心神不定。

是情之所为？不至于吧。这么些年了，什么样的男人没见过？虽说对白天是情有独钟，但还不至于到痴迷的状态。她似乎觉得怕白天、恨白天胜于爱白天。她怕，是因为她的第六感觉告诉她，白天可能是她走上天宁市第一商宝座的最大障碍；她恨，是恨白天很可能让她情财两失。

是事之所为？也不至于吧。喜客来酒店一事，她相信李一雄能处理好。这些年来比这棘手的案子，他都处理得不错。国鼎厂的土地纠纷案，是麻烦一些，但是，猴子不上树，多敲几遍锣。李一雄不能处理好，还有一个副市长向东呢。

是什么让她坐卧不安呢？金宝利、喜客来、世贸大厦、国鼎厂、李一雄、向东？还是白天？

方晓频在落地窗前来回踱步，她努力想把自己的情绪安静下来。一根香烟抽完，思绪方才厘清。

走到公司大班的台前，她拿起了电话，拨通了向东的手机号码："向市长吗？我是方晓频。中午有安排吗？我想请您吃饭。怎么？有公务接待？那就午饭后请您喝咖啡！金玫瑰咖啡厅，我在那儿等您。"说完即刻关机。

金玫瑰咖啡厅的一个小小的、很优雅、很僻静的包间里，方晓频和向东在若隐若现的粉红色灯光下品着咖啡。向东一边用小勺搅动杯里的咖啡，一边听方晓频说话。舒缓的轻音乐，在他们身边飘扬着玫瑰色的情调。窗外是海的碧蓝，两只白鸥飞来掠去，衔起一朵朵爱的浪花。鸟语、涛声，都被挡在了窗外。

方晓频的情绪调整得很快，来之前还很低落，现在倒显得非常兴奋。尤其是谈起世贸大厦，更是神采飞扬。

只要是有关世贸大厦的好事，向东就爱听，而且听得津津有味。

方晓频说："向市长，世贸大厦的蓝图已经绘就了，建设用地的'七通一平'也已经完成，下一步就等您奠基开工了。"

"很好，很好"，向东一听说世贸大厦有眉目，非常高兴，他说，"这可是市里头号工程。晓频，你只要好好干，政府会尽全力支持的。"

在世贸大厦这个问题上，方晓频是在和天宁市打牌，是在和国鼎厂和向东打牌。国鼎厂想钱，向东想官。她要想打赢这场牌，就得利用向东，就得和向东联手。在仕途这件事上，她与向东没有利害冲突。有利害冲突的是国鼎厂，因为她和国鼎厂殊途同归，目标想得是同一个——钱。

方晓频绕个弯，微微一笑说："我在世贸大厦的选址上可谓煞费苦心。作为市区的最高建筑，所处位置风水如何，可是直接关乎主要领导人的政治命运哟！现在，你们王市长年龄大了，您实际上是在主持市政府工作，这不能不说是替您着想呀！"

向东饶有兴趣地说："想不到咱们海归派的企业家还对风水感兴趣？"

方晓频煞有介事地说："这也是在海外学的呢。我在美国遇到过一位建筑学专家，他对中国的风水理论很有研究。听他讲，中国的《阳宅十书》上说，'凡宅左有流水谓之青龙，右有长道谓之白虎，前有塘池谓之朱雀，后有丘陵谓之玄武，为最贵地'。世贸大厦的位置，左有小清河，右有世纪大道。前隔国鼎厂眺望大海，后靠小岗山背山面水，正好符合左青龙、右白虎、前朱雀、后玄武的风水布局。这必将意味着天宁第一楼高高矗立之时，正是向市长在政治上飞黄腾达之日！"

向东被说得有点飘飘然，他装作一派唯物者的样子笑着说："现在都什么时代了，谁还相信这个？"

方晓频一本正经地说："风水学，是一门理论，是中国的国粹，我的大市长。人家不是说嘛，信则有，不信则无。我还不同意这个观点，有，就是有；没有，就是没有。有与没有，不是因为信与不信而存在。风水之说，和中国的气功、相术、阴阳八卦、鬼鬼神神之说，存在于中国几千年，说明他们还是有可信之处的。唯物与唯心，谁也不可取代对方。不管怎么说，我是相信风水的。"

向东的心似乎有所触动。他一边听方晓频的高谈阔论，一边沉湎于红色的梦想。他梦想大干一番事业后，老天爷保佑他能坐上大官、高官。他甚至感觉到自己已经坐在了天宁市一人之下，万人之上的位子上了。

方晓频早就看穿了向东的心思，一丝不易觉察的会心微笑，挂上了她的嘴角。她望着向东故意问："市长大人，您现在想什么开心事啊？"

向东回过神来，忙掩饰自己的窘态说："没，没有，我正在思考你的风水高论呢。"

"不过，世贸大厦使用那块土地代价太高。"方晓频话锋一转，说，"现在国鼎厂既逼着要钱，又逼着要我们安置他们一二百名下岗职工。世纪集团真的成了福利院了。"

向东说："这个事原来不是有协议吗？那块地可是个黄金地段，你说是风水宝地一点也不假，现在连它周围的地都涨价了。你是大企业家，可以算一笔账嘛，安置百十个职工，与地价的飞涨，谁的利益大？"

"我现在的主要精力和财力，都放到世贸大厦的建设方面了。"方晓频说，"现在国鼎厂这样逼我们，实在影响我们的工作。我们不是不安排，不是不给钱，我们只是想请他们稍微缓一缓，让我们喘口气，等世贸大厦建成后，马上解决他们的问题，可他们就是不听。这不，他们已经正式起诉我们，法院正在开庭审理呢。"

向东想推托，说："你们具体的事我不管，我也不问你怎么做，但世贸大厦的建设绝不能受影响。"

方晓频说："这可难说啦。又想毛驴好，又要毛驴不吃草。天下哪有这样的好事！市长大人，我今天跟你把话挑明了，如果法院判决我们，立即支付土地款和安置工人，我们就不能保证世贸大厦的建设如期进行。"

向东不解地问："那块地价不是压得很低吗？先把地款付了，并不影响世贸大厦的建设呀？"

方晓频说："在投资重大建设项目的紧要关头，一分钱都要掰成两瓣用，我的大市长。再说啦，目前正忙着与香港方面磋商合作计划，马上让我们安置一百多个工人，这么烦琐的工作，一时也顾不过来呀！"

"这……"向东觉得此事有点棘手。他是知道的，不遇到非常麻烦的事，方晓频不会请他。

"市长大人，这世贸大厦可是您的功绩哟。"方晓频说："关键时刻，恐怕还得劳你大驾。"

向东沉思片刻,说:“我尽量去做工作吧。”

“尽量做不行,您得必须做好!”方晓频像是下达命令说:“它可是天宁第一楼,是您的丰碑哟。”

九

副市长向东一边批阅文件,一边听水泥公司的水经理的汇报。

水经理哭丧着脸说:“向市长,不是我们不支持世贸大厦的建设,我们实在是给欠债户拖垮了!光修路公司一家就欠我们500多万元,5年了,还没还一分钱。您说……”

“怎不申请法院强制执行?”

“早就申请了,不还是拿不来一分钱!向市长,听说昨天董院长带人去修路公司执行了80多万元。”

“要来你们使不就得了。”

“不行,法院说是给刘志毅的建筑队的。”

“不管怎么说,市里安排的重点建设项目,建材供应一定要跟上!”向东对水经理下命令说,“水泥要是供不上,我就拿你是问。至于法院那边,我给董院长打电话,让他们执行来的钱,先付给你们,你们要尽快保证水泥供应。”

水经理刚离开,向东就给董院长打起了电话:“董院长吗,我是向东。听说你们集中执行的力度很大,申请人都在叫好呢!”

“向市长,这是我们早就应该做而没做好的工作。”董院长能听到向市长的表扬,以为太阳从西边出来了。在天宁市能叫向市长表扬的不太多。现在向市长开口就表扬,肯定有事。

“老董啊，你知道市里很多重点工程要上马，可是水泥供不上。我找到水泥公司水经理，他说修路公司欠他们 500 多万元，都 5 年了没还一分钱，现在没资金周转无法生产。”

“不对呀，三个月前还给他们执行来 70 万元呢！”

“老董，现在世贸大厦等着水泥上马，你看能不能把你们才从修路公司执行来的 80 多万元给他们用？”

“向市长，修路公司欠刘志毅建筑队的钱已经 9 年了，建筑民工工资久拖不给，会出大事的。”

“民工的钱再缓一缓，饿不死。水泥公司的钱不到位，水泥就出不来。没有水泥，市里的重点工程就会受影响，那样的话，市里的经济损失就大了，这是几个民工工资能比得了的吗？”向东有点恼火。作为一个法院院长，怎么连这点道理都不懂？就是一个小学生也会算这笔账呀！

“向市长，这个案子是白院长亲自抓的，您得跟他打个招呼。”董启汉不呆，他把球踢给了白天。

“你代我跟白院长说一下”，向东有点生气。要是周书记找你，你能推吗？他悻悻地说：“法院工作也要以市里经济建设大局为重。我的意见是马上把款转过去，不然的话，你们看着办吧！”说完就挂断了电话。

看着办，怎么看？你市里经济建设要钱，老百姓就该饿死？你是饱汉不知饿汉饥，让你 9 年不发工资试试看？你恐怕比谁还难！董启汉愤愤地嘟囔着。

这时，郑义鸣敲门进来说：“董院长，我现在去国鼎厂，把昨天执行来的款送过去。”

“去吧。”

郑义鸣看董启汉脸色不对，问：“董院长，你身体不舒服？”

董启汉掩饰自己又憋又闷的心情，说：“没有，你快去吧。”

郑义鸣转身出门，电话铃再次响起。是白天的电话。

“老董,我正从县城往回赶。咱们院长联系点制度出台这么长时间了,我还一次没下去过。今天叫陈茵陪我到县里看了几个法庭,顺便了解了基层法院开展集中执行的情况。如有什么事情,你先主持一下,我很快就会回去的。”

“你抓紧回来,我有事情正要向你汇报。”

白天赶回天宁市后,直奔董院长办公室。

董启汉不高兴地说:“上午向市长打来电话,要我们把从修路公司执行来的 80 万块钱给水泥公司用。”

“你没有说明,这次执行的是欠民工工资的钱?”白天感到意外。

“我跟他说了,他不同意,硬要把钱转走。他要我们以市里经济建设大局为重。”

白天听到这话极为恼火:“乱弹琴!稳定就不是大局?解决拖欠农民工工资的问题,就不是大局?中央三令五申要解决民工的欠薪问题,为什么他们就是不放在心上?九年哪,我们的农民兄弟够好讲话的啦。我们再不为他们负责,老天也不容啊!”

白天和董启汉的谈话,被来到院长办公室的刘志毅都听到了。他没有再进去麻烦院长,而是无奈地将眼泪留下,转身而去。

刘志毅拎了一瓶酒回到家里。孟庆祝、张洪友、张洪和三个农民工还没走。他们看刘志毅回来,都露出企盼的目光。

孟庆祝焦急地问:“刘经理,钱拿回来了吗?”

刘志毅没有正面回答。他没法回答。他将酒瓶往桌子上一放,对妻子喊道:“拿四个酒杯来。”

桌上的菜是现成的,只是凉了。不是冬天,凉了也不怕。

刘志毅对孟庆祝等三人说:“来,咱们兄弟四个喝一杯。”

孟庆祝等三人丈二和尚——摸不着头脑,坐在餐桌前面面相觑。

刘志毅将四个酒杯满上酒,端起来说:“天宁人规矩,开瓶三杯酒。敬天,敬地,敬父母。”说完,连喝三杯。孟庆祝等三人也陪着喝了三杯。

三杯酒下肚,刘志毅的眼泪不由自主地流了出来。他哭着说:“兄弟呀,我对不起你们!"

孟庆祝等三人估计事情不太好,看样子钱是没拿来。但他们还是心存幻想,问:"刘经理,你这是怎么啦?"

刘志毅含泪说:"法院明明把钱拿回来了,白院长也正准备给我们,可是,向市长硬要把款付给其他单位。"

孟庆祝等三人端着酒杯的手都僵在空中,脸上露出了失望的神色。张洪友怒道:"凭什么把我们的钱给人家?"

张洪和说:"还不是看咱们农民工好欺负!"

刘志毅说:"修路公司欠人家的钱也太多了,好多案子都在法院里执行,把钱付给人家也不能说不对。可是,这笔钱是白院长为咱们亲自带人去执行的。他们却……"

"法院里怎么讲?"孟庆祝问。

"白院长为此发了很大的火,有什么办法,官大一品压死人哪。"刘志毅愤慨地说,"好官怎那么少的呢!"

孟庆祝说:"咱们也别难为法院啦,依我说,咱们把高速公路给他堵了,看他们给不给钱!"

刘志毅阻拦说:"堵高速公路是犯法的事,那可不是闹着玩的。你们再等几天,有白院长在,我想钱是能搞到的。"

"搞什么搞,我们看着钱拿不到,在那破窝棚里一住就是9年,有哪位领导管过?"孟庆祝说,"我看就把高速公路给它堵了,看他们当领导的管不管我们的死活!"

"兄弟,犯法的事不能干。"刘志毅劝说道,"没钱给你们,再让你们走犯法的路,我刘志毅还算个人吗!"

"刘经理,这不关你的事,我们自己去商量。"孟庆祝说,"明天多吆喝几个弟兄,早晨八点钟一起行动,反正法不责众嘛!"

张洪友兄弟俩一个劲地赞成说:"就这么办!"

三个人把杯中酒一饮而尽,然后趁着夜色扬长而去。

刘志毅没有别的办法,也只好同意他们去堵高速公路。

人家没逼他命就不错了。

十

沪宁高速公路,像往常一样车来车往。

拥有三十个收费口的天河收费站,趾高气扬地挺立在黄淮海平原上。

收费站的大钟刚指向八点钟,高速公路一侧的路坡下,三十多个农民工就冲上了高速公路。他们衣着褴褛,蓬头垢面。其中,有的抱着铺盖卷,有的拿着锅碗瓢盆,有的扛着扁担,有的抬着窝棚,有两个民工撑起一条白被单作成的横幅,横幅上歪歪扭扭地写着“还我血汗钱!”五个大红字。字是用红广告色刚写的,没有干,沥沥淅淅,像流血一样。

收费站的工作人员急忙前去阻止说:“你们这样做是违法的,请你们回去。”

孟庆祝大声说:“我们回去?我们回去你给我们血汗钱!你要能给,我们立马就走。弟兄们你们说是不是?”

众民工齐声高喊:“是!”

民工们一步一步逼向收费站。过往司机都好奇地看着这支讨债队伍。

收费站两边已经开始堵车。

民工们将横幅、被褥、窝棚、锅碗瓢勺等乱七八糟的东西,都堆在路上。人也坐在路中间,路心只能容一辆小轿车通行。有人看得还不过瘾,干脆要把路心堵死。张洪友兄弟俩连忙劝阻说:“刘经理昨天说了,堵死路会捅大娄子的,咱们造造影响就行了。”不一会儿,路两头便堵了很多车。围观的群众也越来越多。值班人员赶紧向上报告。没多时，两辆“110”警车从远处鸣着警笛呼啸而来。停车后，十几个民警跳下车来，逼向民工。

“你们谁是领头的？”“110”吴大队长问。

“我们都是领头的。”民工们见警察到来，情绪更加激昂，齐声高喊说：“我们都是……”

吴大队长叫道：“民工同志们，请你们赶快撤离！你们这样做是犯法的。”

“这条路是我们血一滴汗一点修筑起来的，路，你们通了；钱，九年了，为什么还不给我们！”孟庆祝高声地问。

两位女民工哭着对民警诉说：“光干活不给钱，我们一家老小吃什么，喝什么？我们不这样做，又有什么办法，谁管我们？谁现在能给工钱，我们不仅马上离开，我们还给他磕100个响头！”

吴大队长喊道：“民工同志们，我请求你们马上离开！有什么事可以商量解决。”

民工们没有一个肯动的，他们只是默默地静坐在路中。

吴大队长着急地看一下路上，路上上百辆车子被堵得排起了长龙阵。看来不采取强行措施是不行了。他命令民警们上前搀走坐在地上的民工。他只能叫搀，若是拉或者拖，必然造成混乱。混乱起来，吃亏的当然是他们。民工人多，他们人少；民工原本因为过去被公安部门几次强行拆除窝棚就愤懑在心，现在如果动硬，他们必然会破罐子破摔，一旦如此，局面失控，非出人命不可。所以，一贯强势的吴大队长，也不敢轻举妄动。

民警们并不能理解大队长的意思，上去就要拉扯民工，民工们顿时群情激愤。冲突之势一触即发。围观的群众也都为民工们大喊助威。也不知怎么了，只要是看到戴大盖帽或穿制服的与老百姓冲突，无论老百姓有理无理，人们都会帮助老百姓。此时，一位女民工声嘶力竭地哭诉说：“我丈夫因为修路累成重病，拿不到工钱治疗，医院将我们推出来,我只好把他抬到收费站西边的窝棚里。建筑公司刘经理多次找你们要钱,并告诉你们这是要的治病的钱,你们还是没给一分钱,他们无法,因为垫资,钱都用光了,只能看着我丈夫在病痛中挣扎。因为没钱治病,我丈夫就在这窝棚里的一张破床上停止了呼吸。这些你们知道吗？你们谁管过我们？"

另一名女民工捋起袖子,她左手的手腕上有一道明显的伤疤。她声泪俱下对民警哭道:"我因为没拿到钱,没脸回家,气得自杀。多亏别人救活,要不现在人早就埋到黄土之下了。我们连命都不要了,还怕你什么？"

民警们看民工们不买账,也只得退下来,闪立一旁。

高速公路口的僵持在继续,车子通行越来越困难,车队堵得越来越长。

市委书记周中华听到公安局长的汇报后,焦急地说:"多去一些干警,将他们强行带离不就行了吗？"

公安局长说:"'110'吴大队长已经带人去了。但据现场的同志汇报,民工的情绪很冲动,围观的群众也太多,强行带离,肯定会引起流血事件,后果不堪设想。"

"这些人闹事的原因是什么？"

"据说是为了讨要修路的工钱。"公安局长说:"周书记,这起案子正在法院执行,看能不能让法院的同志做做工作。"

周中华立即又拨通了白天的电话:"白天同志,民工讨要工资的那个案子,怎么还没有执行完？"

白天有苦没法诉,只好无奈地说:"周书记,我们正在作为重点案件,加大力度执行。"

周中华非常气愤地说:"重点,重点！从那个包工头喝药自杀,到现在多长时间了,怎么一点动作都没有？"

白天本想说那钱给向东硬拨走了,话到嘴边还是咽了下去。他说:"周书记,我带人执行了80多万元,但为了服从市里的经济建设大局,先付给水泥公司了。”

周中华大声吼道：“简直是胡闹！你白天是干什么的？我一再跟你强调，稳定才是压倒一切的大局！你为什么记不住？现在好了，民工把高速公路给堵了。堵高速公路，会造成什么影响？你不清楚吗！我命令你，马上去给我处理好这件事情，马上！”

白天二话没说，带着两个法官驱车直奔出事的现场。现场围着里三层外三层的人，乱哄哄的像一团热锅上的蚂蚁。

吴大队长见白天来到现场，急忙迎上去介绍情况：“白院长，你来了就好了。我们怕引起大的冲突，没敢强行驱散。实际上也驱散不了，难度太大了。现在最好通过做工作，让他们自动离开。”

“民工有多少人？”白天问。

吴大队长说：“就三十几个人，但是群众太多。你也分不清谁是民工，谁是群众。跟民工一起起哄的人不少。”

白天说：“我进去看看吧。”

他拨开人群挤了进去。

白天在人群中看到了孟庆祝、张洪友、张洪和。他一边向他们挤去，一边向他们招手。孟庆祝等人看到了白天，眼睛一亮挤了过来。

白天问：“老孟，还认得我吗？”

孟庆祝说：“白院长，俺一眼就看出您来啦。”

白天说：“咱们不是说得好好的吗，怎么又闹成今天这个样子？”

孟庆祝叹了口气说：“白院长，俺知道您为老百姓着想，也为咱们的事操了不少心。但是，毕竟您的权太小了，您拼死拼活为我们要点钱回来，它市里又给拿去用了。他们根本不把我们老百姓当人！大家气不过，就把铺盖锅碗都拿来了。”

白天劝说道：“老孟，你是知情达理的人，不该让他们这样做。这里是交通大动脉，一旦堵路影响可就大了。弄不好要坐牢的。”

“坐牢也比饿死强。”一民工插嘴说。

“法院不正在给你们想办法吗？”白天耐心地说，“老孟，你告诉大家,工钱我负责尽快执行到位。”

“你敢打保票?”一个民工口气很硬地问。

孟庆祝用胳臂抵了一下那个民工,说:“哎,这就是给咱们操心的白院长,你说话客气点。”

张洪友兄弟俩问:“白院长,您说现在怎么办?”

白天说:“你们要是相信我,就听我的指挥,快速撤离高速路口!老孟,千万不能再堵了,再堵后果就不堪设想啦,你们已经够苦的了,家里老婆孩子还在等着你们,不能再因为此事被抓去坐牢啦。”

孟庆祝说:“白院长,我们死都不怕,还怕坐牢吗?但是,我们相信您,我们知道您是好人,相信您能给我们讨回公道!”

“老孟,你放心。你现在让老乡们撤走,你们的工钱,我一定想法给你们讨回!”白天诚心诚意地说,“我要是不给你们要回工钱,我就对不起天宁的父老乡亲,就不配做人民的法官。就不是一个真正的共产党员!”

孟庆祝等人看白天讲到这个份上,非常感动,于是对大家喊道:“我们听白院长的!白院长让咱们撤,咱们就撤!”

一民工问:“我们回去,公安局会不会抓我们?”

吴大队长高声喊道:“农民兄弟们,我是‘110’大队长,也是公安局副局长,只要你们现在离开,我们保证既往不咎,绝不会抓你们!”

孟庆祝等人向众民工高呼:“弟兄们,咱们撤!”

民工们哄地一下站起来,卷起被褥,抬着窝棚,很快从高速公路上撤得一干二净。

交通民警开始指挥过往车辆通过。不到半个小时,高速公路一切恢复正常。

白天站在高速公路的路边,注视着流水般的车辆,畅快地驶向远方,虽然很疲惫,但心里很舒畅。

此时已经是下午。

白天还没吃早饭。

大小公司

CHAPTER 04

一

东方女皇大酒店今天装扮得真像女皇一样,傲然屹立在天宁的这块黄土地上。

楼上彩旗飘舞,楼下花团锦簇。

台阶下停满了一辆辆豪华轿车。

台阶上、大厅里,整齐地排列着漂亮迷人的礼仪小姐。

整个四星级的大酒店一派热烈、庄重、高贵、豪华、典雅、喜气洋洋的景象。

一辆粉红色的跑车,从铺满阳光的绿荫大道上驶来,停靠在酒店的门庭中间。穿着红色制服的服务生,很熟练地打开车门,将手搭在车门上。方晓频扬着高傲的头,挺着玉立的美腿,仪态端庄地从车里走了出来。她那微卷的长发,飘逸都市丽人的风情万种;得体的长裙,舒缓雍容华贵的黑色。脖子上的轻纱丝巾是黑的,脚下的高跟鞋子是黑的,只有胸前那朵小小的向日葵与众不同……黄色。方晓频喜欢黑色。她认为,绚丽多姿的色彩、沁人心脾的香味、可爱的花瓣边饰固然可以让人陶醉,但是,能造就灵性神秘的黑色,可以常驻男人的心灵深处。透过黑色的缥缈雾霭,能攫取生活的灵感,营造另类的高雅。

方晓频走进会议大厅,只见大厅里布置得很精美。最醒目的是签字台上方悬挂的巨大横幅,横幅上写着“世纪投资集团有限公司、香港金宝利有限公司合作兴建天宁世贸大厦签字仪式”,黑体黄字。李一雄西装革履，正紧张地指挥着几个人，把世贸大厦的沙盘抬到大厅中央。他见方晓频进来，连忙上前迎接。

方晓频边走边环视大厅里的一切，对李一雄说："听说国鼎厂附近的地价一再攀升，按照原来的意向书，我们主要负责征地，金宝利负责投资，收益两家共享。如果地价一直上涨，我们再按原来的意向书合作，是不是太吃亏了？"

李一雄说："这一点可以向金宝利说明一下，让他们加大投资份额。但是，我们必须促成金宝利尽快投资，世贸大厦尽快动工。不然，夜长梦多。现在国鼎厂急着要钱，急着要我们安排工人。如果金宝利钱没到位，世贸大厦也没动工，怎么去跟他们谈？在与国鼎厂的协议方面，我们已经违约。如果国鼎厂意识到地价猛涨这一点，硬要收回用地时，那我们就被动了。"

方晓频不在乎地说："这不可能！世贸大厦是向市长一手抓的形象工程，他不会让国鼎厂收回用地的。"

李一雄说："但也不能掉以轻心。我有个想法，咱们与金宝利合作要加快进度，等前期资金一到位，大厦立马动工。只要大厦一动工，其他一切都好说。到那时，我们想筹措多少资金，都会易如反掌。"

"这个我心中有数。"方晓频走进电梯时，顺便吩咐李一雄说，"别忘了去迎叶总。另外，跟向市长秘书联系一下，等向市长一动身，马上通知我下楼迎接。"

李一雄走出签字大厅，来到酒店门口，正碰上两辆奔驰轿车开来。

李一雄把笑容挤到脸上，紧紧地握着从第一辆车走下的叶嘉熙的手，说："叶总，方董事长已经在办公室等您了。"

叶嘉熙操着广东普通话，笑着说："好，好啊。"

白帆早已从另一辆奔驰车上走了下来。她今天穿着李一雄送的进口连衣裙，人显得更加妩媚。

李一雄握着白帆的手，奉承说："白小姐，你今天真是光彩照人啊！"

白帆莞尔一笑,说声“谢谢”,便跟随叶嘉熙走进大厅。看着白帆的背影,李一雄有一种被冷落、被排斥、低人一等的感觉,醋意顿生。他妈的,一枝鲜花插到了牛粪上！总有一天,我非让她跟在我左右、为我团团转不可。突然,他的手机响起。

原来是市政府的高秘书。

“你好,高秘书。”

“李总,向市长已经动身,大约十分钟能到女皇大酒店,请你们去迎接。”

李一雄赶紧告诉方晓频。不一会儿,方晓频便来到大门口静候向东。

向东的奥迪车刚停稳,方晓频便亲自上前打开车门。向东在礼仪小姐“欢迎光临”的一片悦耳动听的招呼声中,走出车子。他边和方晓频握手边走向大厅,并小声笑着说:“方总亲自迎接……”

方晓频也微笑着说:“市长大驾光临,岂敢怠慢!”

向东冲方晓频笑了笑。那笑的眉宇间闪出一丝暧昧。

上午十点整,签字仪式正式举行。

向东站在签字台中间。方晓频、李一雄、叶嘉熙、白帆站在向东两边。世纪投资集团、香港金宝利公司的几个职员都站在向东等人的身后。中国人的等级观念是非常强烈的。什么级别,什么官职,在领导面前,该站在什么位置,该走在那儿,该干什么事,绝不能错。错了就会有麻烦。

主持人宣布签字仪式开始。

李一雄引领方晓频走向签字桌。

白帆引领叶嘉熙走向签字桌。

方晓频和叶嘉熙落座后,便开始签字。李一雄和白帆将签好字的文件,相互交换。

当他们握手时,台上台下,响起了热烈的掌声。

主持人安排叶嘉熙首先讲话。叶嘉熙用广东普通话说:“女士们、先生们,大家好！非常感谢各位光临今天的签字仪式。能来天宁投资,我感到特别高兴。天宁地好、水好、人更好！投资环境尤其好！从今以后,天宁就是我的第二故乡,就是我的投资乐园。用你们的话说,今后我要在这里干出一番大事业！欢迎各位能为金宝利提供更多的合作机会！”

方晓频的发言更是慷慨激昂:“各位领导、各位来宾、各位朋友,非常感谢你们的光临！今天是一个大喜的日子,我们与香港金宝利公司的合作,不仅是世纪集团的一件大事,也是天宁市的一件大事。世贸大厦,不仅是世纪集团和金宝利的,也是各位的,是天宁的,甚至是世界的！希望大家都来关心世贸大厦的建设,因为,它必将成为我们明天的共同乐园！”

向东也在热烈的掌声中发表演说。他说:“我今天不是来讲话的,我是代表市政府来表示祝贺的！祝贺天宁世纪投资集团有限责任公司和香港金宝利股份有限公司,合作兴建世贸大厦的宏伟事业,拉开了一个庄严的序幕！不久的将来,天宁历史上最为雄伟最为壮观的标志性建筑,广大市民共同的购物、娱乐和休闲的乐园——世贸大厦,必将矗立在天宁这片神奇的土地上！它不仅是天宁地理上的标志,更将是天宁市经济发展史上的一座里程碑！让我们热烈祝贺天宁世纪投资集团和金宝利股份有限公司的合作圆满成功！”

签字仪式在热烈的掌声中结束。

水泥公司水总经理与方晓频握手说:“方董事长,祝贺你呀,你可真是天宁的女中豪杰。拿下这天宁的第一大工程,你可称得上是天宁第一商了！”

方晓频笑着说:“水总,你过奖了。谁不知你是天宁商界的重量级的人物。世贸大厦的水泥问题还靠你解决哟！”

“这你放心,你方董事长的事,我能不帮吗?”

“好,咱们一言为定。”

水经理笑着与方晓频告别。

一位女嘉宾对方晓频笑着喊道："晓频……"

方晓频看到后，很高兴地上前握手说："陈姐，感谢你来捧场！"

陈姐说："好个晓频，我真佩服你，事业做得那么大。怎么，你没叫白天来？这个时候，他应该来捧场呀？"

方晓频说："这点小事，没好意思惊动他。"

陈姐笑笑说："晓频，我真心祝你成功，有机会我们好好聚一下，到时候你一定把白天也叫来，都是老同学了，他不会摆臭官架子吧。"

"不至于吧。"

"那就好，那就好"，陈姐说，"晓频，你太忙，不打扰你，我走了。"

方晓频和客人谈话时，向东也正和叶嘉熙交谈。

向东说："叶总，天宁是一片投资的热土。选择天宁投资，说明你很有远见。今后在投资环境方面，我们一定会给你最优惠的政策。"

"谢谢市长的关照，有情后补。"

"可以让他们陪你在这好好看看。"向东说，"了解一下天宁的风土人情。"

叶嘉熙连连点头说："好，好，每次来天宁都是来去匆匆，这次我是要好好休息一下，好好放松放松。"

两人都心照不宣地笑了起来。

方晓频走过来说："向市长，你们说什么哪，这么高兴？"

向东笑着说："晓频啊，今天你们合作兴建世贸大厦的签字成功，这是一件大事呀，我能不高兴？"

"当然该高兴。"方晓频说，"不过，向市长，您一定得帮助我们高兴到最后才行！"

方晓频和向东谈话期间，李一雄不失时机地走到白帆跟前，说："白小姐，你今天真漂亮。"

白帆笑着说："那还要感谢你啊。"

"感谢的话就不要说了"，李一雄别有用心地说，"今后我们就是一家人了，能与你合作共事，备感荣幸！"

白帆说："我与贵公司有缘，晓频姐与我哥哥是大学同学，我十几岁就认识她啦。"

李一雄诧异地问："我们董事长和你哥哥是同学？"

"是呀。我们叶总说了，今后与贵公司的合作，具体由我负责。李总可要多加关照噢。"

李一雄说："没问题。白小姐，为了庆贺我们的合作愉快，今天晚上我请你吃饭怎样？"

站在一旁和向东、叶嘉熙谈话的方晓频，很注意李一雄的举动，听李一雄要邀请白帆吃饭时，马上走过来说："我已经和白帆约好晚上的事了。"

李一雄显得有点尴尬。

白帆听说方晓频晚上找她，非常高兴，握着方晓频的手，甜甜地叫了声："晓频姐……"

方晓频感情复杂地瞪了李一雄一眼，然后拉着白帆去追已走向大门的向东和叶嘉熙。

李一雄被闪在那里，很失落、很无奈、很无聊。

二

豹仕歌舞厅在朦胧的夜色中，体现着性感。

门口，车水马龙，流光溢彩。一个个脑满肠肥的老板们，腆着肚子，肥着腰，在显露着骨感的小姐的勾搭下，出入其中。

李一雄就是其中一个。

这时，舞厅内一个穿着超短裙的小姐……那短裙短得小姐上下风光时隐时现。她坐在李一雄的大腿上,嗲声嗲气地要这要那。

一曲轻柔而缠绵的舞曲响起,小姐邀李一雄步入舞池。

李一雄将未能和白帆相约所带来的失落,全部发泄在小姐身上。他紧紧地搂着小姐,在昏黄的灯光下揉来揉去。

李一雄一边揉,一边问:“小姐芳龄?”

“先生,女孩子的年龄是不可以问的。”那声音娇滴滴的,滴得人心猿意马。

“对,对对。”李一雄笑着说,“不可以问,我可以猜吗?”

“先生如需要,什么都可以的。”小姐用眼瞟了一下李一雄说。那一瞟,瞟得人心知肚明,瞟得人丢魂落魄。

“你今年不会超过十八岁,最多十六岁。”

“你坏,人家今年十七岁了。”实际她已经二十二岁了。因为人比较小巧玲珑,看上去不大,所以故意装小。

“怎么没在家上学?”

“家里穷,上不起。”小姐脸上掠过一片阴云,但很快转阴为晴。她信口说道,“我家还有哥哥,他正在上学。父亲叫我让哥哥上,我只好让。父亲身体不好,常年卧病在床,全靠母亲做点小生意养家糊口。我不出来打工不行。家里还有八十多岁的老奶奶呢。”

“真可惜了。”也不知小姐说的是真话还是假话,李一雄仍装作怜香惜玉的样子,说:“小姐如果愿意,以后可以来找我,我想法帮助你。”

“谢谢。”小姐嘴上这样说,心里却甚为不屑。

“小姐不是本地人吧?”李一雄有意这样问。

傻帽!本地人能好意思在本地干这种行业?小姐心里说。

“我是陕西人。”小姐故意这样回答。当小姐的就得骗人,你不骗人,人就骗你。这是同行的姐姐们告诉她的。

“怪不得小姐这么漂亮,陕西出美女嘛。”李一雄嘴上这样夸赞,心里却并不相信她的话。

“先生真会说话,你认识陕西哪位美女?”

“貂蝉不是陕西米脂的吗?”

“那太远了,现在呢?”

“现在?现在就是你!”李一雄说着就要吻。

小姐很老练地用手轻轻挡住李一雄的嘴,羞涩地笑笑说:“先生,太急了吧。”

李一雄硬要亲。小姐低低地阻止说:“先生,这地方不行。你带车了吗?”

李一雄会意地点点头,拉着小姐走出舞厅。

送走小姐,回到别墅时,已是深夜十点钟。李一雄一边兴致勃勃地品味刚才和小姐的余兴,一边打开寓所的门。房里传来抒情的钢琴曲,钢琴曲的抒情中似乎带点幽怨。那是余婉妹从琴房里送出的。

余婉妹弹得很忘情,李一雄走进屋里,她竟没有觉察。

李一雄端着酒走过来,将酒杯放在钢琴上,她才发现。刚想站起来迎接,李一雄连忙按住她的双肩,示意继续弹琴。

这是钢琴王子理查德·克莱德曼《命运》三部曲中的《命运》一曲。曲调舒缓连绵,如深山老林中流出的一丝涓涓小溪,寂静大海里飞出的一声不甘寂寞的鸥鸣,禅堂古庙里木鱼敲出的孤独哀怨,乡村田野上晚霞染成的一天残红。

李一雄毕竟不是乐盲,从钢琴曲中已经读出了余婉妹的心。他轻轻地走过来,从后面抚摸着余婉妹,然后将她揽在怀里,越贴越紧。余婉妹只好停下来,歪着头望着淫意绵绵的李一雄,撅着小嘴抱怨说:“怎么到现在才来?我都等急死了,你要是再不来,我就准备走了。”

李一雄扯谎说:“今天世纪集团和金宝利举行签字仪式,因为应酬,所以来晚了。”

余婉妹起身走到窗前,身上的香味,引得微风徐徐飘来,花树的枝叶也兴奋地摆动着。她自言自语地说:“是啊,寄人篱下,当然得受人摆布。”

“我是无德无能,所以受人摆布。哪像你”,李一雄走到余婉妹的跟前，双手捧起余婉妹的脸说，“是一个多才多艺的奇女子，天马行空，独往独来。”

“那又能怎样？”余婉妹不满足地说，“不管怎样独往独来，还不是整天给人打工。”

“干律师这一行，还有什么打工不打工之分？”李一雄放下手，端起酒杯抿了一口酒，不以为然地说，“不都一样吗？”

“那可不一样，如果有自己的律师事务所，那就是给自己打工。”余婉妹走到李一雄跟前，认认真真地说，“一雄，我一直都梦想自己有个独立的律师事务所。”

“这有什么难的，开一个就是了。”

“哪有这么容易，现在不像前几年了，对开办律师事务所的审批越来越难。再说了，开办一个像样的律师事务所，还需要一笔不少的投资，钱从何来？”余婉妹的用意很明显，她想叫李一雄给一笔钱。她知道李一雄只不过是玩玩她。所以想捞一笔青春损失费。她想用这笔钱办一个像模像样的律师事务所。虽说不能当个大企业家，但也要做个女强人。

“投资没问题，这点小事我可以帮你。”李一雄用眼勾了一下余婉妹，说，“至于别的，你自己搞行吗？但是，有一条，不能跟人上床。我的女人只能跟我睡。”

余婉妹撒娇地扑到李一雄怀里，说：“行，你说话算数？”

“我什么时候说话不算数了？对你这个小坏蛋，就更不用说了。再说了，你的事业干得越红火，对我不就越有利吗？”

“对呀，咱们这叫‘双赢’！”

李一雄有意纠正说：“不，这叫‘比翼双飞’！”

“这可是你说的，‘比翼双飞’，那我就是你老婆，你抓紧把我娶回家。”余婉妹抱着李一雄笑着说，“你抓紧，你抓紧！”

李一雄吻着余婉妹说：“这不是已经娶回家了嘛……”

“你坏，你坏……”

窗外的花，都羞得闭上了眼。

“一雄,你真的爱我吗?”

“那还用说。不信,我赌咒。”

……

三

董启汉和两个执行法官将修路公司的陆经理带出了修路公司。

出了公司大门,陆胖子就两腿哆嗦起来。

他一边跟着走,一边犯疑惑。是拘留,还是传讯?反正让法官带走总不是好事。

“董院长,你这是带我去哪儿?”胖子陆经理看董启汉不声不响只顾带他走的样子,实在憋不住,说:“上次我可是把账户上所有的钱都拿出来了。其他债务方面,我的院长大人,你得高抬贵手,多宽限些日子,我好活动呀。”

“陆经理,今天不是找你谈案子,你怎么跟做贼似的,心里有鬼呀,你怕什么的?”董启汉说:“我今天只是请你陪我去一个地方看看。”

胖子陆经理仍然不放心地说:“董院长,我……我可是积极配合执行的,你不会……把我送去拘留吧?”

董启汉笑了,安慰说:“看你想哪里去了,上次你的态度很好嘛!只有拒不执行,情节严重的,我们才会采取强制措施。今天是让你陪我去看一个你我早就该去看的地方。”

陆经理仍然是疑疑惑惑地跟着董启汉上了车。这也难怪,这些执法人员,说话根本不能相信。他明明是逮捕你,却说是请你谈谈,让你防不胜防。上了警车后,他在琢磨着,自己贪污受贿的哪笔钱,容易暴露。那些钱,有多少送给了交通部门的领导;有多少送给市里有关领导;有多少送给了工商、税务、纪委、监察、公安等方方面面的领导,反正贪污来的钱不是他一个人花的。拔出萝卜带出泥,我不能过,我也不会让他们安生。说归说,想归想,胖子心里还是没底。这些年,他是干了不少豆腐渣工程。天宁的一级公路、203 省道,他做了不少手脚,捞了百把万块钱。那是大工程,捞这些钱看不出来。尤其是乡村公路,别看工程小,但漏洞多,好蒙钱。那些书记乡长给个万儿八千,就打倒了。剩下的你只管捞就是了。路的质量不行,查谁去?就是要查,前面有书记乡长顶着呢。想到这里,陆胖子似乎胆子又大了起来。

法院的警车在京沪高速公路天宁收费站停了下来。

董启汉等人走下车子来到公路边上,向下望去,只见路下有一片破烂不堪的窝棚。那窝棚的上顶,有的是用草搭的,有的则是纤维板搭的,还有的是用塑料纸包的纸板搭的。窝棚的墙,有的是土砌的,有的是土砖混砌的,有的则是木板简单挡起来的。所谓的门,好一点的是来木头钉的,差一点的是纸板,最差的就是挂个麦草帘子。这是典型的贫民窟。

董启汉问陆经理:“天宁市还有比这更破的住处嘛?”

陆胖子连连摇头说:“没见过。”

董启汉问:“你知道这破窝棚里住的什么人吗?”

陆经理说:“不知道。”

董启汉说:“这里住的就是当年修筑这条高速公路的民工。在长达九年多的时间里,他们在这破窝棚里苦苦等待,等待他们在九年前就应该拿到的工钱。高速公路通车以后,收费站天天大笔大笔收钱,而民工却一分钱也拿不到。你说,是怨你修路公司,还是怨收费站?好,好,咱不说这些,我们下去看看。”

在四面透风的窝棚里,讨债民工,有的躺在病床上,有的在收拾碗筷,有的在抽闷烟,有的在闲聊。有两个中年农妇,坐在窝棚里纳鞋底,见董启汉走来,其中一个认识董启汉,动都没动,只是面无表情但又不失礼貌地打招呼说:“董院长你来了?”

董院长答应了一声,然后对陆经理说:“她叫贾桂花,是贵州来天宁打工的农民工。在长达九年的时间里,她和其他二十多个民工,没回过家一次。在这个陌生的城市里,艰辛挣扎了9年,9年没见过孩子、家人,作为一个女性,那是一种什么样的生活?”

贾桂花没有说话,只是用那长满老茧的手,擦着默默留下的眼泪。

董启汉拿起贾桂花那长满老茧的手,动情地说:“当年,她和男人们一样,搅灰浆,搬石头,开山放炮。为了凿开坚硬的岩石,常常干得手脚鲜血直流。他们磨破了多少肩膀皮,穿破了多少鞋,谁也说不清。每当他们到法院,跟我唠叨这些时,我就感到身上压了块沉重的石头,钱要不回来,实在对不起她们哪!”

陆经理听到这些,脸上现出了惭愧之情。

董启汉走到另一位妇女跟前说:“她的男人叫何振东,是一位来自湖南的民工。2002年春节前,何振东身患重病,愤怒的家人把何振东从湖南送到这儿,希望能得到建筑公司和修路公司的同情,拿到九年前的工资,以便治病。建筑公司刘志毅的钱全都垫资垫进去了,你们修路公司有钱,说跟人家没关系,又不给人家。人家要不到一分钱,只能眼睁睁地看着何振东在痛苦中挣扎。2002年正月初四,何振东就在这张破烂不堪的床上,停止了呼吸。何振东死后,除了年幼的孩子和一大笔外债外,什么也没留给她,甚至连生前的照片也没有啊!”

董启汉说着说着,眼角湿润,声音也颤抖起来。

何振东的妻子强忍悲痛抽泣着。贾桂花也陪着流泪。

窝棚外,有几个六七岁的孩子,正在玩耍。他们一个个蓬头垢面,破衣烂衫,活像流落街头的乞丐。

董启汉说:“陆经理,你家的孩子恐怕也有这么大吧?他穿什么,吃什么,玩什么,上没上学,在什么学校上学?他们过的是什么生活,这些孩子过的是什么生活?他们都是新中国的儿童,都是祖国的花朵,这样的不平等是谁造成的?他们的父母要是能拿到工钱,能让孩子们在这受罪吗?”

修路公司的陆经理看到和听到这一切,内心感到惭愧。他到酒店吃一顿饭的钱,就够这些孩子一年的学费。他手指缝里漏点钱,就能把这些窝棚重新改造成大瓦房。可是,他没有这样做。就是该给的工钱,他也舍不得掏出来。不知怎么搞的,他花天酒地消费可以,就是舍不得给人家工钱。老板都差不多,也不是他一个人。所以,欠人家钱,他不感到耻辱,相反无所谓。不欠白不欠,欠了也白欠。这次跟董院长来到这里,陆胖子受到很大震动。他的确感到过去那种做法,是犯罪,是缺少天地良心,他对不起这些民工。

董启汉还要带他转转,他说不用了。

董启汉还要跟他说些什么,他说也别说了。

看得出陆胖子有点回心转意,董启汉暗暗高兴,他的目的基本上达到了。

此刻,陆经理果断地抬起头来,态度很坚定地对董启汉说:“董院长,你的用心我明白。咱们现在就回公司!我就是砸锅卖铁,也不能让这些民工在这里等下去了!”

董启汉拍了一下陆经理的肩膀,高兴地说:“好!我就等你这句话呐!”

警车载着众人离开了高速公路。

回去的警笛叫得也欢快。

四

白天坐在猎豹吉普车内欣赏着窗外的风景。

陈茵坐在副驾驶座上引路。

陈茵说:“白院长对麒麟县的情况可能不太了解。这个县是省里有名的贫困县,经济比较落后,但法院整体工作还不错。”

白天问:“全县有几处法庭?”

陈茵说:“原来有七处,撤并后还有四处。”

白天说:“你对县里情况很熟悉,经常下来吗?”

陈茵说:“我曾在麒麟法院挂职过副院长,待过半年时间。对其他县的情况不太熟悉。前几年办案,经常下去取证,这几年搞审判方式改革,民事审判人员下去就少了。”

白天说:“什么事情都不能走极端,作为审判人员,经常到基层走走,对提高业务水平还是有好处的。”

陈茵说:“当年在锦江大学法律系读大四的时候,到附近一个基层法院实习,我们的实习指导老师——也就是庭长,经常带我们下农村调查材料,还真学到了不少知识。做民事调解工作的很多技巧,就是那时候学到的,当时的经历真令人难忘。”

白天问:“你是哪年毕业的?”

陈茵说:“93 年,95 年又回去读的硕士研究生。院长是哪年毕业的?”

白天说:“我是 88 年毕业的,不过,研究生倒是和你同年读的。”

“院长早在读研之前就是专家了,我上大学时还经常拜读您的大作呢。”

“是吗?这说明你是个很勤奋的学生,连我的文章都能读到。”

“当时我还以为您是一个老学究呢!”陈茵笑着说,“想不到十年后还是我们年轻的院长!”

白天说:“唉,一晃十几年过去了,还真想念我的母校、我的恩师、我的同学。特别是吴老先生,他是我步入学术象牙塔的领路人。当年吴老年事已高,带十几个研究生,已经没有精力带本科生的课,但对我们仍是关爱有加,一个劲鼓励我走上钻研法学之路。可惜,毕业后一直没能去看看我的恩师……”

白天说得很动情,陈茵听了很感动。

白天停了一会儿,说:“国鼎厂诉世纪集团一案,在全市引起了较大反响。昨天在市里开会,市委领导还问起这个案子,说此案一方面牵扯稳定大局,另一方面涉及经济发展这一中心,让我们一定把好法律关和政策关,妥善处理好这起案件。”

陈茵说:“庭里对这起案子非常重视,上次整整开了一天的庭。从庭审的情况看,国鼎厂诉世纪集团没有支付土地转让金,也没有安置工人;世纪集团反诉国鼎长将其中五亩地擅自处理了。我们要再认真研究一下,将这起案子办扎实。但我们办案,法律关好把握,政策关有时候就吃不准。”

白天说:“市领导的意思可以这样理解:既要注意办案的法律效果,也要注意办案的政治影响和社会影响。这也是最高法院领导经常强调的。当然,我们的前提是坚持以事实为根据,以法律为准绳。这一点我也向市委领导解释了,市委领导支持我们依法办案。”

陈茵说:“请院长放心,作为本案的审判长,我会考虑案件的特殊情况,妥善处理好这个案子的。”

白天用信赖的目光望着陈茵,郑重地点了点头,然后说:“你给县法院张院长联系一下,就说我们直接去青山法庭看看。”

青山人民法庭的会议室里,只有一圈又旧又破的沙发。中间是一张又大又矮的餐桌,红色的绒布遮住了餐桌的陈旧。厅长介绍说,这里是会客室、餐厅、合议室,同志们还称其为“氧吧”。

白天问:“为什么叫氧吧?”

庭长说:“每周的集体学习,都在这里,同志们称这叫‘吸氧’。院里多年没进过一个大学生,各庭人员知识结构都偏低,因外出培训经费和时间的限制,没办法,我们只有靠自己互助互学。”

白天问:“全院几年没进大学生了?”

“我来麒麟法院已经9年”,麒麟法院院长说,“9年中只进过4个人。1 个是军转干部,3 个是公勤人员。但因外调、退休等原因减员 49 人。没办法,麒麟县穷。每年考出去的大学生很多,但回来的很少。麒麟法院 35 岁以下的法官目前只有 2 人,法官断层和青黄不接现象越来越突出。"

白天说:"陈茵,把这些情况记下来,回去后召开党组会认真研究一下,必要时要向市委作详细汇报。"

陈茵一边记录,一边点头答应。

白天问:"现在不是要求审、执分立吗?"

麒麟法院院长说:"原来已经按照'三个分立'的要求分开了。但是,一方面执行庭的力量不够,另一方面法院更熟悉案情和当地的风土人情,所以,去年底又改为法庭执行了。不过,还是由立案庭统一立案,统一进行审判流程管理。"

青山法庭庭长说:"这次中院要求集中清理执行积案,我们集中时间、集中警力,将几年来的积案基本上执行完毕,有个别没有履行能力的,已经办了执行终结手续。"

"很好,干得不错!你们的确辛苦了。"白天点了点头,表示肯定。然后对陈茵说:"陈茵,你是知道的,在基层工作很不容易,我们得多关心他们,多支持他们。"

陈茵连连点头。

白天站起身来说:"时间不早了,我们也该回去了。"

青山法庭要留吃饭,白天说什么也不同意,他们只好送白天等人上车。

刚出大门,只见一位农妇背着一捆柴禾经过。那农妇抬头看到陈茵时,急忙将柴禾放在地上,跑过来拉着陈茵的手,说:"陈庭长,还认识俺不?"

陈茵愣了一下,问:"你是?"

农妇说:"那年,俺讨饭到市里打官司,还是您管俺吃的饭。您不记得了?"

“噢,想起来了,你是王嫂。”

“是,我是王嫂。”王嫂激动地说,“哎呀,陈庭长,您可是俺的大恩人。当年要不是您,俺的官司怎么能胜村长。您这次来,一定到俺家吃饭。”

“那都是我们应该做的事。”陈茵说,“王嫂,饭不能去吃了,我们有安排。谢谢你的盛情,以后有机会我再来看你。”

王嫂看留不住,只好说:“那我可等着,我们全村人都想见见您这个菩萨心肠的庭长呢。要不,您就把您的照片给俺一张,俺拿回去给村里人看看。”

“王嫂,我今天是出来工作的”,陈茵笑着说,“没带照片,下次再来时我一定送你一张。”

白天等人看着都笑了。

王嫂憨厚地笑着说:“好,好,你们忙你们的事吧,我就不打扰了。陈庭长,您可一定要来啊。”

众人望着身背沉重柴禾的王嫂,蹒跚而去。

五

东方SPA美容院的沐浴间里,香气缭绕。

白帆是第一次进入这种高档的美容场所,对这种丝丝沁人心脾、淡淡不绝如缕的香味,虽说有似曾相识的感觉,却不知它源自何物。方晓频早就看出白帆的心思,微微一笑,似乎有点卖弄地说:“这是红玫瑰制造的精油薰出来的香气。这种香气,入肝,入脾,带氧,抗菌,滋补养神,健脾补肾,舒缓精神压力,是一种很高档的薰香品牌,道道地地的法国货。”

白帆很佩服地笑笑说：“晓频姐，你知道这么多东西，我真服了你了。”

“这算什么知识，凡是常来美容院的都知道。”方晓频淡淡一笑说：“小帆，你是知道的，干你我这一行的，每天桌上堆积如山的是文件，耳旁响得叫人心烦的是电话，还有手头永远也处理不完的烦人事，一切都叫你神经紧张，心情烦躁，荷尔蒙失调。有什么办法能平衡荷尔蒙失调？而且是立竿见影？通过这几年尝试，我认为最好的办法就是在水浴中香薰。”

“香薰？”

“对。香薰不仅是个人风格的体验，也是一种高品质生活方式的演绎。尤其是在水浴中进行香薰，品位更高。通过水蒸气的暖身，背部推油按摩，被唤醒的身体全面吸收各种营养的补给，能使人精神抖擞、容光焕发。让你在不可视的个人空间里，弥漫出迷人的冬日童话。”

“晓频姐，我看你不仅是个大企业家，而且是一个大文学家呢。”白帆嘻嘻一笑说，“出口成章，一肚子词汇。真让我大开眼界！”

“怎么，取笑你姐姐？”方晓频笑着，佯怒说。“看我不打你！”说着便举手吓唬白帆。

“我投降，我投降。”白帆笑着闪开。

“说真的，当年在大学里，我和你哥哥文学水平都是呱呱叫的。”方晓频一本正经地说，“做梦也没想到走上经商之路。”

“哎，晓频姐，常进这种美容院，那得花费多少钱呀？”白帆绕开话题问。

“钱，肯定得花费不少。不过，你以后就能花得起。”

“我可不敢有这种奢想。”

“会有的，我的大小姐！”

两个人一边说说笑笑，一边宽衣解带。

“小帆，第一次来吗？”方晓频微笑着问。

“第一次到这种地方,还真有点不好意思呢。”白帆羞红着脸说。

“这有什么不好意思的!女人要学会保养自己,不然很快就会变老的。”方晓频说,“水疗是目前最有效的防衰老手段。人不说嘛,女人是水做的。女人需要水的滋养,才能绽放出最美丽最娇艳的容颜。聪明的女人尤其懂得用沐浴来达到身心皆美的最高护肤境界。”

“怪不得晓频姐总是这么年轻漂亮,你原来懂得这么多的养身哲学。”

“再会保养也不行,慢慢就老了。美好的事物是可以永恒的,但美丽的女人就没有永恒。”

“晓频姐永远不会老!看你那么有风度、那么有气质,尤其是叱咤商海的风采,我真是羡慕极了。”

“这有什么,只要你在商海里摸爬滚打久了,肯定会超过我的。”

“我怎么敢跟晓频姐比!要是能在你身上学到一两层本领,我就足够用的了。”

“哪里话!姐姐也是使尽浑身解数在商海里拼搏。江湖险恶,搞不好就会翻船。不过,姐姐甘愿作你的领路人,凭你的聪明伶俐,将来肯定会很出色的。”

“谢谢晓频姐!”

大约过了半个时辰,被唤醒了身体的两个丽人,赤裸裸地走出薰桶,在水雾中,若隐若现,真像是洇在一幅古老水墨画上的两滴殷红的胭脂,冷香而难忘。小看,可暂缓呼吸;大看,能延年益寿。

走出沐浴间,来到美容房,美容小姐温柔耐心、服务周到地给她们两人做脸部按摩。

“晓频姐,咱们两家公司一合作,今后我跟你学习的机会可就多了。”

“你虽在金宝利供职,但姐姐可把你当作亲妹妹哦。合作方面的事情,你不能拿姐姐当外人。”

“当然啦,我什么时候都听姐姐的。”

“你在金宝利供职多久了？”

“我大学毕业后，先后在其他公司里做过几年，到金宝利才两年多。不过，叶总对我倒是满信任的。”

“对金宝利的情况都很熟悉吗？”方晓频看似无意却有意地问。

“当然啦。”白帆无心地说，“我在金宝利两年多时间，干过不少重要部门，对金宝利的情况可以说是了如指掌。晓频姐，金宝利公司的实力和信誉，你尽管放心。”

“虽然港企工作条件不错，又是高薪，但是，港人就是港人，不可全靠。不过，你放心，有你晓频姐的饭吃，就有你的饭吃。倘若有一天需要到我的公司来，我会给你更优惠的条件，人才难得嘛。可是，现在你要在金宝利好好干，我们的合作离不开你！”

白帆听到这话心有所动，但又不完全明白方晓频的意思，只是温柔地看了方晓频一眼，算是回答。

离开美容院，白帆要去哥哥家，方晓频便开车将她送到白天的家门口。

不管白帆如何邀请，方晓频仍然开车离去。她知道，那个门不是为她开的。她永远也走不进那本该是她进的门。她走得有点失落，有点凄凉。

凌玲在客厅里一边织毛衣，一边看电视。白天正在书房里看文件。

听到门铃声，凌玲起身开门，见是白帆，故作嗔怪说：“小帆，你怎么才来呀？我和你哥说等你吃饭，结果是左等也不来，右等也不来，你哥下乡回来说实在太饿了，就把你的饭也一块吃了。”说完自己也笑了起来。

白帆笑着说：“我的好嫂子，我道歉好不好？”说着走到冰箱跟前，从冰箱里拿出一听可乐，“啪”的一声，打开就喝，边喝边问：“我哥呢？”

“在书房里。”

凌玲正说着，白天走了出来，开着玩笑说：“我们的公关大部长怎么才回来呀？”

白帆撒娇说:“哥,人家工作忙嘛。”

“是啊,我看报纸上报道你们金宝利公司和世纪集团合作兴建世贸大厦的事。”

“我们公司与世纪集团兴建世贸大厦的事已经正式签字。签字仪式搞得很隆重,市领导也去了。一个天宁市历史上最宏伟的建筑就要矗立起来了。”白帆神采飞扬地说。

“你们两家是怎么合作的?”

“总体上说,世纪集团出地皮,我们出资。但它们也要出一部分资,我们各占50%的股份。”

“你们能投资多少?”

“要投3000多万美金呢。”

“不会是空头支票吧,现在骗子很多啊。”

“怎么可能?我们可是很有实力的大公司。第一期资金已经到位。再说了,我们的合作伙伴是谁呀?世纪集团!人家董事长……哎,就是你那位老同学,那可是商场的弄潮儿,企业界的顶尖高手,谁能骗得了她?”

“你们早就认识了?”白天问。

“早就认识了。晓频姐刚才还领我去了美容院。她还记得我小时的样子呢!今天的晓频姐今非昔比了,既漂亮,又能干;既温柔,又体贴,真是一个完美的女强人!”

凌玲听到白帆对方晓频赞不绝口,带有醋意地对白天白了一眼。

白天装作没看到,趁凌玲没注意对白帆丢了一个眼色,说:“别光顾说话,去给我倒杯水去。”

“欲盖弥彰”,凌玲冷笑着说,“小帆说的还不都是你心里话。”

“胡说八道!在我心中就你最完美。”白天笑着说。

“恐怕言不由衷吧!”

“要是那样,当年我为什么会选择你?”

白帆也看出了其中关窍,不失时机地说:“就是嘛,我嫂子是世界上最好的嫂子,谁也比不上,哥哥当年选的没错!”

凌玲害羞地笑着,轻轻地打了白帆一下,说:“鬼丫头,就你的嘴会变!刚才不还在夸人家吗?”

白帆搂住凌玲说:“我哥哥那样疼你,还要我夸?我嫉妒还来不及呢。”

三个人都开心地笑了。

六

天宁市市民广场热闹非凡。

临时搭建的主席台上方挂着一条大红横幅。“天宁市中级人民法院集中发放执行款物大会”的黑色大字,在横幅上显得很醒目。天宁电视台、天宁广播电台、《天宁日报》的记者,在会场上拍照的拍照,摄像的摄像,录音的录音。舒畅端着相机,也在会场里忙碌着。

白天正在主席台上讲话:“同志们,我们今天在这里举行集中发放执行款物大会,目的就是让全社会都来了解、关心和支持法院执行工作。解决‘执行难’的问题,是全社会共同的责任。有句谚语说,迟来的公正就是不公正。官司打赢了,该要的钱要不回来,该拿的东西拿不到。当事人会是什么心情?有这么一起案子,一帮农民工抛家舍业来天宁修高速公路,路修好了,收费站也天天收费,可是农民工的工资就是没人给,他们只好搭起窝棚在这里讨债。这一讨就是九年!有的人连气加病就死在窝棚里。在被逼无奈的情况下,他们甚至要采取过激行为,幸亏没酿成后果。大家说,这样的案件该不该执行?不去执行又怎能对得起这些受害的老百姓?法院又怎能称得起人民的法院?又怎能谈得上司法为民？我们再也不能向老百姓打‘法律白条’了，再也不能让老百姓指着我们脊梁骨，骂我们是‘空调白判’！司法公正，不仅包括审判公正，同样包括执行公正！我们坚信，只要有全社会的大力支持，天宁法院一定会攻克‘执行难’这座堡垒！”

白天的讲话在雷鸣般的掌声中结束。

下面是申请执行人代表讲话。首先上场的是国鼎厂厂长张国兴。

张国兴走上台来，站在落地式话筒前，向大家举了一躬，然后手扶话筒说："各位领导、各位朋友，我今天代表国鼎厂的全体职工，来接受执行款物发放。同时也来谈谈感受。我们曾经对法院的执行工作不理解，认为别人欠我们的款，法院还要对我们强制执行，太不公平。但是在前一阶段时间，白院长亲自带人到我们厂调查了解情况，并派执行人员到外地执行我们的案子。执行过程中，执行人员受到当地警察的围攻，他们受尽耻辱，无怨无悔，及时将款项执行回来。全厂职工知道后，真是既后悔又感激。同时，对法院的理解又多了一层。大家伙儿让我带来一句话：感谢天宁中院公正执法的法官们！"

张国兴说完向白天深深地鞠了一躬。

接下来是刘志毅发言。刘志毅上台后，也学着张国兴的样子，对台下鞠了一躬，又转身对董启汉鞠了一躬，然后小跑几步来到白天跟前深深鞠了一躬。他的行为引起台上台下的一阵善意的哄笑。

刘志毅回到话筒前，将话筒从支架上取下来，拿在手中，激动地向前走了两步，声音颤抖地说："父老乡亲们，我叫刘志毅，就是报纸、电视上说的那个叫卖‘法律白条’、喝农药自杀的包工头。因为申请执行，我跑法院跑了九年。也被讨债的缠了九年，骂了九年。我感到绝望，在法院门口自杀，被白院长救了下来。是这次‘执行风暴’行动给了我新生。法官们以实际行动让我相信：人民法院还是人民讲理的地方，法律还是公正的！"

刘志毅是流着眼泪走下台的。台下修路公司的陆经理摇了摇头，不知是对自己过去的悔过，还是无奈，反正不是滋味地站在那里。走也不是,留也不是。

主持大会的董启汉宣布说:“天宁中院集中发放执行款物仪式现在开始。大额现金和大宗物品因考虑到安全和方便问题,以书写金额或物品名称的大红牌子代替。小额现金或小件物品直接发放实物。请大家按照宣读的先后顺序上台领取钱物。”

郑义鸣走上主席台,指挥并协助工作人员发放款物。

董启汉宣读说:“天宁国鼎厂,现金 40 万元。”

张国兴上台从白天手中接过上书“400,000 元”的大红牌子。

“刘志毅,现金 80 万元。”

刘志毅上台从白天手中接过上书“800,000 元”的大红牌子。

董启汉继续宣布:“赵金良,现金 3 万元。”

赵金良是一个三十七八岁的男子。只见他慢腾腾地走上台,径直来到白天面前。白天笑津津地将 3 万元现金递给赵金良。赵金良接过 3 万元现金,并没有与白天握手,而是转身向主席台一侧走去。白天伸出的手,很难堪地僵在那里。他诧异地看着离开的赵金良。

赵金良满脸的不高兴,走到郑义鸣跟前,突然像疯子一样,将 3 万元钱猛地砸在没有任何提防的郑义鸣脸上。崭新的百元大钞,从郑义鸣脸上散落,飘飘扬扬飞向四处,有的竟落到了台下。

台上、台下,一下子全呆了。被这突如其来的事件惊呆了的舒畅不愧是一名优秀的记者,她马上回过神来,赶紧抢拍下眼前的一幕。

疯了似的赵金良,又冲到董启汉跟前,抢过麦克风声嘶力竭地喊了起来:“老少爷们,你们听着,不要相信这些法官!他们在这里搞这一通,无非是要吹自己。这些年来,他们的判案有多少是公平的?我的案子折腾那么长时间,本该判几十万的案子,他们就给 3 万块钱了事,这里面到底是糊弄我们这些老百姓,还是有什么其他道道?这 3 万块钱我不要了,留他们法院自己吃喝玩乐吧!”

赵金良说罢便气冲冲地向台下走去。

此时,台下议论纷纷,秩序乱了起来。

回过神的白天,对着话筒喊:“赵金良同志请留步!现在当着大家的面,把事情说清了再走好吗?”

赵金良犹豫了一下,很快又返回主席台,挑衅般地站到了白天面前。

这是一次正确与错误的较量,是一次理解与误解的辨别,是一次法律的威严与人间真情的结合。白天必须公开妥善地解决今天的这场突发事件。

白天神情严肃地说:“同志们,今天法院召开的执行款物发放大会,这是一个非常严肃、非常庄重的场合。赵金良同志把我们发给他的执行款,甩还给我们,作为法院的院长,我很想听听他的理由,我想参加大会的同志们一定也想听听吧!”

赵金良满不在乎地说:“好,那我就当面向你这个院长说说。我是河阳县种子公司经理,年初的时候,我们委托金地种子繁育站培育一批种子,种子培育出来后,繁育站看种子涨价,竟偷偷地卖了。结果农户找我要损失,我一下子就赔了人家几十万,河阳法院却只判种子繁育站赔我 3 万块钱!你说说,这样判决公平吗?”

台下观众,听了赵金良的话议论纷纷,有的甚至义愤填膺,说了不少气话。

白天对着话筒大声喊道:“大家请安静,大家请安静!”

会场渐渐静了下来。

白天问赵金良:“刚才你说案子是河阳县法院判的,请问,你上诉了吗?”

赵金良愤愤地说:“上什么诉?你们法院是一家,能不互相包庇?无论怎么诉,结果还不是一样?”

白天说:“照你这么说,法院二审就没什么意义了。至于案子问题,咱们以后再说。现在先谈谈你刚才的行为。你把钱甩在一个法官的脸上,你自己认为对不对?你还懂不懂得尊重别人的人格?我们这是严肃的会场,就凭你甩钱这一条,我就可以让法警拘留你!”

赵金良愣了一下。他说得对，别说他有理，就是无理，他要想办你的事，找个理由就能办。

白天停了一下说："不过，我想你肯定有很大的冤屈，不是气急了你也不会那样做。对你今天的行为，我们就不追究了。"说到这里，白天便面对观众大声说："同志们，这位同志刚才的表现是不对的。但对他反映的情况，我们会认真调查，给他一个明确的答复。在这里，我可以负责地告诉大家，追求司法公正，永远是法院工作的主旋律。作为人民的法官，如果所办的案件经不起推敲，经不起检验，判决有失公允，有悖常理，群众就不会信任我们，更不会尊重我们。如果是那样，司法的权威就无法树立。群众利益无小事，人民法院的神圣职责，就是通过审判大大小小的案件，切实把群众的利益实现好，维护好，发展好。人民法院，如果脱离了群众，忘记了人民群众的利益，就不叫人民法院。因此，我们会努力提高执法水平，狠抓判案质量和效率，力求将每一起案件办得扎扎实实，经得起法律和历史的检验。离开了公正，天平就会倾斜；离开了公正，法律将被亵渎；离开了公正，人民的利益就会遭到践踏；离开了公正，中国共产党就会失去民心！可以说，公正，只有公正，才是法官永远的座右铭！"

台下在白天讲话之后，沉寂了好一会儿，掌声才渐渐响了起来，而且越响越激烈。

舒畅将这里发生的一切都摄入了镜头。

七

一弯新月，不知不觉就挂到了远山的上空。

挂得很静，神不知鬼不觉。

天上的星星和天宁市的灯光一样，先是几颗几颗地探出头来，看人不注意，“呼”地一下，从四面八方一下子涌了出来。涌得争先恐后，涌得杂乱无章，涌得你目不暇接。尽管涌得热闹，却涌得无声，一切都在静悄悄中进行。

灯也照亮了海边的栈桥、栈桥上的人、栈桥下的海水。

栈桥上的人，有的乘凉，有的聊天，有的钓鱼，有的观景。栈桥下的水，一浪推一浪，一浪接一浪，浪浪连接，绵延不绝。因为灯的戏耍，风的操纵，那浪忽明忽暗，忽暗忽明，明明暗暗，变幻无穷。

吴小龙和舒畅就是在这美丽的海滨之夜，一边散步，一边聊天。

“小龙，赵金良大闹会场这件事很有新闻价值。”舒畅轻轻地说，“我想去采访，你帮我联系一下好吗？”

“你别哪壶不开提哪壶！”吴小龙说，“这件事本来就够棘手的了，你别瞎掺乎。再说了，院里正准备调查，让谁去调查，院里会有安排的，我不会插手。”

“采访有价值的新闻，是记者的天职。这件事我是采访定了，你就说帮不帮这个忙吧？”

“怎么个帮法？”小龙推也不是，不推也不是，只好傻傻地问。谁叫自己喜欢她的呢！

“第一，你给我联系原承办法官，第二，替我调阅卷宗。”舒畅拍了拍小龙的肩膀，笑笑说。

“你这不是要我的命吗？”吴小龙急了，他抓了抓头皮说，“按规定，记者是不能随便调阅案件的。要想看得请示院领导。至于原承办法官，对这种事躲都躲不及，谁还愿意接受采访？那样的话，不是疤眼照镜子——自找难看嘛。”

“要是人人都能干的事，我还用麻烦你这个吴大法官？”

“我只能试试看”，吴小龙嘟着嘴说，“你不能指望。”

“跟我拿架子是吗，行，办不办由你！”舒畅故意生气，丢开吴小龙，自顾向前走去。

吴小龙急忙赶上去,从后面拉了一下舒畅的衣服。

舒畅不理。

吴小龙又拉了一下,轻声说:“生气了?”

舒畅还是不理。

“别生气了”,吴小龙轻声求道:“我帮你就是了。”

舒畅听到这话笑了,猛地转过身说:“谁生气了,我逗你玩呢。”

吴小龙憨憨地笑着说:“你呀,太难缠啦。”

“你要再这样说,我可就真生气了。”舒畅止住笑声说,“玩笑归玩笑,办事讲办事。你答应我的事,你必须做!”

“是是是,我的记者大人,帮你做就是了!”

舒畅深情地望了吴小龙一眼,这一眼望得吴小龙神魂颠倒,望得吴小龙心有灵犀。

一阵潮湿而浓腥的海风掠过,舒畅不由得打了个寒颤。吴小龙见状,连忙将自己的外套脱下,披在舒畅身上。舒畅不好意思地推托说:“不用,不用,我不冷。”

吴小龙仍将衣服披在舒畅身上笑着说:“别客气啦,冻坏了大记者,大宁出不了好新闻,这个责任我可负不起!”

舒畅莞尔一笑说:“你真坏,大坏蛋一个!”

两个人又说笑了一番,吴小龙好像想起了什么,忽然问:“舒畅,你是哪个学校毕业的?”

“北方大学新闻系。”舒畅问,“怎么啦,查户口哪?”

“北方大学”,吴小龙惊喜地问,“那你是哪一级的?”

“该不会是校友吧?”

“我们还真是校友。”吴小龙高兴地说,“我是法律系的。我一直读完研究生才离开学校。第一眼看到你,我就有似曾相识的感觉。原来咱们在一个学校里整整生活过几年啊。”

舒畅高兴地说:“看来你就是我的师兄了。这样更好,以后在法律方面能向你多多请教。”

吴小龙开玩笑说:“请教谈不上,喊哥就行!”

“美得你!”

两人还在说笑谈心,突然,从栈桥的尽头传来一位女士的呼喊:“快来救人哪,孩子掉海里去啦!”

吴小龙和舒畅慌忙向呼救处跑去。

一个六七岁的小男孩在不远处的海面上挣扎着。随着海水的波动,小孩正向海的远方飘去。孩子的母亲声嘶力竭地哭喊:“快救救我的孩子! 我的孩子……”

吴小龙见状,毫不犹豫地翻过护栏,从栈桥上纵身跳入海水中。

舒畅紧张地看着奋力划水的吴小龙和波光闪闪的海水中那时起时伏的孩子。

围观的游人也都紧张地注视着,孩子的母亲已经不再大声哭喊,只是流着泪,呆呆地看着,口中喃喃地说:“我的孩子,你可不能死,有好人去救你了……”

吴小龙终于游到孩子跟前,他伸手一把抓住孩子,用力托出水面,拼命地往回游。

母亲松了一口气,激动地对舒畅说:“我的孩子得救了……”

舒畅拉着母亲的手,向栈桥下面边跑边说:“快去接他们!”

吴小龙抱着孩子,筋疲力尽地从海里走上沙滩。到了沙滩上,他无力地跪了下来,将孩子平放好。孩子因为惊吓,又喝了不少海水,所以昏迷不醒。吴小龙马上给孩子做人工呼吸。这时,众人都围了上来。母亲看到昏迷的孩子,哭喊着扑倒在沙滩上,伸手想去抱孩子,被舒畅拖住了。吴小龙继续做人工呼吸。突然,孩子的头动了一下,猛地从嘴里吐出一口水来,孩子苏醒了。母亲一把抢过孩子,紧紧地搂在怀里,号啕大哭起来。旁边的群众有的拿来衣服想给孩子换上,但是,孩子的母亲大哭着将孩子搂得更紧。

舒畅充满关爱地看着浑身湿漉漉的吴小龙。

吴小龙对舒畅笑笑,向她示意一下,悄悄地走出人群。舒畅紧随其后,双双隐没在夜色中。

海的夜风,吹得吴小龙不由得打了一个寒颤。

舒畅忙把外套披在吴小龙身上,并用钦佩、爱慕、热情的目光深深地看着他。能和我牵手到老的就应该是他:善良、憨厚、温情、睿智、事业心强、有正义感,是一个可信赖、可依靠的优秀男人。

吴小龙被看得不好意思,努力地躲避着舒畅射来的维纳斯目光。那目光太火辣、太撩人。

突然,舒畅在吴小龙的脸上大胆地亲了一下,没等吴小龙反应过来,就笑着跑开了。

吴小龙又惊又喜,愣了一下,便紧紧地追了上去。虽然衣服很湿,他也不想换。

啊,迷人的栈桥之夜!

啊,醉人的海湾夜色!

八

白天连夜召开院党组临时会议,研究对赵金良大闹会场事件的处理。

董启汉说:“本来集中发放执行款物大会开得很好,社会反响也很大,让赵金良这么一闹,负面影响不小。”

“事情既然出了,我们就要面对。”白天说,“还是那句话,群众利益无小事。我们不能只顾法院面子,不顾群众利益。今天临时召开党组会,就是要认真研究讨论这件事。郑义鸣,请你先汇报一下案件的大致情况吧。”

郑义鸣清了清嗓子说：“赵金良是河阳县种子公司经理。他委托金地种子繁育站培育一批种子，并约定了收购价格。因为种子行情看涨，种子繁育站偷偷将种子卖掉了，给赵金良造成了很大损失。赵金良起诉到河阳县法院，要求赔偿巨额损失。按照级别管辖，这个标的额的案子应该由中院一审，但不知什么原因，河阳县法院审理了，诉讼费收了不少，结果只判种子繁育站赔偿赵金良 3 万元。据了解，赵金良对判决很有意见，但又没有提起上诉，所以一审判决生效。执行过程中，赵金良并不积极，申请手续都是他侄子代为办理的。河阳县法院执行不了，中院又提级执行。据执行法官讲，生效判决在适用法律方面可能存在严重问题。但没有经过法定程序复查，谁也不敢乱下结论。”

白天沉思了一下说：“那就对案件进行认真复查。我建议由民一庭、立案庭和审判监督庭联合组成调查组，调查此案。如果审判环节确实有问题，我们就要依法予以纠正。”

董启汉说：“赵金良大闹会场的行为太差了，影响很坏。”

白天说：“经过调查，如果赵金良确属无理取闹，这不单单是批评教育的问题，而是要进一步采取法律制裁措施。但是，如果确实是案子判错了，就应该理解赵金良的心情。作为法官，也要设身处地多从当事人的角度思考问题，处理问题。”

董启汉说：“我同意白院长的意见，等情况调查清楚再说吧。”

其他人都表示同意。

白天问：“老董，你看由谁牵头调查此案合适？”

“我看让吴小龙牵头比较合适。”董启汉说，“这小伙子，事业心很强，业务也比较熟。”

大家表示赞同。

白天说：“那就这么定吧，不过，陈庭长还要多帮助他一下。”

郑义鸣说：“白院长，还有一个问题。国鼎厂在我们庭的积案很多，被执行人大多是外地企业，那些企业经济效益都不景气，执行起来难度很大。这次执行的几十万元钱,对国鼎厂来说,不过是杯水车薪。他们厂的干部职工多次找到我们,要我们继续加大执行力度,让国鼎厂早日起死回生。”

白天拿起桌上的一封信说:“我正想跟你们说这事。有一位人大代表给市人大写了一封信,也是反映这个问题,昨天市人大刚把信批转过来。”

董启汉说:“我看执行庭可以组织力量,集中到外地执行一下。”

郑义鸣说:“江南一家机械厂欠国鼎厂160多万元,过去去了几次,效果不大。不行,我下个礼拜再带人去执行一次看看。”

“可以考虑”,白天说,“开弓没有回头箭,我们一定要多做几件实事,决不能让老百姓说我们是搞‘花架子’。”

郑义鸣郑重其事地点了头。

陈茵发言说:“白院长,经过两次开庭,国鼎厂诉世纪集团土地使用权纠纷一案,案情基本清楚了。世纪集团至今没有支付土地转让金,也没有安置工人;国鼎厂确实也有不足之处,他们不该将其中5亩地长期租赁给他人开办加油站了。但是,这起案件背后隐含的问题很多。通过做工作,我们发现世纪集团对这一问题有恃无恐,好像是仰仗市政府的支持,他们认为,这块地是板上钉钉要给世纪集团使用,所以对支付转让金和安置工人的事情没有一点积极的态度。国鼎厂这边,如果处理不好,极易引发集体上访事件。考虑到本案的特殊性,请领导把把关。”

董启汉说:“这起案件全市上上下下都在盯着,审理中必须慎之又慎,各方面的因素都得考虑到。”

陈茵说:“要不,我们尽量再做一下调解工作?”

白天没有吱声,陷入了沉思。过了好一会儿才说:“那就调解调解看,董院长说得对,审理要慎重,但是也不能久拖不办。当断不断,反受其乱。我看目前的重点就是要处理好这三件事:一是赵金良的种子事,二是去外地执行的事,第三就是国鼎厂和世纪集团土地纠纷一事。赵金良的事,就让吴小龙负责;义鸣同志负责去外地执行;陈庭长就继续审理国鼎厂和世纪集团的案子,大家要没意见就散会。"

第二天上午,陈茵一到庭里就找吴小龙。

吴小龙问找他何事?

陈茵说:"昨晚,院党组会议决定,重新调查赵金良一案,具体由你牵头,立案庭和审监庭的同志参与。审判卷宗在河阳县法院,这是执行庭转来的执行卷宗……"陈茵将手头的卷宗递给吴小龙,继续说:"你先看一下,尽快开展工作。"

吴小龙有点不相信地说:"这……好吧,遇到问题还请你这位老大姐多多指教。"

吴小龙刚出庭长办公室,手机响起。打开一看,是舒畅的电话。

"小龙,我是舒畅,你知道我现在在哪?"舒畅的声音既响亮,又甜脆。那笑容也好像随着声音从无线电波里传了过来。

"你在哪儿,我怎么知道?"吴小龙也把带有笑容的声音送了过去,"我又不是你肚里蛔虫。"

"告诉你,我在河阳县。"

"你跑那儿去干什么?"吴小龙惊讶地问。

"采访赵金良的案子呀!"舒畅挑衅地回答。

"不是说好了我帮你吗,你怎么自己去了?"这家伙真是天马行空,跑得真快!昨晚才说的事,今天她就下去了。看样子,她又想在天宁扔第三颗"炸弹"了。

"好了,我的大法官,我知道你们这行的纪律。所以我就自己来了。"舒畅先走一步,也是考虑再三的。她不能因为采访赵金良的事,让吴小龙为难,更不能让他违背原则。

"你可得注意安全。"吴小龙关心地说。那一吻上了他的脸,他能不关心嘛。

"你放心吧。"听到这句话,舒畅心里热乎乎的。不用感觉,她就知道吴小龙爱她。

“喂,我告诉你一个好消息。”

“什么好消息？快说!”

“刚才庭长跟我说了,让我牵头调查赵金良案。”

“真的？那太好了！这样,我们就可以并肩作战了。”

“没错,我过会儿也到河阳去,咱们河阳见。”

九

板寸头,大方脸,浓眉阔眼,一米八的块头,膀大腰粗。

这就是赵金良。

说话豪爽,办事利索,为人直率,性格有点像鲁智深。

这就是河阳种子公司经理赵金良。

赵金良大闹会场,当时是出了一口闷气,但回来后,还是觉得自己太莽撞了。又不是天宁中院判的案,怎么能把钱扔到了人家的脸上？老婆也抱怨他做事不考虑后果。他说,扔就扔了,又能把我怎么样？大不了让我去坐班房。几十万元钱都没了,还在乎这些！老婆说,你不在乎,我和孩子在乎。钱没了,还能挣来。人要是被抓进去了,生意不是受影响吗？再说了,男人坐牢了,我们脸朝哪儿放？赵金良说,事,做都做过了,还有什么后悔的。市场上有卖后悔药的吗,有的话,你去买来给我吃。老婆被他的玩笑搞得哭笑不得。他就是这样人,没头没脑,做事不考虑,直来直去。自己摊上这样的男人,又有什么办法。反正事已经出了,瞎子放牛——随它去。

舒畅找到种子公司时,赵金良正在公司销售部摆弄种子。

“赵经理……”舒畅在会场上已经领教过他的风采,他的举止、言谈、面目,都印在了脑海里。

“你是……?”站在面前的这个漂亮、年轻、陌生的女孩子竟认识自己,赵金良很惊讶,也很疑惑。看她的衣服大大方方,既有流行的魅力,又有端庄的风度,一看就是个有文化的人。

舒畅掏出记者证和名片递给赵金良,微微一笑说:“我是省报记者舒畅,今天来找你想了解一下有关种子一案。你能接受采访吗?”

赵金良看了记者证后,得知对方是记者,马上热情地说:“当然可以,当然可以!走,到我办公室里坐。”

“舒记者,你的大名我早就知道。”赵金良边走边说,“谁都知道你是专替老百姓打抱不平的人。我这个案子正愁没处伸冤呢,你来得正是时候。”

“赵经理,我可不是法官,报社也不是法院。”舒畅仍然是笑眯眯的样子,“要伸冤,你还得找法院才行。不过,我是记者,我的工作就是要我及时发现新闻,及时采写新闻,及时发出新闻。我的职业道德就是,客观、真实、公正、无私、惩恶扬善、仗义执言。你在天宁大闹会场,弄得满城沸沸扬扬,这事不小,你可成了天宁的知名人士啦!”

赵金良挠了挠头,憨厚地笑笑说:“我那是没办法的办法,事后细想起来,觉得有点不妥。”

舒畅说:“那个事情我不问,我只想请你把种子一案的来龙去脉,真实地告诉我。你要是有理,我肯定帮你反映。当然,如果你无理,我也会在报纸上披露出来。看得出你赵经理是个直脾气,我舒畅也不喜欢弯弯绕,咱们来个实话实说,怎么样?”

赵金良走到办公桌前,从抽屉里翻出一大摞材料,往桌子上一放,对舒畅说:“舒记者,这些材料,若有一点是假的,讲好听的话,我以二十年的党龄保证;讲迷信的话,天打五雷轰!”

舒畅接过材料,草草地翻了一下。

赵金良说:“种子繁育站不仁不义,私自将种子卖掉赚昧心钱,我不仅赚不到钱,还得赔偿农民的损失。到法院打官司,心想肯定能赢,我有理呀！谁知道他们找人做了法院工作，法院便偏向了他们。”

“你有他们做法院工作的证据吗？”舒畅问。

“他们找谁做的工作，我能知道。他们送没送红包我不清楚。这种事都是‘暗箱操作’，别人当然看不到。不过，有一条，他们是无法解释的。那就是种子繁育站违约，应该按合同法有关规定处理，怎么能想判多少就判多少呢！3 万块钱，还不够我交诉讼费的，你说，他们合起伙来整我，还有没有天地良心！”赵金良越讲越气，越想越气。

“你当时为什么不上诉？”

“我认为天下乌鸦一样黑。心想，上面法院跟下面法院是一家，就跟老子和儿子一样。我告儿子，老子能不护吗？”

“话不能这样说，上下级法院是监督与被监督的关系。”

“什么监督不监督，我才不信他们呢！”

“你还是应该相信法院。”舒畅劝解说，“据我所知，中院现在要派人调查你的案子呢。”

“调查？他们是不是想点子整我？”

“不至于吧，他们要想整你，那天当时在会场上，就可以以妨碍公务罪拘留你，还能让你回家？“舒畅从包里取出袖珍录放机，说，“不谈那些，咱们现在还是来谈谈有关案子的事。”

……

正当舒畅采访赵金良时，吴小龙也带着调查组来到了河阳县法院。

河阳县法院的会议桌上堆放着有关赵金良案的卷宗。两名天宁中院的法官正在仔细地翻阅着。

吴小龙边看卷宗，边与河阳县法院的三名合议庭法官交谈。

吴小龙问：“这个案子起诉标的额大，应该由中院一审，你们为什么要自己审？”

法官甲说：“河阳县法院诉讼费收入不高，案源又少，有时候超标的案子起诉来了，也就不想再移交中院了。再说，这个案子最后的判决结果也没超过级别管辖的范围。”

吴小龙驳斥说："你不能混淆概念。人家起诉的标的额大，你们也是按照起诉的标的额收费的。你不能以判决结果为依据来衡量有没有超越管辖权。中院早已下发了《五条禁令》，明确规定要严禁乱争管辖权，严禁超标的额受案，你们这样做，应该说是有令不行，有禁不止。"

法官乙说："这是立案庭的事，我们只管审案。"

吴小龙反驳说："你说这话不对！审判庭发现是超标的额立案，就不该审，而应该把案件移交。好啦，不谈这事，你们就谈一下实体判决方面的思路和依据吧。"

法官甲说："这个案子在事实认定方面很清楚。被告金地种子繁育站将代为繁育的种子高价出售，明显违反了与原告河阳县种子公司签订的合同。但在法律适应方面有意见分歧，主要牵涉适用《中华人民共和国种子法》，还是适用省人大制定的《农作物种子管理条例》。我们认为，省里的《农作物种子管理条例》既然没有废止，在全省范围内应当有效，所以就适用了该条例的规定，以政府指导价为标准，判决被告赔偿原告 3 万元的损失。如果适用《中华人民共和国种子法》，就要按照市场价计算，那样，赔偿数额就大得多。"

法官丙说："我们对这个问题的认识有分歧。我个人意见是，省里的《农作物种子管理条例》实施在先，《中华人民共和国种子法》实施在后，此案当然应该适用《种子法》。再说了，被告通过违约盈利了一大笔钱，只按政府指导价判赔显然不合理。"

法官甲不服地说："既然这样，赵金良为何不上诉？"

法官丙说："赵金良的抵触情绪还是很大的。"

吴小龙问："那为什么执行不了，后来又提级执行了呢？"

法官甲说："具体情况不太清楚。听说不能执行的原因是因为金地种子繁育站不配合。他们是县直属单位，有县里领导人撑腰，法院也没办法。最后只好请中院执行了。"

吴小龙站起来说："就这样吧，我们把审判案卷带走，回去向审判委员会汇报。"

吴小龙的车子经过河阳种子公司门口时,他看到舒畅正站在门口拍照,便赶紧下车。

吴小龙开玩笑说:“哎呀,舒大记者你的动作真快,已经抢先一步了。”

舒畅笑着说:“你们卷宗不让查阅,承办法官不让采访,我不深入一线调查怎么办?对了,我跟你介绍一下,这位就是河阳种子公司经理赵金良……”

吴小龙刚想上前握手,赵金良却阴沉着脸转身离去。

吴小龙喊道:“赵金良,别忙走,我们是来调查你案子的!”

赵金良根本不理吴小龙,只是回头对舒畅说:“舒记者,该说的我都说了,有不了解的,以后可以随时问我。为了防止别人说闲话,我今天就不招待你了,下次来我一定盛情款待!”

吴小龙还想去找赵金良,被舒畅拉住。舒畅拍了拍包里厚厚的材料,对吴小龙使了使眼色。

吴小龙摇了摇头说:“没想到赵金良的抵触情绪这么大,幸亏你搞到第一手材料了。”

舒畅做了一个鬼脸,调皮地说:“尊重被采访者的意见,我的材料可是要保密的哟。从采访看,赵金良大闹会场闹对了。不这样闹,不能引起领导重视。嗬,不调查不知道,一调查吓一跳。赵金良的案子,真让我看到一次葫芦僧是如何乱判葫芦案的!”

吴小龙说:“喂,感情不能替代法律。”

“你能说我的讲法不对?”

“本组长的调查报告尚未完成,现在对此事保持沉默。”吴小龙用开玩笑的口气说,“一切无可奉告!”

“那好啊,我所调查的情况对你也是无可奉告哟!”

“我是法官,你是记者,在这种事上,不能采取对等原则。”

“你是男人,我是女人,男女可是平等的哟,这是当年伟大领袖毛泽东说的话”,舒畅也用调侃的语气说,“他的话可是一句顶一万句。”

“现在休庭。”吴小龙用手打出停止的手势,“现在时候不早了,舒大记者,车上人早就该等急了,你是继续微服私访呢,还是……?”

“打道回府!”

两人一边说笑着,一边返回车上。

十

江南机械厂电动大门紧闭。

郑义鸣下车,向门口保安人员出示证件说:“我们是法院执法人员,到你们厂依法执行公务。”

保安人员边看证件边说:“肯定又是要账的。卖出去的产品收不回来钱,没钱又没法进材料。我们都几个月没发工资了,还执行呢,拿什么执行!”

保安人员将证件还给郑义鸣说:“厂长不在家,你到办公大楼一楼找清欠办公室主任好了,以往这类事都由他出面处理。”

电动门一打开,天宁中院的桑塔纳直奔厂区。

郑义鸣、朱民生、丁雨晨还在办公楼的走廊里走着,一个中年男子从挂有“清欠办公室”牌子的房间走出,急忙迎了上去。

中年男子满脸堆笑说:“你们是天宁法院的同志吧,刚才保安人员打电话说你们来了。快请进!”

郑义鸣将证件递过去说:“我们是天宁中院的执行人员,你是清欠办公室的负责人吧?”

那男子说:“对,对,我是清欠办主任。我姓赖,叫赖昌盛。你们是为天宁国鼎厂的事来的吧?”

郑义鸣点了点头,走进办公室。办公室里放了一张宽大的木制办公桌。桌上铺着一块天蓝色粗绒垫布,布上压着厚厚的玻璃板。整个屋里死气沉沉,好在窗台上还有几盆花草,给屋里平添了一份生命的绿色。

赖主任用纸杯倒好三杯水,放到郑义鸣等人面前后,就开始诉苦说:"你们都看到了,我们机械厂冷冷清清,一派萧条的样子。近几年效益太差了。我们为了让厂子运转起来,调整了、改制了、转向了、整顿了、充血了、换人了,等等,没有用。就跟明朝末期一样,无论崇祯如何精明也回天无力。说起来,我们和国鼎厂是多年的合作伙伴关系,应当说,国鼎厂对我们帮助很大。得人滴水之恩,当以涌泉相报。但实在是没办法,想报报不起来。判决书下来以后,我立马向厂长汇报了,厂长也没法子可想。"

郑义鸣看他啰里啰唆没完没了,就催他说:"这样吧,你想法和厂长联系一下,叫他抓紧来一下,我们在这等他。你告诉他,如果不能还款,我们将依法处理保全财产。"

赖主任说:"机器设备可是我们厂几百号人的饭碗,千万不能处理。你们稍坐一会,我向在家的副厂长汇报一下,让他跟厂长联系一下,我们的厂长到外省出差去了。"

赖昌盛说完便急忙走了出去。

"这家伙想在我们面前做戏,太滑头了。"朱民生说。

"随他怎么绕,我们是不见兔子不撒鹰。执行不见成效我们是不走的。"郑义鸣说完,便漫不经心地扫视窗外,当他目光收回时,发现办公桌上有一份"债权债务一览表"。他上前一看,顿时喜出望外。忙对丁雨晨说:"小丁,快拿纸笔来!老朱,你在门口注意观察。"

朱民生估计这里有道道,赶紧走到门口放哨。

正在无聊地观赏窗台花草的丁雨晨应声回头,她一边从公文包里掏出笔和纸,一边问:"怎么啦?"

"我说你快记。"郑义鸣说,"发货日期　某年5月25日;客户名称　扬子江石化集团公司;应收货款1,589,600元;合同编号zy2002.5.25.122。还有几项小额债权就不要记了。东西收好,我们走人!"

丁雨晨迅速收好纸笔,不解地问:“你的意思是?”

郑义鸣兴奋地说:“我们去扬子石化集团!”

扬子石化集团公司的财务人员对郑义鸣提出异议:“请问,我们扬子石化集团和你们天宁国鼎厂没有什么业务往来,你们凭什么到我们这里来执行?”

郑义鸣解释说:“是的,你们和天宁国鼎厂是没什么业务往来,但是,你们和江南机械厂是有往来的。这次本案被执行人是江南机械厂。据我们掌握的证据证明江南机械厂在你们这里有到期债权。根据最高人民法院有关规定,你们作为到期债权的第三人,有义务协助人民法院的执行工作。”

财务人员有意刁难说:“你们说的是哪笔账?”

丁雨晨说:“某年某月某日,江南机械厂向你们扬子石化集团公司发送机械设备一宗,应收货款为 1,589,600 元,合同编号是 zy 2002.5.25.122。你查一查是不是有这笔应付款?”

财务人员翻阅账本后回答:“是有这么一笔应付款。”

郑义鸣神情严肃地说:“对这笔应付款,我们依法予以冻结。如果不经法院允许擅自向被执行人付款,将承当连带清偿责任。”

朱民生将裁定书和通知单展示给财务人员说:“这个请签收。”

财务人员说:“这个我不能收,你们得找我们领导。”

郑义鸣说:“作为财会人员,你们应当负责签收这些法律文书,然后向领导汇报。如果你们拒绝签收,我们将依法留置送达,同样具有法律效力。”

财务人员显得很无奈,只好在送达回证上签字。

走下扬子石化集团公司办公大楼的台阶时,丁雨晨掩饰不住一脸喜悦:“郑庭长,你和老朱真是老将出马,一个顶俩。佩服,佩服!”

郑义鸣说:“不要高兴太早了,还有 15 天的异议期,这期间被执行人说不定又要耍什么花招呢。”

三个人上了警车,郑义鸣和朱民生坐在后面,丁雨晨则坐在副驾驶座。丁雨晨扭头对他们说:“说起来被执行人的状况也挺让人同情的。”

“同情代替不了法律,我们的职责就是执行好手中的案件。”郑义鸣说,“不过,执行工作也要体现人文关怀和人道主义,两者要兼顾是很难的。”

司机发动车子,正准备离开,只见一辆红色桑塔纳急匆匆驶来。不等车子停稳,一男子急急下车,便挥舞双手,边喊:“停一下,停一下!”

郑义鸣摇下车窗,警觉地扫视那个男子。

那男子擦着汗,气喘吁吁地说:“是天宁中院的同志吧,到底让我赶上了。”

郑义鸣问:“你有事吗?”

那男子说:“我是江南机械厂的厂长,我叫江久。”

“你不是到外省去了吗?”郑义鸣冷冷地问。

江久被问得很尴尬,强挤笑脸说:“不好意思,你就是郑庭长吧?说实话,我没到外省去,我是到扬子石化催款来了。你们到厂里时,赖主任跟我说了,原以为你们回天宁了,我还抱怨他们为何不好好招待,想不到你们到这儿来了。刚才接到扬子石化财务部电话,说你们把我们的钱冻结了,这不,我就没命地往这儿赶,到底给我赶上了。”

郑义鸣走下车来,江厂长赶紧握着他的手,说:“郑庭长,这可是我们机械厂的救命钱,我们好不容易联系了一批订单,就指望这钱购料了。”

郑义鸣抽出手说:“你们指望这笔钱购料,国鼎厂的账怎么办?你们的企业要生存,要发展,就得牺牲别的企业利益?”

江久自觉无理,央求说:“国鼎厂的钱,我们一定要还。可不管怎么说,这笔钱你们也要给我们留下一部分。为了表达我们的诚意,我把厂里的车子也开来了,你们现在就可以开走抵账。”

郑义鸣说:“就是加上这部车,恐怕还国鼎厂的账还不够吧。”

江久看这样不是法子,眼珠子一转,说:“郑庭长,你看,这不是说话的地方,咱们找间茶社,坐下来慢慢谈。”你小子只要入我的套子,我就有办法收拾你!……这是他的心里话。

郑义鸣对江久射出一束犀利的目光,说:“茶社就不必去了,你现在还是说说你的想法吧。”

江久说:“看在我们厂几百号人要吃饭的份上,你们从冻结的钱里,给我们留下几十万块钱,好让我们购料。我把车抵给你们,另外,我把这一批新的订单跟你们交个底,我动员新客户配合你们,分批从我们应收的货款里扣除欠国鼎厂的款项。这样,我们机器也能转,工人也有口饭吃,你看怎么样?”

郑义鸣沉思了一会儿,又望了一下朱民生和丁雨晨,那意思分明是征求意见。他两人微微点一下头,表示同意。郑义鸣说:“江厂长,你是不见棺材不落泪,我们把款冻结了,你的还款诚意也有了。要是不冻结你能还款吗?”

江久说:“说实话,我这个人还讲点良心。不是看在那几百号人眼巴巴指望我挣口饭吃的份上,我早就辞职自己干了。好在我们厂马上要改制了,相信情况会有改观的。”

郑义鸣看他讲的也是实话,便说:“好吧,就看你对工人和工厂还有一份责任心,咱们就协商解决。我看你刚才的方案还可以,对这批款项,我们留出十五天的期限,这期间,你可以和申请人达成和解协议,也可以拿出具体方案,并提供相应的担保,咱们另找时间再谈。”

“谢谢,谢谢”,江久激动地说,“我尽快落实担保人,积极和国鼎厂协商,绝不会节外生枝给法院增添麻烦。”

在返回的途中,桑塔纳警车留下一路欢快。郑义鸣他们有说有笑,因为他们又啃下了一块硬骨头。

丁雨晨说:“这次执行还真学了不少东西。看来,干执行工作还要有一定的侦察经验才行。”

朱民生说:“要不怎么说执行是一门艺术呢!”

丁雨晨说:“如果像侦察员一样潜入内部卧底,那才刺激!”

朱民生说:“咱们小丁是侦探小说看得太多了吧?”

丁雨晨说:“我从小就喜欢冒险。”

郑义鸣笑着说:“没看出来,小丁还想当卧底女侦探呢。”

丁雨晨说:“那当然,说不定哪天我真的去卧底,你们等着瞧!”

扑朔迷离

CHAPTER 05

一

绿岛茶社。

观其字,之神、之度、之韵、之势、之力、之用笔、之间架、之章法,既有碑的深厚苍郁,又有帖的风致雅韵;雄健中不失萧散,规范中充满自由;筋骨森然,而意态超然。

这四字招牌竟是方晓频写的。

凡来茶社者,对这四个字没有不赞叹的。

当然,更赞叹方晓频的美丽和才智。

茶社面对喧闹的大海,背临幽静的滨海公园。室内以简单的书斋为中心,墙上挂着名人字画,桌上摆着香嫩的鲜花。后院松、竹、芭蕉各显风姿,音箱传来的江南丝竹,清音缭绕。选一张圆桌坐下,一面品啜新茶,一面随意翻翻余秋雨那种“士大夫式的散文”,或是三毛的“撒哈拉沙漠的故事”,真有点竹露松风蕉语、茶神琴韵之雅趣。

方晓频要的就是这个情调。

白帆望着清雅的茶社,笑着说:“晓频姐,我以为你又要请我吃什么好吃的呢,原来是喝茶。”

“茶,那可是文明的使者,是圣洁的象征。到了茶社,你就会有种超脱的感觉,有种清静无垢的感觉。”方晓频笑着拍了拍白帆说,“我的白大小姐,是不是在你哥哥家,你嫂子舍不得做好的给你吃,不然,你怎么老是那么馋?”

“你可别冤枉我嫂子,她可疼我呢。”

“比我还疼?”

“哎哟,我的晓频姐,我可不敢作这个比较,谁叫你当初只是我的准嫂子呢?”

“地球就是这么小,没想到又聚到一块了。”方晓频脸上闪过一丝淡淡的忧伤,然后装作没见过白天的样子对白帆说,“我也好长时间没看到他了,哎,你给他打个电话,请他一起来喝茶。”

“他是谁呀?”白帆调皮地问。

“鬼丫头,明知故问!”

“姐,你们是老同学,这个电话还是你打吧。”

“我这个老同学哪有你这个宝贝妹妹面子大呀,快打吧,别耍贫嘴!”

“好,我成全你”,白帆说,“不过,我可有言在先,不能旧情复燃哟!”

“就你门道多,快打吧。”

白帆用手机拨通了白天的电话:“哥,下班了吧?”

“小帆啊,有什么事?”白天回话问。

“哥,我请你喝茶。”

“小丫头,请我喝什么茶?”

“我有事跟你商量。”

“有事不能回家说吗,电话里也可以说呀。”

“不行,就得在外边说。反正你也下班了,我在绿岛茶社等你。”

“好吧,我二十分钟以后到。”这小丫头,大概她嫂子哪个地方得罪她了。白天心想。

白天赶到绿岛茶社时,发现方晓频也在,微微一怔,很不自然地说:“怎么,晓频也在?”

方晓频笑笑,不失架子说:“是啊,小帆叫我来,我能不来吗?”

这个晓频姐,明明是她要请哥哥的,却赖到我头上!没办法,只好让她赖了,谁叫我是她妹妹呢。白帆心里叽咕,脸上没表现出来。干脆,来个顺水推舟。她撒娇地笑着说:“钱花了,请一个也是请,请两个不就是多双筷子嘛,我又何乐而不为?”

白天尴尬地笑笑说:“这小丫头,话都没说清楚!”

“说清楚,你就不来了,是吧?”

“哪能,我更得来。”白天掩饰说。

方晓频知道他说假话,白天也知道方晓频知道他说假话。两人都不愿显露出来罢了。

三人落座以后,三个漂亮的小姐走了进来。身穿浅蓝色旗袍的小姐,跪坐在草席上用炭火烧水,另两个女子,一穿浅绿旗袍,一穿浅黄旗袍。她们一个从绢袋里取出贮茶罐、小茶匙、小竹帚,一个则将三个古朴的茶碗放在茶台上一字儿排开。

不一会儿,小小的壶中泉水鼎沸,蒸气袅袅生起,如佛堂香烟。蓝衣女子冲大家嫣然一笑,从从容容地揭开贮茶罐,用茶匙舀茶,每碗一勺半,然后用小勺舀沸水,依次倒入茶碗。因碗内茶水不多,茶浓如豆汁。接着,蓝衣女子左手托碗,右手扶碗,恭恭敬敬地走到白天面前,跪坐献茶。她将茶碗举起,与额角齐平。白天在省城进过茶馆,懂得茶道。他接过茶碗,也用左手托碗,右手扶碗,举碗齐额,再放下。绿衣女子和黄衣女子分别将茶敬给白帆和方晓频。茶敬毕,三个女子端坐后面,一吹箫,一弹琴,一奏古筝。《高山流水》的古曲,似乎将他们三人带入仙境。

在这种场合,白天非常不适应。他想不想这样休闲?想。可是,他没这个时间,他也没这份闲心。在这种场合消费,费用肯定是高的,小帆就不应该来。碍于方晓频的面子,白天没有批评白帆。

在茶社欣赏茶道,白帆又开了一次眼界。

方晓频呷了一口茶说:“跟你们兄妹俩在一起,我才找到一种家的感觉。”

白天岔开话题说:“小帆说你平时对她很关照?”

方晓频说:“谈不上关照,自己的小妹妹嘛。”

白帆说:“晓频姐对我比亲姐姐还亲呢!”

白天有点不自在,掏出一支烟来,刚欲点上,一看到方晓频,又将烟放回烟盒。方晓频注意到了这一细节，她淡淡一笑，从自己烟盒里取出烟递给白天一支……她的烟当然比白天的好。白天只好收下，反过来替方晓频点火。

方晓频徐徐地吐了一个烟圈，感叹地说："唉，转眼间小帆已从小丫头变成大姑娘了。我当年心目中的白马王子，如今也成了人夫、人父啦！"

白天说："是啊，光阴似箭，不知不觉人就老了。怎么，生意顺利吧？"

方晓频叹了一口气说："你怎么知道商海的苦衷。表面上风光占尽，背后是倒不完的辛酸。谁的账都得买，谁的香都要烧，谁的门都需走。各级衙门里芝麻大的官都是大爷，得罪不起，得罪了吃不了兜着走。"

白天说："这个我当然理解。不过，商有商道。最近有一部小说《商道》很畅销，其中有两句话不错，我想送给你……"

"财上平如水，人中直似衡。"方晓频不等白天说完，便脱口吟道。

白天说："对，'财上平如水，人中直似衡'。对待财物要公平如水，做人要正直如秤。也就是说，在商务活动中，要放弃贪婪之欲，奉行正直的经济道德。这也是《商道》的作者所期待的'新经济学'。在物欲横流的市场经济大潮中，我还是坚信经商如做人，商道如人道。"

方晓频苦笑笑说："又遭受你的一次教育，难得，难得。"

白帆说："哥，你这是关老爷门前耍大刀，孔府门前说诗书。在官场上你行，在商场上你比晓频姐差远着呢！"

方晓频说："胡说，在哪方面我都比不上你哥。你哥处处争强，不好对付。"

"好了，好了，别瞎扯了。"白天笑着说，"方晓频，不对，小帆，你请客就让我们喝三口半茶呀？上点点心，不然哥可要饿死了。"

"急什么，马上就来。"白帆说着便起身去催。

"晓频，你们两家公司合作得顺利吗？"

"有小帆在，一切都很顺利。世贸大厦的规划设计已经完成，马上进入施工阶段。"

“据我所知,地皮的问题还没处理好吧！正像你说的,你已经成了我的当事人。”

“地皮的事,一直由李一雄管,详情我不太清楚。但是,市政府的态度很明确,要求世贸大厦一定要建在那个黄金地段。你这个大院长可要支持我和小帆的工作哟!”

“在市场经济条件下,要按市场规则办事,政府不可能事无巨细地包揽一切。再说,案子到了法院,就只能依法办事。有时候靠情面是不能解决问题的。你们那么大的企业,为什么要拖欠这点钱呢?”

“大有大的难处,摊子铺得太大,有时就难免捉襟见肘。我们的摊子,很大程度上都是政府给铺的,有些条件也是政府承诺的,一旦打起官司,政府就会袖手旁观,我也有很多难言之隐啊!”

“今天只喝茶,不谈案子。”

方晓频这才意识到白帆回来了,尴尬地说:“对对对,今天不谈那些烦人的事,说一些轻松话题吧。”

白帆见方晓频说这话,估计他们谈话可能不投机,忙接过话茬说:“你们别光顾说话了,赶快尝一下我点的菜,看合不合你们的口味!”

白天和方晓频会心地笑着举起了筷子。

《春江花月夜》的曲子,正从三个服务美女的乐器中流淌出来,奔向茶社,奔向月夜。

二

就赵金良一案,天宁市中级人民法院审判委员会专门召开会议讨论。

白天说:“刚才,吴小龙同志对赵金良一案的调查核实情况作了详细汇报,下面请各位委员发表自己意见。”

委员甲问:“河阳县法院判赔3万,赵金良要赔80万,他的依据是什么?”

吴小龙说:“赵金良认为,省人大《农作物种子管理条例》生效在前,效力等级更高的《中华人民共和国种子法》施行在后,因此应该依照《种子法》的规定,尊重种子经营者的自主经营权,以市场价格为准,应该赔偿80万元。”

委员乙说:“这起案件涉及的法律法规比较多,原审判决只引用了省《农作物种子管理条例》,忽视了《种子法》和《价格法》的有关规定,在法律适用方面,这个案子确实存在问题。”

董启汉说:“从调查组汇报的情况看,我建议对此案立案再审,或由中院提审。”

陈茵说:“我同意立案。鉴于此案社会影响较大,标的额也较大,我认为由中院重新立案,按一审程序审理比较好。”

其他委员都同意立案重审。

白天说:“这起种子合同纠纷案,案虽小,问题很大。我同意大家的意见,应当给当事人一个明白的说法。我建议由民一庭组成合议庭,陈茵庭长对这起案件具体把关,吴小龙对案情比较熟悉,就让他担任这起案件的审判长吧。大家有没有意见?”

众人一致同意。

回到民一庭后,陈茵关切地说:“小龙,这是你到法院后第一次担任审判长,这个案子又有一定的社会影响,你一定要认真研究一下纠纷的焦点,要吃透案情,把你的水平充分发挥出来。”

吴小龙说:“陈姐,说真的,到中院后,一直想独立承办一起案子,但一想到要亲自担任审判长,还是感到紧张,觉得担子太重。”

“你对工作很有激情我是知道的”,陈茵说,“激情是推动法律实践的要素。别担心,大家都有这个过程。我第一次担任审判长时,紧张得汗流了满脸。慢慢来,渐渐就适应了。现在有压力是正常的,没压力倒又不正常了。多与大家交流意见,有什么不好把握的可以找我商量。小龙,担任审判长,就意味多一副重担,多一份责任。一定要慎之又慎,仔细再仔细。"

吴小龙郑重地点了点头。

陈茵走后,吴小龙开始认真翻阅卷宗。过了好一会儿,他拨通了舒畅电话。

"是吴大法官呀",对面传来舒畅高兴的声音,"我正想找你了解一下,对赵金良一案的调查有什么结果没有?"

"现在告诉你也不算泄密,院里已经决定立案再审了。"

"小龙,我想跟踪采访此案,你得支持。白院长曾公开表过态,说法院要支持我工作的,你可不能不配合。再说了,我对你的调查活动可是出了大力的,你一定要帮我联系承办法官。别忘了,我们可是有过交情的哟!"舒畅说最后这句话时,脸立马就红了起来。不过,红的是在电话那一头,吴小龙看不到。

"你喊我哥,我就帮忙。"小龙逗她说。

"你这家伙太坏,想趁机捞一把是吧?好,好,喊哥行,只要你能帮我把这篇稿子采访好,叫喊几声就喊几声。"

"说话算话?"

"骗你是小狗!"舒畅大声笑着说。

舒畅这句话玩的是脑筋急转弯,吴小龙并没回过味来。也许他明知舒畅的用意,故作糊涂。

"实话告诉你,本人就是这个案件的审判长!"

"那太好了!"舒畅高兴地说,"尊敬的法官大人,你何时接受我的采访?"

"今晚七点,滨海大道与海滨浴场交汇处,一英俊潇洒的青年男子,手持8月8日的省报,站在一棵棕榈树下,佯装等待一个心爱的人。接头暗号是,问:'公平',答:'正义'。"

“搞特务工作的你呀，我看你居心不良！”舒畅笑着回答，“暗号得改。你问：‘你是天王？’我答：‘你是老鼠！’就这样定了！”

吴小龙还要说什么，对方已经挂上了电话。那银铃般的笑声，在电话的这一头，久久没有退去。

这天的夜晚，大海并不温柔。温柔的是江南杭州西湖，是无锡的太湖，是烟波浩淼的洞庭湖。温柔的就不是大海。大海就是要大声呼喊，就是要汹涌澎湃，就是要大浪淘沙。舒畅说她就是喜欢直言坦荡的大海，就是喜欢不甘束缚勇于抗争的巨浪，就是喜欢在暴风雨中搏击长空的海鸥。

所以，这晚她又来到海边。不过，一到海边，她脸突然就红了。因为在大海面前，她的吻曾上过吴小龙的脸。要知道，那可是初恋之吻。好在夜色朦胧，遮住了她的羞红，也遮住了她的窘态。

在离海水最近的岩石上，吴小龙用一张《天宁日报》铺在上面，两个人便坐了下来。

小龙有点沾沾自喜地说：“赵金良这起案子，是白院长亲自点将，让我担任审判长。”

“哟，新院长刚来，就成了他的爱将了，将来前途无量啊！钦佩，钦佩！”舒畅扬起眉，嘻嘻一笑说。

“什么啊，这是对我的检验，看我当法官够不够格。”吴小龙说，“我今天详细翻阅了一下原审卷宗，仍然认为这起案子的焦点，就是应该适用省人大的《农作物种子管理条例》，还是《中华人民共和国种子法》。一般说来，按照法律适用的基本原则，下位法和上位法发生冲突时，下位法服从上位法。不过，这里面还有许多具体问题有待于解决。”

“这还能难倒你这位大硕士！”舒畅说。突然，她好奇地问：“对了，小龙，我问你，当年什么不好选，你为什么非要选读法律？”

“我觉得中国太需要法治了。人治痼疾对中国危害无法形容，经济体制改革，是很好。中国通过经济体制改革，已经发生了天翻地覆的变化。但是,中国要继续发展,政治体制改革必须跟上。要解决当代中国存在的一系列问题,必须推行法治,必须依法治国。”

“吴大法官还真是忧国忧民呢。”

“可惜,本人只是一介布衣”,吴小龙忧郁地说,“到法院的每一起案件的当事人,都要费尽心机猜测对方是不是又托人说情了,法官是不是又吃请受礼了。我力所能及的就是通过扎扎实实、公正无私地办好每一起案件,来改变人们对法官、对法院甚至是对法律的偏见,让他们切实体会到,自己是处在一个法治的社会,法律对每个人都是公正的。”

舒畅说:“从某种意义上讲,我们两人的专业都有一个共同的目标,那就是为实现全社会的公平和正义而奋斗。不过,你可以通过行使实实在在的审判权力,直接实现自己的理想。我只能通过摇旗呐喊从外围起个助威、推动作用。如果说,实现全社会的公平与正义只是一个美丽的梦想,那么,法官则是最接近这一梦想的职业群体。”

吴小龙说:“从外界看来,法官掌握着生死予夺的大权,在实现全社会的公平和正义方面,起到举足轻重的主导作用,但是,理想与现实之间往往有很大的区别。法官是法治社会的帝王,法治社会的实现,需要有健全的司法体制和运行良好的法律机制作保障。就目前而言,不要说司法的制度保障体系,就连法官的职务保障体系都极为脆弱。说不定什么时候,我还需要寻求你保护哟。”

舒畅似乎被吴小龙的高谈阔论深深触动了,又好像没有完全明白,只是呆呆地望着吴小龙,久久没有说话。

夜色渐浓,海风带来丝丝凉意,舒畅不知不觉地把头靠到了吴小龙的肩上。

吴小龙也不再出声,只是轻轻地揽着舒畅,用手体现着他的所有真情。

两个人在温馨的夜色下,给海滨平添了一幅美丽的剪影。

三

世贸大厦工地一派繁忙的景象。

塔吊林立,机械轰鸣,运载土方、材料的车辆穿梭期间。各种现代化的施工设备都已进场运转。

开挖地基的工人师傅正干得热火朝天。

世贸大厦的立体三维彩图绘在工地白色围墙外的一块巨大的图板上,显得极为醒目,极为迷人。

工地围门两侧,刷写着巨大的红字标语:安全施工质量第一,按期完工争创一流。

一辆黑色轿车和一辆粉红色的跑车拖着工地上的灰尘驶来,停到了图板前。黑车里走出了李一雄。一下车,他就急忙跑到后面的红车门前,为方晓频打开车门——这已经成了他的习惯,尤其对年轻漂亮的女人,他更是如此。

方晓频兴致勃勃地走下车来。白帆也跟着笑津津地从另一侧下车。

看了进展迅速的工地,白帆高兴地说:"昨天叶总打来电话,要我详细了解一下大厦的开工情况,想不到你们进展得这么神速!"

李一雄讨好地说:"白小姐你放心,咱们的进度只会超前,不会拖后。"

方晓频神采奕奕地说:"经济形势给我们创造了商机,天宁的地理位置又给我们提供了舞台,世贸大厦可以说是一个幸运儿,它占尽了天时、地利、人和之缘。能早一天竣工,它就能早一天成为天宁经济发展的航空母舰。"

白帆羡慕地说:“晓频姐做事的魄力,实在让我折服。”

方晓频说:“小帆,你可以向叶总汇报,就说世贸大厦的建设进展顺利,请他放心。你还告诉他,在天宁,不仅有最好的投资环境,还有我方晓频这样最好的合作伙伴!”

白帆笑眯眯地说:“我会的,叶总对世纪集团非常有信心。”

李一雄说:“看来你这个外资代表,又要担负起监工的职责喽。不过,你放心,我们的工程会严格按照合同约定的期限和质量进行的。”

“是啊,再过几个月,在你面前展现的将是天宁的第一高楼。小帆,你来看,”方晓频指着大厦的广告牌说,“大厦建成后,这里将集购物、餐饮、娱乐、住宿于一体,凭借它的优越的位置、便利的交通、一流的设施和现代化的管理,它的各项交易总额,据我们预测,将突破 20 亿元。这对我们世纪集团和你们金宝利公司来说,可是真正的双赢哟!”

“我们双方合作之所以成功,你白小姐功不可没。”李一雄不失时机地奉承说。

白帆笑着说:“这是我们大家的功劳。”

方晓频说:“与金宝利合作建设世贸大厦,这只是我们的开端,我们今后还有更大的发展。世纪集团一定会成为无可争议的‘天宁第一商’!”

白帆追随方晓频左右,听她谈论纵横商海的感受。

李一雄紧随其后,用狡黠的眼神,盯着前面两个美丽的尤物。

送走白帆后,方晓频回到办公室。

李一雄对方晓频献计献策说:“董事长,目前是世纪集团实现梦想的最佳时机。要想在天宁这片热土上腾飞,一方面,我们要紧紧抓住投资兴建世贸大厦这一商机。大厦炒得越热越好,通过炒热,我们能趁机壮大自己的经济实力。当然,这还有个前提,那就是确保与国鼎厂的官司不能输掉。另一方面,我们的目光要放远,充分认识世贸大厦的潜在价值,重新考虑与金宝利的利益分配问题。现在,我们应该分两步走:第一步,因为我们现在还离不开金宝利的巨额投资,所以,现在要借金宝利的资金将世贸大厦的建设项目启动起来;第二步,等世贸大厦建设框架大局一定,融资渠道就会越来越多。那时,我们就要想办法将金宝利淘汰出局,让我们世纪集团自己独享其成,真正壮大起来。"

方晓频说:"你说得有道理,目前我们的当务之急,就是要考虑好如何打赢与国鼎厂的官司。如果官司打输了,一切都无从谈起。让金宝利出局,当然好,可是你有什么理由?凡事要考虑周全,切切不可因小失大,让人抓住把柄。那样的话,偷鸡不成蚀把米,吃亏就大了。"

"董事长请放心,一切由我操作,您不用直接出面,万一出什么纰漏,责任都由我担着。"

"我不是怕担责任。我是说一切要从世纪集团的整体利益出发,包括企业的商誉。小不忍则乱大谋。"

"我一定会谨慎从事的!"李一雄还要说什么,突然手机响了,他对方晓频说,"对不起,我接个电话。"说着便走出方晓频的办公室。

电话是余婉妹打来的。她告诉李一雄,喜客来大酒店的案子败诉了。

李一雄听后,劲头顿时弱了不少。他嘟囔说:"这下可好,二审败诉,我还白白向省里交了一笔诉讼费。我的喜客来酒店看来保不住了!"

"不仅是喜客来",余婉妹说,"你的新世纪公司还要负连带赔偿责任呢!"

"几天前,你不是说能把二审法官摆平的吗?"

"有什么办法,请吃不到,送礼不要,只好让人家依法判决,你准备还钱吧!"

"7000 万呢,把喜客来酒店都卖掉也不够还的,我的新世纪公司可要倒大霉了!"李一雄气得关上手机,返回董事长办公室。

方晓频听后,悻悻地坐在沙发上,冷冷地说:"你不是说那个余婉妹出面活动,能保证二审胜诉的吗?"

李一雄焦躁地来回踱步,卑屈地说:"谁知二审法官那么不好通融,眼睁睁地看着官司败诉了。”

“这下可好,一下子就要拿走几千万!”方晓频恼怒地说,“新世纪与世纪集团不一样,那是直接到我们腰包里掏钱!”

“天要下雨,娘要嫁人,只能随它去!”李一雄无奈地说,“不行的话,我就拖它一阵子再说。”

“拖?谈何容易!”方晓频站起身来,捋了一下头发,走到落地窗前,望着外边说,“你还不知道我那位冤家同学,他正在搞什么‘执行风暴’,只要香港银团申请执行,法院很快就会找上门来。到时候,很可能直接影响到我们对世贸大厦建设的资金运转计划。”

李一雄把头凑上来说:“董事长,您看能不能找向东市长出面协调一下。”

方晓频没有吱声,只是默默地望着窗外。

四

一辆挂着地方牌照的普通轿车停在喜客来大酒店的停车场。

身着便衣的郑义鸣和朱民生,下车后就仔细地观察喜客来大酒店的位置和环境。

这是一座三星级的大酒店。主楼建筑高达16层,集客房、餐饮、购物、娱乐、健身于一体。设备齐全,管理现代,服务一流。大厅里,客来客往,人流不息。

郑义鸣走到总服务台前,问:“小姐,还有客房吗?”

服务小姐非常彬彬有礼地说:“对不起,先生,现在客房已经定满了,因为今天有一个大型会议。如果您订房,不妨下午再来看看。或者留下电话,如有退房的,我们即时跟您联系。”

郑义鸣有意说:“客房还这么紧张?”

服务小姐笑眯眯地说:“最近一直是这样。如果您急用,可以到其他地方看看。还有需要帮助的吗?”

郑义鸣说:“谢谢,不用了。”

朱民生顺手从服务台上拿了一份材料,对郑义鸣说:“走,我们到里面看看。”

酒店的大型超市里,货物琳琅满目,行人熙熙攘攘。郑义鸣两人转了一遭,又来到第九层。第九层的很多客房门上,都挂着外地公司的牌子。

郑义鸣说:“看来,这些都是喜客来的长期包房户。”

朱民生说:“是啊,不少都是国内的知名公司。你看,这不是‘海天集团公司驻天宁办事处’吗?去年,咱们庭执行过一起案件,曾与他们的经理打过几次交道。走,咱们去拜访拜访他?”

“不去了,我们只是了解一个大致情况。现在看来,喜客来的经营情况还是好的。我们回去再看看相关的材料,把原来研究的执行方案,再推敲一下。”

回来的路上,郑义鸣问:“老朱,你对喜客来的整体印象如何?”

“我觉得这里的经营情况还不错。”朱民生说,“不过,要执行喜客来,的确要认真研究一下。我感觉喜客来就像摆在我们面前的一个非常大的汉堡包,明明肚子饿得要命,却不知从哪儿下口。”

“是的。如果因为我们的执行,导致酒店停业,酒店那么多的职工,会给社会带来很多不稳定因素。再说了,对那些长期包房的客商也不利。”

“不行的话,可以化整为零。咱们把酒店的超市、餐饮、客房分割开来,这样容易变现。”

“整体变现,没有大客商接手。分割变现,好是好,但是不划算。这就好像一只杯子,作为一个整体,它很有价值,可是要打碎了卖出去,肯定不值钱。"

"不错,这也是个问题。"

"老朱,你抽空到工商和税务部门,再了解一下喜客来的资产运营情况,我跟白院长汇报一下,征求他的意见看看。"

白天在办公室里,正通过闭路电视监控系统观看审判庭开庭情况。

他看郑义鸣来到办公室,便说:"义鸣啊,我正要找你。咱们'执行风暴'行动开展一段时间了,未执行案件清理得怎么样了?有什么具体困难没有?"

郑义鸣说:"白院长,我就是来汇报这事的。'执行风暴'行动开展以来,同志们干劲很大,摸排出的未执结案件,现已清理 80%。说起困难,需要克服的还真不少。特别是基层法院执行工作,局面较难打开。涉及乡镇政府和国营企业的案件,'执行难'的问题就更突出。我们虽然提级执行了一部分案件,但由于执行体制方面的原因,解决问题的成效不太大。"

"是啊,执行体制改革势在必行。我们省法院的执行改革已经走在了全国法院的前列,可是咱们天宁却落后了。等管理体制理顺后,可探索一些新的执行方式。中院执行力量有限,提级执行要注意选择典型案件,要起到执行一案,教育一片,带动一批结案的效果。"白天点起一支烟,抽了一口,继续说:"义鸣同志,执行工作是很难,可以说是难于上青天,你得多吃苦,多费心,多动员集体的智慧和力量。当然,院里也会大力协助你的。你现在是不是还有什么具体问题?"

"我想跟你汇报一下喜客来大酒店的情况。"郑义鸣说,"据我们调查,喜客来是一家三星级大酒店。注册资金 2 亿元,由天宁新世纪公司向香港银行贷款 7000 万元,并通过其他渠道筹资兴建。占地 4000 平方米,拥有固定资产 16 层主楼一座,还有相关的配套设施。该酒店集客房、餐饮、购物、娱乐、健身于一体,设施齐全。他们有大小会议室 16 个,能够承接大型会议,是企业洽谈业务的理想场所。所以酒店有不少长期的包房客商,其中不乏一些国内著名的公司办事处。"

“你们有没有具体的执行方案?”

“我们执行庭对这起案件曾初步商议几个执行方案:一是提取酒店收入还债。应该说,这个酒店的管理水平和服务质量都是一流的。酒店开业以来,每年的盈利在300万元左右。但扣留提取的营业收入还债,执行周期太长,这一执行方案行不通。二是将大酒店整体执行过来。喜客来大酒店的注册资金为2亿元,负债是1.6亿元,拥有债权约3000万元人民币。不考虑其他债权债务、设施折旧、股市升降等因素,其整体资产超过7000万元人民币,可以考虑将大酒店整体拍卖,拍卖所得交付申请人,余额退回喜客来。可是,这个过程时间也不会短。如果是这样,势必造成酒店停业一段时间,这样的话,对酒店和酒店的长包客商都不利。第三种方案,因该酒店是综合性的经营公司,有的同志提出,可以剥离酒店的部分资产,由香港银团分割。我想,如果让银团去分割,就等于将一个杯子打碎了卖,更不划算。这几种方法都行不通,同志们很急,白院长,你看……”

“制定具体的执行方案,既要考虑到申请人合法权益的实现,又要照顾到被执行人和其他债权人方方面面的利益。这是对的,就得这样做。”白天肯定地说,“既然你们设想的几种方案都有瑕疵,那就换个角度思考嘛。比方说酒店股票,被执行人不是已经上市发行股票了吗?预期股票的交易价值是多少?”

郑义鸣说:“喜客来注册营业第二年,取得了上市资格,发行的股票,仅新世纪公司拥股预期价值就约7000万元。”

白天说:“这不就有办法了嘛!我们如果将新世纪公司拥有的喜客来股票整体拍卖,把拍卖所得偿付香港银团,这样,既能实现申请人的债权,避免大酒店被分割而降低价值,又能照顾到方方面面的利益,实现办案法律效果和社会效果的统一。这种方案你们研究过没有?”

郑义鸣挠了挠头,不好意思地笑笑说:“我们也想到了股票,不过,没想得这么具体。因为这是一种没有尝试过的新的执行方式,所以,我们还没有一个成熟的方案。”

“回去以后，你跟庭里的同志们，再进一步研究探讨，要注意收集各方面的信息，尽快与各方面沟通，拿出一个成熟的执行方案，提交审判委员会讨论。”白天刚说完，桌上的电话响了。

“好，我回去就抓紧办这事。”郑义鸣见状，说完就走出了办公室。他不能不佩服白院长的高明之处。这也正是他与白院长的一步之差。虽说是一步，想赶上去可不是一日之功啊！

电话又是方晓频打来的。

“老同学，上次在绿岛茶社时间太仓促，好多话没来得及跟你聊，怎么样，抽个时间再见一面？”

白天无奈地说：“你这位大企业家又有何指教？”

“我的院长大人，指教可不敢当。我只是想找你谈谈心，聊聊天，给个倾诉的机会总可以吧？”

“最近手头事情太多，改天吧。”白天说的既是实话，也是推托话，“都在一个城市里，见面机会多着呢。”正说着，又一部电话铃响。正是脱身的机会，他说：“对不起，我接个电话，咱们改日再谈。”说着便挂上了电话。

方晓频手握话筒，怅然若失。

五

审判长陈茵身着法袍，手拿卷宗，带着两名审判员依次走进法庭。

待大家落座后，陈茵手举法槌，轻轻一敲说：“天宁市中级人民法院民事审判第一庭，现在继续开庭审理原告天宁国鼎厂诉被告天宁世纪投资集团有限公司土地使用权纠纷一案。现在继续进行法庭调查，原告方有没有新的事实陈述？有没有新的证据提交法庭？"

国鼎厂厂长张国兴站起来，神情极为严肃地说："审判长、审判员，我代表国鼎厂要求变更诉讼请求。我们不再要求世纪集团支付转让款，不再要求他们安置国鼎厂的130名职工。现在，我们要求法庭判决国鼎厂与世纪集团之间的土地转让合同无效，我们国鼎厂要收回这块土地！我们变更诉讼的基本理由是：合同中规定的土地转让价格大大低于正常价格，致使合同显失公平，转让合同应属无效。并且，在世纪集团未能按期付款的情况下，我们要求收回这块土地也合情合理。根据我们的调查……"

李一雄原本信心十足。估计他们告来告去，无非是要钱，无非是要安置工人。不知是那位高人指点，他们竟釜底抽薪，这一招太毒了！不待张国兴陈述完毕，他愤而起身，大声指责说："你们这是背信弃义！"

陈茵见状，举起法槌敲落，说："被告当事人，请你遵守法庭纪律！未经合议庭许可，不得擅自发言！"

余婉妹轻轻地拽了一下李一雄的衣角，示意他坐下，李一雄只好愤愤不平地坐了下来。

张国兴又接着陈述了一通，列举了许多事实和证据，最后说："我们坚决要求收回土地！我的陈述完了。"

陈茵说："针对原告提出的新的诉讼请求，请被告方答辩或提供新的证据。"

余婉妹站起来，款款地说："针对原告方提出新的诉讼请求和相关事实、证据，被告方也有新证据向法院提交。不过，由于一些具体的客观原因，被告方的部分证据尚需一定的时间整理后，方能提交。因此，我们请求合议庭再给我们几天时间。"

陈茵和左右身边的合议庭成员，进行简短地商议后，宣布："鉴于原告方改变了原来的诉讼请求，其新的诉讼请求，应当给被告方留出法定的答辩期限，并由被告方收集提供新的证据。在下次开庭时，请双方将所有与案件相关的证据提交法庭，否则，视为举证不能。现在宣布休庭。”

方晓频正在办公室里伏案审阅一份传真回函。

李一雄招呼也不打，便急匆匆地闯进董事长办公室，气恼地说：“这个张国兴太不像话了！”

方晓频审阅回函后，签上字，交给身旁的女秘书，让她发出。女秘书拿着文件走出了门。

“什么事，你这样大动肝火？”方晓频不解地问。

“董事长，张国兴要收回那120亩土地！”

方晓频闻听此言，惊讶得张口结舌。她问：“怎么会是这样，嗯？”

李一雄说：“今天一开庭，国鼎厂当庭就改变了诉讼请求。他们不再要求我们支付土地款，不再要求我们安置工人，而是坚持要求收回土地。他们认为土地转让价格低于正常价格，显失公平，要求法院确认转让合同无效。”

“真是一波未平，又起一波。喜客来的事还没解决，又搞到我的世贸大厦来了。”方晓频起身在办公室里来回转了几趟，然后理了一下头发，说：“一雄，世贸大厦建设计划绝不能改变！目前当务之急，就是尽快把生米做成熟饭。你通知建筑公司，加快施工进度，尽快完成大厦的基础工程。另外，你能不能在审判长陈茵身上作作文章，想法把案子往后拖一拖，给我们留出应对时间。”

李一雄说：“我对陈茵还是比较了解的，她这个人原则性强，不好对付。不过，我尽量想办法。董事长，我认为还是应该在上头想想办法。”

方晓频说：“董启汉怎么样？他不是分管民事的副院长嘛，他快要退休了，你不妨在他身上下点功夫。”

“我先约他吃饭，趟趟混水，看他有什么反应。”李一雄边说边从沙发上站起来，掏出手机，给董启汉打电话，“喂，董院长吗？您好，我是李一雄。不知您晚上有没有时间，我们公司想请您到喜客来吃顿便饭，您能赏光吗？”

“对不起,我现在在外地,没时间。”董启汉冷冷地回答说,“另外,如果我没记错的话,你们与香港银团以及与国鼎厂的案子正在我们院里处理吧?我是分管民事的副院长,按照规定,案子没有审结前,我不能和你们私下接触,吃饭的事,我看就免了吧。”

李一雄一脸尴尬,骂了一句:“不识抬举的老东西!”

方晓频说:“你也太直接了吧。过去,你跟他又没有多少来往,现在突然请人家,给谁谁也不会来。你就不能采取点迂回战术?”

李一雄沉思片刻后说:“董事长您放心,董启汉那里,我一定能摆平。国鼎厂的事,您一定要放在心上,我建议您一定要找找您那老同学,最好是找向东市长。”

方晓频打断了李一雄的话,说:“好了,好了,我的事,我会好好考虑的。你先想办法处理好你的事情吧。”

“回来……”李一雄刚出办公室的门又被方晓频叫住了。

“董事长还有什么吩咐?”

“你要记住,在这个时候,要沉着,要冷静,不能头脑发热。尤其在对付人的时候,更不能操之过急。猴子不上树,多敲几遍锣。它总有上树的时候。”方晓频不紧不慢地说,“我就担心你沉不住气。”

“董事长尽管放心,我一切谨慎从事就是了。”李一雄说,“还有什么事吗?”

他看方晓频摇头表示没事时,方才离开。

李一雄走后,方晓频坐在沙发里一根接一根抽着香烟。她发觉自己从来没有像现在这样空虚。尽管她劝李一雄要沉住气,自己反而沉不住气了。自从白天来天宁市后,她发觉自己面前的障碍不断出现。是驴不走,还是磨不转?是白天故意为难我方晓频吗?……为难也有可能。毕竟是我先离他而去。伤害热恋时的感情,被伤害者一般来讲,都不会善作罢休,可是,白天不该是这样的人呀!不是感情方面的事,那就是他当年的执着仍然没改。感情的事可以扭转,要是他的事业心作祟,她方晓频就要吃亏了。因为她知道白天的脾气,只要是他看准的事情，就会一直走到底，九牛二虎也拖不回。但是，不管怎样，她决不甘拜下风，决不认输！她相信自己也不会输。

想到这里，她拿起了电话。

“向市长吗？我是晓频。”

“晓频啊，有事吗？”

“向市长，我向您汇报一下世贸大厦的进展情况。”

“好啊，工程进展得很顺利吧？”

“向市长，工程的投资、规划、筹建等方面都没问题，就是地皮方面出了一点小故障。”

“地皮不是早就定好了吗？把国鼎厂那块地转让给你们建设世贸大厦，这可是市长办公会定死了的，能出什么故障？”

“国鼎厂现在和我们打官司，他们一定要收回那块地。”

“乱弹琴！市里定死的事情，怎么能够乱来呢？这样吧，你们继续干你们的，世贸大厦的建设绝不能受影响！土地的事情，我来协调。”

听了这句话，方晓频就像吃了定心丸，马上精神振作起来，心里大叫，天不亡我也！

她非常兴奋地回答说：“市长请放心，只要有市政府的支持，有您的帮助，我们一定全力以赴搞好世贸大厦的建设！”

方晓频放下电话，长长地舒了一口气，脸上闪出一丝自信的微笑。

六

吴小龙正在办公室里翻阅赵金良一案的卷宗。

陈茵进门将一张《人民法院报》交给他说：“小龙，这里有篇报道提到的案例,与赵金良一案相似,你可以参考一下。"

吴小龙接过报纸说:"陈庭长,我正要跟你说,我今天想再到河阳种子公司了解一下情况。这个案子,我越看越觉得原审在适用法律方面存在很大问题。"

陈茵说:"现在可是强调当事人举证,法官不可以越俎代庖哟!"

"进行必要的调查核实还是必要的。"吴小龙说,"本案社会影响这么大,不慎重不行啊!"

陈茵点了点头,说:"我同意你去。这篇报道,也倾向于种子价格在《种子法》实施后,应该走市场调节的路子。你再认真地看看。对了,最近怎么没看见咱们漂亮的舒大记者?"

吴小龙不好意思地说:"人家也忙嘛!"

陈茵开玩笑说:"小龙,可要把握好机遇呀!"

吴小龙害羞地说:"陈姐你说啥?我们都忙工作,哪有那份闲情逸致。"

"不要打埋伏,年轻人八小时以外的'正事',我可不干涉哟!"陈茵边说边笑,走出办公室。

吴小龙材料准备好后,便带着书记员直奔河阳。

车到河阳种子公司时,只见种子公司销售部门口挤满了人。赵金良正站在台阶上大声说什么。吴小龙和书记员赶紧下车,挤入人群。

赵金良满头大汗向人群解释说:"乡亲们,不是我赵金良装孬种,我实在是没办法。金地种子繁育站把咱们培育的种子偷偷卖了,所以我没有种子给你们。法院只判他们赔偿3万元,连诉讼费都不够,叫我拿什么赔偿大家?"

群众甲说:"你跟谁打官司我们不管,你跟我们签合同不兑现,耽误了农时,这个损失你必须负责!"

群众乙说:"你说过,官司一打完,就把钱赔给我们。现在官司输了,就想赖账吗?"

赵金良说:“我不想赖账!”

群众丙说:“不赖账就抓紧赔我们钱!”

众人齐喊:“赔钱! 赔钱!”

赵金良满脸涨红,捶胸顿足,无论怎么解释,别人就是不听。大家想听的就是赔钱。赵金良无法,干脆双手抱头蹲在台阶上,任你说,任你骂,任你讲什么难听的话。

吴小龙见状,犹豫再三,最后还是挤上台阶,用双手示意大家安静。

吴小龙喊:“乡亲们,大家静一静! 我是天宁市中级人民法院的,听我说几句好不好?”

赵金良听到喊声,放下双手,仍蹲在台阶上,侧脸向吴小龙望去,见是上次被他冷落的法官,神色微微一怔。

群众甲说:“听你说什么? 就是你们这些法官乱判,才让我们拿不到赔偿的!”

众人七嘴八舌,说这说那,纷纷指责法院判案不公。

吴小龙说:“大家静一静,让我说两句好不好?”

群众乙说:“让他说,看他能说个什么子丑寅卯来。”

吴小龙说:“乡亲们,法院对种子一案的审理并没有结束。经中院审理委员会决定,这起案子重新立案,请大家再耐心等一段时间,等案子结了,再来找种子公司赔偿行不行?”

赵金良站起来,对吴小龙投去感激的一瞥,然后说:“乡亲们,我赵金良过去南来北往,东奔西走,为大家联系种子,改良种子,功劳没有,苦劳总归有吧? 看在这个份上,我求乡亲们再给一段时间,刚才法院的同志也说了,现在我的案子重审,这次不管是输是赢,我都要想办法赔。如果这次再输,只要输得有理,输得让我口服心服,就是砸锅卖铁,就是当牛做马,我也要把乡亲们的损失补上。我给大家作揖了。”

赵金良连连向人群拱手作揖。

人群中走出一老者,对大家说:“做人得讲良心。赵金良这孩子虽说前几年靠卖种子挣一点钱,但是,他也给我们做了不少好事。像请人讲技术、教把式,提供各方面信息,还资助穷人的孩子上学,为人还是很实在的。这次他也是受害者,是被种子繁育站坑的!我们应该再给他一次机会。我们也应该相信法院这次会判公道的。大家伙儿回去吧!"

老者说完话,便扭头走出人群。

赵金良含着眼泪,向老人背影挥手喊道:"老人家,您走好!"

众人也慢慢散去。

赵金良表情复杂地握着吴小龙的手说:"谢谢你出面解围!"

吴小龙笑笑说:"没什么,我是天宁中院的吴小龙。这次专门负责审理你的案子,今天来就是想找你谈谈,不会像上次那样不接待吧。"

"岂敢,岂敢。"赵金良不好意思地说,"上次是误会了,快,屋里请。"

种子公司销售部的货架上,摆放着各种包装精美的待售种子。货架前的玻璃柜台里,摆着一层层果盘,盘里放着散装的种子样品和种子资料介绍。

吴小龙和书记员驻足观看。吴小龙指着果盘中的种子说:"这是什么型号的玉米种子?"

赵金良说:"就是这种玉米种子惹得祸!"

女服务员将种子和相关资料摆到柜台上。吴小龙一边翻阅资料,一边听赵金良介绍。

赵金良拈起几粒种子说:"这种玉米种子名叫'东单珍玉 9 号',属中杆大穗品种。穗大、粒大,出籽率和蛋白质含量高。在天宁市,这个品种有巨大的推广种植潜力。经过广泛的市场调查,我们公司和河阳县的几个乡镇农机推广站联系,分别和农户签订了总额 30 万斤的玉米种子购销合同。到了该播种的季节,结果拿不到种子,耽误了农时。农机推广站和农户纷纷找我们,要我们承担违约责任。我答应他们,等和金地种子繁育站打完官司,就按合同约定赔偿他们。我原以为,这场官司是板上钉钉子,必胜无疑。即便按市场价格的一半,也得赔我几十万元。谁知官司竟打成那样，今天还真亏你帮忙解围呢。”

吴小龙说：“这没什么。我问你，这传统种植的东单系列和天单系列的玉米价格和种子价格是多少？”

赵金良说：“除特殊品质的观赏并能食用的玉米外，其他成品玉米的价格差别不大。以前实行计划经济，不论成品玉米，还是种子玉米，都是实行政府指导价，每斤价差才 1 毛钱左右。这几年市场价格放开了，成品玉米的价格，每斤 7 毛 5 左右，而种子价格，根据种子丰产性不同，每斤价格是成品玉米的 2.2 倍到 3.5 倍。由于‘东单珍玉 9 号’丰产性和商品性好，市场价格不断攀高。繁育站为了谋取更高利益，违反合同，偷偷按市场价格将玉米卖掉了。他们卖了 100 多万呢。我把繁育站告到了法院，河阳法院却不顾事实，按政府指导价判繁育站赔偿我 3 万元。你说，我能不急吗？这还有没有天理？”

吴小龙安慰他说：“你要相信，法律最终是公正的。”

吴小龙走后，赵金良便赶到天宁正平律师事务所。这个律师事务所，正是李一雄赞助，余婉妹开的。

余婉妹很热情地接待赵金良。

“请说说你的案子情况。”余婉妹坐在赵金良的对面说。

“我与金地种子繁育站的案子，天宁中院已经立案重审，听别人说，你们这里的律师水平高，能为当事人说话，所以，我想找你替我代理。”赵金良说得很诚实。

“有关材料带来了吗？”

赵金良从黑色的公文包里取出材料，说：“这是合同复印件，这是起诉书，这是法院受理的通知书，还有判决书，这是天宁中院刚刚给我的再审通知书。”

余婉妹接过材料说：“我把材料看一下，待一会儿你再跟我说说详细情况。那边有开水，你先喝水等一会儿。”

余婉妹看完材料，喜从心来。她又可以敲一笔竹杠了。她的手“啪”的一声将材料合上，笑着说：“前几天，把钱砸在法官脸上的，就是你吧？”

赵金良很难为情地点点头。

“就凭你这点，这案子我接了。”余婉妹说。也许是职业病，凡是能跟法官对着干的案子，她就想接。当然，费用是很高的哟。她瞟了一眼赵金良，说：“不过，赵经理，我丑话说在前边，这起案子能不能胜？能。但难度太大！”

什么难度，无非你是想多要点钱。这一点，我要不懂还能在社会上混？赵金良心里这样说，脸上却没显露出来。

“我说难度很大，是有根据的。”余婉妹说，“第一，这案子是窟里拔蛇。你想想，谁判过的案子想被推翻？第二，你让中院的法官当众出丑，中院能心甘情愿帮你翻案？”

“那你说怎么办？反正这次案子只能胜，不能输。不然，我没法跟农民交代。”

“要想确保胜诉，你就得在审判长身上下点功夫。”

“下什么功夫？法院不是主持公道的地方吗？实在不行，我就继续上告！”

“你上告可以。”余婉妹冷笑笑，说，“你这个案子涉及多个法律法规，法官有一定的自由裁量权。也就是说，法官可以根据情势所需，就有关法律适用问题进行权衡、裁量并合理地作出选择。选择的结果，直接关系到案子胜负，这其中就有几十万块钱的差别。你就是再往上告，上面也要尊重下面法官的自由裁量权啊！”

“我不管什么权不权，我相信你们能给我打赢官司，才来找你们的，你看着办！”

“那，判决前就得找找承办法官。”

“找就是了。”

余婉妹用手作捏钱状，说：“这个呢？”

“你看着办，我听你的是了。”

“那好，咱们办理一下代理手续吧！”

七

郑义鸣正在审阅喜客来大酒店的相关材料，朱民生来到他的办公室。

“你来得正好。”郑义鸣说，“我正想找你商量喜客来大酒店的执行方案。”

“白院长有什么新思路没有？”朱民生问。

“白院长的想法是将新世纪公司持有的喜客来大酒店股票整体拍卖。”郑义鸣说，“这样既能保持大酒店的原有价值，又不至于造成酒店停业，各方面利益都能照顾到。相对来说，变现也比较容易。”

“主意是个好主意，不过，这是一种新的执行方式，咱们从未尝试过。”朱民生担心说，“如果新世纪公司和喜客来大酒店不配合，那样，执行起来难度就大了。”

“是啊，评估股票价值，发布拍卖消息，物色购买客商，还有一系列复杂的前期工作要做。”郑义鸣说，“尤其是股票价值的评估，那是一项细致的基础性工作。因为股票的价值是一个变量，不仅随公司经营状况而变化，股东实际交付的出资额、财产的折旧损益、公司的实际盈亏和发展前景等因素，都直接关系到作价的高低。这些事情，如果没有被执行人的配合，是不太好办，咱们来好好研究一下。”

这天，李一雄刚从洗浴中心回来，办公室的板凳还没焐热，就见到郑义鸣来了。

郑义鸣将执行裁定书递给他说：“李总，我们今天正式通知你，香港银团诉喜客来大酒店及新世纪公司拖欠贷款一案，进入执行程序后，被执行人未在指定期限内履行判决确定的法律义务,我们将对喜客来大酒店进行强制执行。为使喜客来大酒店整体价值不受损失,不影响酒店的正常营业和各方面利益,法院决定,将新世纪公司持有的喜客来大酒店股票整体拍卖。新世纪公司享有优先购买权,或者是指定受让人。如果新世纪公司放弃优先购买权,又不指定受让人,法院将依法强制拍卖。"

李一雄看了看通知书,悻悻地扔到办公桌上,说:"为建造喜客来大酒店,我是卖房卖车又贷款,新世纪公司如果还有'优先购买'能力,我们哪还用得着打这场倒霉的官司?为喜客来找买主,买主就那么好找吗?再说了,为建造喜客来,我倾注了多少心血啊!现在让我找个买家,拱手把它送出去,等于挖我心上肉,我能去干吗?你们法院也应该理解我这种心情。"

郑义鸣说:"我们这样做,正是为了保住喜客来。因为执行导致喜客来停业或分割,这也是我们不愿看到的结果。依法告知新世纪公司所享有的权利,是我们执行中的一道必经程序,放弃优先购买权,也是你们的权利。另外,为使喜客来大酒店的股票价值得到客观认定,我们也希望新世纪公司和喜客来大酒店,积极配合评估鉴定机构的工作。为他们对喜客来大酒店的现有财产、债权债务、经营情况进行全面清查提供方便。否则,我们将依法委托审计部门和评估机构强制评估。"

李一雄阴阳怪气地说:"郑庭长,这不是让我们举自己的手,打自己的脸吗?你们该请哪路神仙就请哪路神仙吧!"

郑义鸣说:"按照法院的生效判决,新世纪公司是负连带责任的,必要时,我们也要对新世纪公司进行强制执行。"

"你们看着办吧!"李一雄说完,竟甩袖而去。

郑义鸣被晾在了那里。

郑义鸣并没有生气,气又有何用?像这种局面,他已司空见惯,不足为奇。

对喜客来大酒店股票整体拍卖的准备工作有条不紊地进行着。法院指定的审计和评估鉴定小组人员，正在大酒店财务室里，忙着清查债权债务，清点财产，登记造册。一个审计人员拿出一本财务凭证，对郑义鸣说："这里有一笔360万元的资金，没有投入喜客来的建设，而是投到了另一家建筑公司。"

郑义鸣接过凭证问："查清它的用途了吗？"

审计人员说："从建筑公司开具的收款用途看，这笔款项是用来抵还新世纪公司办公楼建设费用的。"

"这是一种变相的抽逃注册资金行为。"郑义鸣说，"看来，让新世纪公司承担连带责任并不冤枉！"

紧接着，郑义鸣一行来到了房地产管理局。

郑义鸣对工作人员出示证件后，说："我们是市中级人民法院执行庭工作人员，我们需要了解新世纪公司办公楼的房地产登记情况，请您协助。"

工作人员查验证件后，还给郑义鸣说："请稍等，我让他们把登记档案送来。"

工作人员拨通了内部电话："档案室吗？请把新世纪公司的办公楼档案找到送来。"

工作人员放下电话，问："这次执行的又是一起什么样的案子？"

"这是一起贷款纠纷案。"郑义鸣说，"如果我们查询的房产没有被查封过，请协助我们查封。"

"你们把相关的手续都带了吗？"

郑义鸣将相关法律文书都递给工作人员，说："这是民事裁定书、协助通知书，还有民事判决书的复印件。"

工作人员一一仔细查阅。另一工作人员送来了档案。

郑义鸣翻阅档案后，说："对，我们要查封的就是这处房产。"

工作人员看了看档案说："这处房产没被查封过，我马上给你办理手续。"说着，他便把相关材料装进档案袋，并在档案袋上注明查封标记。

郑义鸣让工作人员在送达回证上签名取回后,便道谢告别。

方晓频正在世纪集团办公室里,沉醉地观看着世贸大厦精美的楼盘模型。这时传来敲门声,不等方晓频“请进”声落,李一雄便推门而入。

李一雄左手拿着天宁市中院的民事裁定书,右手一边拍打着裁定书,一边说:“董事长,您看看,您看看!法院欺人太甚啦!”

方晓频不慌不忙地问:“又出什么岔子了?”

李一雄愤愤地说:“董事长,您看,法院不仅要拍卖喜客来大酒店,他们连新世纪公司也不放过!这不,郑义鸣这个家伙,把我们新世纪公司的办公楼也给查封了!”

方晓频接过裁定书,看了一会儿,说:“这不过是法院的一项保全措施罢了。一雄,看来法院在敲山震虎啊。”

“哼!敲山震虎?想顺顺当当地拍卖我的喜客来,没那么容易!我要跟他们干到底!”李一雄发狠说。

李一雄是个什么样的人物,方晓频当然清楚。他心狠手辣,什么事都能干得出来。但是,不能因为这点小事,毁了她的大事。一个小小的喜客来算得了什么,就是一个新世纪公司垮了,也没什么了不起。……虽然那是挖她的心。为了自己的胜局,被吃掉一个卒,甚至一个车,也认了。

她警告李一雄说:“一雄,你不能乱来!小不忍,则乱大谋。我们的发展大计是什么?是世贸大厦!是世纪集团!你怎么那么糊涂?新世纪的事,你一定要妥善处理好!”

“董事长,我实在咽不下这口气!他郑义鸣算个鸟?我削他还不跟碾死个蚂蚁一样!”

“这口气咽不下去也得咽!我都能忍了,你为什么不能!”方晓频指着世贸大厦模型说,“来来来,再看看咱们的世贸大厦,调整调整你的情绪。”

是的,一遇到苦恼,方晓频只要到这儿站一站,看一看,很快烦恼便消除,你说怪不?

八

会议厅主席台上方悬挂着“天宁市中级人民法院执行工作局成立大会”的醒目横幅。主席台上就座的有向东、白天、董启汉及四位领导同志。

法院干警着装整齐就座。

董启汉主持会议:“同志们！今天,我们在这里隆重召开天宁市中级人民法院执行工作局成立大会。出席今天会议的领导同志有省高级法院和市委、市人人、市政府的领导同志,让我们以热烈的掌声对各位领导的到来表示衷心的感谢!

掌声响起。

董启汉说:“为进一步加强和改进人民法院执行工作,在上级法院的关心指导下,报经市委批准,天宁市中级人民法院执行工作局正式成立了。下面,请白天院长讲话!”

白天开始讲话:“同志们！记得我到天宁上任的第一天,碰到的第一件事,就是当事人在中院门前叫卖法律文书。值得我们深思的一幕啊,同志们！这件事说明了什么?说明了部分群众已经对人民法院的执行工作失去了信任;说明了‘执行难’问题已经成为制约法院整体工作开展的‘瓶颈’;甚至可以说‘执行难’问题已经严重影响到了司法权威的树立!”

白天停顿了一下,继续说道:“为解决‘执行难’问题,我们开展了集中执行活动。但是,这只是治标不治本的临时性措施。要彻底解决‘执行难’,必须革除体制弊端,建立起统一指挥、统一管理、统一协调的执行工作新机制。省法院和市委、市人大非常关心法院执行工作,在各级领导的关心支持下,天宁中级人民法院执行局今天正式成立了。全市两级法院成立执行局以后,执行工作要‘上下一盘棋’,执行人员可以集中调度,并要灵活运用提级执行、指定执行、交叉执行等手段,合力解决一些难案、积案,年内要基本实现执行收结案件的良性循环。要通过执行工作改革,打好执行工作翻身仗,切实解决执行难,树立司法为民的新形象!”

会议厅响起热烈的掌声。

董启汉讲话:“报经省高院和市委组织部批准,下面我宣布任命决定:任命郑义鸣为天宁市中级人民法院执行工作局局长;任命朱民生为天宁市中级人民法院执行工作局副局长兼执行一庭庭长……”

会议厅再次响起热烈的掌声。

执行局办公室,郑义鸣、朱民生等人正在商议下步执行局工作开展问题。

郑义鸣:“执行局已经正式成立了,咱们今天要好好理一下工作思路。以前咱们是一个庭,现在是一处两庭,机构扩大了,力量充实了,办案模式也应当进一步规范。我想,咱们一方面要探索实施执行分权制度改革,另一方面要挑选一批有影响的案件,组织力量统一执行,有些案件可以提级执行、指定执行,也可在基层法院之间交叉执行。”

朱民生:“我们先起草一个改革方案。另外,执行局的装备太落后了,特别是车辆问题,根本适应不了办案需要。必要的录音录像设备也要配备。有时候,这些设备一摆,对当事人就是一个无声的威慑。一旦出了问题,拍录下的资料就是最好的证据。”

郑义鸣:“这样吧,改善装备的问题,我去向白院长反映,再起草一个关于改善执行装备的报告。执行积案的清理工作,老朱你抓一抓,要力争在短时间内,干出执行局成立以来的新气象。”

朱民生点点头:“好!”

九

“小龙,抓紧点,开庭时间快到了。”

“陈姐,来得及。”吴小龙收拾好案卷,望着陈茵说,“不知怎么搞的,我心里老是紧张。”

“你准备的不是很充分吗?”陈茵给他鼓劲说,“参加庭审你也不是一次两次,不会有问题的。记住,严格按程序走,注意归纳事实、证据、双方争论的焦点。小龙,你行!还记得《红高粱》里的一首歌吗?‘弟弟你大胆地往前走啊,往前走,不回头’”为放松小龙的紧张情绪,陈茵竟轻轻地唱了起来。

“是妹妹。”小龙纠正说。

“是弟弟。”陈茵笑着坚持说。

“好好,”吴小龙明白了陈茵的意图,咧嘴一笑说:“就算你的鬼话正确!哎,陈姐,说实话,以前都是你当审判长,有依靠,所以不紧张。现在自个儿当审判长,心里总像没谱似的。”

“一个优秀的承办法官,肯定也会成为一个优秀的审判长。”陈茵说,“小龙,我相信你,大胆往前走!”

像注足了动力,吴小龙穿上法袍,手捧卷宗,带领合议庭的成员们昂首挺胸走上法庭。

赵金良、余婉妹、种子繁育站的法定代表人和委托代理人均已各就各位。

旁听席上坐满了听众。舒畅坐在最前排,照相机挂在胸前。一看到照相机,吴小龙就想起前天晚上看电影的事。那天,离开电影院,吴小龙对舒畅说，谢谢你，如果不是你，我都快把电影这个词给忘了。舒畅说，大法官一直忙案子，换换脑子是很有必要的。吴小龙说，是的，过去总感觉当法官的弦绷得太紧。案子、当事人、法律准绳、事实依据，整天围着这些名词转，似乎浪漫与法官无缘。在你身边，我才找到点浪漫的感觉。舒畅问，赵金良的案子什么时候开庭，我可要现场采访的。吴小龙说，不要，不要！我本来就紧张，你再一来，我会更紧张的。舒畅说，你不一直蛮有信心的吗？吴小龙说，信心是有，真要上阵，还是把握不足。舒畅说，到时我给你助威，你难堪时我不拍，专拍你激情的那一面，还不行吗？当吴小龙走上审判台正襟危坐时，自己马上感到，不会有难堪的时刻。的确，他相信自己的能耐。

吴小龙举起法槌，轻轻一敲，宣布说："现在开庭。天宁市中级人民法院民事审判第一庭，依照《中华人民共和国民事诉讼法》第 134 条第 1 款之规定，今天在这里公开开庭，审理原告河阳县种子公司诉被告金地种子繁育站合同纠纷一案。本庭由天宁市中级人民法院审判员吴小龙担任审判长，与审判员张鸣、王永组成合议庭，书记员王玲担任法庭记录。"

说到这里，吴小龙稍作停顿，很神气地扫了舒畅一眼，意思显示，怎么样，够帅的吧！

他继续说："根据《中华人民共和国民事诉讼法》第 44 条的规定，当事人认为审判人员及书记员，是当事人或者当事人、诉讼代理人的近亲属，与本案有利害关系或者其他关系，可能影响对本案公正处理的，有权申请回避。原告是否申请回避？"

赵金良说："不申请！"

"被告是否申请回避？"

被告代理人说："不申请。"

吴小龙渐渐调整好状态。他平静地扫视了一下双方当事人，然后说："下面开始法庭调查。首先由原告方陈述事实或宣读起诉状，并提交相关证据。"

双方各自陈述了自己的事实与证据。

吴小龙说："法庭调查结束。通过法庭调查，能够认定如下事实：原告委托被告繁育玉米良种30万斤，并就交付日期、收购价格等达成了一致协议。对此事实，本院予以认定。合同签订后，被告依照合同完成了种子繁育义务，但没有将种子交付原告，而是以市场价格出售了。对此事实，被告没有提出异议，本院也予以认定。根据以上事实，下面由双方当事人进行法庭辩论，先由原告方发言。"

余婉妹站起来，有根有据、一字一板地阐述原告方的理由："审判长、审判员，我作为河阳县种子公司委托代理人，根据刚才庭审调查中查明的事实和证据，发表如下代理意见：(1)双方就繁育30万斤玉米良种所签订的合同，是双方真实意思的表示，视为有效合同。(2)在当年种子价格大幅上涨的情况下，被告为谋取更大的利益，擅自将种子以高于合同约定价格的市场价格出售，致使合同无法履行，是严重的违约行为。由于被告的违约，造成原告与农户签订的合同无法履行，耽误了农时。农户要求种子公司赔偿，这给种子公司造成了巨大的损失。(3)被告在答辩中要求根据省《农作物种子管理条例》第36条，按当年种子的政府指导价格赔偿，对原告来说显失公平。省《农作物种子管理条例》是地方性法规。后来全国人人常委会通过了《种子法》。《种子法》并没有限定种子必须实行政府定价。《种子法》相对《农作物种子管理条例》来说，具有更高的法律效力。实际上，被告也是按市场价格将种子出售并获利的，因此，应当按被告的实际获利数额，也就是说按种子的市场价格赔偿原告。审判长，我的讲话完了，谢谢。"

吴小龙说："下面由被告发言。"

被告代理人陈述说："省《农作物种子管理条例》第36条明确规定，种子的收购和销售，必须严格执行省统一价格政策，不得任意提价。原被告在签订种子繁育合同过程中，约定的收购价格违反了省《农作物种子管理条例》第36条的强制性规定，因此，该条款的约定无效。这是其一。其二,原告与农户签订的供种合同,与本案不是同一法律关系,本代理人就此不发表意见。其三,赔偿损失的数额应按省政府确定的种子指导价格计算。被告在答辩中主张的意见有法可依。另外,双方已经在合同中约定了种子的收购价格,这一价格虽然高于当年政府的指导价,但也明显低于当时的市场价。即使说被告违约,最高也只能按合同约定价格赔偿。"

吴小龙说:"下面我归纳一下双方的争议焦点。本案双方当事人争议的焦点就是:如何确定损失的数额,是依据政府的指导价还是市场价予以赔偿。也就是说,本案适用《种子法》,还是《农作物种子管理条例》。围绕这一点,双方继续辩论。"

余婉妹说:"原告的损失应当包括这样几个部分:直接损失、间接损失、预期利益。按照双方所签订的合同,原告已支付了包括购买繁育母种、土地租金等先期投入资金,现在种子收不回来,先期投入资金是个显而易见的直接损失。原告和农户签订了合同,由于被告的严重违约,直接导致原告不能按时向农户提供种子,农户要求赔偿,这是被告行为带来的间接损失。原告从事的是一种追求利润的经营行为,原告与被告约定的收购价格,同原告与农户约定的供种价格之间存在一个差额,这个差额乘以约定的种子繁育数量,就是预期利益。如果按被告所说,本案应适用《农作物种子管理条例》,那么当初约定种子收购价格时,为什么不提出按政府指导价格计算?可见签订合同时,被告也认可种子价格以市场价为准。况且,《种子法》第 41 条第 7 款明确规定,任何单位和个人,不得非法干预种子经营者的自主经营权。《价格法》第 6 条也规定了商品价格实行市场调节价。因此,应按照《种子法》的规定计算赔偿额。发言完毕。"

被告代理人驳斥说:"刚才原告方提出,与被告签订种子繁育合同、与农户签订供种合同是一种经营行为。既然是经营行为,就有一定的风险性。把这种风险全部交给被告方承担,原告只在其中赚取差额利润也是不公平的。《农作物种子管理条例》是现行有效的地方性法规,在它没有依法被废止或修改前,任何人都不能否认其效力。发言完毕。”

吴小龙说:“现在双方作最后陈述。”

余婉妹说:“提请合议庭充分考虑本案事实和原告辩论意见,依法支持原告的诉讼请求。”

被告代理人说:“请合议庭支持被告的主张。”

吴小龙说:“现在宣布休庭,本案择日宣判。”

吴小龙回到民一庭,脱下法袍,坐在椅子上长出了一口气,双手叠在脑后,仍沉浸在第一次当审判长开庭的感觉中。

陈茵进门问:“怎么样,小龙,庭开得不错吧?”

吴小龙笑嘻嘻地说:“开始有点紧张,后来就好多了。总得说来,还行。一天的时间,把所有程序走下来了,定下择日宣判,你看可以吗?”

陈茵赞许地说:“我就说嘛,堂堂法学硕士,又承办过不少案件,驾驭庭审肯定没问题。不过合议的时候,一定要慎重,要全面考虑案情。”

“我会认真考虑的。”电话铃响,吴小龙一边接电话,一边说,“喂,哪一位?”

“大审判长,我是舒畅。祝贺你开庭旗开得胜!”舒畅在电话里显得很高兴,“看不出,你开庭时的风度还挺迷人的!”

听到舒畅的赞扬,吴小龙像中了头彩,陶醉了浑身,因陈茵在场,不好意思张扬,便谦虚地说:“你过奖了,跟我们陈庭长比起来,差远着呢。”

舒畅说:“别忘了你答应我的采访任务!”

“采访地点?”

“怎么,想敲我竹杠?好,这次为了祝贺你成功,我就出一回血吧。咱们海味露天餐厅,晚上见!”

吴小龙还想说点什么,对方已经挂上了电话。

陈茵看吴小龙接电话时那种神秘兮兮的样子,抿嘴笑着离去,临出门时说:“小子,抓紧送糖来!”

晚上,吴小龙和舒畅按约来到海边。

舒畅说:“通过旁听,我发现这个案子真的很有采访价值,特别是双方争执的焦点涉及法律冲突问题,现实中这样的案例不多。”

“我就知道你今天去旁听是为了你的新闻采访。”

“你可别冤枉好人,我旁听时,早把新闻采访忘到九霄云外了。我满脑子都是你,生怕你玩砸了!”

“真的?”

“当然是真的了。”

“舒大记者能这样关心我,我真有点受宠若惊了。”吴小龙幸福而又得意地说,“说真的,开庭对我来说不过小菜一碟,只不过第一次当审判长有点激动罢了。我看这个案子并不怎么复杂。《立法法》中确定的基本原则摆在那儿,下位法和上位法冲突的时候,必然要适用上位法。”

“案子虽小,反映的是大问题。并且这个案子的社会影响也不小,你还是慎重些好。”舒畅提醒说。

“是的,陈庭长也是跟我这样说的。为稳妥起见,我打算到省城搞一次调研,落实一下种子的相关价格。”

海风袭来,舒畅飘逸的长发不经意间轻抚到了吴小龙的脸上,吴小龙情不自禁地将舒畅揽到怀里。

火热的唇,轻轻贴到了一起。

十

余凤娟就怕下班后有人来她家中打扰。

来的人无非是找老董说情。哭的、喊的、吵的、骂的、威胁的、恐吓的、磕头烧香的，五花八门，应有尽有。这些还好办，挡过去也就算了。有些人虽见不到，但电话的铃声却让人烦。这些电话，有的是有来头的，那话阴沉沉的，让董启汉摸不着、扛不动。得罪了吧，自己的官衔攥在人家手里，随时都可能被贬；不得罪吧，法律又不能碰，碰了也要倒霉。这些也好办，大不了"回家卖红薯"。最不好办的是送礼。那些人送礼的门道太多，防不胜防。硬送的、软塞的、邮寄的、直接存入账户的，有的是钱，有的是名人字画，有的是文物，有的是让你出国旅游，有的是让你子女留学。这些沾哪一条，都够在牢里坐一阵子的。一辈子清苦都熬下来了，最后几天这班岗不能不站好。

来人就得开门，——虽然极不情愿。

门口站着一男一女，不认识。

"你们找谁？"余风娟问。

"董院长在家吗？"李一雄问。

"请进吧。"余风娟板着脸嚷了一声，"老董，找你的。"

董启汉从沙发上站起来，见进屋来的是李一雄和余婉妹，先是一愣，接着冷冷地说："你们找我有事吗？"

李一雄看董启汉不高兴，吞吞吐吐地说："董院长，我们找您主要想谈谈新世纪公司与国鼎厂的事……"

"我在家里不谈公务！"董启汉不等李一雄说完就打断了他的话茬，说，"有公事，明天到办公室谈。"

"我们有一些情况想跟您单独谈谈。"李一雄说，"也想听听你的意见。"

"我说了，在家不谈公务！"董启汉很不高兴地说，"有关案子的事，你们如果有什么意见，可以找承办人反映。"

"董院长，喜客来的案子对我们影响很大。"李一雄不管董启汉愿不愿听，仍然说，"有些情况想当面跟您汇报一下，不多占用您的时间。"

“你的心情我理解,可我处事的原则,也请你们尊重。”董启汉郑重地说,“我在家不谈公事,你们回去吧。”

“董院长,您看……”李一雄还想再说话,只见董启汉已折身返回卧室。

临进卧室时,董启汉对妻子大声说:“送客!”

李一雄被闪在那儿,要多难堪有多难堪。反正皮厚,李一雄也不在乎。他用眼对余婉妹示意,余婉妹马上明白,迅速地从包里掏出一个大信封,偷偷地放到了沙发上。

余凤娟打开房门,很不客气地说:“你们快走吧!”

李一雄和余婉妹刚离开门,房门便“砰”的一声关上了。幸亏余婉妹离开得快,不然脚后跟肯定会被撞上。撞上就不轻,不肿也塌皮。

余凤娟关上门回到客厅,董启汉也走了出来。他对妻子不满意地责怪说:“你也问清了,再开门呀!”

董启汉说着回坐到沙发上,正好坐在信封上面。发觉屁股底下垫人,顺手一摸,是个鼓鼓的信封。掏出来一看,全是百元大钞。董启汉气得浑身发抖,对妻子说:“快,快扔给他们!”

余凤娟开门一看,哪还有人影。

董启汉接过信封,转身跑向阳台。

李一雄离开董家一肚子火。他说:“老东西!一句话也不让我们说!”

“我不是跟你说过了吗,他是中院有名的黑包公。来的时候,我跟你说,你还不相信,这下你承认了吧。”余婉妹说。

“那钱你放下去了吗?”

“放在沙发上了。”

“我看他怎么办!这些人都是图有虚名,我还不相信这世界上会有不吃腥的猫!”

李一雄正要上车,忽听楼上有人大喊:“喂,你们别走!”

抬头一看,是董启汉。

望着他那气呼呼的样子,知道不是好事。李一雄对余婉妹说:“快走！不理他!”

两人同时拉开车门,准备溜之大吉。

董启汉站在阳台上厉声地喊:“你们不要走！这些东西还给你们!”

信封被董启汉扔出楼外,信封里的百元大钞不甘寂寞地争相挤出,纷纷扬扬飘落在马路上,如天女散花。

公寓楼的阳台上伸出不少头观看。有的指指点点,耻笑送礼之人;有的好奇,向左邻右舍探究个中缘由;有的赞赏董启汉的清正廉洁;马路上围观的群众,不由自主地鼓起掌来。

这可急坏了余婉妹。要知道那是一万块钱哪！为了钱,她也顾不上律师的面子,慌忙跑过来,连抓带搂,东追西撵,捡起散落在地的钞票。李一雄则又羞又恼地钻进车里。

路上,李一雄边开车边拨通了方晓频的电话:“董事长,事情糟糕透了!”

“发生什么事了?”方晓频问。

“我还从没见过这样不识抬举的东西!”李一雄恼怒地说,“姓董的那个家伙竟然把我们轰了出来!”

“怎么会能成这样!”方晓频很生气,说,“如果连这点事都办不成的话,你这个副总经理还会干什么?”

李一雄是老鼠掉进风箱里——两头受气。他一脸不悦地嘟囔着说:“我,我本来……好吧,我再另想办法。”

余婉妹一边整理散乱的钞票,一边看着李一雄。意思是说,下一步怎么办?

李一雄说:“去他娘的！走,我们吃饭去!”

奔驰车行驶在华灯初放的大街上。

十一

蔚蓝色的大海,被夕阳染红了点点波涛。

淡青的小山躺在海的远处,仿佛美女梦入云床;浅黄的海岸伸到栈桥脚下,犹如仙女落下裙带。几只海鸥时起时伏,戏弄海水;一艘快艇忽高忽低,飞驰浪尖。

向东和方晓频正在海滩上漫步。

方晓频赴约为的是权力;

向东约会图的是美色。

向东面对大海,身旁红袖相伴,心情特别愉悦;方晓频脚踏沙滩,相随天宁权势,胸中尤为实在。

向东深情地望了方晓频一眼,说:“当年在海外招商会上看到你时,你的魅力身影、你的非凡气质,给我留下很深的印象,这也许是缘分。如果没有缘分,你怎么会来到小小的天宁。”

方晓频浅浅一笑说:“感谢向市长的知遇之恩,回国是我的梦想,也是我的心愿。但是来天宁确实出乎我的意料,我也不知道因为什么,是刻意为之,还是命运使然?我还真的没有认真想过。”

“海归总有一种爱国情结,你也不例外。”向东说,“回天宁的原动力恐怕与这有关,至于到底为什么,那还要问你。不过,有一点应该说你和我是相通的,那就是圆自己理想、事业之梦!”

“我哪能和向市长相比,实际上我的思维很单一。”

“思维单一?你?”向东好奇地问,“能说给我听听吗?”

“不说也罢。”其实方晓频也不能说。她的单一,从感情上说,就“一”在白天身上;从事业上说,就“一”在世纪集团,“一”在世贸大厦。

对向东这样的人,她只不过当作一种工具而已。这话她能说吗?何况她现在还离不开向东的支持。她现在就是向东眼前的萤火虫,看能看到,但不能让向东拿,拿就失去了光亮。“我知道向市长对我很关照。这也许是每一个海外回国创业者所企盼的。我所需要的,您总是及时地给我了。真的不知怎样感谢您才好。”

“一家人说两家话,这不太见外了吗?”向东大大咧咧地说,“我做得很不够。引进外资,不搞好软环境的治理,不搞好服务怎么行?人不说嘛,舍不得金弹子,打不到巧鸳鸯。没有梧桐树,引不来金凤凰。”

向东的话,当然是话里有话。

任凭大风起,就是不开船。在感情上,方晓频就来个“难得糊涂”。

“向市长,”方晓频说,“我说的全是心里话。真的!在天宁,我的经历伴随着磨难。从喜客来大酒店,到也许还是空中楼阁的世贸大厦,我们世纪集团每走一步都是举步维艰。没有您的支持,我真想不到会成什么样子。在天宁想做一番事业真是太不容易啦!”

“是我关照不够,是我关照不够!让我们的方大董事长受苦了,我代表天宁四百万人民向你赔不是。”向东一边笑着自责,一边深有感触地说,“晓频,说实在的,当今这个社会,在哪儿做事都不容易。如今做事、做人、做官,都一样。你看我这个当市长的,在别人眼里威风凌凌,能呼风唤雨,办什么事不是心想事成,马到成功。实际上我们跟大户人家的丫鬟一样,得处处小心,有的事一个眼神错了就坏事。比如说,你对人热情吧,人说你别有用心有所图;对人冷淡吧,人说你傲慢无礼臭牛气;不冷不热,人又说你不阴不阳没立场;你爱笑,人说你是‘笑面虎’;你严肃板正,人说你装模作样,阴险狡诈算计人;你对这人笑对那人不笑,人说你见风使舵、照人下菜碟。有的事只能说不能做;有的事只能做不能说;有的事又得说又得做;有的事做做样子就得撤;有的事看样子能掺乎但千万别掺乎;有的事你磕二百个响头也白搭。做官最难的就是,你左也不行,右也不行,不左不右也不行。别人的话你不能不听,上级的颜色你不能不看。至于哪些话该听,哪个眼色该看,什么时候听，什么时候看，听几分，看几分，掌握在什么火候上，就是神仙也把握不准，何况是凡人？有人说，走自己的路，让别人说去吧！这话说着简单，你若真这么做，试试？非碰得头破血流不可。不过，话说回来，天宁的投资环境还是不错的，只要你想做某件事，我包你一定能做成。”

天宁市的投资环境是他亲自抓的，他不能让人说不好。谁说都不行，因为这很可能影响他的仕途。

方晓频笑笑没有说什么。好不好，她心里有一本账。

向东进一步动情地说：“晓频，你承认吧，我不光对你的事业关心，对你的生活我也是尽心尽职的。我总不能让你骂我，说我把人领来了，就不管不问了吧！”

向东的意思很明白，我不仅是你的市长，还可以是你的生活伴侣。不管你承认不承认，我已经这样努力了。

方晓频也清楚他的意思，但就是不往爱情这条道上走。她灿然一笑说：“向市长真是幽默。”

向东当然也不傻，他看出方晓频与他之间还隔着一条鸿沟，不过，他相信自己能跨越过去。他说：“不瞒你说，幽默性格原本是我的本性，可是到了天宁，我怎么也幽默不起来。我总有种孤独感，人一到了孤独的时候，也没心思幽默了。有时候，我想我就是一个孤独之子……”

“孤独之子？”方晓频不解地看着向东，但又有些理解地说，“孤独的痛苦，应该是有共性的。”

向东听她说这话，有点惊奇，他望了方晓频一眼，说：“谢谢你的理解，我说过，我们是有缘分的。共同语言就是基础！晓频……”

方晓频看向东说话的口气有点改变，而且变得暧昧，出于女人的本能，不由自主便严肃起来。

向东的情绪显得很激动，但仍然看出是努力压抑着的。他吞吞吐吐地说：“有句话，我一直想跟你说，可一直没有机会……我想说什么你应该知道，你也应该理解。”

方晓频故作不解地说:“向市长,您想说什么话?”

向东坦率地说:“你应该理解我的心情。在你面前,我总感到控制不住自己,我打心里敬佩你,实际上敬佩是次要的,说爱最恰当,就怕你不接受……”

话说到这个份上,方晓频不能再继续装糊涂,她低下头,沉思了好一会儿。事业固然重要,但对女人来讲,爱情和家庭则是重中之重。她不能为了事业而牺牲爱情,决不。她望着向东那双渴望的眼睛,很坦诚地说:“向市长,我……我只能表示对不起,这些年让您错爱了……”

原以为有十足把握的事,想不到竟是水中捞月、竹篮打水。这是向东万万没想到的。所以,他显得很沮丧、很失落、很无奈、很措手不及。

这一切方晓频看得很清楚,她现在还不能失去向东,她也不能让向东失去希望。男人一旦对迷爱的女人失去了希望,他非但不会再为这个女人做事,相反会处处给这个女人增加麻烦。所以,她还得给向东希望。当然,希望就是希望,希望不是实际。于是,又投来一个回马枪。她嫣然一笑说:“不过,我仍然敬重你的为人,敬重你的事业心,尽管我们……可您的一切会深深地印在我的脑海里。我的心里也永远会有您的存在。请理解我!”

向东没有马上说话,而是面对大海,遥望长空。他看到一只海鸥鼓着长长的翅膀,在天空中打着转儿飞翔,忽而又急速地斜着翅膀降落下去,然后再盘旋升起。远处一只飞船迎面驶来,激起层层浪花。他觉得自己就是那海鸥,就是那飞船。在官场上,他会青云直上;在情场上,他能到达彼岸。

过了好一会儿,向东才说:“看来我们的缘分还有待时间验证,这说明你我还不太了解。”

方晓频解释说:“向市长,说实在的,这些年我都是考虑事业上的事,根本没考虑过个人生活私事,就是今后在一年半载里也不会考虑,请您能理解。”

向东说:“我理解,我理解。实际上我是一个恋旧的人,在情感方面一直不得要领,我希望你能明白我的意思,我也是个任性和专一的人……"

"我明白……"

"好了,我们换个话题。如果刚才的话对你造成伤害,我向你表示道歉。"

"向市长,您说这话就让我受不了啦!"方晓频又在吊起向东的胃口说,"我主要是怕给我们的事业添麻烦。"

"好吧,我尊重你的想法,以后仍以好朋友相处。至于爱情嘛,那只好让时间来搭上鹊桥了。"

方晓频话锋一转,温柔地笑着说:"其实,这几天我真的想……找您,可是一直拖不开身,喜客来的债务问题,中院说要拍卖,我想拍卖就拍卖吧,只是国鼎厂的事,恐怕你还得过问一下,如果再这样继续纠缠下去,世贸大厦的工程就要受影响了。"

影响世贸大厦工程,那就是要他向东的命,就是断他的官路,那怎么行!

方晓频也就是看到这一点,所以才哪壶不开提哪壶。

向东说:"国鼎厂的事,我去处理,不管有多大困难,都不能影响世贸大厦的进度!"

"有您这话,我就放心了。"

"这天宁第一大厦,是你的天堂,也是我的通天之路嘛!"向东做了一个夸张的笑脸说。

方晓频也会心地笑了。

两个人继续漫步前行,走向夕阳。

人间烟火

CHAPTER *06*

一

天宁市中级人民法院正在举办“喜客来执行听证会”。

郑义鸣抱着卷宗走进会场。白天随后也跟了进来,坐到了听证主持人的位置上。评估席上端坐着两名评估员,神情比较严肃。门口的一张桌子旁边有人发资料,进来的人都可得到一份喜客来大酒店的情况说明。香港银团的人也早早入座。

这时,李一雄在余婉妹的陪同下,趾高气扬地走进听证会场。他很优雅地对白天笑笑,回过头来,看到郑义鸣,又举手示意。然后和余婉妹径直坐到被申请执行人的位子上。

余婉妹打开手提电脑,郑义鸣展开卷宗资料。

电子显示屏显示着喜客来大酒店的全景。

白天主持听证会。他说:“喜客来大酒店执行听证会现在开始。今天的主要议程是:一、中院执行局向各位介绍喜客来大酒店的财产情况;二、各方人员可以谈谈自己对喜客来大酒店的处理方案;三、由评估部宣布评估结果。对于最后达成的一致意见,在拍卖时,中院将予以采纳。有必要说明一点,听证执行是我们中院开展执行工作的一种新尝试,许多操作上的程序不太成熟,大家在听证过程中,有什么好的想法和建议,以及对我们执行工作中存在的问题,可以提出来,以便于我们改进执行工作。现在来看一下有关喜客来的资产情况。”

电子显示屏显示喜客来的录相资料。解说员在解说:“1998 年建造的喜客来大酒店,为三星级酒店,占地4000平方米。喜客来大酒店距市中心约1500米,集客房、餐饮、购物、娱乐、健身于一体,设施齐全,管理现代,服务一流。酒店有大小会议室十六个,能够承接大型会议,为客户提供商务办公、电子文传等服务……"

随着解说员的解说,显示屏上不断更换画面,展示各种设施。看着各种现代化的设施,李一雄显得很炫耀、很自豪。余婉妹则在紧张地敲打键盘录入数字。

解说员解说完毕,正在笔记本上记东西的白天,抬起头来说:"如果各位想进一步了解,可以参考你手中的材料。这些资料是比较客观的,有一点需要说明的就是股票的资产认定,依照有关规定,需要等到拍卖成交之日再确定。我们已经聘请相关的股票评价机构,进行了认证评估。现在开始听证,各方可以发表看法。"

李一雄站了起来,他拿起话筒说:"我先说几句。今天的执行,我们没有相反意见。但是有一点,我认为法院的判决,在认定上有错误。而执行所依据的法律文书,我们提出质疑,可想而知执行程序是不可靠的。中院不应该查封新世纪公司的资产,喜客来现在正在经营,股市良好,这样处理,我相信一定会损害我们和客户的利益,或者导致喜客来的倒闭,这是执行中可能发生的致命问题。"

郑义鸣感到意外,不由得把目光投向白天。

白天很冷静地说:"好,我就李先生所提的问题进行答复。首先李先生提出来对判决书,也就是执行的依据是否生效质疑。现在我答复如下:判决书一审送达后,新世纪公司已经向省高级人民法院提出上诉,省高院裁定维持原判,判决书发生了法律效力。这一点勿庸置疑。进入执行程序后,依据是当事人的申请,当事人的申请在法定的期限内,执行符合法定条件,程序完全合法。再者,李先生提出对新世纪公司查封的问题。",白天拿起一份判决书,"这份判决书的判决内容非常明确,新世纪公司应对喜客来的债务承担连带清偿责任。我们对新世纪公司的查封,有法可依,不存在任何问题。如果对中院的查封有疑问,可以依法定的程序申诉。我现在向大家保证,如果查封错误,中院承担因查封所造成的一切损失！我们随时纠正错误。但至今我们没有收到新世纪公司的申诉。所以,执行程序依法继续进行！李先生的最后一个问题,就是喜客来大酒店正在经营中,股市行情良好,进入执行会对喜客来大酒店形成负面影响,造成损害。我们分析认为,对于喜客来大酒店的处理,应该采取整体拍卖的形式,除了喜客来大酒店的建筑设施和相关权利,还涉及股票,实行‘一揽子’拍卖。这就像一个杯子,打碎出售是不适当的,只有整体拍卖,才有利于喜客来大酒店的经营环境和未来。才能够保护客户的利益。这个方案是经过多方调查,专家论证得出的方案。李先生还有疑问吗?”

李一雄狡辩说:“有,查封新世纪公司就是一个大错误!”

郑义鸣欲制止,白天示意稳住,然后说:“希望李先生不要重复,如果有什么意见,可以用书面形式提交执行局,以便于我们研究处理。”

李一雄狡猾地笑了笑说:“那就没有了。”

香港银团代表站起来说:“我有个要求,喜客来大酒店在我处已经抵押,我们请求兑现抵押物。”

白天说:“关于兑现抵押物的问题,我认为,抵押物清偿,最好采用整体处理的方案,如果进行分割偿还债务,势必影响大酒店,我们期望申请方在兑现抵押物方面要慎重考虑。”

香港银团代表点点头说:“我们同意贵院的意见。”

白天问:“大家还有意见吗？如有好的处理方案请提出来。”

李一雄要走,被余婉妹制止。

白天说:“如果没有意见,我们进行第三项,由评估人员宣读评估报告。”

评估员走到发言席前,打开资料,说:“我们受天宁中院执行局的委托,通过现场的勘察、拍照、测量、调查取证,依据相关法规和市场情况,对位于天宁市天马路 19 号的喜客来大酒店进行了评估,现在宣读评估报告……”

评估员宣读评估报告结束后,白天又一次征求意见。

李一雄犹豫着没说话。

香港银团代表说:“我们没意见。我们期望实现自己的债权,尊重贵院的执行方案。我们也认为贵院的做法非常客观。”

白天问李一雄:“李先生有没有意见?”

李一雄皮笑肉不笑地说:“我再说就重复了,还是那句话,我们不同意判决。”

白天说:“这个意见我知道了。你对评估结果有没有意见?”

李一雄勉强地说:“我们同意这个结果,但我们还是保留对判决的意见。”

白天说:“好,听证程序进行完毕。今天的意见将形成材料,一并发给大家。下一步拍卖时,我们将依照这个结果和方案委托拍卖。拍卖的时间和地点另行通知,听证会到此结束。”

离开天宁中院时,余婉妹问李一雄:“你为什么同意这个方案?”

李一雄说:“这个评估报告很好嘛,而且我也征求了方董事长的意见,喜客来大酒店评估得这么高,股票又是整体出售,这对我们很有利,能不同意吗?”

余婉妹说:“如果喜客来拍卖不出去呢? 那不照样拍卖新世纪公司!”

李一雄问:“你是说这里面有圈套?”

余婉妹没有回答。

二

为了执行局拨款的事,董启汉再次来到市长办公室。

等了大约半个小时,才见向东从办公室的另一侧出来送客人。

送走客人后,向东对董启汉笑笑说:“老董啊,你一来,不说话,我就感到有点惭愧了,又是拨款的事,是不是?”

董启汉点点头。心里话,不是为这点臭钱,我一大早有病啊,跑到这个地方坐那么长时间的冷板凳!

“坐坐,坐吧。”向东对董启汉边说,边转向自己的办公桌坐下,“我知道中院需要资金。”

董启汉想站起来解释。

向东忙伸手示意他坐下:“你不用解释,我明白你的意思,白天也跟我说过。可是,你看我这里,满桌子申请报告,都是来要钱的。我这个财神爷,提起笔来手都打颤,难哪……”

“向市长,省院的装备车已经批下来了……”董启汉感到莫名其妙。

“是啊,批是批了,可得钱买呀,没钱厂方也不会白给车子啊。”向东不太高兴,但没显露出来。领导就得有个领导的风度。他说:“老董,你说市里哪项工作不重要,哪个部门不需要支持?我知道你们法院有难处,我也有难处啊……”

董启汉站了起来,困惑地看着向东。

向东再次示意董启汉坐下:“坐下说,坐下说。”

董启汉并没有坐下。火烧屁股的事,他能坐下吗?院里有那么多事情需要处理,他哪有闲空在这儿慢慢磨。看向东不急不忙、斯斯文文的样子,他有火不能发,有气不能生。人家是市长,人家手里握着钱袋子,你是来求人家的,能发火吗?他得忍。为了中院,他得忍。他不软不硬地说:“向市长,我知道市里有难处,我也知道找您的人太多。可是,我听说我们的拨款,市长办公会已经研究批过了,现在您只需举手之劳。”

这家伙真不知天高地厚,研究过了怎么啦?县官不如现管,何况我还是“县官加现管”!向东很不高兴,但还是没把怒容露出来。他走进董启汉说:“是啊,批是批下来了,这个你也知道了。可是,批的不止你一家,但财政上的钱就那么一点,先给谁,后给谁,我这个手不是太好举的,你得容我权衡一下,我得和财政部门的头头脑脑碰碰头,研究研究,拿出个具体意见再说。”

他妈的,这家伙在卖关子!董启汉干急没办法。他看今天又是白跑了,便急切地问:“向市长,您看什么时间我再来?”

向东显得不耐烦地说:“好了好了,我不是说了嘛,我得拿出具体意见再说。你回去跟白天说,我一定给你们尽快解决,叫他放心。”

“那就谢谢您了。”

“我一直是支持政法工作的,你们有了难处,我怎能坐视不管?”

“是的是的,我们知道向市长是一直支持我们工作的。”董启汉口里这样说,心里却大骂,妈的,说的好听,你要是真的支持,为这点钱能让我跑了这么多次腿?“向市长,您太忙,我就不打扰了。”说着转身要走。

向东示意他停下,说:“老董,听说你们在审理世纪集团的案子?”

董启汉说:“是啊。”

向东漫不经心地说:“世纪集团是我们市里的重点企业,你们政法部门要重点保护啊!世贸大厦是我们的形象工程,不管什么原因,也不能影响进度,这是市委和市政府的意见。你知道吗?案子的事,我们市政府没什么意见,现在就是要讲究法治,作为一个共产党的领导干部,不秉公执法怎么行?尤其是你们法院,更应该依法办案。不过,你们一定要从全市的角度考虑。一切要为经济建设服务,为天宁的发展和稳定服务。”

董启汉点点头,说:“我回去过问一下,要不要给您回个信?”

董启汉这是投石问路。

“那就不必了。有你这个老法院在那儿,我还能不相信?”

向东却欲擒故纵。他对下级就是这样,事情你得替他做,担子还得你去担。他不会留下把柄给你抓的。当官的说话、做事就得讲究艺术,让你怎么琢磨都行,不管你怎么替他做,他都有法替自己解释或开脱。向东非常欣赏一则民间故事:三个读书人进京赶考,临行前请瞎子算命。他们问瞎子,此次进京,能考上状元吧?瞎子不说话,只是伸出一个手指。读书人欲追根问底,瞎子说,天机不可泄露。读书人说,你如果算得准了,回来重重赏你"一车金"子;倘若不准,也赏你"一车斤"。瞎子说,口说无凭,立字为据。别人问瞎子为何如此表态?瞎子说,他中了一个,我是对的;他中两个,我也是对的,有一个没中嘛;他中三个,我还是对的,那一个手指是指一起中嘛;他们一个不中,我仍是对的,一个手指就是指一个不中。向东认为,当官说话做事就得滴水不漏。别看董启汉比向东年纪大、阅历深,在做官之道上,他和向东简直就不是一个档次。比如,在世纪集团一案上,他当然想支持方晓频。他爱方晓频,方晓频找到他,他就得替她办事。何况,世贸大厦就是他的政绩,他能不卖力嘛?他想救世纪集团,又不想公开表态,所以,他就用权来和董启汉做交易。这个权,他还用得冠冕堂皇,让董启汉说不出道不出。想要钱嘛?你就得对世纪集团高抬贵手,否则,他就以各种理由拖你,让你不死不活,难受。

"那我就告辞了。"董启汉说。

向东握着董启汉的手,意味深长地说:"老董,一切你看着办吧,我相信你。"

董启汉回到院里就把陈茵叫到了办公室。

陈茵问:"院长找我有事?"

"也没什么大事,只是我最近比较忙,没有过问你们的事,庭里最近情况怎样?"

"这段时间案子挺多,太忙了。"陈茵说,"小龙主审的种子赔偿纠纷案我们正准备合议,等合议后,马上向审委会汇报,大李手里的几个案子也开过庭了……"

董启汉听着,突然问:“你手里的那个国鼎厂与世纪集团的案子呢?”

陈茵说:“开了两次庭,事实比较清楚。原告国鼎厂出让的土地,世纪集团已经使用,被告世纪集团应该支付的款项,没有到位。原告请求的就是这一块。另外,还有一个加油站租赁使用的土地,也在交付之列,双方对加油站占用的土地也有争执。这块地约5亩,国鼎厂承包给加油站时,这块地还没有转让,承包期是十五年。出让后,世纪集团也没有让加油站立即搬走。现在官司打起来了,世纪集团又以国鼎厂违约,提出反诉,要求追究责任。到第三次开庭时,国鼎厂又变更了诉讼请求。”

“他们请求什么?”

“国鼎厂的工人们似乎又不同意卖地了,他们想要回这块土地。”

“问题怎么这么复杂?”

陈茵有点不解地问:“院长,有什么问题吗?”

“不,我只是随便问问,看来这里面问题不少啊!”董启汉沉思说。向市长在我们要钱时,突然提起这个案子,其用意三岁小孩子都会知道。他的立场明显站在世纪集团一边,陈茵当然是站在国鼎厂一边。是看法,还是看权?在法治还不太健全的国家里,完全依法办事能行吗?

办公桌上电话铃声突然响起。陈茵接过电话:“喂,你好,这是天宁中院,请问你找谁?”

“我有急事找董院长!”对方回答。

董启汉连忙接过电话,刚听一句,脸色突变:“……什么?……好,我马上到!”

陈茵看董启汉表情不对,关心地问:“院长,出什么事了?”

董启汉轻描淡写地说:“家里出点小事,我得回去一趟看看。”

陈茵很纳闷地看着董启汉匆匆地走出办公室。

董启汉略驼的背影,看上去很沉重,很沉重。

三

打扮靓丽的陈茵走下公共汽车,穿过马路向华联商厦走去。

戴着墨镜的李一雄驾车正好从此经过。当他看陈茵敏捷地在行人中穿行,快步走进商场时,便将车驶出街道,停在华联商厦门口。他没有下车,而是坐在车里,打开 CD 机,一面听着奔放的音乐,一面观望商厦大门,等待陈茵出来。

不一会,陈茵提着一盒蛋糕,抱着一个玩具熊走了出来。

当陈茵走近李一雄的车旁,李一雄才下车,陈茵差一点撞到了李一雄的身上。

陈茵猛地一惊,待看清是李一雄时,才转惊为喜:“要死呀,你吓我一跳!”

李一雄笑着说:“买这么多东西,今天你过生日?”

“瞎扯!我的生日你怎么忘了?”陈茵娇嗔地说,“这是给朋友买的。”

“朋友,男朋友吗?”李一雄有点吃醋地说。

“你胡扯什么,是一个女同事的孩子过生日,我送给他们的。”陈茵纠正说,“你在等人?”

李一雄摆着手掩饰自己的紧张说:“没,没等人,我刚才开车路过这里,看你从商场里出来,所以就停下来等你。”

“等我?”陈茵惊讶地问。

“等你不行吗?”李一雄跑到车右侧迅速打开车门说,“走吧,我送你回去。”

陈茵站着没动，只是上上下下地打量着李一雄。心想，这家伙又在打什么主意。

“上车啊，老是看我干什么，我是妖魔鬼怪？”李一雄催促说。

陈茵没有吱声，只是对他笑笑。

“上车，我的陈大法官，我送你走。”

“多谢你的好意，我和朋友约好了，他们在前面等着我呢。”陈茵说着就要走。

李一雄急切地说：“你不要急着走嘛，我还有话要说呢。”

“什么事啊？”陈茵的笑脸变得严肃起来。

李一雄心里虚，所以说话结巴起来：“就是，就是那个案子的事儿……”

陈茵站在李一雄的对面，冷冷地说：“公事免谈！”

“不看僧面看佛面，就讲几句话都不行吗？”

“对不起，只要是公事，一句话也不行！”陈茵虽然是面带笑容，但笑得很严肃、很冷淡。

“哎呀，我的好法官妹妹，你就别再卖关子了！”李一雄乞求说，“我们世纪集团现在正是崛起阶段，这个案子关系着我们的前途。如果办砸了，我的饭碗也就丢了！”

看他这个样子，陈茵笑得开心起来。

“我都急成这个样子，你还笑……”

陈茵止住笑说：“看你那样子，仿佛我成了救世主了。李总经理，我再次告诉你，我们之间，案子是案子，感情是感情，公和私是不能扯在一起的！”

李一雄故意装作一脸苦相说：“我这不是着急嘛！”

“总经理先生，我们是很要好，我也很佩服你做事的魄力。要说情面，咱们也不是一天两天了，只是干我们法官这一行，做事的底线是以法律为准绳、以事实为依据，只要你能举出证据，我就会支持你的主张，否则，只能说对不起！”

陈茵说完，转身就走。李一雄愠怒地看着她离开。

也许觉得不妥……毕竟是青梅竹马的朋友，所以，陈茵突然转过脸来，摆摆手，甜甜地一笑说："拜拜！"

李一雄也勉强举举手，说："拜拜。"

李一雄看陈茵走向公交车，气得猛地关上车门，骂道："妈的，纯粹一个冷血动物！"

他正要上车，只见白帆驾着一辆豪华轿车驶来。顿时眼睛一亮，迎了上去。

"白帆，见到你真高兴！"李一雄说的是真话。只要是看到漂亮的女人，什么烦恼立马就烟消云散。

"我也是！"白帆惊喜地说，"李总，你也来逛商场？"

"不，我来接一个朋友，有事来晚了，他先走了。"李一雄笑着说，"要不，陪陪你？"

"我来随便转转。"白帆笑着说。

"反正我回去也没事，"李一雄看她没有拒绝之意，高兴地奉承说，"陪你是我最大的荣幸。"

"那就谢谢了。"

李一雄和白帆兴致勃勃地走进商场。来到二楼服装部，白帆在眼花缭乱、各式各样的服装专柜间走动。突然，她被一套精美的套装所吸引。

售货小姐一脸微笑，上前问："小姐，要不要试试？"

白帆没有拒绝。

售货小姐打开专柜，取出套装，递给白帆。白帆看了看标价，犹犹豫豫地还给了售货小姐。

售货小姐说："试试再说吧，小姐，这是新进的套装，数量不多，厂家直销价，你再看看这个料子和颜色，都是今年最流行的。刚才一位小姐就买走了一套。像你这么漂亮的身材，配上这套裙子，一定非常完美。"

售货小姐久站商场,察言观色就知道这笔生意有门,所以一个劲地兜售着。

白帆说:“好看是好看,就是价格太贵,可不可以打折?”

“小姐,你试试再说嘛。”

白帆冲李一雄一笑,笑得很暧昧。这一笑,也可以说是征求李一雄要不要去试一试的意见。也可以说是让李一雄去埋单。

李一雄是个玩花的高手,眼看美人鱼就要上手,焉有不下饵的道理。他极力鼓励白帆去试衣。

白帆接过售货小姐递过来的套装,美滋滋地走进试衣室。

白帆刚一走进试衣室,李一雄便对售货小姐说:“现在就埋单。”

售货小姐很快地填好单子,立即交给李一雄。李一雄接过单子说:“你等会儿告诉那位小姐,我在一搂咖啡厅等她。”说完就转身走向付款台。

李一雄刚把咖啡要好,就见白帆提着套装欢快地跑了过来。

“李总,又让你破费了。”白帆羞红着脸说,“真让人心里过意不去。”

李一雄望着坐在对面的魅力尤物,心里要多高兴有多高兴。他讨好地奉承说:“我俩是朋友,刚才售货小姐说的对,只有你这样漂亮的小姐,完美的身材,才配穿这样漂亮的衣服。不,这样的衣服,只有穿在你的身上,才能漂亮,才能有价值。”

“李总真会说话。”

“来,别光顾说话,喝咖啡。”

“谢谢,李总,我真不知道怎样感谢你才好。”

“一点小意思,不足挂齿。”李一雄情意绵绵进一步试探说,“白小姐,如果有时间,你能和我一块出去旅游旅游,开开心心玩几天,那该多好。”

“真的?什么时候去?到哪儿去?”白帆兴致勃勃地说,“我真想到西藏去,我想看看那些喇嘛是如何生活的。”

“这个条件不高。”李一雄见鱼儿上钩,暗自欣喜说,“等我忙完了事一定带你去。唉,最近公司的事太多了,官司麻烦也不少,所以……”

“我能帮上忙吗?”

“帮忙当然好了,”李一雄笑着说,“只是不好意思劳你大驾。”

“李总,你说这话就不够朋友了。别的不说,官司的事,找我哥兴许还行。”

李一雄故意恍然大悟,手拍脑袋,大笑说:“这倒是一条路!”

四

天宁市中级人民法院第四合议庭正在审议赵金良的种子案。

吴小龙介绍庭审情况,最后说:“整个案情就是这样的。庭审后,我认真地阅读了卷宗,感觉案情基本清楚,这是合同纠纷案件中的一种典型违约行为:合同签了,被告擅自出卖了标的物,致使合同不能完全履行,给原告方造成了损失。双方对这些事实没有争议。需要提请合议庭注意的一点,双方对违约、赔偿的意见没有冲突,只是在赔偿的依据和计算方法上产生了分歧。被告金种子繁育站请求赔偿依据省《农作物种子管理条例》,而原告种子公司则要求按《种子法》赔偿。”

陈茵说:“小龙把庭审情况说完了,大家先议一议。”

审判员大李说:“听了刚才的案情,庭审的情况也是如此,当事人辩论的焦点就是小龙刚才说的,原告所诉违约,被告同意赔偿,但如何适用法律争执最大,小龙你应该拿出自己的庭审观点。”

陈茵看看小龙,鼓励说:“小龙,就说说你的看法。”

吴小龙信心十足地说:“对于双方争论的焦点,我反复进行了分析，也通过电子邮件跟农科院等有关专家进行了联系，并得到了他们的答复。对于金种子繁育站的辩论意见，不能支持。我的理由是：一是依据《种子法》。种子应属于市场调节范围，不属于省《农作物种子管理条例》的保护价。二是被告种子站，擅自出售繁育的种子，其行为本身已经违约，且大量获利，应予以返还。三是在适用法律上，这也是本案的关键部分。依据我国的法律效力来界定，《种子法》是专门法，其效力优于《农作物种子管理条例》。再者，《种子法》是上位法，而省里的条例是下位法，依据上位法优于下位法的原则，我认为解决问题的焦点，不管从哪个角度考虑，都应该适用上位法。从内容来看，《种子法》颁布实施了，但这个条例没有废止。省人大的条例与《种子法》有明显冲突，省人大条例里的冲突条款，应该属于无效。对于无效的部分，我个人认为，在判决书里应该明确其法律效力，让百姓更加明白一些。作为法官，也有责任明辩法律效力。但我把握不准，所以提请合议庭合议。"

陈茵说："好，小龙就这个案子的情况已经说明了，现在大家讨论一下。"

众人议论了一番，一致赞同吴小龙的看法。

审判员大李说："我也同意承办人的意见。不过，有一条，小龙你没说清楚，你说说依据《种子法》赔偿和依据省《农作物种子管理条例》赔偿，两下悬殊多少？"

吴小龙说："第一个判决依据，就是省《农作物种子管理条例》。仅赔偿 3 万多元。如果依据《种子法》赔偿，按市场价格计算，就应该是 60 多万元。"

大李说："怪不得呢，两下悬殊太大了！"

陈茵翻看了一会儿卷宗后说："刚才小龙和大李都谈了自己的观点，我同意他们的看法。既然大家对事实和争议的焦点没有相反意见，我认为还需要把握一些问题：第一，认定双方的是非责任。这一点一定要透彻！这起案件再次审理时，要让当事人真正明白原来错在什么地方,我们纠正了什么东西。要让他们知道,我们纠正的不仅仅是赔偿的数量,而是让他们看到我们的司法公正和公平立足于实事求是。第二,适用法律上,小龙说得很细,我不重复了。实践证明,我们的许多案件不是审理出了问题,而是因为法理说得不清,引用的法律不到位,常常让当事人感到一头雾水。概言之,我们要把司法理念明白无误地写在判决书里,法官的理念,在创造性法律解释中具有特殊的意义。"

吴小龙不住地点头,他非常佩服陈茵的洞穿眼力。

陈茵说:"考虑到这个案子的特殊性,为慎重起见,我建议在合议之后,应当向审委会汇报。"

"汇报?"吴小龙不解地看着陈茵说,"陈庭,这个案子不复杂,怎么还要汇报?"

"给审委会汇报,也是向审委会学习的机会。"

"不是提倡权力下放嘛!我承办的案子我负责。"吴小龙说。

"小龙,汇报并不是不让你负责,也不是对你不相信。"陈茵解释说,"疑难案件和重大案件都要汇报。"

"陈庭,我觉得我能够把住这一关。"吴小龙争辩说。

"嗬!还满自信的嘛。"陈茵笑着说,"小子,我再次告诉你,重大疑难案件都要汇报。你、我,包括大家都是这样!汇报的事就这样定了。"

合议结束后,吴小龙回到办公室,按陈茵的要求,准备汇报材料。

这时,赵金良见左右无人,提着东西悄悄地走了进来。他是个粗人,干事喜欢直来直去,像这样鬼鬼祟祟的,真不适应。但是出于无奈,他又不得不这样做。余律师叫他学会适应环境,他想适应适应看。他原本走路啪啪作响,现在只能轻轻地,生怕走出声音。他一直走到吴小龙跟前,吴小龙也没发现。

"吴法官。"赵金良轻轻地喊道。

吴小龙听到叫声,抬头一看,原来是赵金良。他很奇怪地问:"哎,赵经理,今天法院没通知你,你怎么来了?"

"吴法官,在家不放心,想来看看情况。"赵金良一边将东西放在办公桌上，一边笑着说，“我看你太辛苦了，这点东西不成敬意……”

这点东西，看上去不起眼，可价格不菲。两瓶“五粮液”多少钱？两条“中华烟”多少钱？余婉妹告诉他要买法官的歪嘴，他不买行吗？几十万块钱就在于他判呢。若能把钱判来，就是给他个三两万块钱也值。

“你这是干什么？”吴小龙有点被侮辱的感觉。

“吴法官，我知道我的案子难，你费了很大的劲，所以……”赵金良吞吞吐吐地说。

“你什么意思！对我信不过？”吴小龙不满地问。

“哪里哪里，我最信得过你！”赵金良红着脸说，“吴法官，我要是信不过你，还能来找你吗？”

“这不就得了，你信得过我，就不要这样。”吴小龙严肃地说，“我是法官，怎么能拿你的东西？快提回去！”

赵金良站着没动。这样的事情，他过去没干过，即使送礼，也都是他的手下人送的，现在他还真不知道怎么办才好。

吴小龙看他没动，就站起来，把东西放到他手上，然后忿忿地说：“赵金良，我替你纠正案件，是为了维护司法的公正，并不是为了我个人的目的。你以为这些东西能打动我，你也太小看我吴小龙了！我告诉你，你就是送金山、送银山来，我该怎么判还是怎么判！白的就是白的，黑的就是黑的，金钱改变不了法律。我也不会贪赃枉法！”

听了吴小龙的这些话，赵金良恨不能找个老鼠洞钻进去。他真懊悔不该听信余婉妹的话，送这劳什子礼。他当初一接触吴小龙，就觉得和那些法官不一样，现在一看，果然如此。他从心里敬重这样的法官。

吴小龙看他拿着东西还不走，就说：“赵金良，你是个受害者，法律保护的就是受害者，你怎么这样糊涂啊！东西快拿走，不然我就叫保安了。”

“吴法官，我……我真的服了你了！像你这样法官，不管怎样判，我都信服！”

五

“120”急救车从乡下一路鸣叫着驶入天宁市人民医院，停在急救科门口。

余凤娟随着护士等人抬着董启汉的父亲走进急诊科。董启汉也坐着出租车来到医院。急诊室门上的红灯亮着。董启汉在急诊室门口，来回踱步。他不时地看着急诊室的红灯。

这时，白天和陈茵匆匆走来。白天问：“老董，老人家的情况怎么样？”

“心脏病发作，老毛病了，没问题。”董启汉感激地说。

陈茵说：“我看你当时接电话的表情就不对，这说明家里一定出了什么事情。”

董启汉说：“不碍事的，你们先回去吧，我父亲一直吃着药，他往常也发作过，只是这次厉害些。刚才护士说，我父亲已经脱离危险。估计过去这阵子，情形会好些，院长你不用担心。”

白天说：“老人总会遇到一些情况，平时多注意些还好些。”

董启汉说：“白院长，不用担心。”

白天说：“那好，有什么困难及时告诉我。”

董启汉说：“这段时间院里工作头绪多，也很忙，等父亲危险期过了，我就回院里。”

白天说：“院里的工作，你可以先放放，老人看病要紧。”

董启汉说：“经费的事，我找过向市长几次了，他答应得很好，说是马上办的，不知他说话算话不，你再催催。另外……”董启汉走近白天,附在白天的耳边低声说:“向市长还过问了国鼎厂的事。”

白天问:“他是什么意见?”

董启汉说:“他这个人滑得很,有什么意见也不会表达出来,只能让你猜,适当的时候,你可以和他沟通一下。”

“好吧,我想着这事。”白天说,“伯父有什么情况,及时跟我联系,我们先回去了。”

陈茵说:“老董,你也要注意身体,不能把自己搞垮了。”

董启汉送走白天他们后,便来到心内科主任室。

“董院长,我把情况跟你说一下。”心内科苏主任随手从一只袋子里抽出CT片,插在墙壁的灯架上,面向片子说,“老人这次的发作比较严重。我们进行了会诊,保守治疗只能维持现状,解决不了根本问题。说不定什么时间再发作,倘若如此,也许就难以控制了。所以,我们认为进行心脏搭桥手术是最佳治疗方案。况且,老人的身体状况很好,六十八岁,这个年龄还行。我们想征求你的意见。你看……”

董启汉说:“如果是法律上的事,我还能拿意见,怎么治比较好,我不懂。我听从院方意见。再说啦,只有你这专家拿出方案才最有权威。”

苏主任笑笑说:“我们拿出这个方案也是有疑虑的。一是考虑老人的身体,经过拍片检查,老人的身体很好。这说明平时你对老人没少操心。二是心脏搭桥手术,按现在的价格,手术下来,最便宜也得花十几万,甚至更多。听说老人没有医疗保险,这样我们就要考虑病人家庭的承受能力了。”

十几万元,这对工薪一族来说,简直是天文数字!夫妻俩每月工资加起来不多,除去水电费、电话费、有线电视费、还有煤和煤气,再加上人情来往,红白喜事,孩子的书学费、补课费、培训费,工资所剩无几,哪还有余钱存银行?

苏主任继续说:“像老人这样的情况,如果找北京的专家来做的话,花费会更多。好在我们人民医院这方面成功的病例很多,本着花费最少的原则,我们自己做是没问题的,没必要再请外面的专家。”

“好,苏主任,我听你的!”董启汉说。

苏主任收起 CT 片,拿着病例,走到办公桌前说:“如果你同意,就得准备手术费了。”

董启汉说:“好的。”

苏主任说:“我们等住院部通知,好提前做准备。董院长,希望你快点准备,这事宜早不宜迟。”

董启汉说:“这个我知道。手术费我们想办法,手术的事,就全拜托你了。”

董启汉离开医生办公室,在医院的走廊里就一个电话接一个电话打。连拨了十几个电话,总算拨通了一个:“喂,你是梁兄吗?我是启汉。我现在急需一部分钱,你手头宽裕吗?”

“老董啊,不是我说你,你现在想起老战友了,过去找你喝杯酒都请不到,你这家伙架子太大了!钱,我是有,只是没在手头。都借出去了,这样吧,我去要,等我要回来再给你好不好?”

他妈的,这不明显是臊我吗,我等你要到猴年马月!

余凤娟抱怨说:“你就别再打电话啦,平时你板着个脸,像个黑脸包公似的,左坚持原则,右坚持原则,六亲不认,把人都得罪了,现在谁还会有钱借给你!”

这时,护士将住院通知和手术交费单据递给董启汉。

董启汉问护士:“医生,你看我父亲的手术,能不能缓几天?”

护士不解地说:“缓几天?病越早治越好!”

董启汉说:“我是说,这手术费十多万,一时凑不齐。”

护士说:“晚几天没问题,不过,苏主任说了,心脏比不得其他器官,对老人来说,早一天手术,就会早一天康复。我们也是为病人考虑的。你现在抓紧去筹备,一旦筹备好了,及时通知我们,好做手术准备。”

“这个我明白。”

回到病房里，看妻子余凤娟正在为父亲喂饭，董启汉接过饭碗，他想亲自给父亲喂饭。看到被疾病折磨得骨瘦如柴的父亲，董启汉的眼泪止不住地流了下来。

父亲十八岁便上了朝鲜战场，得过几次战斗勋章，还被提升成了连长。只是一次战斗中，敌我力量悬殊太大，再加上指挥不当，一个团被美军俘虏了，父亲也在其中。押送途中，适逢友军炮击，父亲和另外三个战友打死一个美国鬼子逃走。回国后，尽管再三解释，还是逃脱不了当过俘虏的罪名。所以一切荣誉都没有了，一切该享受的都享受不到了。走的是一个青年农民，回来的还是一个农民青年，父亲没意见。比起那些牺牲在朝鲜战场上的战友来说，父亲说他还是幸运的，是他命大福大造化大。董启汉三岁就死了母亲，是他的父亲一把屎一把尿把他拉扯成人的。当时也有好多人前来提亲，父亲都没答应。他说有了后娘，孩子会受屈。小时候，无论是下地干活，还是上街赶集，父亲走哪儿便带他到哪儿，从不让孩子离开自己。鸡蛋、油条、粮食煎饼，全给他吃，父亲从不沾沾嘴。董启汉就这样，在父亲的肩膀上一天一天长大。考上大学后，为了他的生活费、书学费，父亲卖过血，下过煤窑，扛过大包，当过瓦匠小工。记得大二那一年寒假结束，父子俩同在火车站候车。父亲送他北去上学，他送父亲南下打工。父亲从装满破衣服的蛇皮袋里掏出一个塑料袋，塑料袋里装了三四个熟鸡蛋，他从中掏出一个后，又扎好口，硬塞给他。头天晚上，一共煮了十个鸡蛋，父亲都要给他，他说什么也没答应，可是现在……父亲一边替他装好鸡蛋，一边说，你现在是长身体的时候，需要补养，等你工作了，将来天天买好的给我吃。说完，父亲把手中的鸡蛋剥好，一掰两开，含蛋黄的大半给董启汉，自己只吃一小块。董启汉是含着泪水吃下鸡蛋的。每每想到这些，董启汉的泪水都往肚里滚。结婚后，董启汉把父亲接到城里，余凤娟也非常孝顺，可是父亲待不了几天硬要回家，他说过不惯城里生活，城里没人跟他聊天，汽车太多吵死人，出来进去不自由，闲着无聊太难受。董启汉只得让他回去，董启汉知道父亲的脾气，他要想走，九头牛也拖不住。董启汉也知道父亲为什么走,父亲是不想给孩子带来负担呀!

父亲看到董启汉,摆手表示不吃。董启汉趴在父亲的床头劝说:“爸,你再多吃点,多吃身体恢复才快。”

父亲摇摇头,用手指指耳朵,示意听不清,让董启汉往前靠。

董启汉趴到了父亲的耳朵边,问:“爸,你想说什么?”

父亲吃力地说:“我就这样了,你不能耽误公家的事。”

“爸,我知道。”

“跟医生讲,手术不做了。”

“没事的,爸,小手术,为什么不做?”

父亲摇摇头说:“我自己的病,我自己清楚,不会好的,随你花多少钱也没有用。你们也没钱花,我知道。”

董启汉默默地看着躺在病床上的老父亲,故作轻松地说:“爸,您放心,做手术的钱没问题。”

余凤娟也附和说:“爸,您就安心躺着吧,手术的事,您不用操心。”

父亲闭上了眼睛,没有再说话,但两个眼角暗暗地流下了泪水。

六

白天从医院返回家中,显得疲惫不堪。

刘志毅正在白天家中,和白天的妻子凌玲坐在沙发上看电视聊天。

刘志毅看到白天后,马上站起来打招呼。

白天看到刘志毅很高兴,说:“老刘啊,你什么时候来的,怎么不提前告诉我一声。”

刘志毅笑眯眯地说:“我也是刚来的,怕您太忙,就没给您打电话,直接来了你家。”

白天脱下衣服,递给凌玲,笑呵呵地说:“瞧你说的,不瞒你说,在天宁,我还没有你这样的交心朋友呢。我是盼着你来啊!”

“您是一院之长,我不过一个平头百姓……”

“这话就差了,我这个院长,是人民给的,人民是我的衣食父母。如果没你们这些老百姓的支持,我就像空中楼阁,随时都会塌掉。”

“不管怎么说,我就是敬佩您这样的院长!”

“又来了,是不是,今天不说什么院长不院长,咱们喝两杯。”白天从客厅的食品柜里取出一瓶好酒,说:“怎么样?就来这个。来来来,到餐厅里坐。”

凌玲笑着说:“饭菜早就做好了,就等你了。”

“白院长,您太客气了,让我真不好意思。”

白天引着刘志毅走进餐厅,突然发现餐厅里堆着礼物,很警觉地问:“老刘,这是你带来的?”

“我没带什么,只是来时在街上随便买点,留给孩子吃的。”刘志毅解释说。本来也不多,没花到200块钱,到谁家,看哪个朋友也得花这些钱呀!空着手到人家去多没礼貌。

从厨房里传来凌玲的声音:“刚才我就说他了!”

白天不高兴地说:“这可就是你的不对了!老刘,我们相处不是靠你的礼物,也不是靠我的院长地位,而是靠缘分,靠感情。我跟你接触几次,发觉你是条汉子,事业心、良心,做人都还可以,不像有些黑包工头,黑吃农民工的血肉,丧尽天良。所以我才跟你相处的。你今天必须把东西带走,不然的话,咱俩今后就断交了!”

“听您的,下次不带!”

“这次也不行!等你回去时一定带走!”白天说得很认真、很坚决。

“这又不是什么值钱东西,我要是真心拍马屁,想行贿,拿这点东西行吗?”刘志毅坦诚地说,“我这是把您当作朋友、当作亲戚走的。”

“我知道你是这样想的。”白天正色地说,“要不是这样,我早就把你赶出门了。”

“好吧,东西我一定带回去。”刘志毅无奈地说。

白天给刘志毅和自己各斟了一杯酒,然后端起酒杯说:“来,先干一杯。”

两人碰杯对饮。

“修路公司的钱都兑现了吧?”白天问。

“都兑现了,真不知怎么感谢你们才好!”刘志毅激动地说。

“农民工的钱都给了?”

“我钱一到手就如数给他们了。就这样我心里还感到愧得慌!”

“你今天来只是为了看看我吗?”白天关心地说,“你肯定还有事。”

“白院长,不瞒您说,我是无事不登三宝殿,还真有点事。”刘志毅憨厚地微微一笑说。

“说说看,看我能不能帮上忙。”白天喝了一口酒说。

“本来不想麻烦你,你太忙了,可是,不麻烦你又不行。”刘志毅说,“三年前,远江启明星电子器材公司欠我们装修款60万元,欠了将近两年不给,我们去要,他们老板罗子明耍赖,说什么,我欠你钱?是啊,我欠你钱!我不给你,你能怎么着?你不是有本事告我吗,你告就是了,法院不是判给你了吗,你找法院要,到我这儿干什么!说着他还叫来好多人来打我们,亏我们跑得快,不然非被撂倒几个不行。那一年,我们跑了几十次,一分钱也没要到,路费倒贴了不少。远江法院找他们也找了三年,没用,那些当地的头头脑脑都给他们买到了,护着他们呢。现在他们的公司被败坏光了,我们的血汉钱眼看着泡汤了,干气也没办法。”

白天听着听着,气得一拍桌子说:“我就不明白为什么有那么多的阻力,老百姓能难到什么程度!”

“白院长,您不要生气。您在省里不知道,下边就是这样,谁还讲什么法。谁有权谁就使,说是地方保护,实际是保护当官的自己利益,哪还管老百姓死活。”

“老刘,我真不敢相信,地方保护主义这么严重。“白天激动地说,“我也是农民的儿子,我明白60万元,对普通老百姓来说,就是一个天文数字！农民工得付出多少血汗,才能换来这些工钱。可是,你们现在却一分也拿不到,我听着就感到心痛!”

刘志毅叹息地说:“白院长,我迟迟不想跟您说,一来怕您生气,二来怕您为难。现在当官的要是能都像您这样就好了,可是,唉！是龙您能搅几江水,是虎您能蹬几座山,难哪!”

“老刘,我本领倒是没多大,但是在天宁,我只要当一天院长,也要让你看看,法律还有没有威慑力!”

第二天,白天一上班就召开了院长办公会。

白天很严肃地说:“往常,我们开会总是先听汇报,然后大家研究,今天开个短会。我先讲一件事。一个几百人的包工队,给企业干了60万元的活,要了整整三年的账。官司打了,判决书也下了,企业垮了,民工们一分钱也没拿到,白干了。60万元,几百民工的血汗钱,就这样打水漂了,这事就发生在我们天宁的远江县!”

董启汉等人面面相觑。

白天越说越激动:“我们天天喊司法为民,像远江这样的案子不管怎么行？我们要排排队,摸摸底,老百姓的钱没执行的到底还有多少!这些问题不解决,为民到底会为在哪里？远江的案子,涉及民工的血汗钱,直接影响我们法院的声誉。什么案子不执行,这个案子也得办！因为它牵扯打工者的利益,牵扯农民的利益。我建议,我们开展一次提级执行会战！不管采取什么措施,不管触动哪一个部门、哪一些人的利益,我们都要依法执行到底!”

董启汉说:“我赞成这个意见。突击执行,可以突破地方保护的防线,解决基层法院执行难的问题。”

白天说:“我们要通过执行,树立法院的权威。在社会效益和法律效果上,这是双赢的事,我们为什么不去做！我认为我们应该立即行动,只有行动起来,百姓们才能看到希望。我们才有理由、有资格,在老百姓面前大讲法律的尊严！我希望执行局尽快拿出意见，今明两天内，就开始行动。”

大家一致赞成。

当天上午，执行局便拿出了意见，下午院里即讨论通过，第二天便开始行动。

一大早，十二辆警车威风凌凌地排列在院内。三个执行小组，二十余名执行人员，整齐地站在车前整装待发。郑义鸣站在最前排。

白天进行战前动员：“同志们，院党组决定这次提级执行会战，这二百个执行案件的被执行人，都是欠账多年的难缠户，由于他们拒不履行生效法律文书确定的义务，长期拖欠申请执行人的款项，给执行工作造成极大的障碍，人民的利益得不到保护，法律的尊严受到了严重的挑战。今天，我们要以集中执行为突破口，打一场百日执行大会战，全面清理积案，把执行工作坚决进行到底！”

郑义鸣宣誓说：“我代表全体执行人员，向院党组和院长保证，坚决完成任务！”

白天说：“好，为了防止扰民，不准鸣警笛，不准拉警报，各小组严密配合，严守岗位，务必打好这场执行攻坚战！现在出发！”

十二辆警车风驰电掣般驶向四面八方。

七

一个锈迹斑斑的大铁锁，锁住了一个锈迹斑斑的大铁门。

远江启明星电子器材厂，只有倒闭的黑夜，哪还有明亮的启明星。

罗子明好长时间没到公司来了。他没脸来。好端端的一个公司，硬是给他败家败完了……不过,话须说明白,公司败完了,他腰包里可是鼓得高高的。庙塌了,和尚都肥得淌油。他也怕来。来了,员工找他要工资,客户找他要账,法院找他执行,那日子能好过嘛！所以,他来得很少,而且,来了就走,能不来就不来。公司的钱装在自己的腰包里,在外边想怎么花就怎么花,何必来找罪受。

朱民生他们来时已经对罗子明的行踪摸好底了,罗子明有两个家:一个在县城里,一个在乡下。乡下住的是大老婆,城里藏的是小媳妇。罗子明几乎不回老家,大老婆也不来找。……有钱给她花,自己有闺女有儿子,找他干啥？她也不是没找过,找了,讨打、讨骂、讨没钱花,图个啥？所以,罗子明来也罢,不来也罢,她从不去找。罗子明虽然跟小媳妇过,但白天大多不在家。只能晚上守候。

郑义鸣、朱民生、丁雨晨和四个法警将依维柯停在罗子明家的附近,罗子明是私人盖的两层别墅小楼,周围邻居相隔一段距离,也是鸡犬之声相闻,老死不相往来,便于隐蔽。郑义鸣他们一直从下午五点等到九点,楼上只有灯光和一个年轻的女人走来走去,却不见罗子明的踪影。没办法,郑义鸣只得派丁雨晨前去打探。

丁雨晨来到楼下,观察了一下,便举手敲门。

"来了,来了!"女人一边答应,一边打开房门。一看是个年轻的女人,顿时没好气地问:"你找谁?"

"罗子明在家吗?"丁雨晨问。

"你找他干什么?"女人圆瞪着一双醋火的眼问。罗子明是个什么货色,她能不清楚吗？一个年轻的女子深更半夜找他能有什么好事。

丁雨晨知道这个女人误会她了,便骗她说:"你是嫂子吧,我是罗子明的小姑,从老家来的。我到公司找他,公司看门的老头说他在家,并告诉这儿的地址,我就找来了。"

那女人听说是罗子明的小姑,这才放心。不过,她不想让这个小姑来打乱她的生活,所以又不想让丁雨晨进屋。她吞吞吐吐地说:"小姑,你看天这么晚,我们也不太熟悉,我也没听子明说过,这……"

“这样吧,你不放心,我就不进去了。”丁雨晨正不想进去,于是见风使舵说,“你告诉我子明在哪里,我去找他好了。”

这正是女人求之不得的,但又装作不好意思的样子说:“这能好吗?大老远来的,不来家能好吗?”

“没关系,现在社会乱,谁好谁坏分不清,我还是见到子明好。”

“是的,是的,小姑能理解我就好。”女人说,“几个人下午就约子明去夜上海歌舞厅了,说是谈什么业务,也不知真假,到现在还没回来。”

“好吧,我去找他。”

“要不要打电话跟他联系?”

“不用了,反正歌舞厅离这儿不远。”

丁雨晨把装成罗子明小姑的事跟郑义鸣他们绘声绘色一说,逗得大家乐得前张后合。大家一边说笑,一边急赶往夜上海歌舞厅。车在舞厅附近停下后,丁雨晨等人匆匆忙忙就要往里赶,被郑义鸣叫住了。

郑义鸣说:“不能直接冲进去,这样会出事。我们想办法叫他出来。”

朱民生说:“郑局长说得对。我们对里面的情况不了解,不能硬冲进去,硬冲进去肯定坏事。小丁,你不是有罗子明的电话嘛,不妨给他打个电话让他出来。”

“对,还是让你这个小姑给他打。”郑义鸣半开玩笑说,“不过,这次你得降点辈分,得以小妹妹口气打。”

丁雨晨拨通了罗子明的电话。

“喂,你是罗哥吗?怎么连我的声音都听不出来了,真是贵人多忘事!”丁雨晨捏着娇滴滴的嗓音说,“我是小云,哪个小云?还能有几个小云?就是那晚陪你喝酒的……对,瘦瘦的那个。罗哥,你现在在哪?夜上海歌舞厅,我就离歌舞厅不远,你能不能出来一下,我有点急事找你。好的,门口见。我五分钟赶到,不见不散,拜拜。”

朱民生对丁雨晨竖了一下拇指,赞叹地说:“小丫头,有两下!”

郑义鸣示意执行人员闪到歌舞厅大门两侧。众人迅速地隐蔽起来，只有丁雨晨站在门口等着。

不一会儿，一个又矮又胖，长得像个日本相扑运动员似的人走了出来。他就是罗子明。在远江，罗子明虽称不上黑老大，可也是数一数二的地头蛇。欠账不还那是出了名的。少你钱，只能由他赏，高兴就给你点，不高兴你望都望不到。你敢要，揍你！你不让他欠还不行，他用你东西不给你现钱，有个条子给你总比没有强。你敢不赊？不赊揍你！

罗子明挺胸凸肚，站在歌舞厅门口四下观看，看是哪个小姐找他。他真以为自己又交了桃花运呢。

“你是罗……？”为了准确起见，丁雨晨上前问道。喊罗哥，她当然不愿意，直呼罗子明，又怕及早暴露身份，让他溜了。所以只喊了一个字：罗。

“我是罗子明。你是……刚才打电话的那个小云？”罗子明疑疑惑惑地望着眼前既漂亮，又年轻的陌生女子，问，“你找我干什么？”

丁雨晨一摆手，郑义鸣等人一下子围了上来，将罗子明包在中间。

“你们这是干吗？”罗子明看势头有点不好，惊诧地说，“我们又不认识，你们找我干啥？”

“我们是天宁中院的。”郑义鸣说。

听说是法院的，而且是天宁法院的，无非是来要钱罢了，罗子明根本不在乎，马上镇静起来。本地法院他都不怕，何况是外地的。刚开始他以为是黑社会的人找他抢地盘，或受仇人之托来找他麻烦的，所以有点惊慌，现在看是官方，因此又摆出一副骄横的样子来。

“法院？”罗子明蛮横地问，“我又没犯法，你们找我干什么！再说啦，就是犯法，还有远江法院，也轮不到你天宁法院管呀！”

“请你跟我们到法院去一趟。”郑义鸣压着心里的火，很客气地说。

“我为什么要跟你们去？”罗子明一点也不买账，“我现在正忙着跟朋友谈生意，没时间跟你们罗嗦，你们要有事，明天到公司找我。”说着转身就走。

四个法警拦住了他的去路。

“怎么，想找死？”罗子明死眼珠子一瞪，“不看看这是个什么地方！快让开！”

郑义鸣严肃地说：“罗子明，现在我代表天宁中院宣布拘传你，带走！”

四个法警迅速抓住罗子明，扭上警车。

罗子明一边挣扎，一边大喊：“法院胡乱抓人啦，黑三、胖四快来救我！”

等黑三、胖四赶出来时，警车早已无影无踪。

回到远江县法院办公室的时候，已经是深夜十二点。郑义鸣坐在办公桌后面的椅子上，朱民生和丁雨晨站在两边。法警让罗一明坐在郑义鸣对面的椅子上，罗一明不坐。不过，一上警车，他不由得就老实多了。

“罗子明，知道为什么带你来吗？”郑义鸣问。

“知道！”罗子明气焰仍很嚣张，“你们不就是为钱来抓我吗？”

丁雨晨说：“罗子明，请你把态度放尊重些。”

罗子明满不在乎地说：“我也明告诉你们，我没钱，要杀要刮，随你！”

郑义鸣说：“罗子明，刘志毅诉你们启明星欠款不还，法律文书已经生效，我们要求你尽快履行。”

“公司欠款，公司还！我凭什么还的，又不是我个人借的！”罗子明狡辩说，“再说啦，启明星已经破产了，拿什么还！”

“你必须履行判决！”郑义鸣大声说，“你欠人家那么多钱不还，还有理由？”

罗子明干脆大模大样地坐到了郑义鸣的对面，不屑一顾地说：“法官大人，我今天和朋友谈生意，签合同，签 100 万的生意合同，你们知道吗？你们这样把我弄来，如果影响了生意，你们要负责的！”

朱民生气愤地拿着卷宗指给罗子明看说：“罗子明，法院找你十几次，刘志毅公司的工钱，你一拖再拖，60 万呐，少吗？判决书生效很长时间了，你看看这里面都有你的谈话笔录。我们一次次苦口婆心地跟你做工作,你不但不配合,相反还强词夺理,我们这是最后一次警告你,如果再没有一个履行态度,我们将严格依法办理。你应该明白,对拒不执行判决又妨碍执行公务的,等待的只能是牢房。你知道吗?"

郑义鸣说:"罗子明,我们对你够宽容的了,你要想清楚,不能一意孤行。别说你欠人家这么多钱,就是欠一分钱,只要法院依法执行,照样拘留你,也照样判你刑!何况,像你这样的赖账户,我们只要跟你的客户一说,谁还敢跟你做生意!做生意你就得讲信誉,人家要是少你这么多钱,你能愿意?你赖人家的血汗钱不给,你享福了,人家怎么过?那么多的民工就等这么一点钱吃饭、看病、给孩子上学呢!"

"我……我不是不想还钱,只是……"罗子明有点收敛。人在屋檐下,不能不低头。到这地方,毕竟不是公司,狠,看样子要吃亏。

"只什么是,没有只是,只有依法办事,快点还人家钱!"郑义鸣说,"不然,现在我们就把你送进看守所。"

罗子明老实多了,头上直淌虚汗。半晌,才嗫嚅着说:"那,那我回去想办法还不行吗?"

"我们可以给你回去,也给你最后一次机会,限你明天傍晚之前,先送来一半欠款,余下部分作个还款计划。但是,时间不能长,今年必须彻底还清。"郑义鸣说,"罗子明你记住了,想跑是跑不掉的,想躲也躲不了。你只有老老实实还债,老老实实做生意才是你唯一的出路。"

"是的,是的。"听说能给他走,现在他比龟孙子还龟孙子。

罗子明走后,丁雨晨不解地问:"他能回来吗?"

郑义鸣说:"顺顺当当地回来是不可能的。但是他也不会跑。这种人腰里有钱,三五十万有的是,他不是不能还,他压根就没想还过。他是明敲刘志毅的竹杠。我们真正要逮他,他还是怕的。他也知道,我们这次放他回去,不会不监视他,他跑不了。再者,不是我小看他,他只是个打打杀杀的料。他这种人离开自己的地盘寸步难行,他没什么本事,臭狗屎一堆!"

丁雨晨仍然是半信半疑。

八

天宁拍卖行正在拍卖喜客来大酒店。

豪华轿车一辆接一辆停在门前。穿着时尚得体的宾客们纷纷下车走进会场。

李一雄和余婉妹开着奔驰车刚停下，正准备去会场，只见一辆豪华凯迪拉克轿车驶来。李一雄无意间发现，车上下来的是白帆和一个男人。李一雄醋意的目光，被余婉妹转脸看个正着。余婉妹很不高兴。

白帆也看到了李一雄，她高兴地招招手："HE，李总！"

李一雄急忙上去打招呼："HE，白小姐。"

白帆用英语对那男人说："请您先进去。"

那男人微笑着点点头，径直向大门走去。

白帆问："李总，这几天不见你的影子，忙什么呢？"

"瞎忙……"李一雄面露难色，应付说。

余婉妹看李一雄和白帆热情交谈，心里不悦，但仍主动和白帆打招呼。白帆也回之一笑。

"今天拍卖喜客来大酒店，你这个总经理有何感想？"白帆笑着问。

"当然不高兴了。"李一雄一脸媚笑望着白帆，"不过，塞翁失马，焉知祸福？何况，这只是丢了一个小卒子，保住了大车，孰重孰轻，你说呢？"

"李总真不愧是大企业家。"白帆赞叹说。

此时，传来广播声："参加拍卖会的朋友们，请抓紧进场，拍卖马上开始。"

白帆说:“对不起,我得去照顾刚才那位新加坡的朋友,失陪了。”

李一雄翘首看着白帆走进拍卖会场。

余婉妹醋意十足地说:“怎么,又想入非非了?”

“胡扯什么,走,我们进去吧。”李一雄掩饰自己的失态说。

不一会儿,白天也来到拍卖现场。离门口不远处,郑义鸣正关注着潜在买家入席,看到白天后,急忙迎了上来。

“情况怎么样?”白天问。

“申请参加竞买交保证金的,都到了。我观察了一下,他们精神状态不错,有的信心十足,志在必得。”郑义鸣说。

“希望能一举成功。”

二人边说边往里走。紧接着,舒畅背着照相机和电视台的几个记者出现在大门外,门卫拦住了他们,舒畅和门卫交涉着。

拍卖会场里,人头攒动,熙熙攘攘。拍卖师热情地介绍说:“喜客来大酒店,3400 万元估价,源于它的独家优势:楼高 80 米,天宁市标志性建筑之一,雄踞号称‘天宁地王’的外环东路黄金地段,在天宁五家三星级酒店中效益最好,年盈利近 300 万元人民币。”

拍卖场一片骚动,大家交头接耳,议论纷纷。

拍卖师继续说:“本次拍卖的对象不仅限于喜客来的物业,而且包括喜客来的 100% 的投资权益,其中物业部分,有喜客来大酒店以及出租的写字楼、商铺、公寓、停车场以及员工宿舍等配套设施。”

10 点 40 分,拍卖师拿起一封信,当众拆封。然后交给公证员,公证员验证后递给拍卖师。拍卖师当场宣布:“本次拍卖的底价为 3400 万元人民币,应拍方每次加价幅度为 100 万元人民币。”

10 点 45 分,拍卖师说:“现在开始竞价。”

整个拍卖现场安静下来,人们把目光投向竞买席上的几个买家。

拍卖师说:“据评估,这次拍卖的总价值为 6000 万元,而底价只占这个评估价的 79.56%。应该说还有很大的升值空间。机会难得,请各位抓住机遇。”

坐在竞买席上的四位潜在买家开始骚动。有人打电话,有人小声交谈,白帆和新加坡的商人也在唧唧咕咕商议。但是就是没人举牌。时间一分一秒地过去,整个拍卖现场异常平静。站在门口的郑义鸣极为压抑,他松了松领带,尽量放松自己。白天则在冷静地观察着。

拍卖师憋不住,使出了"撒手锏"。他高声喊道:"我在讯价三次,如果无人应拍,那么我们不得不非常遗憾地宣布结束。"

拍卖师说完,连续叫价三次,仍没人举牌。拍卖师又加叫三次,还是不见人举牌。拍卖师说:"标的物经评估,市场价值是6000万元人民币,开叫价仅3400万元人民币,还有很大的升值保值空间,机不可失,时不再来。最佳的选择机会到了!有出价的吗?我再叫五次,有出价的吗?……"

五次叫过,依然如故,无人出价。

郑义鸣心急如焚,李一雄幸灾乐祸,香港银团焦急等待,白天在冷静思考。

11点30分。

拍卖师再次宣布:"现在最后三次叫价,如果再没人应价,标的物将被收回。"

拍卖师注意竞买者,竞买者却不看拍卖师。

拍卖师有些失望地喊:"现在给各位最后一个机会,前所未有的机遇,设备齐全的大酒店,接手就能盈利的诱惑,各位想好了,3400万元一次,3400万元第二次,3400万元第三次……"

拍卖师灵活的眼睛,却看不到竞买者灵活的脑袋。他再次提高嗓门喊:"我现在数三下,一!二!有没有,现在还为时不晚。我数最后一下,三……!"

全场只有人头晃动,没有牌子举起。

拍卖师很无奈,很灰心,很莫名其妙,他说:"由于没有竞买人应价,本次拍卖会未能成交。散会!"

白天看看手表,时针正指向11点35分。

会场一片哗然,人们纷纷涌出拍卖场。白天看到白帆,便对她招招手。白帆跟新加坡客人打个招呼后,就来到白天跟前。

"小帆,你也来了,我看你陪的那个客户是哪里的?"白天笑着问。

"他是金宝利公司的关系户,新加坡的,也是我朋友。经我多次介绍,他们想在天宁投资,听说喜客来的情况,有意参与,但对价格不满意。"白帆说。

白天听了心有所动,说:"喜客来的事,你再跟他们多介绍一些情况,积极从中斡旋,如果有可能,我可以当面和这个新加坡老板谈谈,小帆,你尽量帮我促成这件事,好不好?"

白帆高兴地说:"哥,这好办,我让他们多留一天就可以了,你有时间就给我打电话,我先走了,他们还在等着我呢。"

白帆走后,郑义鸣来到白天跟前,心情烦躁地说:"看来没戏了!"

白天安慰他说:"好事多磨,不要急,还有机会。"

李一雄和余婉妹走出大门,马上被记者们包围起来。有的记者问,李先生,这次拍卖你们大酒店,你能谈谈感受吗?有的记者问,这次拍卖,流拍了,你是高兴,还是不高兴?

李一雄只是回答一句话:"无可奉告。"便和余婉妹钻进车里,一跑了之。路上,他只打了一个电话:"董事长,流拍了!"

拍卖师、香港代理、竞拍者,刚出拍卖场,记者们又涌了上去。有的盯拍卖师,有的追香港代理。

舒畅则采访竞买者,她问:"请问,你今天是来参加竞买的吗?谈谈为什么拍卖没有成功?"

一竞买者答:"我是香港一家投资公司,也是本次拍卖会的买家之一,今天这个价位,不是我们心目中合理的价位。高价,是这次拍卖不成功的根本原因。"

另一竞买者说:"这次失败是必然的,开价实在太高!"

拍卖现场,人已走光。只剩下白天和郑义鸣。

郑义鸣说:"我认为如果拍卖不掉,是不是考虑让香港银团那边接受抵押物。”

白天说:“接受就整体接受,如果仅接受部分抵押物,就会造成很大损失,这样就违背了我们的执行方案,也影响喜客来大酒店的经营。不行!”

“他们一再催促我们,要我们尽快执行。”

“可以跟他们讲清楚,执行工作正在开展,我们的方案没错,他们应该尊重我们的意见,再耐心等一等,要让他们知道,我们这样做,对他们更有利。”

“我再做做工作。不过,我们还得另想办法,不能在一棵树上吊死。”

“吊死是不可能的,但树可以多选几棵。”

他们走出大门,当然又被机灵的记者围住了。

舒畅抢着问:“白院长,这次酒店拍卖没有成功,会不会影响法院的执行工作?”

白天微笑着说:“我对今天的流拍,感到非常遗憾。但这绝不会影响我们强制执行的决心,为了能够充分保障债权人的利益,下一次拍卖仍将进行。我们仍将按照‘公开、公平、公正和出价高者所得的原则’,变现拍卖标的。至于拍卖的具体时间,我们近期将在媒体上公布。谢谢大家。”

九

余婉妹路过天宁市人民医院时,看见白天的妻子凌玲提着礼品走进病区,凭着律师的感觉,估计这里面有文章可做,于是,悄悄地跟了进来。

凌玲:“请问有位姓董的老人在这儿住院吗?”

护士指了指里面:“姓董的? 在那边,24 号。”

凌玲路过 18 号病房,只见里面看望的人挤得满满的,护士不断向外赶,外面还有许多人往里进。女病人家属甲说:“这里住个什么大官,那么多人来看他?”女病人乙说:“哪是什么大官,听说是一个当官的姨父的姨父。”甲:“我的妈呀,亲戚都是这样,要是当官的本人来,那不翻了天?”

凌玲听了几句,就走进了 24 号病房。

坐在病床边的余凤娟看到凌玲急忙迎上去:“妹子,你怎么来了?”

凌玲:“这几天,白天心里一直惦挂着老人,总想过来看看,就是工作太忙,脱不开身,只好催我来看望老人家,老人现在好点了吗?”

“好多了,心脏病,这两年犯得有点勤。就这样,还不想从乡下来。老人脾气太犟了,就是不想给我们带来麻烦。”余凤娟说,“还让你跑一趟,真不好意思。”

“瞧你说的,我们谁对谁啊。”凌玲问,“白天说了,你家孩子上学,这次老人住院,肯定又要花不少钱,家里一定困难。这是我们的一点心意,不成敬意……”凌玲说着将 1000 块钱塞给了余凤娟。

余凤娟说什么也不收。两人让来送去,好一阵子,余凤娟才含泪收下。凌玲走后,护士对余凤娟说:“余老师,请你跟我来一下。”

余凤娟跟护士走向护士室。护士递过手术通知单,说:“这是第三次通知了,你们得快点,老人的手术不能拖。”

“实在对不起,我们老董借去了,到现在还没凑齐,我们正在想办法。”

护士有点不解:“听我们苏主任说,你爱人不是法院院长吗? 怎么连老父亲的手术费交不起呢? 你看 18 号,一个市里干部的家属,人家……”

余凤娟说:“人比人气死人。我们老董,跟人不一样。公家一分钱的东西也不沾,说给谁听谁也不相信,这年月,别说当官的,就是手里有一点权的,谁不捞?你不捞人还骂你傻,老董他就要当这种傻子。他说,别羡慕他今天的金玉满堂,说不定哪天枷锁肩上扛。你看,他就是这样人!他那点工资,去了孩子上学,再去了老人生病的花费,哪还剩什么钱。"

"一看董院长,就知道是个好人。你看他对父亲多孝顺!"

"孝顺是不错,可是,这十几万的手术费,弄得老董想孝顺也孝顺不起来。这几天,你看他愁得走坐不安,吃不下饭,睡不着觉,上班连假都不请,在法院里还装作没事的样子,你说,这钱是硬东西,十几万,上哪儿弄?"

正说着,只见董启汉垂头丧气地来到住院部。他看余凤娟跟别人谈这些事,原本烦躁的心情更加烦恼。他当着护士的面,对妻子发了一通火。这可是从来没有过的。他们是恩爱夫妻,共同精心地打造着一个小家。从没吵过嘴,也没红过脸。余凤娟本来就是一个贤惠的妻子,家里的担子都是自己担着,孩子也罢,老人也罢,上学、生病,乡下、城里,她从不让董启汉过问。董启汉整日忙着工作,也没空过问。就是这样,她也没叫过苦,喊过累。自己又要教书,又要照顾老人,日日夜夜,其中酸甜苦辣真是天晓得,功劳没有,苦劳总归有吧,想不到董启汉能当着护士的面让她下不来台。余凤娟越思越想越伤心,眼泪禁不住流了下来。

董启汉看到妻子伤心的样子,感到很内疚,他走到余凤娟跟前,歉意地扶着她的肩膀说:"对不起,我是心里急啊。有困难跟别人说有什么用,人家又不能给我们,相反会笑话我们。"

"我知道你为手术费的事急,搞不到钱,我心里又能好受吗?"余凤娟伤心地说。

"好了,困难会过去的。"董启汉用手替余凤娟擦下眼泪,说,"你先回病房吧,让老父知道了,又要闹着出院。至于手术费,让我再想想还有哪条路,我再跑跑看。"

余凤娟点了点头,走进病房。董启汉望了望她的背影,然后狠狠地吸了一口烟,离开了医院。

这一切都被躲在一旁的余婉妹看在眼里,于是,一个恶毒的计划在她的心中酝酿而成。

回到李一雄的公寓,她就对李一雄神秘兮兮地说:“你猜我路过医院时碰到谁了?”

李一雄开玩笑地说:“碰到谁了,过去的老情人?”

“去你的,没正经。”余婉妹嗔怪地说,“告诉你,我在医院碰到凌玲了。”

“你说谁?”

“白天的爱人凌玲!”

“她到哪儿干什么?”李一雄兴奋地说,“是不是白天病了?”

“不是。是看望董启汉的父亲,董启汉的父亲得了心脏病。”

“怎么是老家伙,董启汉死了我才畅快呢,这家伙把我们洋相出尽了。”提起董启汉,李一雄就想起那天被甩钱的尴尬和狼狈,恨不能一刀宰了他。

“我说你呀,真是聪明一世,糊涂一时。”余婉妹瞟了他一眼,笑笑说。

“你这话什么意思?”

“你不是一直想钓董启汉吗? 他不是一直不上钩吗? 现在机会来了!”余婉妹说。

“此话怎讲?”

“他老父亲住在医院,等着做手术,就是没钱,夫妻俩都急得团团转。”

“好,好,这些家伙,脸一贯仰到天上,现在总也有求人的时候。”李一雄幸灾乐祸地说,“活该! 活该!”

“这个时候,我们伸手拉他一把,往后不就……”

“嗯,可以考虑。就不知道这个家伙还会不会把我们的钱扔出来。”李一雄担心地说。

“此一时,彼一时也,我的李大经理。”

“需要多少钱?”

“十几万呢。”余婉妹说,“董启汉当院长当了那么些年,手中连一点积蓄都没有,真让人不可思议,我真不相信当今社会,还有这样廉政的官。你没在那儿看,他老婆余凤娟鼻涕一把,眼泪一把,跟护士讲得非常伤心。”

“你再打听一下,把情况摸清楚了,我们好操作。”李一雄把余婉妹搂在怀里,吻了一口说,“突破董启汉,就从这里开始!”

“这件事倘若成功,怎么感谢我?”余婉妹用暧昧的眼神望着李一雄说。

“我现在就感谢你!”李一雄抱起余婉妹就向床边走去。

余婉妹故意一边挣扎着,一边娇声叫到:“不要,不要……”

十

站在天宁大桥上,可以看到整个城市夜景的美丽。

桥的一头,停着一辆粉红色的跑车。

桥的另一头,停着一辆漆黑的大众轿车。

大桥不长,大约100米。方晓频站在桥头,翘首向市里观望。桥那头刚下车的白天,看到方晓频后,便慢慢地向桥这头走来。方晓频也看到了白天,喜滋滋地迎了上去。

白天笑着说:“今天方老总看来是想请我来欣赏一下天宁的夜景喽?”

“不错,大法官。”方晓频也笑着回应,“我是想让你感受一下天宁美丽的夜色,还有脚下的这座大桥。”

白天在原地转了一圈,看着风景感慨地说:“的确不错,方老总,你总是让我感到出其不意。在天宁你比我熟悉,包括夜里的景色。说来惭愧,来天宁这么些日子了,还难得有这么个机会。”

“这么说来,我请你算是请对了?”方晓频用挑战的眼光看着白天问。

白天报之一笑,没有回答。

两个人各怀心思,漫步走向大桥中央。桥灯下的方晓频,身姿绰约,楚楚动人。惹得白天不由得放慢了脚步。方晓频有所觉察,回过头来说:“白天,我是让你来欣赏夜景的,没让你看别的。”

“老同学,怕不仅仅是看夜景吧。”白天笑着说,“你的心事我清楚,多年老同学嘛,谁不知道谁?作为公司老总,你的时间比黄金一样珍贵,哪有时间专门来消遣这夜色美景。”

“放松心情,欣赏美景,既是享受,也是工作。”

“看不出来,你还有这么好的心情,能修炼到这种境界,不容易啊。”

“离圣人的标准还差得太远啦。经商的人,能成为圣人,事业才能有一定起色。”方晓频有意卖弄说,“哎,老同学,你知道修炼的境界,有圣人、至人、真人之分吗?”

“我没有修炼过,不懂这些,也没研究过。”白天微笑着说,“请你这个老同学,来个‘高人指点’。”

“好吧,我就指点给你听听。”方晓频莞尔一笑说,“这圣人嘛,就是能安处于天地间的自然环境中,顺从八方之风的变化规律。至人呢,就是能和合于阴阳的变化,按四时气候的递迁进行调节。真人,能掌握天地阴阳变化的规律……”

白天打断了方晓频的话说:“别真人假人啦,说说,你找我来到底有什么心事?”

“心事？你看我有心事吗？”

“你的心事总是写在脸上，能瞒过我吗？别忘啦，我可是个法官。”

“既然老同学提起了，我也不瞒。”方晓频习惯性的掠了一下头发说，“这段时间心事是有的。但对我来说，那点事也算不了什么。没有困难也许就提不上创业艰难了。要创业，总会遇到挑战，关键是调理好心态，像个圣人一样，顺乎自然嘛。”

“是啊，天人相应嘛。找点闲情逸致虽说不是解决困难的良药，至少心理上能得到一些解脱。”

“不愧是老同学，还是你了解我。”方晓频深情地看着白天说，“说实话，这段时间，我是心神不定，坐卧不安。”

“我想，能让方老总坐卧不安的事，一定是大事。我能帮什么忙吗？”

方晓频盯着白天的眼，那“盯”中明显含有情怨：“我的大法官，还就是你能帮上忙，就怕你不帮。”

白天避开她那逼人的目光，笑着说：“哈哈，老同学的事，我怎能袖手旁观？在天宁，要说往日的知己，除了你还有谁？说说吧，即使帮不上，最起码还能出出主意嘛。”他的话里留了一手。

“你说话算话？我提出来你可不许拒绝！”

白天止住步，说：“我拒绝过你什么了？我这么忙，你一个电话，我不还是过来了吗？你以为我当院长，就成了冷血动物？”

“你说的是心里话？”白天这样表态，方晓频还是第一次看到，她有点不相信自己的眼睛和耳朵。

白天表示理解地说：“现在做事难，尤其是女人，做大事更难。你知道，做生意的事，我是外行，只怕我没有帮你的能力。”他的话里又留了一手。

“老同学，我们别再打哑谜。”方晓频说，“直说了吧，我不想陷在官司里。世贸大厦如果陷在里面，我在天宁恐怕就待不下去了。”

白天故作惊讶说：“事情能这么严重？老同学，这样看来，就好像是我在赶你,你不是在向我施加压力吧!"

"我哪敢给院长大人施加压力,"方晓频说,"我这是求你网开一面。"

白天的手机响了,他打开手机说:"我是白天,你好,民生啊,执行进展如何?什么?罗一明还没回来交钱?派人紧紧盯着他,不要让他跑掉,他要是跑的话,跑到哪就追到哪儿,一定要执行!注意,不要出麻烦,有事及时打电话。"

"院长大人真忙啊。"方晓频笑着说。

"你不也是吗?"

白天沉默了一会,不由自主地审视起方晓频来。这个女人的确是个能人,有魄力,有谋略,有耐力,有主见,有事业心,倘若走正路,能给地方做不少好事。倘若走歪路,那会给地方带来不少灾难。

"你看我干什么?"

"我看你是不是真诚和善良。"

"你看呢?"方晓频昂着头,直视着白天。

"我看呀,"白天笑笑说,"你既是天使,又是潘多拉。"

"你是褒我,还是贬我?"听他说这话,方晓频"哧"的一笑问。

"是的,你这个方晓频,那么多年了,还是一点没变。"白天认真地说,"在大学里,你是让同学们最仰慕的,同时又是让同学们最生畏的女孩子……"

"可惜,有的人就是不珍惜我的天使一面。"方晓频叹口气说。

"我知道你我之间有共同之处。"

"有共同之处?你,我?"方晓频惊奇地问。

"是呀,我们的共同之处,就是对事业的追求,对理想的追求,对完美的追求。这些,你都超过了我。但我们也有不同的地方……"

"什么不同?"

"理想不同。"

"理想?"

白天把目光投向远方说："实际上，每个人都有不同的理想。因为理想不同，所以，处理问题的方式和考虑问题的角度就可能不太一致。你从国外来天宁，运筹帷幄，指挥倜傥，呼风唤雨，得心应手，已经创下了令人望尘莫及的业绩。我来天宁，从小处说，是实现了自己的抱负。从大处说，是为了一方安宁。可是，我感到担重而力薄，力不从心。这些天来，我一直面对着各种各样的压力，我不得不在这些各种的力量中斡旋、应付，晓频，我真是如履薄冰啊。"

"你太谦虚了，你的能力一直是让我敬佩的。"

"过奖了。和你一样，我来天宁，是有心理准备的。"

"白天，你是绕着弯子来回避我！"方晓频明白了白天说这一圈子话的目的，不高兴地说。

"晓频，工作上的事，我相信你能理解我。我们是老同学、老朋友嘛，你不理解我，在天宁还能有谁理解我？世贸大厦的事，我也相信你能处理得很好。我希望你我都能尽快地走出困境。"

方晓频没有说话，只是加快脚步，走到轿车跟前，回头对站在身后的白天说："老同学，与几年前一样，我没看错你。只是，你现在对你的事业又多了一分钟情。"

"晓频！"

"我的大院长，我理解你，我也希望你能理解我！"方晓频愤愤地说。

"晓频，你听我说……"

"我已经听明白了！"方晓频噙着眼泪说，"对不起，我得先走了。"

方晓频疾步上车，猛踩油门，粉红色跑车驶离白天。

白天追着跑车喊道："晓频，你要记住，在天宁，你还有一个老同学！"

粉红的跑车远去，漆黑的大众还停在桥的那一头，白天则怔怔地站在大桥上。

此时，谁也说不清他的心里是酸，是甜，是苦，是辣。

错综复杂

CHAPTER 07

一

市长召见,这可是破天荒第一次。

张国兴忐忑不安地来到市长办公室。

向东满面春风地对张国兴示意说:“国兴来了,快请坐。”

张国兴坐也不是,站也不是,最后还是拘谨地坐下了。不过,只坐了半个屁股。他结结巴巴地问:“向市长找我……有什么事吗?”

“我找你,是有重要的事和你商量。”向东的口气变得严肃起来,“国兴,我们市政府的工作,还想请你支持一下。”

“要我支持市政府?”张国兴听了一愣。一张纸画个鼻子……自己好大个脸!

向东看张国兴没开窍,就指点说:“世贸大厦是市政府的形象工程,如果影响了进度,不仅仅是世纪集团一家的事,更重要的是将会影响到市政府的全局性工作部署。国鼎厂的土地出让给世纪集团,也是市里定的,目的是让世纪集团盘活企业的资产,不是让世纪集团纠缠在官司里。如果都是像这样下去,天宁的经济怎么发展?国兴同志,国鼎厂与世纪集团之间的矛盾,你要妥善处理。要从大局出发,从天宁的全面发展角度出发,这件事你要处理好了,就是帮了市政府的大忙,就是对我最大的支持!”

闹了半天,原来是这件事。不错,考虑问题要从大局出发,可是光从大局出发,工人的就业问题谁给解决?下岗工人的“两险”(养老保险和医疗保险)谁交？工厂的地都卖了，却拿不到钱，企业怎么发展？照顾世纪集团，可以。可是世纪集团为什么不照顾我们？有来有往，礼尚往来，来而不往非礼也。不能光叫我们吃亏吃亏再吃亏，市场经济嘛，这不公平。你不能为了外来人发财，就让我们饿死！张国兴心里这样想，嘴上没有说。

“市长，您的意见呢？”张国兴为难地问。

“你们都是政府的企业，手心手背都是肉，挖哪块我都心痛。”向东说，“如果官司打到底，只能是两败俱伤。国兴同志，考虑问题不能仅从企业的角度，还要有全市的高度。我的意见是撤诉！而且是抓紧时间撤诉！”

“向市长，”张国兴争辩说，“工人们对世纪集团不履行合同有意见。”

“有什么意见？”向东不高兴地看着张国兴说，“不就是影响了你们的小集体利益？我不是说了吗，要从发展的角度处理问题，一切为了发展，发展才是硬道理。你再考虑一下，尽快拿出意见，好好做做工人工作，尤其是你自己的工作！你是个党员吧，你要从党性的高度来考虑这个问题。再说了，就是撤了诉，政府能对你们撒手不管吗？”

张国兴没有说话。说什么？想说的，不让说，说了也没用！不如不说，沉默就是反对。

向东继续说：“我让你来，就是这事。你再掂量掂量，但是，不管你怎么掂量，撤诉的事不能犹豫！政府的意见，你执行也得执行，不执行也得执行。这不是我一个人的意见，这是市长办公会商定下来的意见。你看你能不能办好这件事？”

张国兴还不明白他的意思嘛，办不好，就此“毕业”！南方话讲，就是“炒鱿鱼”！

张国兴无可奈何地站起来说：“好吧，我尽力去做工作。”

“这样才对！”向东走过去，拍拍张国兴的肩膀说，“我相信你，撤诉要快！”

张国兴一肚子烦恼离开市政府。他这个厂长到底听谁的？听向东的？太不合理！他明明包庇世纪集团，欺压咱们穷工人，却说什么“全局角度”。“全局角度”就该国鼎厂倒霉？不听吧，人家有权，你不执行，人家可以找一个听话的人来当厂长。厂长当不当倒也无所谓，可是离开厂长这个位子，谁来为工人说话？

张国兴一路嘟嘟囔囔地走着，正碰上李大柱。

“国兴哥上哪儿去？”李大柱嗓门大，把张国兴吓了一跳。

“我回家，你干什么？”

“别提了，我跟你弟妹争了几句，气得打了她一巴掌，她又哭又喊，闹得我心烦，我就跑出来了。”李大柱红着脸说，“走走，咱哥俩喝酒去。”

“弟妹做个小生意也不容易，风里来雨里去的，多辛苦，你打她干什么！”张国兴责怪说。

“也不为个什么事，就是孩子上学要钱，厂里这么长时间没发工资了，我哪有钱。叫她从生意本钱里抽一点出来，她嘀嘀咕咕的，说我在厂里光干活不拿钱，瞎混。你说我能不气吗？”

绿谷茶酒楼，面积不大，但装饰得很简洁、古朴。客人不少，生意颇红火。老板冷静是个年轻女人，国鼎厂的下岗职工。她看张国兴和李大柱来了，非常高兴，忙招呼着，安排在一个僻静的小餐厅里。四个菜，两热两凉：花生米、猪耳朵丝、羊肉烧白菜、鸭血豆腐。一壶老酒：天宁“三杯倒”。……冷老板说，这顿酒算她请的。

张国兴原本不想说向东的事，可是三两酒下肚，十（食）老爷不在家，九（酒）老爷就当家了。

李大柱听了市里逼国鼎厂撤诉的事后，把酒瓶往桌上猛地一放，发出很大的响声。引得周围人都往他们这里看。李大柱吼道：“哥，你怕个鸟，就是不撤，看他市政府能怎么样！”

“别吵吵好不好……”张国兴瞪了李大柱一眼，停了一会儿，喝了一大口酒才说，“你以为我想撤吗？我也不想撤！起诉，又撤诉，这成什么了?……可是,可是咱胳臂拧不过大腿。这事不是你我能决定了的。世纪集团那个姓方的女人,不凡,她仰仗自己是“海归派”,呼风唤雨,我听说向市长很买她的账。

“管它什么野象还是什么海龟,那是我们的地,我们工人说了算!”李大柱仍然大声大气地说。

冷静闻声也赶了过来,她对张国兴说:“张哥,你不能撤诉。你一撤,大伙肯定骂你。它政府要干预的话,在天宁打不赢官司,就去北京,没路费,我给,咱就不信没讲理的地方了!”

张国兴真是有苦没法说。他举起酒杯说:“喝酒,这事不谈!”

李大柱喝了一口,放下杯子说:“平时看你像个大哥,我们信任你、尊重你,一直跟你走,厂里再苦再累,大家谁也没说过什么,因为我们知道,你一心为着大家。现在看,你不像当哥的样子,你的骨气呢?你的脊梁呢?你背后有我们大伙支持者,你怕什么?它无理,咱们有理,咱为什么要怕他们!”

冷静说:“张哥,大柱哥说得对,大伙支持你,你挺着腰杆跟他们干!”

张国兴端起酒杯,一仰脖,喝了个底朝天,牙一咬说:“有你们这么说,我心里就有底了。这诉,我不撤!大柱说得对,管他娘的什么野象海龟,都让他们成龟孙子!为了国鼎厂,为了咱工人弟兄们,我张国兴顶到底了!大不了厂长不干,我回家卖红薯不行吗?”

李大柱端起酒杯,欣慰地说:“为大哥这句话,冷静,你也端起杯子,咱们共同敬大哥一杯,来,先喝为敬!”说完,将一大杯酒一口喝干。

第二天,张国兴正在厂长办公室里和李大柱等四五个工人研究工作,突然传来敲门声。

开门一看,是个陌生的男人。

那男人傲气十足,问:“哪位是张国兴厂长?”

张国兴感到莫名其妙,问:“我就是,找我什么事?”

来人看李大柱等人在场,没说话。张国兴会意,让大家离开。李大柱等人走后，那男人径直坐到张国兴的位子上，说："我是市政府办公室的，向市长让我来向你转达一个信息。"

"向市长？"

"简单说吧，向市长希望你尽快拿出撤诉意见送到中院去！"

"这事我们厂党委还没研究呢……"张国兴故意这样说。

"向市长的意思，相信你很明白。你们国鼎厂要是影响了市政府的工作，这个责任该谁负，你很清楚！张厂长，别敬酒不吃吃罚酒，抓紧时间行动吧，有什么事可以直接跟向市长汇报。"那男人说完，站起来就走。

张国兴跟在后面，走到厂门口，看着那人上车离开。

他傻呆呆地站在门口，不知如何是好。

二

天宁市人民医院心内科病房里，董启汉正在给父亲按摩，余凤娟在一旁帮忙。

护士走进病房，叫道："24 床，请到护士办公室来一下。"

董启汉给父亲掖好被子，站起来，随护士走出病房。说实在的，一听说去护士办公室，董启汉的头皮就发麻。因为到了护士办公室，不是听到可怕的病情，就是被催交医疗费。还有护士那张没有表情的脸，实在让人不能忍受。按说，护士小姐应该春风满面、和蔼可亲，像天使一样。可是，这里的护士，有两张脸：冷脸和热脸。不过，这热脸只对着熟人和有用的人，其余的人看到的只能是冷脸。

护士从抽屉里拿出手术通知单，递给董启汉，说："你在上面签个字,明天下午就可以手术了。”

董启汉接过手术通知单,看后,感到莫名其妙。不是说不交钱就不能手术嘛,怎么现在又通知手术了呢?护士会不会搞错?他看了看通知单,上面明明写的是他父亲的名字,没错,千真万确。他纳了闷了,疑疑惑惑地说:“这,这是?”

护士以为他不懂签字的含义,说:“我们有责任告诉你,手术存在着风险。病人这么大年纪了,又是心脏大手术,请你看清楚了再签字。”

董启汉又认认真真地看了一边通知单,然后签上字,递给护士。

护士问:“这两天老人吃饭怎么样?”

“吃饭还行,一顿喝半磅牛奶。”

“让病人多吃点,注意营养,保持好的精神状态。”

“谢谢,谢谢!”董启汉迟疑地问:“护士,不交钱能给手术?”

“那怎么行!”

“我这……”

“你这不是交清了嘛,这是财务处的通知单,多退少补。”

董启汉满腹狐疑,走回病房,把余凤娟叫了出来。

“手术费是你交的?”董启汉问。

“没有啊。”

“那就怪了,谁不声不响的把手术费交了。能是院里嘛?不可能,十几万元呢。”

“你不能打电话问问院里?”

董启汉打电话一问,院里财务科说,院里研究……白院长没叫告诉你,打算替你解决一两万块钱,另外院里的同事又捐款一万多块,我们正打算送去呢。能是谁给的呢?哪个朋友这么好心?

“你到医院收费处查查,说不定能知道。”余凤娟说。

董启汉来到交费处,把手术通知单递进窗口,说:“同志,请查查这个单据是谁交的。”

里面回答:“这个不能查,如果交的钱数错了,我们负责核对。”

交费单被退了出来。

“我不是说交的钱数错了,我是想查查谁交的钱。”

“哎,你这个认真奇怪啊,自己拿着单据还问谁交的钱,不是你交的,你哪来单据！还有谁学雷锋偷偷替你交不成?”

“我是病人家属,我想知道谁替我交的钱……”

“下一个。”里面人不耐烦,后面人也不耐烦。

董启汉只得退了出来。

父亲被推进了手术室。董启汉夫妻俩就坐在手术室门外的椅子上等候。

董启汉又把手术通知单从包里取出来看。余凤娟也看着说:“谁帮着交的钱,一定得问清楚,等咱爹手术完得感谢人家才是。我以为你一点人缘也没有,想不到半天里还突然冒出这么好的一个人。哎,启汉,你估计能是谁呢?”

“要是知道就好了。”董启汉挠了挠头说,“我到交费处查,他们不给查。你说就是查一下子,能费什么事? 这些人的工作态度怎么那么差的呢!”

“别说人家,你们法院也好不到哪儿去。一个个脸,板得像块磨刀石,就像谁吃他大米还他黑豆似的。”

“真是闲扯蛋！我现在只是想知道钱是谁交的。”董启汉白了妻子一眼。

“你以前做过那么多好事,又是立功又是受奖的,大概是有人想报答你！做好事不留名,现在哪有这回事,感情是落到咱们身上了,善有善报嘛。”

“你开什么玩笑！这根本不可能。如果真是这样,倒没有什么,就怕是用心险恶的人在中间作祟。”

“那怎么办呢?”余凤娟也怕是坏人来行贿。清廉一辈子了,晚节要是失了,那还得了！有好些人认为当权时,没有用好权、用足权,吃亏了。临让位时,大肆侵吞财物、收受贿赂,结果东窗事发,弄得家破人亡。不值得。人还是清贫点好。平时不做亏心事,半夜敲门心不惊。想到这些,余凤娟说:“不弄清楚是不好。”

“是啊,没有免费的午餐。这事,我总觉得蹊跷。不弄个明白,我觉都睡不着。”

“我心里也不踏实。”余凤娟说,“不过,我们接到这块馅饼,管他是好是孬,反正老爷子得救了。赶明儿问清了,是朋友就重谢人家,是坏蛋就退给他!关键还是现在要继续想办法,好准备还人家钱。”

“唉!”董启汉把通知单装进口袋,“父亲的手术做了,想不到这事又成了我的一块心病。”

手术室的门打开了。两个护士推着董父走了出来。

董启汉夫妻俩赶紧迎上去,董启汉问:“手术怎么样?”

护士说:“非常顺利,一切正常!”

夫妻俩激动得连连说:“谢谢你们,谢谢你们!”

回到病房,余凤娟照顾老人睡下后,问董启汉:“你再去查查看,看是谁给咱付了这么多钱。”

“我不正在问嘛。”董启汉为难地说,“电话打了好几个,都不是。”

“想想看,老朋友、老同事、老乡……”

“我再问问吧。”董启汉开始按手机,“喂,刘兄嘛,我是启汉。最近经营怎么样?资金不到位!那得好好想办法,我啊,很好,没事,关心你嘛,好的,再见!”

“要不,你再到收费处通融通融。”

董启汉再次来到收费处,请求查询交费情况。

收费员说:“我们有规定,对外不查询。你的住院费如有出入,我们可以给你核实。”

董启汉离开窗口,有点犯愁。恰巧苏主任走了过来。他急忙打招呼:“苏主任,你这是……”

苏主任看是董启汉,笑笑说:“董院长啊,我刚做完手术,准备回家。你家老爷子手术后,现在怎么样?”

“很好。”

“要好好照顾,年纪大了,手术能做到这样很不容易。好了,我走了。”

“苏主任。”

“有事吗?”

董启汉吞吞吐吐地说:“我,我想查一查交费情况,里面不给查,说是院里规定。”

“收费处有问题?”

“不,不,我是想查我的费用。不,也不是这意思。我是想知道谁给我交的费。”

“哦,我跟他们说说看。”

苏主任走到窗口,跟收费员说了些什么,然后回来对董启汉说:“你把单据交给她,让她给你查。我先走了。”

董启汉赶紧把收据交给收费员。收费员熟练地敲击着电脑键盘,打印机打出了清单,董启汉把清单接到手时,前后只用五分钟时间。五分钟,举手之劳,让他跑了多少次,想了多少天,中国人做事怎么这么难!董启汉摇了摇头,显得很无奈。不想那些,还是看收据,看是哪位菩萨发的善心。他仔细地看了下收据,交费人签名处的三个字,让他看了头皮发麻,浑身打战。

三

喜客来大酒店门前,车水马龙。

载客的出租车不停地从大酒店门前停下,门卫非常有礼貌地点头请客人入内。拍卖会似乎没有影响喜客来大酒店的火爆景象。

郑义鸣驾车驶到酒店门口停下,白天从车上走了下来,站在酒店门口。一个门卫向白天致敬,白天点点头,没有进去,在郑义鸣的陪同下,向侧面走去。

白天看着酒店外面的景象,不住点头称赞:“喜客来其势虽去,其气未衰啊。果然是大家风范!想不到喜客来,在这种艰难的困境中能如此坚挺,任何一个买家,如果知道这种情况,那天的拍卖会也不至于流拍。”

郑义鸣说:“如果哪个买家能派人到这个酒店里住上几天,也许能了解到喜客来更实际的情况。”

“这就是说,我们的工作没做到家。我们要总结上次的教训,宣传的工作要跟上,光有一些数字还不行,应该把喜客来的经营状况,未来的前景,甚至潜在的效益,都应该让他们了解清楚,人家才会下决心。我们要是不来,也料不到会是这样兴旺的景象。”白天深有感触地说。

“这主要是我们的前期工作没做好。”

“这是教训啊,大家在这方面都没经验。”白天对郑义鸣说,“你现在有什么打算?”

郑义鸣说:“就目前情况看,我认为新加坡的那一家比较有实力……”

白天伸出一个指头,示意郑义鸣停下。他说:“你说这话倒提醒了我,我打个电话。”

白天拿出手机,拨通了白帆的电话:“小帆,是我。上次我跟你说的那件事怎么样了?”

“哥,你说的哪件事啊?”

“你的朋友,那个新加坡的客商啊。”

“是这事呀,上次我跟他说了,我忘记告诉你啦,他们最近要来考察。”

“那好啊,他们来了,就安排在喜客来大酒店。让他们切身体会一下,我也想和他们见见面。”

“哥,怎么你也开始崇洋媚外了,哈哈!”

“这丫头!有时间回去家吃饭。你嫂子还问你呢,说你这段时间都忙些什么,怎么连回家吃饭的功夫都没有呢。”

“好的,哥,我还有事,先挂了。”

“院长,是谁呀?”郑义鸣等白天打完电话,笑笑说。

“还有谁,我妹妹呗。她是香港金宝利公司公关经理,新加坡客商是她的朋友。”

郑义鸣睁大眼睛吃惊地说:“你妹妹?”

白天正要说什么,忽听喜客来前厅传来争吵声,两人便赶了过去。

原来是客人要退房,和员工发生了争执。

客人甲说:“喜客来已经拍卖了,我们不能再租房间了。退房!”

员工解释说:“真的拍卖了,你再退房也不迟。现在不是照常营业嘛?”

客人乙说:“那可不行,你们拍卖了,我们再租房,肯定影响生意。我们得赶紧找地方。快给我们退房!”

酒店客房部的经理出来,才摆平了这件事。

白天回到车上时说:“义鸣,喜客来的执行工作,要抓紧进行,不然,既影响酒店的正常经营,也对喜客来的客户不利。”

几天后,白帆果然带着新加坡客户一行四人来到喜客来大酒店考察。白天和郑义鸣等人在大酒店接待了他们。

新加坡客户翻阅了喜客来的资料,观看了大酒店的图板。在白天等人的陪同下,参观了客房、餐厅、超市、保龄球馆。在喜客来的书画苑,新加坡的客人停留时间最长。这里展出里不少书画大师的作品。本地的、外地的、古代的、现代的,国画、油画、水彩画、剪纸、木刻、石雕以及各种小有名气的书法作品。白天和郑义鸣不时地给新加坡的客人解说着。……虽然他们也只知皮毛。

最后,他们登上了喜客来大酒店的圆形顶楼,大海和天宁市的美景尽收眼底。

白天对新加坡的客人说："天宁依山傍海，可谓风光独秀，环境优美。其历史悠久，文化底蕴厚，自古出了不少名人雅士。喜客来大酒店，又占据了天宁的天、地、人之利，你们要是选择喜客来经营，肯定利润不菲。"

白帆向新加坡客人翻译白天的讲话。

新加坡的客人用英语大加赞扬。

白帆对白天说："新加坡的客人说你是他们真诚的朋友，愿意和你们交往。"

白天笑着说："我很高兴，感谢你们为天宁经济的发展架起了友谊的桥梁。"

新加坡的客人竖起大拇指生硬地说："中国的大法官，好！"

下楼时，白天急切地问白帆："他们对喜客来的印象怎么样？"

白帆说："喜客来大酒店的经营状况、经营环境，他们认为这是至关重要的因素，从这次考察和上次拍卖会上了解的情况看，他们还是满意的。"

"他们同意整体收购喜客来了？"

"现在还没有。这些人做生意相当谨慎，轻易不会马上表态的。不过，他们对喜客来还是表现了极大的兴趣，答应再系统地论证一下。"

郑义鸣高兴地说："白帆同志，你为我们出了大力！"

白天笑着对白帆说："这件事要是成功了，你就是我们的大功臣！不过，现在只是开头，好戏唱到底，还需要我们继续努力。你要多尽些心，盯紧他们，尽量把这件事促成。"

白帆调皮地说："哥哥安排的事，我敢不做吗？"

三人陪着新加坡客人下楼。

白帆送走新加坡客人后，正准备走，手机响了。她打开手机："HI，我是白帆，你是？……李总啊，你怎么想起我来了，我以为你把我忘了呢。"

“忘了你,怎么会呢！最近有些缠手的事。”

“我在送几个外国朋友,这几天也把我折腾得够呛。”

“大哥知道你忙,咱们周末一起放松一下,怎么样?”

“好啊,去哪里?”

“有个朋友在仙人岛新开了一个酒店,多次邀请我去,这不,我就想起了你,咱们一块儿去?”

“多谢啦！你要不提这事,这个周末我还真不知道怎么过呢。”

“说定了,明天上午九点,不见不散。”

“不见不散,拜拜!”

四

奔驰车在高速公路上飞驶。车上 CD 机播放的流行音乐,流行了一路。

白帆听着流行歌曲《牵手》,不由自主地跟着哼唱,她一边唱,一边欣赏着李一雄的英俊面孔。她觉得自己有点爱上这个人了。他是那样的风流倜傥,那样的博学多才,在商场上又是那样的叱咤风云,自己心中的“白马王子”,看样子非他莫属了。想到这里,她的脸红了起来,红得艳如桃花。

“去过仙人岛吗?”李一雄问。

“你不请我去,谁带我去?”白帆似乎有点挑逗。

“是我不好,你来天宁这么长时间了,我还没带你去过仙人岛,罪过,罪过!”李一雄开玩笑说。

“仙人岛真的好玩吗?”

“去了你就知道了。”李一雄瞟了白帆一眼。只要你仔细观察，你就会发现李一雄的所有淫荡，在他那一“瞟”中能得到十足的体现。“我相信你一定会玩得很开心。”

“昨天你又陪什么客人啦？”李一雄有点吃醋地问。

“新加坡的客商，他们是来考察喜客来大酒店的。”

“有结果了吗？”

“瞧你急的，现在还没有。不过，他们对中院的做法非常满意。”

“你哥也参加了？”

“是啊，我哥一直陪着。不过，我没提你们和国鼎厂官司的事。”

“谢谢你还想着。”他冲白帆一笑，“那事不着急。”

车子驶进仙人岛，停在一座大酒店前。一个胖老板喜笑颜开地迎了上来。

“哈哈，我的李大老板，你可是大贵客！难得到小岛来，让我的大酒店蓬荜生辉。”

“不要油嘴滑舌了，我来介绍一下，”李一雄指着白帆说，“她是香港金宝利公司公关部经理，”指着胖子介绍，“他是我的哥们，姓掌，掌握的掌，名字叫掌财。以前机关里的同事。”

掌老板弯腰鞠了个躬。他这个腰弯得可不易，因为他长得像个啤酒桶，想弯腰得从大腿跟折弯。他煞有介事地说：“白小姐光临，真是不胜荣幸。”

白帆笑笑说：“您客气了，我和一雄也是哥们。”

掌胖子心里话：什么哥们，一个小婊子罢了！但脸上仍挤出笑容说：“好，好。”

李一雄对胖子说：“我们先到山上转转，待会来痛饮几杯！”

胖子笑着说：“好好，你们上去玩得尽兴些，我在这等你们，今天大家来个一醉方休。”

感谢大自然的鬼斧神工，在祖国漫长的海岸线上和茫茫的大海中，造就了众多美丽的岛屿，仙人岛就是其中一个。上山时，婉转曲折的山石小径,像一条彩带,缠住了山腰。小路的一边是陡峭的石壁,一边是山洼里挤挤挨挨的高大树木。那蓊郁青翠的意蕴里,间或有一两声鸟鸣,穿过叶层,一路辗转传入白帆的耳膜,仔细谛听,格外脆响。白帆从这一两声的脆响里,似乎感觉到了山泉的流淌和野花的芬芳。

“这儿真美!”白帆对李一雄说,“有个诗人讲,吸引人的是美的外表,打动人的是美的内涵,感动人的是美的心灵,而美的心灵则源于自然。这话一点也不错,躲在书房里是读不出这种感觉的。”

“嗬,我们的大美人感受还不浅哪!”李一雄美滋滋地赞扬说。

丢下五百余米小径,岛中路逐渐平缓,但云雾缭绕,犹如仙境。白帆快乐得像个天使,跳跃着跑在前面。李一雄跟在后面,不断地喊着:“小心,别摔倒了! 等等我。”

白帆高兴地回头喊着:“快跑呀,快点!”

这时手机响起,李一雄边走边接电话:“喂,婉妹啊,你胡说什么,什么艳福不艳福的,她在我的面前,不过是权力的绣球。不明白吧,告诉你,我现在的感受是你永远也体会不到的。是的,她很美,但是更重要的是她有一个当法院院长的哥哥。好吧,我们回去再说。”

白帆看李一雄落在后面,大声喊道:“你快点跟上呀!”

李一雄紧跑追赶说:“你跑不了,我会很快就追上你的!”

不一会,他们来到仙人岛龙王庙。庙里香火旺盛,人流不断。

白帆走进庙里,像其他人一样,跪在蒲团上磕头祷告。李一雄看白帆虔诚的样子,也跪在地上,叩拜那些高高在上的神仙菩萨。

白帆磕过头,双手合十,暗暗说:“菩萨保佑,让一雄哥事业发达,让他成为我忠实的白马王子。”祷告完这句话后,白帆用羞涩的目光扫了李一雄一眼。那“扫”,扫得瞬间而逝。

李一雄也双手合十,祷告说:“菩萨保佑,让她成为我的小情人,让我的事业成功。”

走出大雄宝殿,看人抽签好玩,白帆也要抽。

李一雄说:“那些都是假的。”

“假的人家也要抽一支嘛。”白帆撒娇说。

“好，好，好。”

白帆摇了摇签筒，抽了一支，递给老和尚。老和尚接过竹签，看了一眼白帆，又看了一眼李一雄，然后才看竹签。故作神妙地说：“哎呀，这位小姐，现在你虽然有点磨难，但有贵人帮助，不必担心。”

“贵人？”白帆下意识地望了李一雄一下，能是他吗？还是哥哥、新加坡的朋友、金宝利老总、晓频姐？也许这些人都是我的贵人。她有意问和尚：“贵人是谁？有几个？”

“小姐见笑了，贵人只能有一个，他就在你身边。你看，这签上最后一句说：春风有意东南去，云开雾散见太阳。所以，磨难之后见坦途，人生富贵在机遇。小姐，你这是上上签，得多付5块钱才是。”

“谢谢你，说得妙极了。”白帆很认真地说，“一雄哥，你也抽一签。”

李一雄为了让白帆开心，也抽了一支。

和尚看过签后说：“这位先生是富贵命。从商得道，且有美女相陪。厄运已过，时来运转。人常说，天算不如人算，机遇就在眼前，先生，祝你好运啊！你这个签要多收10元。”

李一雄抽出百元大钞，扔在和尚怀里，说：“谢谢你的吉言。”

离开和尚，白帆说：“签上说，云开雾散见太阳，我们头上没有乌云啊。”

“不要信这些，这叫逗你玩的，让你开心一笑罢了。”

“你不信，我信！”白帆固执地说，“我身边就是有贵人。”

李一雄看白帆眼里闪出情火，心也动了起来。他拍了拍白帆，说：“走，下山去！”

他们没按原路返回，而是走向另一边山坡。山坡上草地一片葱绿，野花盛开。白帆一路笑着往山下跑。突然，白帆向后摔倒。跑在后面的李一雄就势从后面抱住白帆。也许，白帆是故意摔倒的。所以李一雄抱得也坦然。白帆倒在李一雄的怀里，软软的、绵绵的，一双大眼睛冒着青春的欲火。李一雄动情地搂紧白帆。白帆没有挣开，两人一起滚到了草地上。纯情的白帆，强烈地刺激着李一雄，他把嘴唇凑向了白帆。也许是紧张，也许是女人本能的条件反射，白帆用手推开了李一雄的脸，坐了起来。

被推躺在地上的李一雄，望着蓝天，失落地叹了一口气，停了一会，才冷静地说："对不起。"

白帆背对着李一雄，颤声地说："不，是……是我没有思想准备。"

李一雄坐了起来，将手搭在白帆的肩上，毫无目的地看着远山风景。

白帆动情地说："一雄哥，此时此刻，我真希望时间停止。让我们好好地感受这美妙的山水，美妙的时刻。"

"是啊，此情此景恍若梦境……"

"一雄哥，我总觉得你好像有心事？"

"没有啊。"

"你骗我，我看你眼睛老走神，我在你身旁你不快乐？是不是还有哪位姑娘等着你？"

"瞎说什么！有你相伴，就是皇帝的宝座让给我，我也不会要的。"

"真的吗？"

"那还能有假？"说着，李一雄忍不住，又要亲白帆。

白帆用拳头假打着李一雄："你坏，你真坏！"

李一雄忍住了。他知道，船到桥头自来直，火候没到，不能心急。他话题一转说："你刚才问我怎么有点心神不定，我是有点。现在竞争这么激烈，我能没压力吗？何况，最近喜客来的情况，你也知道，有时我真的感觉精神要崩溃了。"

"一雄哥，我一直有个问题想问你，世贸大厦正在建设，金宝利公司和世纪集团的合作也有了很大的进展，你们为什么还要拍卖喜客来？"

"有些事情你并不了解。你想干一番大事业，难啊……"

"你想拍卖吗？"

“那是我苦心经营建起来的,我怎么能想卖！喜客来的经营正处在上升阶段,应该是很好的发展时期,只是银团的贷款一时还不上,走这条路实在是无奈之举。你哥哥正在处理这事,我真担心处理不好,影响喜客来的未来。”

“我到有个好主意。”

“好主意？什么好主意？能帮上忙吗？”李一雄听此言有点惊喜。

“我帮不上忙,法院的院长总可以了吧！”

“他能听你的？”

“他有七十二变,我有如来佛的手心。”白帆笑着说,“没有三把神沙,焉敢倒反西岐？”

“真的？”

“那还能有假！”

“要真是那样,我的小美人,我一定重重感谢你！”李一雄喜形于色,“走,咱们下山吃饭去！”

李一雄紧拉着白帆走向下坡路。

走得很快。

五

吴小龙走进陈茵办公室,将判决书递给她说:“这是我刚写好的,请你过目。”

“这么快！”

吴小龙得意地说:“案情比较清楚,只是在叙述上下了一些功夫。”

陈茵问:“合议庭的意见一致吗？”

“当然一致。”

“这个,我要详细看一下,还得向董院长汇报。”

“陈庭,我想……”

“想什么?”

“我想尽快送达判决书,这样,结案的时间就会创审限最短的纪录。”

“好,创纪录!干工作就得有这种劲头。公正和效率,审限越短,越能体现出来。迟到的公正不算公正,你这样做,就是给民庭带了一个好头,我这就给董院长汇报。”

吴小龙对陈茵笑笑说:“谢谢。”

董启汉还在医院里,陈茵便用电话汇报:“董院长,我是陈茵。董伯伯的病好点了吗?谢什么谢,为伯伯献点爱心还不是应该的嘛。董院长,我有个案子想跟您汇报一下。就是小龙承办的种子公司的,对,合议庭意见一致。那好,我们就下判了?判决书我签字?好的,这次我可是当一回院长了,好的,再见。”

陈茵放下电话,在判决书上签下了自己的名字,然后递给吴小龙。

吴小龙将盖好大红印章的判决书放进文件包里,非常高兴地和书记员一起上车,直奔赵金良的种子公司。

赵金良接过判决书简直不敢相信:“真的判了吗?”

“是啊。”吴小龙高兴地说。

赵金良看着判决书,激动得眼泪都流了下来。他紧紧地握着吴小龙的手说:“吴法官,太谢谢你了,你才是真正的青天大法官!”

“我不是什么青天大法官,”吴小龙说,“我以前不是跟你讲过吗,要相信法律,相信我们法院。”

“对,对,感谢法院,感谢法律!”

“你还上诉吗?”

赵金良看了一下判决书,完全合乎自己的要求,说:“我非常满意,不上诉。”

吴小龙说:“如果对方服判,这个案子就审结了,如果对方上诉,我们还要接受上级法院监督。”

赵金良说:“吴法官,我一定敲锣打鼓到中院感谢你们,这是一。第二,对方如果上诉,我们就把官司打到省里,这回我真相信法律了。”

“那就请在笔录上签字吧。”

赵金良爽快地签下自己的名字。

吴小龙赶回天宁后,一进办公室,扔下文件包,就急急忙忙地拨电话:“喂,舒畅吗,我是小龙,告诉你一个好消息,我做审判长的第一个案子审结了,判决书也送达了,今天太高兴了!”

“真为你高兴!”舒畅回答,“主审第一案的大法官,我祝贺你!”

“这只是万里长征走完了第一步,你体会不到主审法官的兴奋是什么样子,真的,我激动得实在有点抑制不住,你别笑话我啊!”

“怎么敢笑话你,高兴还来不及呢! 喂,什么时候请我吃饭?”

“只要你愿意,什么时候都行。哎,我还告诉你一个消息,在判决书里,我把与法律相抵触的地方条例中的条款否了。”

“看得出来,你这个法学硕士,有胆识、有魄力。敢于正视问题,彰显正义,直面地方法规的矛盾冲突,这才是新时代法官的本色。我佩服你! 有魄力!”

吴小龙谦虚地说:“魄力说不上,我们的天职,就是要维护法律的权威。”

“小龙,我也告诉你一个好消息,我的工作就要调整了。”

“怎么,提升啦?”

“你看我是被提升的料吗?”

“那你到哪去,进部委办局准备升迁,不当记者了? 还是继续当记者?”

“当然继续当记者啦,我特喜欢记者这个职业。你不喜欢记者吗?”

“喜欢,喜欢,我的朋友是记者,我敢不喜欢吗?”吴小龙调皮地说。

“去你的!”舒畅喜滋滋地说,“哎,这次调整是报社根据我的申请,专做法制栏目。”

“这可好了，真是不是一家人不进一家门了。这样以后有机会多交流了！”吴小龙高兴地调侃说。

“别贫嘴，晚上绿谷茶酒楼见。”

“遵命！”吴小龙非常开心地挂上了电话。

六

方晓频看着世贸大厦的沙盘模型，对李一雄说：“向市长一再催促，世贸大厦的建设要加快进度，要做到万无一失，不能让国鼎厂搅坏了。”

李一雄说：“没问题，现在各项工作进展顺利，可以向市长报喜。”

“报什么喜，需要做的工作还多着呢。香港那边提出要进度，我们工程部给他们作了个计划，他们还比较满意。前期的合作一定要做好。对向市长只是象征性的交待，香港金宝利是我们的合作伙伴，我们要认真对待每一个细节。尤其是合资方面，我们要争取主动，以免影响今后的工作。”方晓频交代说。

李一雄说：“董事长，我突然有一个想法不知合不合适。”

方晓频狐疑地问：“什么想法？”

李一雄机警地走到方晓频跟前，贴近她的耳朵说了一些什么，方晓频一惊：“这样不好吧，我们不能不守信用。”

李一雄说：“这可是一个机会，从严格意义上讲，金宝利公司是通过它在境内的一家公司汇来的人民币，以人民币出资是违约行为。”

“违约也是到位了嘛，人民币就人民币吧，反正美元也不那么坚挺，我们何苦追究到自己的朋友身上。”

“方董事长,机不可失,抓住这个机会,就可以把世贸大厦据为我们一家独有。”

方晓频做生意还是注重信誉,注重朋友的。她听了这话感到很陌生、很惊讶。她望着李一雄,看似仪表堂堂,想不到心机如此险恶。今后看样子还得留他一手,他能待别人这样,又何曾不能对我?她说:“你今天怎么突然想起了这个?这事非同一般,世贸大厦刚刚动工……这种想法太危险了。”

“董事长,您别忘了,市场经济的游戏法则是物竞天择,是弱肉强食,谁违背了这种游戏规则,谁就要付出代价。他们首先违约,就应该承担责任。”李一雄振振有词说。

方晓频说:“要知道我们是重要的合作伙伴!”

“正因为如此,我们才要用好法律这把‘双刃剑’。”李一雄说。

方晓频走到窗口,望着外面沉思着。突然,她转过身,对李一雄说:“你说的这事,我认为必须慎之又慎。这段时间,官司把我们搅得筋疲力尽,我不想再与官司撕扯了。喜客来陷入官司,是我意料之外的事。拖这么长时间,到底会怎么样,你没底,我也没底。弄好了,还能钱债两清,弄不好,连新世纪公司也搭进去了。尤其是国鼎厂,更是个头痛的事,太牵扯我们精力了,那么多的工人闹事,一会儿要钱,一会儿要地,烦死了!世贸大厦刚刚奠基,背后搞得一团糟,这些你比我更清楚,一想起这些事,我就安不下心来……”

李一雄说:“董事长有点多虑了。我看,您是把问题看得太严重。有些事根本算不了什么,我们不是也一个一个摆平了吗?何况还有向市长关照着,事情还不至于像您想象的那样不可收拾。一路荆棘走过来了,曙光就在前头,董事长难道看不见吗?”

方晓频说:“你说得很轻松,压力在我身上,我心中比你明白得多。有些事,向东尽管在平衡,但最终还得靠我们自己努力。依赖思想要不得。”

李一雄干笑笑说:“想不到董事长考虑得那么深远……”

方晓频笑笑说:“一雄,这么长时间共事,我认为你是最了解我的。目前的状况,对我们并不是太有利,也许我对国内的投资环境了解得不透彻,导致了这么多纠纷一再发生。作为商人,无论是处理纠纷,还是处理官司,都不是好事。我们还要集中精力干些事情,搞出点名堂来。一雄啊,我怎么感觉自己好像走入了低谷,看不到峰顶呢!”

李一雄说:“董事长,凭您的谋略和声望,在天宁比得过您的恐怕还没有第二个。”这家伙无时无刻不在拍马屁。

“现在不是你我相互奉承的时候,”方晓频摆摆手说,“不过,在世贸大厦工程中,你还是尽心尽力的,我比较放心。一雄,我们要把投资这块蛋糕做好,做成规模。等世贸大厦竣工,我们在天宁的地位奠定了,再考虑别的事。所以我想,在这个时候,考虑金宝利的事,不是上策。你刚才提出来的想法,听起来有利于我们公司,实际不合适。我们要讲究诚信,要注重信誉。这是我做人的根本,也是世纪集团的根本。否则,我们的事业将前功尽弃,鸡飞蛋打。若是那样,你我在天宁就不会有立足之地了。”

李一雄为自己辩白说:“董事长,我说的与诚信无关。我主要从法律角度考虑的。如果讲诚信,也是金宝利先失信。我们抓住这一点,有理、有利,置他们于死地,谁也不会说我们,相反会责备他们金宝利。”

方晓频被他说的有点心动,问:“你有没有把握?”

李一雄说:“现在还说不上有把握,我只是有这个想法。如果要做,就得充分利用法律上的优势。我希望您再仔细想一想,您如果有顾虑,可以让余婉妹去操作。”

“余婉妹?”方晓频说,“我们不能把宝押在一个小律师身上。”

李一雄护着余婉妹说:“她是我们的好帮手,在许多事情上,她处理的还是不错的。这次国鼎厂的事,也是她去办的。”

方晓频说:“这一点我不否认,她的确为我们出了力。和她接触这么长时间,我有一种直觉,我觉得这人太重利,不太可靠。”

李一雄有点不高兴,毕竟是她热恋的女人嘛。

方晓频停顿了一会儿说:“好啦,这事先放一放吧。”

李一雄的目的没达到,有点无味,说:“董事长,没什么事我就走了。”

方晓频说:“你等等。”

李一雄刚到门口,停了下来。转脸问:“董事长,还有事吗?”

方晓频看了李一雄一眼:“听说你跟白小姐打得火热,还约她出去玩?”

李一雄有点尴尬地说:“我,只是——”

方晓频打断他的话说:“咱们合作这么长时间,对你生活上的事,我从不过问。但对白帆这件事,我不得不说句话。白帆是我老同学白天的妹妹,虽然我和白天是两股道上跑的车,但是还有一分情谊在。我必须保护他的妹妹。这个女孩很单纯,别看她是大学生,实际上对社会、对人生、对爱情、对周围的一切,都很陌生。在她的眼里,一切都是美好的,到处都是真善美,所以很容易上当受骗。你那点花花肠子,我早就明白。你并不想去娶她,你只不过想占有她罢了。一雄,感情是要真诚的,不能当儿戏,你应该好自为之。”

李一雄被说得面红耳赤,一时不知说什么好,只好说:“董事长,您的话我记住了。”

方晓频说:“我想了一下,不管怎么样,你还得去把国鼎厂的案子再落实一下。”

李一雄说:“庭开过了,就是还没结果。”

“你不说让余婉妹送钱给董启汉的嘛,这事做得怎么样?”

李一雄非常有把握地说:“这次跟上次不一样。这次,他父亲等着钱开刀,他又借不到钱,所以,从这里打开缺口还是比较容易的。”

方晓频说:“这件事你必须盯住,官司不管进行到什么程度,世贸大厦的工程决不能受影响。”

李一雄说:“我明白。”

这时电话铃响了,方晓频接过电话:“喂,啊,向市长啊。”

向东说:“晓频,你抓紧准备一下,我一会陪周书记到世贸大厦工地视察。”

市委书记来视察，这太好了！这等于变相地支持她。方晓频顿觉喜从天降，连忙对李一雄说：“快，周书记和向市长马上到大厦工地视察，我们赶紧过去！”

方晓频和李一雄刚赶到工地，就远远看见两辆轿车驶来。

周中华和向东一下车，方晓频和李一雄就连忙迎了上去。

方晓频满脸笑容地和他们一一握手，说：“欢迎周书记、向市长来视察工作！”

向东笑着说：“方董事长，这次周书记是专门来调研的，作为天宁经济发展的龙头，周书记一直关注着世贸大厦的建设。你可不能有丝毫的松懈，进度还得加快。”

“有周书记和向市长的关照，有市委、市政府的支持，我们有信心把世贸大厦建成天宁第一高，决不辜负周书记和向市长的厚爱。”方晓频激动地说。

周中华听后，大加赞扬说：“好，有气派！当初看到你们的规划时，我还没意识到这就是天宁第一高呢。晓频同志，真想不到啊！看来，向副市长力主把你请回来，这个决策是完全正确的！天宁需要发展，有一张宏大的蓝图，可以画最新最美的图画，这就需要你这样有抱负的创业者去开拓，去创造。晓频同志，我代表天宁人民感谢你！”

方晓频笑着说：“周书记，感谢我可不敢接受，有您这话，就是对我最大的鼓励，最大的关怀！”

向东说：“周书记，我们到那边再看看。”

在视察施工现场时，李一雄一路不断介绍。

向东和方晓频，有意无意地落后了一步。

向东问：“晓频，现在还有什么困难吗？”

方晓频说：“困难谈不上，资金基本到位了，工程进度也是按时间表进行的，按期完成大厦工程应该说没问题。不过，向市长，国鼎厂的官司让人担心。我们的世贸大厦好像成了‘空中楼阁’。”

向东不解:“什么意思?”

方晓频说:“向市长给的土地,人家跟着要,您让我抱回了一个又哭又闹的孩子。”

方晓频说出这话后,又有点后悔。她怕向东引申此意。

“你能替我抱一个哭闹的孩子,就了不起。哭闹怕什么,作为一个企业家,要有处变不惊的本领才行。”向东哈哈笑起来。接着,他又小声地对方晓频说,“等着吧,我会给你一个惊喜的!”

七

陈茵和吴小龙、审判员大李正在研究国鼎厂和世纪集团土地纠纷案件。

陈茵说:“作为本案的承办人,我说说我的意见。本案经庭审质证、认证,以及双方当事人辩论,经过分析,承办人认为有以下几个问题需要合议:一是合同的效力问题。承办人认为本案的国鼎厂与世纪集团的土地转让合同是有法律效力的。首先是当事人意思表示真实,这一次双方当事人包括国鼎厂的代理人也没有提出相反意见。也就是说,双方对于转让的土地,没有争议。我们应当尊重当事人的真实意思,这体现了民法的立法精神。大家对这个结论有什么意见?”

审判员大李说:“我同意承办人的意见。合同效力争议不大,应该认定有效。”

陈茵问:“小龙你的意见呢?”

吴小龙说:“这个我没什么意见,但在庭审时,当事人提出收回土地……”

陈茵打断他的话说:“我们应该先明确第一点,大家对合同认定有效没有相反意见,就这样定了。原告提出收回土地的事是第二个需要讨论的问题。这是本案的关键,当事人在庭审时争论最激烈的也在这里。这个焦点的问题明确了,以后的处理意见也就好确定了。其实,还有一个当事人对合同履行违约的问题。我认为,双方当事人都有违约的事实存在。原告把土地转让给世纪集团,被告没有支付合同约定的金额,已经构成了违约。但原告在交付土地时,保留了加油站的那5亩多地,也形成了事实上的违约。当事人也对此事看法一致。至于原告提出收回转让的土地,要求解除转让合同,法庭能否支持,大家议议。小龙,你先说说。”

吴小龙说:“我认为原告提出收回土地的诉讼要求有一定道理。第一,被告在签订合同后,没有履行合同的诚意,包括到现在,也没有具体意见。相反却一味地强调原告国鼎厂违约。虽然在签订合同时,双方当事人意思表示真实,但没有履行合同的诚意,造成违约,又没有采取补救的措施,原告提出解除合同,收回转让的土地,是基于这种事实。第二,我把问题放大一点看,最近我也看了一些资料,当前社会上关于土地转让和企业改制有‘零土地出让金’的提法……陈庭,我是不是扯得远了点?”

陈茵说:“你继续说,观点很新颖嘛。”

吴小龙说:“当前国有企业以非常优惠的条件,将土地使用权转让给民营企业,以便处理原企业拖欠的保险、医疗、工资福利等费用。转让的本意,是解决企业职工的生存问题,安置好工人的生活。但是目前在企业转让和土地交易中存在不少‘暗箱操作’,具体到本案,世纪集团得到了他们应该得到的土地,即便是加油站的土地没有交付,但也没给世纪集团造成不履行的后果,我们也看到世贸大厦已经开工了。然而原告国鼎厂呢,他们得到了什么?他们没得到出让金,130名工人也没得到合理的安置。工人们在这种状况下,当然心理不平衡,他们要收回土地也是正当的。”

陈茵反对说:“我认为此案不能仅仅从合同的条文判断,要从合同履行的现状,从合同的法律性,从实际出发,来看待原告的请求。我不同意原告收回土地的要求。就目前来看,恢复原状是不现实的。即便是在拆迁案件中,一些当事人也提出‘原址回搬’的问题,现在的焦点应该是合同的不完全履行,而不是像原告所说的没有履行,再重新恢复到合同签订之前。我们不能光看到现在工人的问题没解决,还应该从实际现状考虑。现在世贸大厦正在施工,解除合同,让他们停下来不干,于法于理都站不住脚。我倾向于世纪集团的辩论意见,尽管他们有许多违约的事实,也可能存在着刚才吴小龙所说的‘零土地出让金’的问题,这些都不是我们所需要调整的。我们要严格把握转让合同的法律关系,我的理由……”

吴小龙听了陈茵的阐述,很不服气,不等陈茵说完,就抢着说:“陈庭长,我不同意你的观点!李大柱和张国兴说过,这块土地是职工的生命线,这也是案件的基本事实。”

陈茵说:“我不否认你说的,但我们要尊重案件的事实。本案中,在履行合同时,虽然互有过错,但均未造成合同不能履行的后果……这些是我们合议时应该认真考虑的。”

吴小龙:“我仍然坚持我的观点!”

陈茵说:“好吧,现在散会,大家回去再考虑考虑。”

大家走后,陈茵沉思了一会,拿起笔迅速写着:“本案所涉5月4日签订的转让协议以及债务转让协议,系当事人双方真实意思表示,内容合法,合同有效,当事人双方应当依约履行。本案当事人双方在履行合同中虽互有过错,但均未造成合同不能履行的后果。何况转让协议约定的第一批转让款已如期交付,只是尚欠的400万元未能到位,世纪集团应当承担责任……”

陈茵正写着,董启汉推门进来。

“董院长,您怎么来了?”

“明天市里有个会议,白院长有事不能参加让我去,我来拿会议材料,晚上好看一下。”董启汉走近陈茵,“还在研究案子?”

“是世纪集团的案子,刚才合议庭进行合议,意见不太一致,我正在理一下思路。”陈茵笑笑说。

董启汉很关切地问:“合议的情况怎么样?”

陈茵说:“我的意见是由世纪集团赔偿给国鼎厂转让费,吴小龙却支持国鼎厂收回土地的诉讼请求,因为转让的土地与厂里工人的生活密切相关,我正考虑如何处理呢。”

董启汉说:“陈茵啊,你是院里的业务骨干,我们审案应该讲究审判艺术,通过审理一案,达到影响一片、稳定一方的社会效果。这是我们法官应该注意掌握的,全国上下提倡讲究法律和社会的双重效果,这件案子,更应如此。它涉及面广,影响面大,较为复杂。在这方面你要好好考虑一下。还有世贸大厦已经启动了,又是市里的重点项目,这些因素你都要通盘考虑进去才行。”

“董院长,有些问题不是我们法院所能解决的。”

董启汉语重心长地说:“我还是希望你着重考虑一下案件对经济发展大局的影响,对稳定的影响,你要细一些,再全面一些,不要为办案而办案啊。”

陈茵请教说:“董院长,您是什么意见呢?”

“我的意见嘛,这个案子先放一放,看看市里什么说法。好,你忙吧,加班也别太晚,要注意身体呀。”董启汉说完转身走去。

陈茵感到困惑,很困惑。

这个老头子,今天怎么啦?怎么像换了一个人似的?

八

白天刚关上办公室的门,准备到执行局去看看,却发现妹妹白帆来了。

“哥,你要出去?”白帆问。

“你怎么来了?”白帆突然到来,白天感到很奇怪。他问:“有事吗?”

白帆嘴一撅,撒娇地说:“没事就不能来看你?”

白天重新打开门,说:“走,快进去。”

白帆跟了进去。

“有什么快说,”白天催促说,“我还有事。”

“你要急,我就不说了。”白帆嘟着嘴,不乐意地说。

“你这个小丫头啊!好,我不急,你说吧。”碰到这样的犟妹妹,白天只好让步。他无奈地笑笑说。

“我上次跟你说的世纪集团的案子,你问了吗?”她答应过李一雄的事,不能不过问。不过她也知道哥哥的脾气,所以也不敢问得太急。

白天手机响起,他连忙接电话:“义鸣吗?我马上就过去。小帆,你刚才说什么?”

“我是说世纪集团的事。”

一听这事,白天马上严肃起来。他正言厉色地说:“小帆,我告诉你,你什么事都能说,但有关案子的事,你不能说!”

“干嘛这么凶,我也没说别的,不就是让你关心一下世纪集团嘛。”白帆不高兴地嘟着嘴。

“你上次问我的时候,我就告诉你了,这事不要问,尤其是世纪集团的事,你更不要问!你怎么就不明白呢?”

“我为什么就不能问?”白帆反问,“我是金宝利公司的公关部经理,金宝利和天宁世纪集团是伙伴关系,我问是正常的,有什么不可以?何况晓频姐对我、对你都那么好,我当然不希望他们的公司出事了。政府一再强调,要搞好软环境治理,要你们执法单位为企业保驾护航,企业经营上出了点小差错,你们应该帮助协调解决才是,你们非要把企业搞垮了才高兴、才叫秉公执法吗?现在金宝利和世纪集团正在联手建设世贸大厦,你得促成这个事业完美成功才是。”

“小丫头,你懂什么!”白天说,“今后要把心思多用在工作上,什么案子呀,官司呀,你都不要介入。就因为你哥当这个院长,有些人在我身上找不到油水,可能就会打你的主意。小帆,哥哥的话,你要记住。无论在个人问题上、在相交朋友上、在事业上,都要小心谨慎,凡事要三思,多问一个为什么,一个人无缘无故突然对你好的时候,你更要提防。你还太年轻了,你对社会不了解,有些事情也不是一下子就能明白的。"

"好了,好了!哥,我也不是小孩子,婆婆妈妈地说这些,烦不烦?"白帆生气说,"照你这样说,喜客来的事我也不问了!"

"哎,哎,这是两码事。"白天忙说。

"什么两码事,不都是案子嘛。只需我帮你,不许你帮我,这不公平!哼,还是当哥哥的呢,欺负人……"

白天刮了一下白帆的鼻子说:"哟,哟,生气啦,你这个小丫头呀,有些事不是一句两句话能跟你说清楚的,那边还等着我去开会,你先回家去,你嫂子老是叨念你,听话,哥哥找时间专门跟你说,好不好?"

"又骗我。"

"不会的,你看哥哥什么时候骗你啦?"

"那好,一言为定。这可是你说了,找时间专门跟我说清楚。"

"行呢。喜客来的事你要抓紧联系。"

白天说着关上门,跟白帆一起下楼。白帆离开后,白天便去执行局。这时,手机又响了。

"我是白天……哦,向市长,您好。"

"白天啊,市财政拨款,这两天就到。等急了吧,实在没办法,市里财政太紧了。我这也是给你们挤的。"

"谢谢向市长,太让您费心了。"

"我也只能尽一点微薄之力,还有什么困难,以后慢慢解决吧。政府的工作你也要多支持一下。"

"向市长客气了,政府的工作,就是我们的工作。支持政府的工作,也是我们应尽的职责,有什么事,向市长尽管安排。"

"白天啊,世贸大厦是市政府的重点工程,我听说最近被扯进了一场官司,你们法院不是要为重点工程保驾护航嘛,我看这事请你过问一下,不然会影响工程的进度。"

"好的。"白天迟疑了一下说,"向市长,关于世纪集团的事,如果有什么情况,我会及时向您汇报的。"

"这个事,你看着办吧。"说完就挂断了手机,也不问白天有没有话要说。

这是一句扛不动的话。我看着办?我怎么看着办!调子你已经定了,办也得那样办,不办也得那样办,我能怎么办?怪不得老董一次两次腿都跑断了,你就是不拨款,原因原来在这儿。重点工程是应该保护,但是,我们保护的应该是合法经营的重点大户,倘若违法,我怎么能保护呢!你市里树形象也罢,抓重点也罢,总不能违法乱来吧,更不应该忘记老百姓。我们的党,我们的政府,如果不把老百姓的利益放在第一位,那还叫什么共产党,还是什么人民政府?树形象干什么的?抓重点干什么的?发展经济干什么的?还不都是为了老百姓的利益。如果你树的形象、你抓的重点都违背老百姓的利益,还不如不抓的好。

白天郁闷地收起手机,走进执行局郑义鸣的办公室。

"义鸣啊,你们那个小组进展如何?"

"白院长,我们最近又执行了6起案件,大家对结果都非常满意,也非常兴奋。"

"好,你再给大家鼓把劲,"白天高兴地说,"把执行会战推向一个高潮,到时候,我好好地给大家请功。"

郑义鸣说:"白院长,刘志毅的案子,朱庭长在远江找到了启明星电子器材公司的经理罗子明,他们那个公司一直没有经营,经过做工作,罗子鸣答应给钱,可是按规定时间已经过了,我们估计罗子鸣可能想赖账,我们想对他采取拘留措施,你看可以吗?"

"可以考虑。我们先要尽量做思想工作,让他自觉履行,如果就是不听劝告,继续抗拒执行,一定要采取强制手段,决不手软!"白天说,"我再强调一遍,工作要扎实,一定要搞实、搞准,拘留是我们最后一把剑,不到万不得已,轻易不要使用。但是,一旦使用就要使用好!”

“我明白!”

白天走出执行局,正好碰上办公室的赵主任,就吩咐说:“赵主任,百日执行会战,短时期内已经执结了六十多起案件,战果显著,你们尽快地把执行成绩通报市委,同时要求各县市区法院,把执行情况每日一报,对在执行中出现的典型,要大张旗鼓地宣传,以推动执行会战再战辉煌。”

赵主任说:“白院长,您放心,百日执行会战的情况我们已经写了一份材料,正要送给您看看呢。等您看过后,我们再通报市委。”

白天接过材料,又返回办公室。

九

张国兴正在国鼎厂厂长办公室里,劝说几个退休的老工人。

张国兴对老工人甲说:“我说张师傅,你老也清楚,我们正在和世纪集团打官司,他们的钱到现在还没到位。你们这些老师傅,为国鼎厂立过汗马功劳,我要是有一分钱也要给你们解决呀,我实在没钱。你们就是不找,我也着急,你的医药费实在没法报。”

老工人乙说:“国兴啊,我们也知道你难,可现在看病,动辄就是几十块,我们也是没办法。你是知道的,我们一家几口,都在国鼎厂上班,退休的退休,下岗的下岗,上班的还拿不到工资,孩子们上学都没钱上。我那个大孙子黑蛋,你是知道的,多聪明啊,在学校里考试,哪次不是前几名,考上重点高中没法上,现在去南方打工去了,才十六岁啊!”老师傅说着说着,便哭了起来,“你说,我这个哮喘又是个老毛病,死又死不了,活着又受罪。一到冬天,喘得气都透不过来,哪还是人过的日子?

家里不那样困难,我怎么好意思开口要钱看病?"

张国兴安慰说:"李大爷,都怨我这个厂长没当好,让你老受委屈了,你们两位老人先回去,最近几天,我一定想点办法,给你们解决一些困难,厂里没钱,我就是砸锅卖铁,也要给你们搞点药费钱。"

突然,一辆轿车驶入国鼎厂大门,张国兴和老工人看着开来的陌生轿车很诧异。

轿车在厂长办公室门口停了下来,车上走下来两个人。

张国兴认得其中一个,那是市政府办公室主任马皮京。他热情地迎了上去,说:"你好,马主任。"

马皮京握着张国兴的手,皮笑肉不笑地说:"国兴同志,我来介绍一下。这位是市政府新任命的国鼎厂厂长黄忠诚同志。"

张国兴一怔。这来得太突然了!他没有一点思想准备。不要他干,或者是调他走,最起码事先跟他打个招呼吧,讲级别,他是部队团职干部下来的,孬孬好好也是个处级干部吧,怎么招呼也不打,突然就来这一套?这是咱们党的干部政策吗?走就走,有什么了不起,到哪儿不是干。

马皮京又对黄忠诚介绍说:"这就是张国兴厂长。"

黄忠诚上前一步,和张国兴握手。

马皮京说:"国兴同志,经市政府办公会研究并报市委组织部备案,即日起由黄忠诚同志接替你任国鼎厂厂长,你的工作,市委另有安排。今天主要是让你们见见面,工作什么时候交接,你们自己商定,不过要快速,不能影响厂里工作。"说着从公文包里掏出市委的红头文件递给张国兴。

张国兴极力克制自己,阴沉着脸接过文件,苦笑着对黄忠诚说:"欢迎黄厂长,非常抱歉,我没有给你留下什么财富,留下的只是一大堆官司和困难。"

马主任说:"张厂长,大家理解你的处境。市政府这也是为你考虑啊!今天就到这里吧,你们好好聊聊,我先回去了。黄厂长,国鼎厂虽说是个烂摊子,可有好多事要做,希望你不要辜负市政府的希望,有什么事，趁张厂长没走之前，多征求征求他的意见。”

“那是的，那是的”，黄忠诚连连答应。他是向东的“钦差大臣”，当然知道来国鼎厂的目的。他也知道自己不过是向东派来的傀儡，他不能违背向东的意图，倘若违背，张国兴的下场就是他的下场。

马皮京说：“那我就走了，张厂长，你好好配合黄厂长，把工作移交好以后，跟向市长说一下，市里会及早安排你的。再见。”

马皮京是黄忠诚送走的。张国兴只是在原地举举手，算是告别。

黄忠诚回来后，张国兴找来一个大纸箱子，一边收拾办公桌上的东西，一边对黄忠诚说：“好了，你来了，我就走了。我是见证了国鼎厂的兴衰，国鼎厂风风雨雨十几年，到目前这种情况，大家心酸，我更心酸。我从部队转业，来到国鼎厂，也是没黑没白地干，认准了厂兴我兴、厂衰我衰这个道理，可是，最后我还是被淘汰了，国鼎厂也被淘汰了。严重亏损、倒闭，这就是结果。国鼎厂的债务倒是不少，债权呢，只有世纪集团是最大的一家。目前我们正在中院打官司，你也知道大家关心的就是这一块，国鼎厂唯一的家底全交给世纪集团了。工人们希望用世纪集团补偿的钱，来交养老金，以便好维持以后的生活，这是国鼎厂的重中之重，唉，至于什么结果，我是无力过问了，我最大的希望，就是你能把这件事处理好，不负大家的期望！”

黄忠诚轻轻地点点头说：“老张，我理解你的难处。”

张国兴握着黄忠诚的手说：“我走了，你来也是迎难而上，多保重。”说完便抱起箱子离开厂长办公室。

出门一看，门口聚集了好多工人，李大柱也在其中。他们默默地看着张国兴，张国兴为之一愣，站在那儿，不知说什么好。毕竟相处了十几年，毕竟水里来火里去并肩战斗了十几年，怎么能没有感情？

李大柱喊道：“张厂长，你不能走！你是我们工人们选出来的厂长，我们不同意你走，你就不能走！大家说对不对？”

众人齐声说：“对，没经过我们同意，凭什么更换厂长的！”

李大柱说：“我们去找市政府，问问他们，凭什么随意换厂长的？

他们把张厂长调走到底为什么？我们要他们给个说法！”

众人齐声说：“对，要市里给个说法！”

“工人弟兄们，你们不能去，你们要是去的话，不是帮我了，那是害我，是给我添罪。”看到工人们这样支持自己，张国兴激动得眼里噙满了眼泪，他给工人们深深地鞠了一躬说，“这些年来，我张国兴对不起大家，没把工厂搞好。如今，黄厂长来了，我相信他能带领大家振兴国鼎厂的！你们也应该相信他！”

工人们眼睛都湿润了。留，是留不住了，胳臂拧不过大腿，市里作出的决定，他们不敢违抗。他们主动向两边分开，给张国兴让出一条路。

张国兴抱着纸箱子，眼含着泪水，恋恋不舍地离开工人弟兄，离开国鼎厂。

黄忠诚望着张国兴离去的背影，心里也不是滋味。

说不定自己将来还不如他！

他想。

十

“朱庭长，您说罗子明会回来吗？”丁雨晨问。

“我们应该相信他会回来的。”朱民生沉吟说。

孙法警说“我们对罗子明家进行监控，一直不见他影子，他根本没回家，我看罗子明不是讲信用的家伙，他不会回来的。”

丁雨晨说：“他现在还没回家，说明他还有住处。”

朱民生没有说话，看了看手表，手表夜光针正指在凌晨两点四十。

这时两名监控罗子明家的法警开门进来，说：“朱庭长，罗子明家早就灭灯睡觉了,可就是不见罗子明。我们跟附近邻居打听,他们说,罗子明在临江花园还有一处房子。”

朱民生兴奋地说:“好啊,今天太晚了,大家先休息,明天一早就去临江花园,到时就是挖地三尺,也要把他挖出来。”

第二天早上四点钟,他们就来到了临江花园小区。经打听,罗子明果然在这儿有处房子:301 室。保安人员说,头天晚上还看到罗子明的,早上没看到他出去。

朱民生等人迅速来到三楼,丁雨晨敲门。门内没有声音。丁雨晨再次敲门:“罗子明,请你把门开开,我们知道你在家。”

这时,门里传来罗子明的声音:“你们找谁?”

丁雨晨说:“我们是天宁中院的,请问罗子明住这儿吗?”

“我不认识这个人,你们找错地方了!”

丁雨晨说:“我听出来了,你就是罗子明!”

“什么罗子明,我不认识这个人!”

朱民生走上来说:“罗子明,你要什么赖,我们已经问清楚了,你还不快开门? 你要真不开,别怪我们采取措施!”

门终于打开了。罗子明穿着睡衣,探出一个圆球笑脸说:“对不起,原来是你们,我以为是谁呢,请进来吧。”

众人进屋后,罗子明脸带笑意说:“对不起,让你们久等了,朱庭长,我还有点事,你们等一下,我去去就来。”说完,转身就想走,被法警拦住。

朱民生厉声说:“罗子明,我警告你,今天来就是找你的,你明明在屋里却不承认,现在又想溜,你到底是什么态度,难道还要我们采取强硬措施?”

罗子明看溜不走,只好赔不是:“朱庭长别生气,我不走还不行吗?”

朱民生说:“罗子明,要是根据你刚才的做法,我们必须强制执行。这份判决书已经生效几年了,申请执行的时间也很长了,前几天我们也跟你谈过,你答复还钱的,现在钱准备得怎么样了,你说说看。”

“你叫我怎么办,我就怎么办。”罗子明说。

丁雨晨说:“那好,现在履行判决书。”

罗子明对丁雨晨有点不屑一顾,他对朱民生说:“朱庭长,我也不愿意欠人家钱,可是,公司没有能力偿还。你叫我配合,我绝对积极配合,法律的威力我知道。杀人偿命,欠债还钱,天经地义。”

“你不要净讲好听的,你说到底怎么办?”朱民生不耐烦地说。

罗子明低头不说话。

朱民生说:“罗子明,不管公司情况如何,你一定要履行判决。刘志毅公司的案件因为不能履行,造成了很大影响,直接损害了法院的形象。如果有能力不履行,我们可以依法对你采取强制执行,轻者拘留、罚款,情节重的,可以判你刑。这个难道你不清楚吗?”

罗子明说:“我实在无能为力。”

朱民生强压怒火,正告罗子明:“你不要以为法律对你没有威力,我们现在是迁就你!”

罗子明突然哭了起来:“朱庭长,你以为欠钱好过吗?我天天人不人鬼不鬼的,东躲西藏,那是人过的日子吗?公司欠债,停产好多年了,工人的工资都欠好多年了,我上哪儿弄钱,我是有还债的心,没还债的力啊。”

丁雨晨说:“积极配合工作是你的责任,没钱可以想法子嘛,有资产可以拍卖抵账,如果外面有你的债权,我们可以依法执行第三方债务。”

朱民生说:“如果你公司有外欠的债权,我们可以执行。”

罗子明听到此话,马上转悲为喜:“外面欠我们公司的款,是有几家。数量也不少,就怕你们执行不了,如果能执行来,偿还这笔款是绰绰有余的。”

丁雨晨说:“你把债权证明拿来给我们看看。”

罗子明说:“公司倒闭了,会计也没有上班。”

朱民生说:“我们希望你在最快的时间里找到会计,拿到债权证明交给我们,别再耍小聪明!”

罗子明说:“你们给我执行外欠债权,就是给我帮大忙了,我感谢都来不及呢,还能再骗你们。”

朱民生说:“好吧,我们等你结果。”

回到招待所,郑义鸣也赶到了。朱民生对他汇报了罗子明的情况。

郑义鸣说:“如果他再拿不出债权证明,又没有具体的还款计划,故意拖延,院长同意我们对他采取强制措施。”

朱民生说:“我同意这个方案。罗子明的案子再等一等,看他能耍什么花招。”

丁雨晨说:“郑局长,我看不能等!”

郑义鸣和朱民生惊讶地看着这个小青年。郑义鸣说:“你讲讲理由。”

丁雨晨说:“罗子明这个人,太狡猾。我们找他几次了,每次都谈得很好,可光打雷不下雨。我认为对他提供的线索进一步核实,同时要盯紧他,让他交出债权,不能再给他喘息的机会。”

郑义鸣笑着说:“小丁提的这个想法很好,大家看怎么样?”

朱民生说:“小丁倒提醒了我们,在执行这个案子上,我们不能仅仅讲究做了多少工作,跑了多少腿,更重要的是注意效果。这方面我们考虑得不太多,看来我们是要调整一下思路。”

郑义鸣说:“是这样。我们要力争执行一件,就要有一件的效果。我是有点急功近利了。好,就按小丁的想法去做。今天晚上大家分头行动。老朱,我带人去查封电子器材公司的财产,你和小丁一起去找罗子明,让他带着你们去找会计。”

朱民生说:“好!”

当夜,郑义鸣带着两个法警,来到远江电子器材公司。看门的是个五十多岁的人,正坐在椅子上一边喝茶,一边听收音机里播放的京剧。他看到郑义鸣等人进门后,一愣,然后站起来问:“你们是干什么的?”

郑义鸣说:“我们是天宁中院的,前来对你公司的财产进行强制执行。”

两名法警拿着封条,向里走去。看门人急忙冲上前去,拦住法警说:“你们这是干嘛,公司早停产了,工人也不上班了,东西没东西,钱没钱,有什么好查封的!”

郑义鸣说:“我们是依法办案,请你协助我们工作。”

这边,郑义鸣等人查封公司;那边,朱民生、丁雨晨和两名法警来到罗子明家。

丁雨晨敲门,门内没动静。朱民生又上去敲,还是没动静。

法警正要强行进入时,对门一个老太太走了出来。问:“你们是找罗子明的吗?”

丁雨晨紧迎上去,笑着说:“大妈,我们是找罗子明。”

“他没在家。”

“你知道他上哪儿去了吗?”丁雨晨仍是一脸灿烂的笑容。

老太太看了看朱民生他们,不像是一伙坏人,就说:“回老家给他老母亲庆寿去了。”

“你知道他老家在哪吗?”朱民生问。

“好像是城北罗庄。”

“谢谢你,大妈。”丁雨晨说便和几个人下楼。

他们赶到电子器材公司的时候,郑义鸣还正在指挥人贴封条。

郑义鸣指着大门上的封条对看门的老头说:“老大爷,我们依法进行查封,公司里的资产不允许任何人转移、变卖。这是查封手续,你把它交给罗子明。”

看门人接下手续。

郑义鸣看到朱民生后,忙问:“怎么样?”

朱民生说:“罗子明不在家。”

“他跑了?”郑义鸣一愣。

“据他邻居说,罗子明回老家给他老母亲过生日去了。”

“知道他老家在哪吗?”

“邻居说,好像是城北罗庄。”

“好,我们回去研究一下怎么办!”郑义鸣说。

披着一天星光,警车返回招待所。

撤诉风波

CHAPTER 08

一

世纪集团财务部异常繁忙,电话铃响声不断。

李一雄问财务部齐经理:“东方公司的汇款办过去了吗?”

财务部齐经理回答:“李总,还没有呢,我抓紧安排人去办。”

李一雄非常恼火地说:“你是怎么搞的,这点事还三番五次地安排!”

齐经理说:“对不起,李总,下次不会了。”

“没有下一次,下次再这样你就要考虑另谋高就了。”

“李总,大家实在太忙,我正要跟您建议呢,财务部是不是再增加些人员,近期公司业务太多,大家都在不停地加班,还是忙不过来。我也非常急啊!”

“你说的这些确实是问题,我向董事长汇报一下,你抓紧把那笔款办好。”

李一雄回到办公室立即给方晓频打电话。

“董事长,财务部最近一直反映工作量太大,人手不够,而资金流量又太大,忙不过来,是不是可以增加几名财务人员?”

方晓频回答说:“公司千头万绪,人手是少些,这件事你看着办吧,”

“我看不如到社会上公开招聘”,李一雄说,“我们也需要网罗一批精英啊。”

“好的,我同意,你具体办吧。”

李一雄又拿起另一部电话:“让财务部齐经理到我办公室来。”

齐经理走进来说:“李总,那笔款办好了。”

李一雄说:“好的。关于财务部增加几个人的问题,董事长已经同意了,你看需要什么样的人,需要多少?”

“至少需要一名经理助理。”

李一雄说:“你起草一个招聘计划,准备好面试题目,我让人事部发布招聘广告,搞一个大型的招聘会。记住,要好好借助国外企业的做法。通过这次招聘,同时也好好宣传一下世纪集团,提高我们的知名度,一举两得。”

齐经理说:“我马上去办。”

齐经理刚出门,余婉妹推门走了进来。

“我说是谁呢,连门都不敲就进来了。”李一雄满面堆笑,轻轻扭了一下余婉妹的脸说,“除非我的‘野玫瑰’才敢这样。”

余婉妹说:“怎么,我来你不高兴,是不是想你那位白小姐了?”

“看你说的,你来我怎能不高兴,我当然高兴了!”李一雄迅速地捏了一把余婉妹,岔开话题说,“哎,我托你办的那事办得怎么样了?”

“没办!”余婉妹故意说。

“你怎么不去办?”李一雄心里不乐意,但脸上没表现出来。

“你有意伤我自尊啊!”余婉妹一摊双手说,“我怎么去办,一想到你让我去找那个白帆,我就感到别扭。你愿意找,你自己去找,反正我不去。”

李一雄扶着余婉妹的肩膀乞求说:“我的大律师,我的心肝宝贝,帮我一回忙好不好,我求你了,你总不能见死不救吧!”

余婉妹嘟着嘴说:“你什么忙我都能帮,就是找她不行!再说了,我帮你的忙还少吗?我是律师,法律上的事,没说的,我一定会尽全力。请白帆,哼,没门!话说回来,找她这样的人,你还要我帮忙吗?”

李一雄笑着说:“人都说世界上找不吃饭的女人很容易找到,但是绝对找不到不吃醋的女人,醋的滋养能使女人成精。这话不无道理,今天从我的'野玫瑰'身上,我的确体会到这句话是绝对的真理。哎,你说实话,我跟白帆接触,你是不是吃醋了?"

"我吃醋?"余婉妹冷笑笑说,"开什么国际玩笑?我吃醋!她有什么醋让我吃?好了,我还有事,我走了。"说完便转身离开,李一雄分明看到她因气而落下的眼泪,砸到了地上,砸碎了一地的不堪与隐忍。

"你回来。"毕竟是怀中的尤物,李一雄舍不得丢掉。

余婉妹停了下来,李一雄替她擦了擦眼泪,说:"怎么生气了?开开玩笑嘛,你过去感情可没这么脆弱。"

"还不是你逼的。"余婉妹娇嗔地翻了一下眼说。

"好,好,都怪我,我的心肝宝贝。"李一雄哄着说,"法院那边的事,你办得怎么样?"

"对了,今天在中院我碰到董院长了。"

"他怎么说?"

"他说,余律师,在我最困难的时候,你帮了大忙,我实在过意不去,上次冒犯了你,请你原谅。他说着掏了5万多块钱,一定叫我拿走,说剩下的钱,会慢慢还的。我说,董院长,这钱我不能要。他说,你无论如何得收回去,我不能无功受禄,还说什么,你的心情我理解,我的为人你也清楚,你要不拿回去,我心里不安。我说,董院长,不是我不想收,只是,这钱不是我的。他说,不是你的是谁的,我查了医院的收据,单据上是你签的名。我说,董院长,实话跟您说,这个人送您手术费,一是看您为老父亲凑不齐手术费犯难,二是敬佩您的为人正直,公正无私,才出手帮助的,您不要有什么顾虑,既然事情过去了,手术也成功了,老人家的病好了,这是大家的心愿,您不必内心不安。他说,人情我领了,可钱我还得还你们,如果你不要,你就得告诉我送钱的到底是谁,我好当面谢他,你总不能让我一直蒙在鼓里吧。于是我就把你的名字告诉了他。"

"提我他怎么说?"李一雄问。

“他说,是他的钱,我更不能收。这钱你快拿走。接着非要还钱给我,我没要。他说,如果你不要,我就登报披露。”

李一雄咬牙切齿地说:“这个老东西,真不识抬举!天底下还有这样不懂事的东西!”

余婉妹说:“就是嘛,我跟他说这钱是你送的,他当时就非常反感。”

“你怎么能说是我呢?”李一雄不高兴地说。

余婉妹说:“当时那情形你不知道,他退钱坚决得很!所以说,我们真得想个办法,他要是真的向媒体披露了,麻烦就大了,我这个律师也当不成了!”

李一雄说:“这事还真麻烦,我以为他钱收了,老子手术做了,我们就成功了,想不到他还是这样,看来这个董启汉还真不好对付。实话说,上次他从家里把钱扔出来,我以为是做给大家看的,这次手术费估计没问题,谁知,哎,看来这个人还真够正的。这事虽说有点麻烦,但我还真佩服这样的人,要知道,这样清廉的人不多了。”

余婉妹说:“无论如何,你得想办法制止他,不能让他张扬出去。”

李一雄说:“事到如此,只能这样,他想张扬,你想制止也制止不了。人总要交心,才能成为朋友,我要让他知道,我也是一个重感情的人,是一个干事业的人。”

二

喜客来大酒店整体转让终于成功。

白天高兴,因为这次探索,既维护了法律的尊严,又保证了企业的良好发展,这是一条新的执行之路;方晓频高兴,喜客来的转让成功,使她摆脱了一次官司纠缠,没给世纪集团带来多大损失;白帆高兴,新加坡的客户是她引来的,生意的成功,可以提高她的威望,也给李一雄减少了一次压力;李一雄当然也是满意的,虽然喜客来是他的掌上明珠,但这颗珠子他守不了,为了世纪集团,为了世贸大厦,说得再准确一点,为了他自己将来更大的利益,舍掉一点鱼饵,丢掉一个卒,也值得。

签字仪式完成后,就在喜客来大酒店里举行小型酒会。白天端着酒杯,走向正在跟别人聊天的方晓频。方晓频含笑看着白天走过来,于是跟客人打个招呼便转身迎了上去。

白天憨厚地笑着说:"老同学,祝贺你。"说着与方晓频碰杯,两人都抿了一小口酒。

方晓频也笑着回答:"应该感谢你,喜客来能有今天这样的归宿,是我万万没有想到的。"

白天说:"我也没想到有如此好的结果。"

方晓频说:"我的大法官,你们法院在这里面起了很大的作用,我得送给你们一面锦旗表示感谢。"

白天笑着说:"老同学,锦旗就免了吧,说实在的,作为法院,一直注重司法效果,你能满意就是我们的成绩。"

正说着,白帆很得意地端着酒杯笑嘻嘻地走过来说:"哥,晓频姐。"

"我们的大功臣,哥哥这厢有理了。"白天难得能当面开玩笑。

白帆也开玩笑回答:"免礼,免礼。"说着两人都开心地笑了起来。

看到他们兄妹如此高兴,方晓频说不出心里是什么滋味。

白帆对方晓频说:"晓频姐,我今天真得很高兴。"

方晓频笑着把白帆搂在怀里说:"小帆,我也很高兴,你帮了你哥哥和我的大忙,我一定会重重谢你的!"

白帆说:"这是我应该做的,谁叫你是我哥哥的老同学呢!"白帆说这话时,瞟了方晓频一眼,那含义是意味深长的。

听到这话,方晓频看了白天一眼。看这一眼,还是看得很辛酸的。毕竟他们相爱过,可是,尽管一次又一次的努力,她仍然无法得到,最后,她觉得自己不能再继续受这种无法实现,而且永远也无法实现的理想折磨,她应该走自己的路。在商品经济社会,她不应该为不可能的爱牺牲自己。她已经牺牲得够多的了,她不该继续作这种无谓的牺牲。她想走出一条新路,一条实惠的新路。

听到这话,白天也看了方晓频一眼。看这一眼,同样看得不是滋味。是的,他们相爱过,也热恋过。可是,他们一次一次接触,不是越接近越爱,而是越接触感情越远。他们是两股道上跑的列车,所以,永远也跑不到一起。

白帆还算聪明,她也看出两人之间的尴尬,为打破这种难堪的局面,于是说:"来,为了今天签字的成功干一杯。"

三人碰杯喝酒。这时,舒畅拿着采访机走了过来。舒畅对白天说:"白院长,对不起,能打扰一下吗?"

白天笑笑点点头,然后对方晓频介绍说:"她是省报的记者舒畅,对我们的执行工作,一直跟踪采访。"

方晓频说:"大名鼎鼎的舒记者,两篇文章震动天宁。"

舒畅说:"方董事长过奖了,一会儿我还要采访你呢。"

"好,欢迎。"说着和白帆向新加坡商人走去。

舒畅问白天:"白院长,请你谈谈今天执行喜客来大酒店的感受,这次转让成功符合执行工作的要求吗?"

白天显得很兴奋,说:"今天我非常高兴。喜客来大酒店经过执行人员近一段时间的积极努力,终于找到了婆家。在执行过程中,喜客来大酒店实现了整体转让目的,这也是我们法院执行工作的一次新尝试。如何解决执行难的问题,我们中院执行人员是动了心思的。他们采取措施时也非常谨慎,今天的转让成功,打开了我们执行喜客来大酒店的'瓶颈',也是对我们执行工作的一次检验,应该说是一个很好的范例,相信各方对此会非常满意。今后,我们一定会加强这方面的研究,探讨出更多切实可行的执行办法，在维护法律尊严的同时，为企业的发展服好务，尽到我们应尽的职责。"

香港代表走过来和白天握手表示感谢。舒畅没有采访香港客人，而是直接去采访方晓频。

方晓频正与新加坡客人商谈。

新加坡客商说："董事长，我有一个想法，那就是你继续执掌喜客来大酒店。"

方晓频笑着说："喜客来大酒店开业不久，对这个新生儿今天的归属，我表示非常欣慰，同时也感谢你对我的信任。"

新加坡客商说："考察喜客来大酒店的时候，我们了解到方董事长的能力，实在令人佩服。"

方晓频说："我只是踏实地工作。"

"方董事长，你还没回答我的问题，"新加坡客商说，"我们来联手做好喜客来大酒店，你看怎么样？"

方晓频说："喜客来大酒店凝聚了我的心血，现在虽然物易其主，但我仍寄以厚望，期望喜客来大酒店这块牌子不倒。"

新加坡客商说："这是我们合作的基础，我们期望你尽快作出决定。"

方晓频说："好的，我会尽快考虑的。不过，目前世贸大厦还需要我全身心地投入，恐怕心力不济。"

新加坡客商伸出手和方晓频握手说："董事长，我们随时恭候你的回音。"

方晓频说："再次感谢你对我的信任，我想我们一定会有机会合作的。"

这时方晓频的手机响了，她对新加坡客商说声对不起，便接电话："你好，向市长。"

"晓频，祝贺你！"向东说。

"这里也有您向市长一分功劳啊！"

“哪里的话,喜客来找到新婆家,你这个大管家,是不是应该加快世贸大厦的进度了?”

“向市长放心,我们会按计划完成的。我只是希望您抽点时间过问一下国鼎厂的案子。”

“我就喜欢你这样干事业的劲头,国鼎厂的事情,你放心好了,我一定会处理好的。你等着瞧吧!”

方晓频非常高兴地收起手机,迎接舒畅的采访。

李一雄端着两杯酒,来到白帆跟前,他递一杯酒给白帆笑容可掬地说:“白小姐,喜客来有今天,可少不了你的一份功劳,来,干一杯!”

白帆非常高兴地碰杯喝酒:“我可没做什么,只不过是为朋友帮忙罢了。”

“那天在健身房玩得开心吗?”李一雄忘情地注视着白帆说。

“开心。”白帆低声说,“一雄哥,你是我见过的最有美感(她本想说性感,没好意思说)的男人。有时我真不敢看你的眼睛,你眼里有一种独特的力量,迷人,勾人魂魄。”

“是你的美丽打动了我。我是相信命的,还记得那天抽的签吗?”

“记得。签上说你时来运转,说我云开雾散。是这样吗?”

“当然是啦。”李一雄用眼勾着白帆说,“有时间到世纪集团做客。”

白帆欣然答应说:“我会的,大家都是好朋友嘛。”

余婉妹走进会议室,发现李一雄和白帆在一起说笑,顿时醋意大发。但是,这个大发,只是发在心里。毕竟自己不是李一雄的老婆,情人关系也是保密的,所以在这种公开场合,她无法发威。何况她怕失去李一雄,怕失去李一雄的钱包。

她走到李一雄跟前,先对白帆笑笑算是打了招呼,然后对李一雄说:“李总,喜客来的清单已经准备好了,需要你去交接签字。”

李一雄将酒杯交得余婉妹,说:“好吧,白小姐,你和余律师聊,我去一下。”

白帆深情地望着李一雄离开。

余婉妹越看越不是滋味。这臭丫头看样子是迷上李一雄了。她忍住醋火,仍笑嘻嘻地说:“白小姐,你身材这么好,真让人羡慕。”

女孩子就喜欢人家夸美,听余婉妹赞她,她真有点飘飘然,也笑着说:“我不行,你才苗条呢!”

余婉妹说:“我天天做健身才这样,几天不做就不行。白小姐,你喜欢做健身吗?”

“当然喜欢啦,什么健身、游泳、旅游,我都喜欢,只是事务太多,没时间。”

余婉妹笑着说:“看样子,我们是志趣相投,哪天我们一起去玩好吗?”

“那敢情好,我正愁天宁没有姐妹一起玩呢!”

“好,你听我电话,哪天我约你去玩。”余婉妹笑了笑,笑得心怀叵测。

“一言为定!”白帆也笑了笑,笑得天真幼稚。

三

黄忠诚来到天宁市中级人民法院民一庭。

陈茵正在审阅案件。

黄忠诚递上一份申请书说:“陈庭长,我们撤诉。”

陈茵接过申请书一看,是国鼎厂的,非常惊讶。前一阵子,张国兴还专门来声明坚决不撤诉,怎么换了一个厂长就要撤诉?她说:“撤诉的事,你们认真考虑了吗?”

黄忠诚说:“我们研究过了,撤诉对我们国鼎厂是有利的。既然转让了,许多事情可以心平气和地解决,不一定非要闹到法院。”

陈茵说:“这个案子开过庭了,已经具备了通过法律来解决问题的条件,我希望你们回去再认真考虑一下。我们不仅仅为办案而办案,更注意社会效果,让百姓们满意。另外,张厂长在的时候,一再声明不撤诉,他说这是全厂职工的一致意见,现在才没几天,你又提出撤诉,前后反复太大,你们是不是再考虑一下。”

黄忠诚有点不愉快。他张国兴算老几,一个被市政府贬掉的厂长,狗屁不如!现在我是厂长,我说了不算,谁说了算?工人算个啥?你工人支持张国兴,张国兴怎么不干?尽管有气,黄忠诚仍然心平气和地说:“我们都认真考虑过了,我认为通过友好协商,比通过法庭解决问题更容易些。不伤和气把问题处理好不是更好吗?陈庭长,难道你希望我们跟世纪集团闹个天翻地覆才好吗?”

黄忠诚的最后一句话说得有点刻薄。他并不在乎陈茵,因为他的背后有向东作后盾。

陈茵也很明白他不满意,他突然提出撤诉,肯定有原因。为慎重起见,她还是劝说:“黄厂长,你错误理解我的意思了。你想友好解决,也许是可行的,不过,我还是希望你们慎重一些。我看你们是不是现在先协商,等协商好了,再撤诉也不迟。万一协商不好,我们仍然可以作出判决。”

黄忠诚说:“陈庭长,你这就多虑了。撤诉的后果我很清楚,你说的那些话,我们都考虑过,法律的知识我们虽然没有你懂得多,多多少少也知道一些。你就不要再多说了,我们现在就是要撤诉,这也是我们全厂职工的一致意见!”

陈茵看他这样坚决,只好说:“既然这样,你把撤诉书放在这儿,我们还要征求被告意见。”

黄忠诚以为她故意刁难,反问道:“我们是原告,现在我们不告了,自愿撤诉,为什么还要征求被告意见?”

陈茵说:“如果被告没有反诉的话,你们撤诉可以不征求他们意见。但是,在开庭时,被告世纪集团提出了反诉请求,现在是否准许撤诉,还得与他们沟通。”

“原来是这样。好吧,我们等你通知,希望你们快一点,不然会影响我们的工作。”黄忠诚说完就目无一切地走出民一庭。

陈茵拿过撤诉书,认真地审阅着。吴小龙走了进来。

陈茵说:“小龙,来看看这个,看怪不怪。”

吴小龙看了撤诉书后,忿忿地说:“他们简直是胡闹!怎么该撤诉呢?”

“我已经做了工作,他不听,坚持撤诉。”

吴小龙说:“陈庭,他坚持撤诉,你有没有一种感觉?”

陈茵看了看吴小龙,说:“感觉?什么感觉?”

“我觉得这里面有问题。你想,这个黄忠诚刚到国鼎厂,什么事也没办,第一件事就是把案子撤了,这里面肯定有道道。他们这个道道,绝对与国鼎厂无利。”吴小龙肯定地说。

陈茵点了点头,说:“我也觉得不对头。我去跟董院长汇报一下,看他是什么看法。”

董启汉听了陈茵的汇报后,一反常态说:“撤就撤吧,法院只管盘案,人家不要你管了,你还管什么?处分权在当事人手里。”

陈茵听董院长说出这种话很失望。这不像一贯认真办事的董院长说的话呀!她莫名其妙地问:“董院长,这里面涉及大局利益的问题,工人们有意见怎么办?”

董启汉冷冷地说:“陈茵,我们是办案,在这种事上,我们把握好程序不出问题就行,你尽快给他们办手续,这种案子脱手越早越好。就这么定吧。”

陈茵看董启汉这样反常,本想再说什么,还是控制住了。她闷闷地返回办公室。

吴小龙听后,不满地说:“董院长这样批评我们是不对的!事实这么清楚,撤诉明显损害国鼎厂的利益,批准撤诉是不对的!”

陈茵说："我也以为董院长是不会同意撤诉的，谁知他不仅同意，还催我们快办。现在看来只有征求被告意见了，被告要同意，我们明知不妥，也毫无办法。"

吴小龙说："把鱼送到猫嘴里，猫能不吃？明明是会败诉的案子，被告能不撤诉！是傻子才不撤呢。"

陈茵摇摇头说："我心里有一种说不出来的滋味，我怎么感觉都不对头，可是我又说不出来什么，这案子办得真让人憋气！我真纳闷，董院长在世纪集团这个案子上，怎么反复无常呢？前几天，他还说要以稳定大局为重，把国鼎厂的案子放一放，不要忙着办，现在又催着我快办，这到底怎么回事？"

吴小龙说："陈庭，不知你觉察到没有，自从董院长父亲生病以后，董院长就变得不可捉摸了。有时，你真不知他在想什么。"

"也许他压力太大。"

"就是压力大倒没什么"，吴小龙沉思说，"我担心他站不好最后一班岗。"

"你是说……"陈茵知道吴小龙担心的是什么，于是说，"他不是那样的人。"

"这还有什么一定的。一个人如果在这时候出现反常，就值得考虑。"

"你别胡说。这样吧，国鼎厂的案子，我再去请示一次，也许他刚才是情绪不好呢。"陈茵为慎重起见，决定再次去见董启汉。

董启汉正在看报纸。报纸上赫然刊登着舒畅的文章：《天宁中院执行取得双重效果，喜客来大酒店喜嫁外商正常经营》。董启汉细读了一会，突然放下报纸，打开抽屉，从里面拿出手术费用单，刚想看，听到敲门声，连忙收了起来。

陈茵说："董院长，我想再跟您汇报一下国鼎厂的案子事。"

董启汉不高兴地说："我不是跟你交代过了吗，怎么还汇报？"

陈茵说："这个案子很特别，是否还应该向审委会汇报？"

董启汉不耐烦地说:“双方当事人都同意撤诉就行,还汇报什么?你看看这张报纸!”

陈茵接过报纸看了一眼。

董启汉继续说:“讲究双重效果就是双方当事人满意,我们不要与当事人叫什么真,撤诉就是最好的效果。”

“董院长——”

“好了,好了,就这样定吧!”

无奈,陈茵只得退出院长办公室。

四

警车停在罗庄村口。

丁雨晨、郑义鸣、朱民生和两个法警走下车来。

一个村民看到后,立即跑回村里。

丁雨晨说:“局长,我去了。”

郑义鸣说:“小丁,一定要注意安全。”

“你放心吧。”丁雨晨说着就向村里走去。

郑义鸣看着丁雨晨的背影说:“经过这段时间的锤炼,小丁成熟多了。”

朱民生赞叹说:“这小家伙,脑子清醒,办事精练,是个做法官的好苗子。”

郑义鸣说:“老朱,这次执行,我有个想法,按乡村习惯,罗子明给他母亲做寿,如果我们现在就拘留罗子明,有悖情理。这样不但会对罗子明造成负面影响,还可能会激化罗子明的情绪。”

朱民生说:“我也感觉现在直接拘留不妥。”

“你看这样可不可以?”郑义鸣说着附到朱民生耳边低语,朱民生连连点头。

罗子明老家很热闹,家里有摆桌子的,有办菜的,有布置寿堂的,有贴对联的,有挂鞭炮的,大家忙得不亦乐乎。村民从院外跑来,贴耳告诉罗子明什么,罗子明听后既惊讶,又紧张。他与村民走向院门,看丁雨晨从远处走来,急忙对村民说:“你帮我挡一下驾,看他们要干什么。”说完就火速闪进院内。

丁雨晨走到院门外,问村民:“请问罗子明家在这吗?”

村民说:“你是干什么的?”

丁雨晨说:“我是他朋友,找他有点事。”

“他今天给母亲做寿,正忙着呢。”村民说,“你找他有事?”

“啊,是这样,他要忙就算了。”丁雨晨说过,转身离去。

丁雨晨回到村口时,郑义鸣等人正在跟村委会主任讲话。

村主任说:“郑局长你想得很周到,请你放心,我们村委会会配合你们工作的。今天是罗子明老妈妈过生日,他正张罗着给母亲做寿,你们就让他尽这份孝心吧。明天一早带他走,不迟。你们放心,他跑不了,他跑了我负责。”

郑义鸣问丁雨晨:“罗子明在不在家?”

“在家。”

郑义鸣一摆手说:“大家上车,打道回府!”

第二天一大早,郑义鸣他们又回到了罗庄。村主任早在村口等候。一行人来到罗子明家门口,村主任敲门喊道:“子明,子明!”

院门突然打开,罗子明走了出来。四名法警想上前制伏罗子明,被朱民生制止。

罗子明陪着笑脸说:“我知道你们今天会来。昨天是我老母亲生日,你们给足了面子,太谢谢你们了!让你们跑了几次,实在对不起。”

郑义鸣说:“昨天我们本想把你带走的,后来考虑再三,才没带你走。我们也不想让你老母亲难过,也不想让你在亲戚朋友面前丢丑。”

“谢谢,谢谢。”罗子明扭动着肉桶似的身躯,说,“郑局长,您说需要我做什么,我一定积极去做。”一贯横行霸道的罗子明,现在就像个龟孙子,要多乖有多乖。

郑义鸣说:“刘志毅的欠款纠纷,牵扯到许多民工工资,你得想法解决呀!”

罗子明说:“公司好长时间没开工了,实在拿不到钱,我也是真心想给他们。”

郑义鸣说:“我告诉过你,没钱就想想别的办法,根据实际情况,拿出还款计划,或者看还有没有可以变现的东西。”

罗子明为难地说:“巧媳妇难做无米之炊,我这锅里没豆子,做什么豆腐给你们呀。郑局长,你们这样照顾我,我再不讲理能行吗,我实在是没办法!”

朱民生说:“你不说你还有外欠债权的吗?”

罗子明眼睛一亮说:“是有一家。”

郑义鸣和朱民生也来了精神,异口同声地问:“哪一家?”

罗子明摇了摇头,叹口气说:“这家没用,公司早倒闭了。远江法院去了多少次,一分钱也没执行回来。”

郑义鸣说:“你先说说是哪一家。”

罗子明说:“这样吧,我们一起到启明星公司,判决书放在财务科,你们看看就知道了。”

郑义鸣等人同意,说:“罗子明,你先回家把家里事安排好,别让老人担惊受怕,然后抓紧回来,我们一块去拿判决书。我们在这等着你。”

为防止罗子明再次耍花招,郑义鸣让几个法警暗暗地跟了去。不过,郑义鸣一再交代,不要让罗子明的家人知道,最好也不要让村里人发觉。一来是给罗子明留个面子,二来也是从安全角度考虑。还好,罗子明回到家中很快就回来了。

大家上车返回远江。路上罗子明说:“三年前,当时我们生产的电子产品滞销,正好天宁亿豪公司手里有一份合同……”

“亿豪公司?”郑义鸣问。

“对,亿豪公司。”罗子明说:“我们接了这个合同,按合同发了货,货值70多万元。货发走之后,对方把货款汇到了亿豪公司,我们找亿豪公司,他们不认账,于是我们就打官司,申请执行,执行到现在我们手里只有一份判决书。”

郑义鸣说:“你还了解亿豪公司哪些情况?”

罗子明说:“其他的不太清楚。这些货是我们生产的最后一批,我们的流动资金全部押在上面了,从那以后,我们就停产了。”

郑义鸣说:“你现在对亿豪公司一点也不了解吗?他的法人是谁?”

罗子明说:“公司的法人代表是王路,这人好像从人间蒸发了。自从他那个公司倒闭以后,我就没见到过他。现在去找,我看希望不大。”

郑义鸣说:“咱们就死马当作活马医吧!”

郑义鸣等人在启明星电子器材公司拿了判决书后,就让罗子明先回家等候处理,他们返回天宁,径直来到天宁市工商局服务中心。通过电脑查询,亿豪公司早就注销了。

郑义鸣问:“原始档案还有没有?”

工商局的服务人员说:“没有。”

郑义鸣说:“这就怪了,电脑上没有,可能是注销了,但是原始材料应该保存呀?”

服务人员说:“我才来没几年,具体情况不清楚。”

没办法,他们只好离开工商局。

罗子明回到家后,打开电视,想放松一下,此刻电视里正在播放新闻。罗子明本不想看新闻,他认为新闻里讲得全是空话、假话,所以不愿意看。可是,这次电视画面上出现的世贸大厦工地的一个人引起了他的注意。这个人怎么长得跟那个王路似的。他仔细听播音员介绍:“我市最高的建筑世贸大厦的建设正在进行,日前,本台记者采访了世纪集团的副总经理李一雄先生……"

屏幕上出现李一雄正接受记者采访的镜头。罗子明目不转睛地盯着,突然,他一拍大腿,大叫说:"什么李一雄,就是他妈的王路!"

罗子明老婆从屋里走出来说:"叫什么叫,一惊一乍的!"

罗子明指着电视屏幕说:"快看,这就是亿豪的王路,叫老子找得好苦,现在他妈的竟变成了李一雄,这小子就是扒皮我能认到他骨头!我可找到他了!"

他立即拨通了郑义鸣的电话。

五

金麒麟海鲜城的湾仔厅里,方晓频正坐在宽大的餐桌旁。

服务小姐一边往方晓频杯子里续水,一边问:"请问要不要上菜?"

方晓频有点不耐烦,说:"看不到嘛,客人还没到,再等一下。"

又等了好一会儿,还不见人影。方晓频实在坐不住了,站起来走到窗口,对外眺望。约好了是六点钟,他怎么失约了?失约可不是他的风格,何况是她方晓频之约!

在一阵"欢迎光临"的莺歌燕语声中,向东总算在服务小姐的引导下走进包间。

方晓频张开笑脸急忙地迎了上去:"市长大人,您可真忙,害得我等这么久。"

呵,这女子今晚真漂亮,黑色的晚装,映衬着她的如雪肌肤和姣好曲线。向东笑了笑,深表歉意地说:"实在不好意思,事务繁忙,无法脱身。要不是你有约在先,我还不知道忙到什么时候呢。"

“上菜吧。”方晓频吩咐服务小姐，然后深情地望着向东说，“向市长请坐。”

这个方小姐今天的热情似乎跟以往不一样。瞧她那眉眼，听她那磁性的声音，无不显示出她的深情。看样子，今天她的那扇紧闭的门，能对他打开了……凭直觉。

方晓频温情地说：“今天是专门答谢向市长的。”

向东笑着说：“说什么客气话，这是我求之不得的，我非常珍惜这个机会。说，我们喝点什么？”

“来瓶法国白兰地怎么样？”

“OK！”

服务小姐酒菜上齐后，在方晓频的示意下退了出去。方晓频坐到了向东的身边，望着他那温情的眼睛，说：“向市长，今天我要亲自给您把盏。”

方晓频的这番热情真让向东受宠若惊。

方晓频斟好酒后，端起酒杯说：“向市长，我先敬您一杯，这一杯祝贺我们世纪集团的官司圆满了结！”

向东举起酒杯，兴奋地说：“晓频，我就不客气了，干杯！”

两人在“干杯”声中喝完了杯中酒，方晓频顺势从向东手中接过杯子，又倒了一杯，紧接着也给自己倒了一杯，然后举起杯子，秋波频闪说：“这一杯，敬给天宁市我最敬佩、最欣赏、最信赖的人，天宁的改革先锋——我的向市长……”

“我的向市长”叫得向东真有点神魂颠倒。他有点局促地说：“我的大董事长，你过奖了，我真的承受不起……”

方晓频说：“也许是上帝的安排，让我们走到一起，共谋发展。来，为我们同舟共济干杯！”

“来，干杯！”向东动情地举起酒杯与方晓频相碰。

四目相视，视不尽无限的情意；两杯相碰，碰出了炽热的爱花。向东碰杯碰得痴迷，方晓频碰杯碰得内疚。这些年来，向东追她追得辛辛苦苦,她却全然不顾;这些年来,她想白天想得呆呆痴痴,白天却视如敝屣。她不爱的人,给了她想要的一切;她爱的人,给了她不想要的一切。尽管白天是个可依赖的人,可是他的港湾容不得她这只小船躲雨避风;尽管向东是个有心计的人,但他的舞台上没有一流演员,等着她去上演鹊噪一时的大戏。思来想去,她把爱的砝码,只好心不甘情不愿地放到了向东一边。等不来的梦想,何必苦苦守候?成不了的姻缘,何必死死强求?

想到这些,方晓频倒满了第三杯酒。也许是醉意,也许是故意,也许是差强人意,方晓频晃了一下身体,竟歪倒在向东的身上。方晓频如此大胆,这是向东始料不及的。在向东的眼里,方晓频是那样高贵,那样典雅,那样高不可攀,今天她这是……

方晓频突然挺直身体,端着酒杯,醉眼朦胧地说:"这第三杯,祝我们俩联起手来,共同创造一片新天地,干杯!"

向东急忙站起来:"来,为我俩创造一片新天地,干!"

方晓频举起杯并没有喝,而是凑近向东,媚眼缠绵地说:"我听您说过,您要给我一个惊喜,这个惊喜我收到了,真是感谢不尽。您知道,我是个知恩图报的人,但却不知如何感谢您。思来想去,今天,我也要送您一个特别的礼物,就不知您愿不愿意接受。"

方晓频要送他什么"特别礼物",他心知肚明。这种礼物,正是他梦寐以求的,焉有不受的道理!他知道方晓频要面子,所以趁机表白:"能得到晓频的礼物,那是三生有幸!说实话,在天宁什么能使我最幸福,那就是你晓频赋予我生活的激情。还记得那首歌嘛,'爱着你的爱,梦着你的梦,担心着你的担心……'"向东一边轻轻地唱着,一边深情地望着方晓频。

方晓频痴痴地听着,迷迷地望着,那眼神似乎告诉向东,伸出手来,我就是你的。

向东当然读懂了方晓频的眼神,他温柔地扶着方晓频的肩,让爱在指尖无声地流淌。

方晓频此时真正体会到了自己生命和灵魂被爱笼罩着的幸福感觉。这种感觉,很美！她端起酒杯想喝酒,她想用酒醉来遮住自己的冲动。

向东一把抓住方晓频的酒杯说:“晓频,你喝得太多了。”

方晓频再次倒在向东的怀里。这次,倒得是真心实意。

向东迅即抱住方晓频,宛然是抱住了风情、抱住了心爱。方晓频则微闭眼睛,默默地看着向东,看得执着、看得入迷。

向东喃喃地说:“晓频,你是我的灵魂,你是我的一切。”说着就要亲吻方晓频。

方晓频突然从向东的怀里挣扎着站了起来,她说:“我说过要送你一样礼物,走,我带你去一个地方。”

粉红色的跑车停在海边的一栋别墅下。

向东看着别墅问:“这是什么地方?”

方晓频一扬头说:“我们的家。”

“真是个好地方!”

走进别墅,方晓频打开电灯,富丽豪华的大客厅展现在向东面前。红橡木地板和假天花灯槽,把客厅画成正圆形,盛载影视器材的木屏风弧变恰好与圆周相应,木屏风背后和电视柜底均镶上了灯槽,灯光令这一阙弧的轮廓更清晰浮现。圆圆的真皮沙发,像一坐下去即可甜睡的地方,衬上那一张不规则的茶几,真是谈谈情说说爱的好地方。

“你这里太美了!”

“走,上楼去参观一下。”方晓频意味深长地拉着向东的手走上楼,来到卧室。

卧室的灯光是暖暖的黄,温暖着主人的心。室内简简单单,只有一张大大的双人床和一列木衣柜,拐角就是套房浴室,标志是一只酷似浴室玩具的木鸭子,非常可爱与巧妙。床头的上方,是一幅西方名画《浴女》。

方晓频关上房门,靠在门上说:“现在这个世界上只有你和我了……"

向东再也克制不住,他一把抱住方晓频,激动地啃着她说:"晓频,我爱你,我太爱你了!"

方晓频说:"向市长,此时此刻,这栋美丽的别墅以及别墅的主人,都属于你了……"

向东说:"这就是你送给我的特殊礼物?"

"不,你只能得到一样东西。"

"一样东西?"

"对。"

"那是什么?"

"这个!"方晓频指指自己的心口说。

"好,我就掏出它!"向东说着便将方晓频扑倒在床上。

暴风骤雨过后,他们静静地享受着雨后的阳光、雨露、春风。

方晓频说:"向市长,最近李一雄有个建议,我也把握不好,想跟你商量一下。"

仍沉浸在温情中的向市长说:"说说看。"

"李一雄说他有一个妙计,可以将香港金宝利公司'请出去'。"

向东惊讶地问:"他是什么意思?"

方晓频说:"我们需要打一场官司,就能达到由世纪集团独立操作世贸大厦的目的。"

向东皱了一下眉头说:"这样不好吧,现在你们两家公司不是合作得很好嘛,如果打官司,会影响世贸大厦的进度的。"

方晓频裸露着上身坐了起来说:"我想不会。问题是要把好时机,恐怕到时还要动动你手中的权力,从中协调一下,我们这方面保证会做到万无一失。"

向东轻轻地抚摸着方晓频说:"这事我不太懂,你们看着操作就是了。不过,有一条,绝不能影响世贸大厦的工程进度。你明白我的意思吗?"

方晓频点点头:“当然明白。”

看到身旁美丽的尤物,向东再次激动起来。

六

周中华站起来,面对书橱,突然转过身来对白天说:“现在不是谈责任的时候,从司法程序看,你们对这件事处理得没错,问题的关键是,如何从广大的工人利益出发来解决问题。”

白天说:“是啊,司法为民啊。”

周中华拿起电话说:“让向副市长到我办公室来一下。”

周中华在办公桌前走动着说:“要抓紧研究一个补救措施,我多次说过,政法工作,就要始终绷紧稳定这个弦,这是政治的需要,不能松懈啊。法官办案同样要讲政治、讲大局,不能就办案而办案,就事论事啊。”

白天说:“这起案件我们处理得不够恰当,给市委添了麻烦,我们一定吸取教训。”

周中华说:“中院的工作我一直持肯定态度的,许多方面做得都不错。喜客来大酒店通过执行转让,没有影响喜客来的经营,还引进一个外商,处理得就非常好,这说明法院还是有好戏唱的。”

白天说:“周书记,我们的工作有欠缺的地方,可有时也是出于无奈……”

“你的意思我明白,当前,我们正处于向法治社会转轨时期,有些事情需要慢慢磨合。”周书记正说着,向东敲门走了进来。他看白天也在,有点不自然地笑笑:“周书记,您叫我?”

周中华问:“向东,国鼎厂案子撤诉了你清楚吗?”

向东故作惊讶地说:“撤诉?谁让他们撤的诉?”

周中华说:“这件事关系到国鼎厂稳定的问题,市委常委会已经明确由你负责处理,如今出了这么大的事,你居然不清楚!你看看,国鼎厂的工人联名告状信都送到我这儿来了。”周中华很生气地把信对着向东连连拍着。

向东唯唯诺诺地说:“周书记,您放心,我马上去处理这件事。”

周中华说:“现在一再讲稳定是大局,不管处理什么事情,都要绷紧稳定这根弦。国鼎厂的事,你尽快落实好,要让工人们满意。”

向东说:“我这就去处理,保证让工人们满意。”

白天回到法院,就打电话给陈茵,让她立即来院长办公室一趟。

当时陈茵正跟吴小龙谈国鼎厂撤诉的事。

吴小龙问:“陈庭长,国鼎厂的案子又汇报得怎么样了?”

陈茵说:“还是那样。我跟董院长说,他竟显得不耐烦,说什么人家要撤诉,我们就撤,没有理由不同意。”

吴小龙说:“这么重大的诉讼,说撤诉就撤诉,太草率了!这种行为是不是损坏了企业的利益?算不算渎职?”

陈茵说:“你说得是有道理。可是我们也没有证据说人家不合法,至于渎职,法人代表要渎职,我们又能怎么样?董院长说了,他们有这种处分权。”

陈茵正说着,听白院长突然叫她,她感到很奇怪,于是赶紧来到院长办公室。

白天阴沉着脸将一封信扔到陈茵面前的桌子上,声音很严厉地说:“你看看,这是怎么回事!”

白天这样对她发火,她还是头一次碰到。在她的印象里,白天虽然严肃,但不严厉。他轻易是不会发这么大火的,看样子问题不轻。她急忙打开信看了一遍说:“白院长,刚才我和小龙还议论过这件事,从司法程序上讲,国鼎厂撤诉并没有什么不妥,只是……”

白天生气地说："只是什么？你也是个老庭长了，这么大的案子，应该详细审查，你这样做是不是太草率了！这下可好，刚刚撤诉，工人们的联名告状信就送到市委周书记那儿了。"

陈茵很委屈地看着白天，没有替自己辩驳。

白天大概发觉自己态度不好，口气稍微和缓了一些，说："我一直跟你们讲，一定要从党和政府的工作大局出发，注重司法的社会效果，可是，你们处理国鼎厂的案子是怎么考虑的？同意撤诉是很简单，但是，你们考虑到了嘛，这个案子处理不好会直接诱发社会不安定因素。"

陈茵备感委屈，努力想解释说："院长，您说的道理我明白，可是……"

白天没让陈茵说话："陈茵，我刚才有些急躁，说话态度有点不好，很抱歉。对不起，说实在的，原告要撤诉，我们也没办法，我们也无权制止。问题是案子撤了，根本的纠纷没解决。这件事非同小可，涉及上千名职工的吃饭问题，即使要撤，也要先把问题基本解决才行，这是我们法院的社会责任啊。"

陈茵说："撤诉书纠纷是经他们双方协商处理的。双方当事人我都询问过，他们都说协商好了，其中参与协商的还有市里主要领导。我当时想，有市领导参与，大概不会出问题，所以就同意撤诉了。"

听说有市里主要领导参与，白天皱了皱眉问："真有市里领导过问吗？"

"是的，双方都是这样说的。"陈茵知道是谁，但没有说出哪个，同样也没把董院长晒出来，这并不是她的狡猾，而是她的策略，她不能让领导之间闹矛盾。她说，"院长，您看下一步该怎么办？"

白天沉思说："现在麻烦的不是官司本身，而是官司后面的广大工人利益……这样吧，你把国鼎厂的卷宗送来给我看看再说。"

吃过晚饭，陈茵看白天的办公室的灯亮着，也来到自己的办公室。她拿起电话："白院长，都八点了，还在加班哪！"

"陈茵，你在哪里？"

“我在办公室。”

“正好,你过来一下,我正要问你一个问题。”

陈茵放下电话,关灯来到白天的办公室,敲门而进:“白院长,晚饭吃了吗?”

“刚才你嫂子送来饭给我吃的。”白天说,“陈茵,你看国鼎厂的案子突然撤了,这里面有没有猫腻?”

陈茵刚想张口,一股狂风袭来,风吹得窗户“啪啪”作响。陈茵急忙去关窗户,白天则用手按住卷宗。陈茵关好窗户后,转过身来说:“这个案子我处理的是草率了些,所以心里一直不安,白院长,我真没想到会给您带来这么大的麻烦。”

白天说:“事情过去了,不要说这么多了。我们再号号脉,看看在我们这个环节有没有差错。”

陈茵说:“庭审过程中,国鼎厂的诉讼请求连续变更了几次,一次是请求偿还土地转让款,一次是收回土地,最后却撤诉了。如此反反复复,尤其是撤诉,到底因为什么,我也百思不得其解。实话说,这件事应该跟审委会汇报,但是当时没考虑那么多,只是跟董院长打个招呼就下了裁定。”

白天说:“现在市委周书记过问了,你看看,目前还有没有补救措施?”

陈茵说:“如果是补救,院长发现案子有错误,或者当事人申诉的,可以提交审委会研究,进入再审程序,重新审理。”

白天问:“你说的这些条件具备吗?”

陈茵说:“我看现在不具备再审条件,当事人国鼎厂的法人代表,并没有提出申诉,被告似乎对裁定撤诉也没有意见,所以,不能按这一条提交审委会,除非院长你发现有错误,可以启动再审程序。”

白天说:“现在还没有看出与法律相关的错误,无法启动再审程序。”

陈茵说:“院长您说到这里,我倒想说两句,裁定撤诉之后,我心里也感到不安,这起案子在法律上没什么问题,只是后果让我感到意外。"

白天说:"是啊,有许多案子总是如此,在审理环节上,严格按照程序,没有违法,但是往往就得不到社会的承认,不能取得社会意义和法律的双重效果。"

陈茵说:"所以需要加快司法改革的进程。"

白天说:"对,只有司法改革,才能突破'瓶颈',问题的关键是如何贯彻司法为民、公正与高效这一主题。我们不能仅仅停留在口头上,而是要落实到每一个诉讼环节上,要根植于每一个法官的大脑深处,也许只有这样,我们的办案效果,我们的法官形象,我们的法院形象,才会得到社会认可,得到百姓认可。"

陈茵说:"这些我们有时能想到,但做起来很难,往往局限于法律条文。"

白天说:"办案还需要一定高度。"

"高度?"

"对,就是要站得高一些才行!"

七

董启汉考虑再三,还是来到李一雄的办公室。

这是他第一次来到世纪集团,这也是他第一次和一个企业老总进行私下谈判。

董启汉和李一雄面对面站着。

这是权力与金钱的一次对话。

董启汉说:"这钱我是无论如何要还你的。"但说话的底气不足。

倘若有钱,他能来见一个非常厌恶的人嘛。吃人的嘴软,拿人的手软。谁叫自己没钱给老父亲看病的呢!

“董院长,请坐,请坐。”李一雄边说边倒了一杯水给董启汉,“您能屈驾来这里,我感到很荣幸。说实话,我虽然是个商人,但我是公务员出身的商人。普通商人看重的是利,凡事总是从自己的利益考虑,我呢,做事第一讲情义,第二才讲规矩。尽管一些时候不得不从利益的角度考虑问题,但骨子里还是那种纯朴的情感,钱对我来说已经不重要,我之所以帮您,是因为我敬佩您的为人。”

董启汉说:“对呀,你敬佩我过去的为人,就是因为我过去没有这样做过。”

李一雄说:“董院长,我知道,这样做会伤害您的自尊心,希望您能原谅。清贫与清廉,是您做人做官的品格,我深表钦佩。您从一名普通的法官,一步一步走到法院院长的位子,这很不容易。因为您没钱、没靠山,也没路子,一切全凭自己的努力,您身上值得我学习的东西太多了。老院长,平时我无法接触您,只是想通过这事来和您交个朋友,如果您不嫌弃的话,就认下我这个小老弟吧……”

董启汉很犹豫。认他这个小老弟吧,不管怎么都觉得不妥。他并不是一个过硬的人,在天宁口碑不好。作为一个法院院长,去和一个人品并不咋样的企业老总称兄道弟,还不被人戳破脊梁骨?不认吧,人家对自己又是如此仗义,别无他求,只求当他董启汉一个小弟弟,他怎么好意思开口说不答应呢?

李一雄看他疑疑乎乎,冷笑着说:“董院长,说起来咱们也是不打不相识,自从那次被您从家里赶出来后,我就知道您不一般,所以打心眼里敬佩您。”

李一雄很懂得拍马屁的伎俩。俗话说老爷的板子不会打送礼的,何况这个老爷是个穷光蛋。他董启汉当时非常需要钱……找谁他也借不来那么多的钱。当然,凭他的那点工资,他也还不起那么多钱。他无奈当了婊子,但还想竖牌坊。他李一雄得替他竖,替他戴高帽。

董启汉听他说从楼上甩钱的事，很尴尬，摆着手说："过去的事就别提了，不是不了解嘛。这次，你的情我领了，但钱是要还你的。也实话跟你说，如果不是院里支持，我一时半时还真没钱还你。"

李一雄说："照这样说，董院长是不想认我这个小弟弟了？"

董启汉说："朋友是朋友，弟兄是弟兄，可是，这钱的事不解决好，你让我走不安，坐不宁。钱放在我身上，我心不安。"

李一雄说："董院长，这点钱，何况是我借给您的，您就感到不安，而那些嘴上说一套，做的是另一套，大把大把地收受各方贿赂，大口大口地侵吞国家财富，贪污动辄数百万上千万元的人，他们才该不安、该难受、该枪毙才对！可是，他们何曾不安过？他们照样心安理得，照样花天酒地，照样升官发财。咱们天宁再多一些像你这样的人就好了，老百姓盼望你们这样的好法官哪！"

董启汉说："别这么说，天宁中院的法官，个个都是好样的！"

"但愿如此。"

其间，董启汉的手真够辛苦的，一会儿伸进衣袋里，一会儿又缩了回来，缩缩伸伸，伸伸缩缩，好几次，最后，还是伸进了衣袋里，取出存折。

董启汉将存折递到李一雄跟前，说："李总，非常感谢你对我的关心和帮助，这五万块钱，你先收着，余下的我慢慢还你，权当借用一段时间，你也不要多说，既然想和我交朋友，就得照我的话去做，把钱收起来！不然，钱还你，咱各走各的路。"

李一雄过了好一会才收下存折，说："好了，如果您坚持要还，我不收下，您肯定翻脸，与其如此，不如我先收下。只是请您不要把这事看得太重，也不要太急。我了解您的经济情况，千万不要为那几万块钱为难，您是知道的，这点钱对我来说，只不过是九牛一毛，不足挂齿，您要是觉得过不去，等有钱了再还我也不迟，现在可千万别东挪西凑，您看这样行吗？"

董启汉此时真的很受感动，结结巴巴地说："李总……你看，我怎么才能感谢你呢，真的，真的十分感激……”

李一雄看鱼儿上钩，心中暗喜。钱真能买鬼推磨，董启汉一辈子是个硬汉子，在钱面前，总算倒下了。他阴阴地笑着说：“董院长，就别客气了，这件事对我只是举手之劳，只是我对您表达一种敬重之情而已，何谈感谢！”

董启汉激动地说：“既然说到这种份上，我也就不多说了，今天我算认识了一个老弟，我会珍惜我们之间的这份友谊的。”

傍晚，董启汉下班回家，没有慌着吃饭，而是写起了日记。他有写日记的习惯。

他在日记中写道：“今天，我的清廉品质，遭遇了打击。在我的一生中，任何东西都没有改变我的人生观，然而，这一次我的价值观被改变了，我没有任何语言和理由拒绝真诚，当人们面对金钱时，面对相助时，感受到的，往往是友情的力量，这种力量可以摧毁一切，包括一个人几十年来的操守和气节，我很清楚地认识到，我的意志此时此刻变得太软弱了……”

在妻子余凤娟的催促下，董启汉回到饭桌上吃饭。

“那事处理好了吗？”余凤娟问。

董启汉没有吱声，只顾吃饭。

余凤娟着急地说：“你倒是说呀，不会出什么事吧！”

董启汉沉闷地放下筷子，不声不响地离开了饭桌，回到书房。

余凤娟感到莫名其妙。

第二天，上班没一会儿，白天叫他。他忐忑不安地来到白天办公室。

白天把材料递给董启汉说：“老董，你看看吧，刚才刘志毅案的当事人罗子明来了，谈了一些新的情况。他说亿豪公司后台老板王路，就是现在世纪集团的李一雄。”

董启汉听到“李一雄”三个字，顿时眼冒金花，天地旋转。若不是依着墙，他肯定倒地上了。

白天见状，忙问：“老董，你怎么了？”

董启汉双手捧脸说:“我突然觉得心里发慌。”

“你脸色不对,是不是病了?”

“没什么,休息一会就会好的。”

“那怎么行,快回去休息。”白天说着拿起电话,“你们派人来一下,董院长病了,马上把他送回家休息。”

白天放下电话,说:“这段时间,我也没过问,老爷子身体不好,你太劳累了,要多加注意休息才是。”

有两个人跑来,扶着董启汉说:“董院长,您哪儿不舒服,我们送你到医院检查。”

董启汉说:“不用了,休息一会就好了。”白天说:“老董,别再坚持了,快去检查吧,你们快把董院长送到医院去。”

董启汉被扶着走出办公室。

八

世贸大厦工地上,一派火热的场面,工程进展速度很快。

方晓频和李一雄走出临时工地办公室。

方晓频说:“国鼎厂撤诉了,一切应该结束了。你把精力腾到这边来,世贸大厦的施工进度还要加快。”

“我明白。”李一雄说,“在国鼎厂的案子上,董启汉这次帮了不少忙,金钱的效应发挥了。国鼎厂那边按向市长说的,正与黄忠诚接触,黄表示听从向市长的意见,我看赔偿款的事不会有意外。”

“把国鼎厂的善后工作尽快处理好,不要再节外生枝。”

“董事长,您尽管放心。”

“财务部招聘的事怎样了？”

“遵从您的指示，已经发布了招聘广告。”

“招聘的时候，一定从严把关，同时人力资源管理要跟上，有了人才用不好也不行啊！”

两个人边走边聊。

方晓频问：“一雄，你说金宝利那事，能成吗？”

李一雄说：“把金宝利挤出世贸大厦，应该说，把握比较大。”

“我还是有点担心。”方晓频说，“这件事我也跟向东说了。”

“他什么意见？”

“他没有明确表示态度。”

“沉默！沉默就是默许！”李一雄显得很兴奋，“董事长，我们的机会来了。”

方晓频说：“我反正觉得，这事不可操之过急。”

李一雄说：“这件事，您在幕后，我来操作。我这就让余婉妹过来，她在法律上娴熟，听听她的看法，您也许就会明白了。”

李一雄说着就拿起电话，方晓频示意他不要慌着打。

方晓频说：“这事我还得好好考虑一下，你这种做法是想瞒天过海，我认为不可能，我总觉得这会引起一场官司。”

李一雄说：“对，就是要打官司。通过法院，名正言顺地确立我们对世贸大厦的独家所有权。”

“你是不是打官司打上瘾了？”

“董事长，我认为机遇最要紧，至于官司，那不过是一种手段而已。这事，您权衡吧。”

方晓频思忖了一会儿，正要说什么，手机响了。她打开显示屏一看，是向东打来的，连忙接听：“你好。”

向东说：“晓频，我问你一件事，国鼎厂的纠纷没有什么差错吧？”

方晓频说：“当然不会，我都安排好了。”

向东说：“你知道吗？白天跑到周书记那里告状了。”

“他什么意思？”

“还不是国鼎厂的事，现在周书记让我严查撤诉的原因。”

方晓频对着手机心怀叵测地笑着说：“向市长，这事就请您多费心了。”

关了手机后，李一雄看她笑得不太自然，问：“出什么事了？”

“国鼎厂的事，有人告到市委了，向市长有点担心，问问情况。”方晓频故意说得轻描淡写。

“谁会告我们？”

“白天。”

“白天？”李一雄有意挑方晓频麻筋说，“那可是您的老同学，他虽说不能帮您，但捣您的蛋，不大可能吧。”

方晓频没有理会李一雄说话的别有用心，自言自语地说：“他告我们什么呢？”

“是呀，在国鼎厂撤诉一事上，我们没把柄给他抓。”李一雄说。

方晓频说：“不管它，你去忙你的吧。”

李一雄回到世纪集团总经理办公室，刚坐下不久，余婉妹边打电话边走了进来。

“你怎么又没敲门就进来了。”李一雄最怕人不经允许擅自闯进他的办公室。无奈是余婉妹，他也没办法。

“有什么见不得人的，还要敲门！”余婉妹收起手机，不高兴地说，“我就不敲，怎么啦？”

“要是有‘少儿不宜’的事怎么办？”李一雄瞟起淫荡的眼说。

“那我回去再敲门进来。”余婉妹故意说着转身就走。

李一雄上前一步，反关上门，然后一把搂住余婉妹，上去就亲吻。

余婉妹挣脱说：“干什么，猴急猴急的，不怕人看见！”

李一雄只得松开手，整了整衣冠，一本正经地说：“你怎么才来，本老总找你有急事。”

余婉妹不乐意地说：“我这不来了嘛，你有急事，我不是也有急事嘛。再说了，你能有什么急事，无非是憋急了，找个地方发泄罢了。”

李一雄说:“这次跟你说的是正经事,董事长跟我说了世贸大厦的事,你一定好好地用心操作。”

“又想钻法律空子打劫呀!”

“话可不能这样说,我们是正儿八经的生意人。”

余婉妹冷笑笑说:“在我眼里,你比强盗还强盗,打劫人家的钱财,还掠夺人家的青春年华,好了,我也说个正经事,我们的法律服务合同也该签了吧。”

“我说话算数,一定签。”

“而且是等事情办好了,加倍奖励。”

“你真是我肚子里的蛔虫了,我怎么想你都知道了。”

余婉妹说:“你的一贯作风是:先做事,后拿钱。我还不知道你这个狗肚里有几两香油嘛。”

李一雄说:“我让你琢磨金宝利的事,有戏吗?”

余婉妹说:“你跟我说过之后,我就反复考虑了,也认真分析了你们的合资合同,我认为这里面有个漏洞,够金宝利喝一壶的。”

“快说说看”,李一雄听说里面有漏洞,像喝了兴奋剂似的,非常高兴说:“我的宝贝,什么漏洞?”

余婉妹说:“我看可以在注册资金的币种上做点文章。”

“宝贝,此话怎讲?”

“金宝利在合同上说的是用美元作为注册资本,而实际到位的却是人民币,这就是个漏洞。”

李一雄喜得直拍大腿说:“宝贝,你我真是珠联璧合,想到一块去了。我们就在这上做文章。还有吗?”

余婉妹说:“当然有呀!那就是需要工商局出一份催缴注册资金通知书,限期让对方缴纳注册资金,如果对方不理睬,或者在一定的期限内注册资金没有按规定的币种到位,他们就会失去股东资格。”

李一雄说:“这好办,工商局里有我的铁哥们,相信他们会出这个力的。下一步呢?”

余婉妹说:“下一步嘛,如果对方没有收到通知,或者在规定的期限内资金没有到位,就可以裁决对方出局了。这一步恐怕是你最想得到的。但和香港人打官司,绝不可掉以轻心,人家必定会想法对抗的。有矛必有盾,你有兵去,人家可能派来将挡。你发大水,你不怕他们会用土囤?”

李一雄听了这话,突然冷静下来,说:“是的,凡事要考虑周密,钻了人家的漏洞,也不能留下漏洞给人钻。不过,我会想办法操作好的。咱可以先让工商局发通知,然后想办法不让对方得到这份通知,你是不是这个意思?”

余婉妹笑着说:“哎呀,看来你不傻,你既然明白了,我就不说了。”

“你怕不怕?”李一雄问。

“我怕什么怕?前些日子,中院的一个种子公司的案子,比这难多了,我辩起来还不是得心应手。”余婉妹骄傲地说,“在法律上,能像我这样的,可以说是凤毛麟角。”

“我的宝贝,我当然知道啦!”李一雄说着,又捏了一下余婉妹。

余婉妹被捏得哇哇直叫。她推开李一雄的手,说:“不跟你聊了,没点正经的。哎,我说,中院的陈庭长你联系过嘛?”

“陈茵?”

“是啊,怎么?装糊涂?”

“最近没联系过。”李一雄不高兴地说,“她呀,太难了……”

“没吃到葡萄,就说葡萄酸?”

“你胡说什么!”

“你真得不爱她?”

“不爱。”

“也不关心?”

“她是我什么人,我要关心她?”

“你不关心,我倒真的替她担心。”

“咳,天下的女人是不是都跟你一样,我喜欢谁,你就反对谁,我不喜欢那个女人,你又猫哭老鼠——假慈悲起来。好,你说吧,你一个小小律师,担心人家法官什么?”

余婉妹认真起来,说:“我前一段出庭的那个种子公司的案子,是吴小龙主审的,凭我的直觉,我认为那个判决有问题,说不定中院要惹大麻烦。”

李一雄不解地问:“那与陈茵有什么关系?”

“关系大了。”余婉妹说,“如果判决书把省人大的条例否决了,省人大一旦追究下来,不仅陈茵有麻烦,恐怕白天也会受牵连。整个中院说不定要来个‘小地震’。”

李一雄说:“你这样说,我还是不明白。”

余婉妹说:“这个案子是民庭承办的,她作为民庭庭长,判决书又是她签发的,她没给分管局长汇报,上面不追究她还会追究谁?”

“你说是真的?”

“是啊。”

“能牵扯到白天和中院?”

“可能。”

“那太好了!”李一雄听到这个消息,真是高兴得一蹦几尺高,连说:“太好了,太好了!”

余婉妹被他这样的疯狂劲搞得不知所措。

九

丁雨晨拿着一份《天宁日报》,在执行局的走廊里边走边看。

突然,她在第16版看到一个整版广告。红色特号黑体字招聘广告十分醒目:广招天下英才,打造世纪品牌。世纪集团招聘财务人员三名,其中经理助理一名……

丁雨晨转身跑向郑义鸣的办公室，“砰”的一声撞开办公室的门，冷不丁地喊了声：“郑局长……”

“什么事，大惊小怪的？”郑义鸣问。

丁雨陈将报纸递给郑义鸣，指着那版广告说：“您看看。”

郑义鸣接过报纸看了一下说：“招聘广告，怎么，你想调走？”

丁雨晨说：“您仔细看看，‘广招天下英才，打造世纪品牌，因业务需要，世纪集团向社会公开招聘财务和相关人员’，您看看，这不是机会吗？”

郑义鸣看着丁雨晨的脸，很糊涂地问：“机会，什么机会？”

“那当然是我去应聘了，您看行吗？”

郑义鸣惊奇地打量着丁雨晨，说：“社会上多少有志青年想当法官，他们做梦都想进法院，你呢？才在法院干了半年就想跳槽，说说看，你对工作有哪些不满意的地方？”

丁雨晨着急地说：“郑局长，您说什么，我不是这个意思。”

郑义鸣很纳闷：“噢，那是什么意思？”

“这几天你不是正为亿豪公司的事犯愁吗？”

“是啊，这跟招聘有什么关系？”

“亿豪公司的老板是李一雄，您看这个，”丁雨晨指着报纸说，“世纪集团的总经理是李一雄，如今世纪集团招聘财务人员，我正好打入进去，摸清他们的财务情况。”

郑义鸣明白了，说：“哦，你想去卧底？”

“是啊，是去卧底。”

郑义鸣说：“我上次说你侦探小说看多了，这次还当真了？”

丁雨晨说：“这跟侦探小说有什么关系，我说局长，现在大家都为执行亿豪公司犯难，我哪能安稳嘛。”

郑义鸣说：“是啊，刘志毅的案子在大会上立了军令状，可查来查去，就查到这个份上，能不犯难吗？小丁，去卧底，能行吗？”

丁雨晨很自信地说：“我看没问题。”

郑义鸣思忖了一会儿说：“不行，卧底肯定行不通。你的能力和想法是好的,可这里面风险太多。一旦发生不测,会产生非常严重的后果。我要为你负责,作为执行局长,我还要为执行工作负责,为我们的法律负责。我们是审判机关,干工作要讲究法律依据,法官去卧底,行不通!”

丁雨晨说:“那人家警察为了取证,不是经常采取这种方式吗?”

郑义鸣说:“警察是警察,卧底是刑事侦查的手段,不是万不得已,一般也不采取这种程序。我们法院更不可采取这种方式。对我们来说,讲究的是公开、公正、公平。”

丁雨晨说:“审判工作讲究公开、公平、公正,我们现在是执行阶段,局长,看到当事人拿着判决书,哭诉着要求执行,债务人却规避法律,转移财产,而我们执行人员却束手无策,无法采取措施,我看不下去!为了摸清当事人的财产情况,采取必要的侦查手段,法律并没有明确禁止!况且,执行程序中许多工作也需要探讨,我认为这是一个好的尝试。局长,让我试试吧。”

郑义鸣说:“你一个女孩子,一个刚毕业的大学生,一旦暴露,风险太大。不行,绝对不行!”

丁雨晨说:“我刚进中院,外界没有人认识我,暴露的概率极低。如果聘上了,我会很好地处理各种关系。局长,实话跟您说,就是您不同意,我也要去应聘。”

“你……?”

丁雨晨说:“局长您放心,如果发生不测,我就辞去中院的工作,他们谁也不知道这是卧底!保证与中院没任何关系。这样的话,您该不会再担心了吧?”

郑义鸣沉吟着,没有回答。

正在这时,白天又打来电话:“义鸣吗?我是白天。上次我就跟你说过了,刘志毅的案子,因为牵扯到数百农民工的利益,不管涉及谁,都要坚决执行,丝毫不能含糊!”

郑义鸣说:“院长,从工商注册的资料和罗子明提供的情况看,基本查明亿豪公司的法人代表王路,就是李一雄。这个我跟您汇报过。

可是,亿豪公司早就不存在了,现在也无法执行李一雄现在的世纪集团,所以我还没理出比较好的路子。”

白天说:“李一雄的问题,倒是个问题,不过,狐狸再狡猾,也斗不过好猎人。你再想想办法,查清亿豪公司与世纪集团之间的潜在关系,查清李一雄这个人。当事人的权益不能不保护,法律的尊严要体现出来。”

郑义鸣说:“自从立了军令状,我的压力太大了!执行局的人也各个坐卧不安。我们得实现我们的诺言。”

白天说:“义鸣,你压力大我知道,你的压力实际上也就是我的压力。执行难的问题,之所以成为社会的焦点、热点,这不仅仅是我们这些当法官的没尽到责任,还在于社会上所反映出来的各种各样问题难以解决。亿豪公司就是个例子。但是,困难再多,我们也要想办法克服,我们要让老百姓看到,法院是为老百姓主张权利的,法律是神圣的,法官是有权威的。还是那句话,多动动脑子,多想想办法,多选择几条路走走,不要在一棵老树上吊死。”

郑义鸣说:“院长,丁雨晨想到世纪集团去卧底,您看行吗?”

“这个不行。”白天说,“我们是法官,不是警官。”

“为了执行工作,是不是可以试试?”

“义鸣啊,你也是老法官了,你看这样做,能合法吗?”

“这种做法,过去肯定是没有。但是,现在时代不同了。”

“不行,绝对不行。”

十

一辆豪华奔驰车,停在豪华的写字楼前。

李一雄从车上走下来，进了写字楼，来到金宝利公司办事处的白帆办公室。

白帆正在接收传真。

听到敲门声，白帆抬头一看，是李一雄半依在门旁。她惊喜地问："你怎么来了，快进来。"

李一雄走进办公室问："忙什么呢？"

白帆说："我正在接一份传真通知。"

李一雄走进一看，是《天宁市工商局注册资金催缴通知书》，心中暗喜。他想从白帆手里接过来细看，白帆没让他拿。

"这个你不能看！"白帆说，"这是商业机密，我还没跟香港总部汇报呢。"

李一雄说："你不让看，我也清楚。最近我听了不少外界的传言。"

"什么传言？"

李一雄用眼睛瞄瞄传真，说："就是这个事。说是工商局认为你们金宝利的出资有问题，说穿了，就是你们违规。"

白帆感到很惊讶，说："不会吧。我们是按合同打进来的款，怎么会？我们一分钱也没少呀？这一点香港总部肯定不知道，我得赶紧向他们汇报。"

"你向总部汇报？"

"是啊。"

"你汇报，香港公司会怎么处理？"

"这……这个我没想。"

"工商局处罚，发生了这么大的事，你考虑后果了吗？"

"没有。"

李一雄吓唬白帆说："要是我，我就炒你鱿鱼。"

白帆辩驳说："我是按公司规定办的，我从没越过权。"

李一雄走进白帆，搂着她的肩膀说："帆妹妹，你怎么会这样说？你真是不明白？"

白帆惊恐地问:“你告诉我,一雄哥,要我明白什么?”

李一雄装作关心地说:“不要害怕,你一雄哥不会见死不救的。刚才我一看,也感到害怕。你得让我想一想,看怎么办好。”

李一雄越卖关子,白帆越发恐惧,白帆越恐惧,李一雄越得意。就像老猫在戏玩一只被绳拴住了腿的小鸟,小鸟扑腾得越慌越急,老猫越兴奋。

白帆急切地问:“你快说啊,怎么办好?”

李一雄说:“你刚才说没越权,是的,你是没越权。但是,没越权就等于没责任吗?”

白帆露出惊异的目光:“责任?”

“对呀,我说的你听明白了吗?”

“哎呀,你越说,我越糊涂,真是的,人家越害怕,你越卖关子,你快说呀!怎么办?”白帆焦急地说。

“我不是怕你不信嘛。”李一雄还在吊白帆的胃口。

“我不信你还信谁呀!”白帆确实拿李一雄这个“棒槌”当作了针。

一个诚心骗人。

一个诚心被骗。

一个把对方玩于股掌。

一个还感激对方股掌的宽大和可依。

李一雄说:“我的好妹妹,天宁这边发生的事,难道你没责任?是的,合同与你没关系,是他们把款打过来的,我们世纪集团不追究,可人家工商局在追究!工商局为什么还要处罚你们呢?人家会问,你在天宁,工作是怎么做的?你这个公关经理是怎么攻的关?帆妹妹,我是为你好,凡事三思而后行。”

白帆信服地点点头。……这真是一边被卖,一边还给对方点票子。

李一雄用手扶着白帆的肩膀继续说:“在竞争激烈的商业社会里,友情最为重要。我们虽然是合作伙伴,但感情已经超越了伙伴关系,我爱你,才这么为你担心。我不能眼睁睁地看你掉进火坑里。”

白帆感激地说:“一雄哥,说真的,这事我没意识到会这么严重。”

李一雄奸滑地笑着说:“这些你当然不会想到。”

白帆说:“我该怎么办,一雄哥,你得帮帮我。”

“非常简单。”李一雄示意一个收起来的动作。

“你让我瞒着不报?”

李一雄很自信地望着眼前这个很单纯,实际也是最愚蠢的姑娘,点点头。

白帆觉得这样不妥,一个好的公司职员,怎么能瞒着公司?何况,金宝利对她不薄,对她又如此信任。她说:“一雄哥,我的职责,不允许我这样做!真的,那成什么啦?”

李一雄继续诱骗说:“哎呀,我的帆妹妹,你是真糊涂啊,还是装糊涂?”

白帆担心地说:“一雄哥,这样做,我不敢。公司要是知道了,那还得了!”

“你到底信不信我?”

“信!”

“如果信我的话,我就把这份通知书拿着”,李一雄拿起通知书,放进自己口袋里,说:“这就去找找工商局的朋友,先帮你疏通一下。”

“真的?”

“那还能假!”

白帆感激地说,“一雄哥,你能行吗?”

李一雄装作把握十足地说:“估计问题不大。再说了,为了我的帆妹妹,刀山火海也得上啊!”

白帆感动地扑到李一雄的怀里,喊道:“一雄哥,你真好……”

李一雄抚摸着白帆的长发,脸上露出难以捉摸的笑容。

你中有我

CHAPTER 09

一

喜客来大酒店会议室主考现场招聘工作正在进行。

李一雄等四名考官坐在一排桌子前。

一个打扮时尚、靓丽的青春女孩快步走上考场,她就是丁雨晨。

看到丁雨晨,李一雄心里马上为之一动,想不到天宁市地方不大,美女不少。白帆固然妩媚,但妩媚得有点飘浮,这个小女孩则显得沉稳,稳得可人、可靠、可享受。若能录取,说不定将来又是自己可餐的秀色。他在心里祝愿这个女孩成功。

李一雄打着一副严肃的样子,问:"丁雨晨,此时如果有一个宇宙飞船,你会进去吗?"

丁雨晨面对考官,表情自然,情绪沉稳,说:"是的,我会进去见见那些最具有创新精神的人,问问他们最喜欢用什么方式来让自己尽可能保持创造力,回答完毕!"

主考官们听后满意地窃窃私语。

李一雄更是大喜过望。好,出手不凡,看样子是个角儿。他再问:"今天你为什么来这里?"

丁雨晨听到这问题,开始有点紧张,她怕李一雄看出了她的来意,但很快又镇静了下来。因为她才到天宁市,人们并不熟悉她,当然也不知道她在法院工作。她直视着李一雄,回答说:"主考官先生,我非常高兴地告诉您,我今天来这里,是要和您讨论一下我应聘财务助理的问题,您愿意与我讨论我是否符合这方面的条件吗?回答完毕!"

好家伙,这个小毛丫头真厉害呀!李一雄禁不住笑了,我问她问题,她到反问起我来了!李一雄转头向其他考官交换眼神。其他主考官点头微笑。

李一雄三问:"我再向你提一个问题,不用测量,你知道波音737有多重?一架波音747可装下多少个高尔夫球?"

这是一个很偏、很怪、很离奇的题目,平时谁注意这事,就是天才、神童也回答不出来。李一雄微笑着,目不转睛地盯着丁雨晨,心想,我看你怎么回答。

丁雨晨笑笑,她很清楚,主考官在为难她:"主考官先生,非要回答吗?"

李一雄很认真地点点头,言外之意:非答不行。

丁雨晨说:"主考官先生,对不起,我不知道,我想你们恐怕也不一定想知道!因为,不是研究飞机的专家,谁也不会研究这个愚蠢的答案。就是研究飞机的专家,如果研究能装多少高尔夫球,他肯定是一个蠢人。回答完毕。"

李一雄拍起巴掌,大笑说:"好,答得好!答得大胆!"

站在一旁的应聘考生都惊讶了。他们惊讶考生的大胆,惊讶考官的胆识和度量。

丁雨晨也感到惊讶。回答这个问题时,她已经做好落聘的准备。

李一雄说:"是的,这个问题我也不知道答案。一架波音737有多重?一架波音747能装下多少个高尔夫球?不要说不测量,就是测量,我们一下子也很难计算出来。正如这个丁雨晨考生所说。研究这个答案,不是蠢驴,也是个傻子。"

李一雄说出这话,当然是因人而异,若是不喜欢丁雨晨,早就让其拜拜了。

丁雨晨笑笑,深深地舒了一口气。

李一雄四问丁雨晨:"丁小姐,你的简历上是法律专业,为什么要应聘财会？再说了，你的经历太单纯，我们需要社会经验丰富的人才。”

丁雨晨很机智地回答：“21 世纪需要复合型的人才。外行的灵感往往超过内行，因为外行没有思维的定势，没有条条框框。我之所以跨专业谋职，就是为了给自己提供这样一种动力，终生学习才不会被社会淘汰。是的，我经历单纯，但是，我确信，如果我有缘加盟贵公司，我将很快成为社会经验丰富的人，我希望自己有这样一段经历，回答完毕。”

李一雄越听越高兴，越高兴还越想问，于是五问丁雨晨：“丁小姐，你的约会很多吗？”

丁雨晨稍作思考后说：“主考官先生，如果您担心我对私生活的关注程度，大于对工作的关注程度，那么，我向您保证，我对工作非常投入。同样，我努力保持平衡的生活，以各种各样的方式充实我的业余生活。回答完毕。”

李一雄鼓着掌走到丁雨晨跟前。

丁雨晨不动声色地站在那里，看着天宁商界第一枭雄的表演。

李一雄开了一个玩笑说：“祝贺你，丁小姐，你回答得很好！我想，如果让你当一个法官或者律师，你肯定绰绰有余。不过，我们这是企业，是公司，所以，我现在要告诉你一个坏消息……”

李一雄说到这里突然停住了。周围的人都感到莫名其妙，大多数人都认为这女孩一定落选了。丁雨晨也猛一愣怔。心想，这家伙壶里装的什么药？

李一雄从身上掏出一张名片，放在丁雨晨手里，装作严肃的样子说：“明天上午八点半，你到世纪集团人事部报到。”

听了这话，丁雨晨方才转惊为喜：“哇塞，我被录用了！”

回到法院，已过了下班时间。在办公室里，丁雨晨一份辞职报告，写了撕，撕了写，反复了好几次，最后还是写了出来。她看郑义鸣的办公室灯还亮着，便敲门走了进去。

郑义鸣从文件堆里抬起头来：“小丁，怎么还没回去？”

丁雨晨说：“回去也是一个人呆着，还不如在办公室里看看书。局长,您不也没回去吗?”

郑义鸣说:“我也是想把这一段时间的执行工作梳理梳理,找找差距,想想办法。”

丁雨晨给郑义鸣倒了一杯纯净水,假装很随意地说:“局长,我已经被世纪集团录取了。”

郑义鸣很惊诧:“什么?你被世纪集团录取了?你这是先斩后奏啊!你怎么确定我会答应你去呢?”

丁雨晨开始还不好意思说,现在既然说明了,她反而镇静起来,于是从口袋里掏出辞职报告递给郑义鸣,说:“局长,这是我的辞职报告。”

郑义鸣更是吃了一惊,这小女孩胆够大的!问:“怎么,你要辞职?”

“对!”丁雨晨回答得很坚决。

“不行,我不能让你去冒这个险!”郑义鸣口气很硬,但又觉得不妥,于是缓和着口气说,“小丁,你想干什么,我很清楚,这可不是开玩笑的事!”

“我决心已定,谁也阻挡不了。”丁雨晨说后,也觉得态度不妥,又嬉皮笑脸地求郑义鸣,“局长,请您帮帮我好吗?”

郑义鸣长长地叹了一口气,转身看着窗外,背着手说:“小丁,你也不是个小孩子,是个大学生,你可要想好了,这可不是闹着玩的。”

丁雨晨很沉静地说:“局长,我想清楚了,以法官的身份去卧底,不合法,我只能以一个普通公民的身份去实现我的任务。即便将来法院不再接纳我这个卧底战士,我也毫无怨言,毕竟我为法律奉献了自己,我问心无愧。何况,我现在正处在试用期,辞职的手续也不复杂,而且理由也十分充分,待遇太低。别人会相信我辞职的理由。对外我也好说,我到企业工作,一个月拿的工资比在法院多不少,现在的年轻人,谁不想往高处走啊……”

“这件事我再跟白院长汇报一下,你回去吧,等我消息。”

丁雨晨走后,郑义鸣拿起电话,拨通了白天的电话:“白院长,我是义鸣,想跟您汇报个事。我们执行局的小丁,现在提出辞职,您看怎么办?”

“小丁?”白天问,“是丁雨晨吗?”

“对,就是今年刚分配来的大学生。”

“这是个不错的女孩子,干得好好的,怎么要辞职?她辞职想干什么,你没劝她吗?”

“劝啦,她不听。”

“她为什么要辞职?”

“她想到世纪集团去卧底。因当法官不能去,所以她就辞职去了。”

“你们为什么答应她去?”

“我们没答应,她是先斩后奏,据说已经被世纪集团录取了,现在木已成舟。”

“唉,事到如此,只好随她了,你就通知政治处给她办手续吧。”白天说,“不过,郑义鸣,我跟你说,即便她离开我们法院,她还是我们的同志,你们要好好保护她。她的目的是什么,不要跟任何人说,你我知道就行了,你知道吗,知道的人越多,对她越不利。”

“是!”

二

车子绕了好几个弯,爬了好几个山坡,才来到龙水沟养鱼塘。

养鱼塘在山腰里,圆圆的、清清的、亮亮的,像一面镜子镶在山间。

这个鱼塘原是镜泊湖,关于这个湖的传说不少,有的说是七仙女上天时丢下的仙镜,留给董永当作信物的。有的说是东海龙王八太子的镇海宝珠,当年八太子与孙悟空大战时遗落的。总之传说很多,一句话,这个镜泊湖就是宝湖。张国兴被贬职后,就和当地的乡亲共同包下了这个湖用来养殖。

白天和陈茵爬到山顶上,往下看时,发现湖边有一个茅草棚,棚的不远处撑着一把遮阳伞,张国兴正坐在伞下钓鱼。两个人便下山向湖边走去,老远,陈茵就大喊张国兴。张国兴一看是白天和陈茵,非常激动,也非常兴奋。一个被贬的倒闭厂厂长,谁会来看你?想不到他们却来了,而且是翻山越岭,他能不激动吗?于是赶紧放下鱼杆,迎了上来。

白天和张国兴握过手后,放眼四周,开玩笑说:“国兴,你到满自在啊,四面青山,一湖绿水,闲来垂钓,好一个隐士的风范!”

“院长拿我开心啦,我这不也是无奈嘛。”张国兴轻松地笑着,将白天和陈茵领到太阳伞下,一人倒了一杯水,说,“白院长,你们可是贵客,来怎么也不打招呼。”

白天笑着说:“打招呼你不就得破费招待了么。”

“哎,高级的招待不起,这新鲜的鱼有的是,包您吃个足。”张国兴憨厚地笑着说,“白院长,大老远地跑到这里,恐怕不是为了吃鱼和游山玩水吧?”

白天严肃起来,说:“国兴同志,我们这趟来是有点事想请教你。”

张国兴也收起了笑容说:“我知道你们来肯定有事,说吧,看我能不能帮上你们。”

白天说:“你最近心情不好,我们能理解。”

“过去了就过去了,没什么了不起的。”张国兴愤愤地说,“说实在的,不叫我当厂长也好,我也当够了。整天忙得要死要活,落个什么好?上边熊,下边骂,不是人过的日子。如今,我天天摆弄自己的鱼塘,闲时钓钓鱼,朋友来了喝一壶老酒,神仙过的日子,何乐而不为?”

白天说:“国兴,我们需要你帮助。”

“国鼎厂不是撤诉了吗，中院的案子不是结了吗，还会有什么事？”

白天说：“正因为撤诉了，我们感到奇怪，所以想从你这儿了解一下原因。”

张国兴沉默不再言语。

陈茵说：“撤诉明明是损害国鼎厂的利益，黄厂长为什么一定要撤诉？你当时不是说绝不撤诉的吗？”

张国兴仍然不回答这个问题。他知道这里有猫腻，他被免职原因也是明摆的，屋檐底下挂冰凌——根子在上头。他说又有什么用！

白天知道他有苦难言，便开导说：“国兴同志，我们都是老党员，在这个时候，你看……”

“院长，国鼎厂的事还是不提吧。”张国兴打断白天的话说。

“国鼎厂的问题相当复杂，这个我非常清楚。”白天说，“但是，有关撤诉的问题，我必须弄个明白。”

陈茵说：“张厂长，你有心事为什么不跟我们说呢，你是不是信不过我们？”

张国兴站起来说：“白院长，陈庭长，走，今天我请你们吃鱼。国鼎厂的事不要再提了！”

陈茵有点急躁地说：“张厂长，你看我们大老远跑来……”

张国兴不高兴地说：“陈庭长，我并没请你们来。我来这儿干什么的？我就是想图个清静，我不愿意再插手国鼎厂的事！”

陈茵还想说什么，被白天制止了。白天说：“国兴不说，肯定有他的难处，你不要再让他说了。来，国兴，今天你陪我钓一阵子，看这鱼先上谁的钩。”

正当张国兴陪着白天钓鱼的时候，国鼎厂正在发放安置补偿费。

站在台上的黄忠诚，非常兴奋地说：“工人同志们，在发放补偿款之前我讲几句。国鼎厂一直是我们天宁市的重点企业，这些年来，我们的工人兄弟，都是吃大苦，出大力，作出了很大的奉献的。但是，因为厂里领导层的决策问题、管理问题、人事问题等原因，工厂严重亏损，几乎破产倒闭。大家也有很长时间没有上班了，因为失去了经济来源，生活比较困难。市政府为了解决工人的吃饭问题，为国鼎厂谋取了一条出路，把厂里的部分土地转让给世纪集团，目的是盘活国有资产，让国鼎厂重新启动起来，让大家有事做，有饭吃。现在，世纪集团已经把安置费400万元支付给我们了。再就是，我们厂西南角那块地，现被加油站租赁使用，通过做工作，世纪集团也答应那块地仍归国鼎厂所有。这样，我们和世纪集团之间的矛盾就彻底解决了。我们应该感谢市政府对我们国鼎厂工人的关怀和照顾。"

会场上有人鼓掌。

"我听你这话不入耳！"坐在台下的李大柱突然站起来大声喊道。

李大柱这一声喊犹如半天里落下的滚地响雷，全场的工人都镇静了。黄忠诚也感到意外，一下没回过神来，不知如何是好。

李大柱转身面向工人说："大家不要相信他胡说！大家想想，国鼎厂近亿元的资产，几乎都让世纪集团占有了，他们只给了400万，好像给了我们多大的恩惠，吃光了我们的肉，还要我们感谢他，这不是强盗的逻辑是什么？400万够我们吃几天的？大家想过没有？钱用完了，下一步怎么办？工厂怎么办？黄厂长是如何考虑下一步的？"

会场里不安分起来。有人说，李大柱说得对，这个钱我们不能要，我们还是应该要土地。有人说，管他三七二十一，钱分到手再说。

李大柱又说："工人兄弟们，你们想过没有，世纪集团使用我们土地多长时间了，我们不起诉他们，他们一直拖，现在官司打到中院，有人不通过我们工人，偷偷摸摸地就撤诉了，张厂长不明不白就被免职了，最起码他是我们选的厂长，市里撤他换他，为什么不跟我们说？我看这里面一定有猫腻。"

有人回应："对，这里面肯定有猫腻！"

黄忠诚说话了："同志们，张厂长被免职，是市政府的决定。我们撤诉，也是奉市政府的命令。我可以向大家公开声明，我黄忠诚一切是按市政府的指示办事的，我没有搞任何名堂！再说，撤诉是对大家都有利的事情,如果不撤诉,世纪集团也不会这么快就把钱拿来了,等官司打胜了,那得猴年马月,我们当前最需要的是钱,没钱什么都不好办!这个事如此处理,市里是经过认真考虑的,请大家能够理解。"

李大柱说:"理解什么?我们的利益都被出卖了,还让我们理解什么?"

黄忠诚说:"大柱,话不能这么说。换了你来当厂长,你能不听上面的命令?我跟大家一无仇二无冤,为什么要跟大家过不去?我身为一个厂长,我不想国鼎厂好吗?你们为什么不理解我的难处呢?"

一位年龄较大的工人师傅对李大柱说:"大柱,黄厂长也有他的难处,你就少说两句吧,不管怎么说,世纪集团毕竟给了一部分钱了,大家领回去应应急再说。"

李大柱欲言又止。

黄忠诚说:"请大家先把钱领回去,有什么事情回头再说好不好?"

工人们开始走向主席台领钱。

三

白帆边打电话,边哭说:"一雄哥,公司现在让我辞职。"

李一雄感到很突然,问:"为什么?"

白帆抱怨说:"还不是因为你,你不让我把工商局的通知书发给总部,现在总部怪罪下来了,都怪你,都怪你!你去给我说情吧!"

李一雄故作轻松地说:"帆妹,别哭,我以为多大事呢,这事算什么,他们不让你干,正好!我正想告诉你,我们世纪集团现在正网罗精英,到我这里来,我们一起工作,不是很好嘛。"

白帆抽泣说:“被公司炒了鱿鱼,总不是光彩事,你还幸灾乐祸。”

“好妹妹,别哭了,我这就去接你,咱们见面再谈好吗?”

“我现在什么都不想干,我想回家。”白帆狠狠地扣下电话,捂着脸抽泣起来。

李一雄赶紧赶到白帆的住所,看白帆哭成了泪人儿,很心疼地安慰说:“今天这么委屈,连我的电话都挂了!”

白帆流着眼泪说:“都是因为你,人家才被炒了鱿鱼!”

李一雄用手帕擦去白帆的眼泪,说:“没关系,大不了到世纪集团来上班。其实你不早就是世纪集团的人了吗?”

“这怎么可能。”

“怎么不可能?”李一雄说,“你忘了董事长以前对你说的话了?”

白帆眼睛一亮,说:“晓频姐?”

李一雄趁势靠过来,一把搂着白帆说:“我的傻妹妹,有你一雄哥在,还怕没你饭吃?”

尽管李一雄百般安慰,白帆回到哥哥家时,仍然是闷闷不乐。白天问她她不说,凌玲又问:“到底发生什么事了?”白帆被逼得无法,只好如实说了。

白天说:“我跟你讲过多少次了,做什么事情都要认真,来不得半点马虎,你就是不听。”

白帆嘟囔着说:“我也没考虑到问题会这么严重呀。”

白天说:“你应该意识到。你以为公关部经理是好干的?人家是外企,管理是相当严格的。”

白帆说:“我当然知道严格,但没想到这么严厉。我现在好后悔,你们就别再说了,我心里难受死了!”

凌玲说:“你哥劝你是为你好。以后就是到了其他岗位上,也是要注意的。小帆,反正金宝利把你辞了,辞了就辞了吧,没什么了不起,还能死了张屠户,就连毛吃猪了?凭你的本事,还怕找不到工作?说不定找的工作比金宝利还好呢。现在你该吃的,吃;该喝的,喝;该玩的,玩。

好好养身体，把精神养得足足的，准备迎接新的挑战。”

“哥，嫂子，我准备到世纪集团就职。”大概怕白天反对，所以说话声音很低，吞吞吐吐地底气不足。

白天听她说这话，一愣：“你到方晓频那里去？”

白帆说：“他们要聘我做总裁助理。”

“不行！”白天估计这里面有门道，马上反对说，“我不同意！”

“这事关我的前途，我有权选择！”白帆不高兴地说。

“绝对不能去！”白天发火说，“正因为事关你的前途，所以更不能去！”

“我就要去，就要去！你管不着！”白帆气得哭叫着，拉开门就走。凌玲没拉住，追到门口，白帆已经无影无踪。

白天气愤地说：“太惯她了，越来越不像话。”

凌玲回到屋里不满地说：“她毕竟是小妹，慢慢说不行吗？何必发那么大的火！”

“她头脑太简单了，把什么事都想得很容易。世纪集团是她待的地方吗？”白天忿忿地回到书房。

“这么晚出去，你放心吗？”

“她会回来的，不要找她。”

过了好一会，突然传来敲门声。凌玲以为是白帆回来了，赶紧去开门。打开门一看，是个陌生的男人。

“请问你找谁？”凌玲警惕地问。

“这是白院长家吗？”

“是啊，你有什么事吗？”

“我找他汇报点事，他在家吗？”

“在。请进。”凌玲让这个陌生的男人进屋时，对书房喊，“白天，有人找。”

白天走出书房，一看，原来是张国兴。

“嗨！老张，你怎么找到这来了，快请坐。凌玲泡茶。”

两个人坐到了沙发上。张国兴说："白院长，那天您走后，我想了很久，觉得还是您说得对。有些事我是想得太多，让您白跑了一趟。这几天，我考虑来考虑去，还是应该跟您讲。"

"老张，男子汉大丈夫，就应该拿得起放得下。"

"白院长，请您理解我的处境。我到龙水沟，不仅是为了回避工人，国鼎厂的工人跟我还是有感情的。我被撤职后，工人们都窝着火，我怕引起麻烦，市里又要找我事。还有一个我必须回避的，是因为市政府一再向我施加压力，我受不了。"

白天很惊异："你是说案子的事，市政府在干预？"

"如果市政府不干预，我的压力没那么大，也不会被免职。国鼎厂的案子也更不会撤诉。"张国兴说。

白天说："你说这话真让我吃惊。能有这回事？"

张国兴说："免职之前，他们找过我，跟我做工作，要我撤诉。他们说，如果不撤诉，官司打下去，会影响世贸大厦的施工。世贸大厦是市政府的形象工程，我们如果继续打官司，会影响市政府工作。我当然戴不起这个帽子。可是，我撤了诉，又怎么跟工人交代？我顶了几天没撤诉，这不，就被免职了。"

"这么说市政府一直倾向世纪集团！"

"他们不让我说话，也不听我们国鼎厂的意见。"

"中院正在审理的案子，谁有这样的胆进行明目张胆地干预？"

"这个嘛……"张国兴迟迟疑疑没说出向东。

"看样子，案子背后真有人为世纪集团撑腰。"

"白院长，我现在能跟您说的就是这些，我劝您也慎重而为之。世纪集团背后好像不一般，在天宁他们有一张很大的网。"张国兴欲言又止。

白天看不便再问，就笑笑说："好的，我明白，谢谢你！"

"我走了，有时间再到龙水沟玩，我随时恭候。"张国兴起身告辞。

望着张国兴的背影，白天陷入了沉思。

四

丁雨晨兴致勃勃地来到李一雄办公室。

因为李一雄要见她。刚来公司就受到总经理召见，这在世纪集团还是少有的。

“李总，我来向您报到。”

李一雄放下手中文件，非常高兴地看着丁雨晨。这又将是他未来的尤物，凡到世纪集团的漂亮女人，谁能逃过他李一雄的手心。他问：“人事部是不是安排好了？”

丁雨晨回答：“是的，李总，他们让我做财务主管助理。”

李一雄装作关心而又和蔼可亲的样子，说：“以后大家一起共事，不要这么客气，看得出来你很有才华，以后做事要认真仔细，注意团队合作，世纪集团就需要你这样的人才。”

丁雨晨笑笑，说：“我会努力的。李总。”

李一雄用一种说不出来的味道说：“机会掌握在自己手里，一切就看你表现了。公司是不会埋没人才的。今天你第一次来，先去熟悉一下情况，有什么困难随时都可以来找我。”

“谢谢李总，我走了。”

李一雄非常欣赏地看着她离去的背影。他真想马上占有这小妞，这个阳光灿烂的女孩。

晚上下班时，丁雨晨刚走出电梯，手机响了。

“小丁，我是郑义鸣，你还好吗？”

“噢，是郑局长，我很顺利。”丁雨晨兴奋地回答，“今天，李总还破例亲自召见了我。”

李一雄此时从另一部电梯里走出，他看到丁雨晨，就走了过来，不声不响地站在丁雨晨的身后。

“几天不见，还真有点不适应呢。”丁雨晨发现身后有人，就关了手机，转脸一看，竟是李一雄，真把她吓了一跳。

“丁小姐，给谁打电话啊？”李一雄皮笑肉不笑地问。

丁雨晨急忙掩饰说：“啊，男朋友。”

“男朋友？”李一雄脸上闪出一丝不快，但马上恢复笑脸说，“如果丁小姐不介意的话，晚上我请你吃饭。”

“请我吃饭？”丁雨晨感到很意外，不知道是去好，还是不去好。

“是啊，有时间吗？”这是李一雄勾引女孩的惯常手法：请吃饭，送鲜花，买衣服。

“这个，刚来就让李总破费，很不好意思。改天我请你。”

“别客气嘛。”李一雄用不容置疑的话说，“就这样定了，你先回家，到时候我发短信给你，通知你在哪个饭店。”

“那就恭敬不如从命了。”

“好的，晚上见。”李一雄高兴地说。

“晚上见。”丁雨晨抹了抹额头，朝李一雄的背影伸了伸舌头，显出心有余悸的样子。

回到宿舍，她就给郑义鸣打电话。

“郑局长，今天可把我吓死了，差一点就给他发现了。”

“谁？”

“李一雄啊。我给您打电话时，一转脸看到他竟站在我的身后，幸亏没说别的，不然就露馅了。吓得我魂都没有了。”

“你可要注意，平时不要打电话来。”郑义鸣叮嘱说，“遇到什么困难，发现什么问题，及时和我联系，但要保密，不能出事。你知道吗，你的处境很危险，稍有一点马虎，就会铸成大错。你一定要注意人身安全，知道吗？”

听到郑义鸣的这些话，丁雨晨感动得差点流下了眼泪。这时，她的手机传来有信息的声音。她急忙打开查看，只见手机上显示：海天美食城见。

“郑局长，我得走了，李一雄在海天请我吃饭呢。”丁雨晨对郑义鸣说。

郑义鸣叮嘱说：“凡事要小心，多动动脑子，记住，小心，再小心！”

“您放心，我会注意的。”

丁雨晨来到海天美食城，只见一辆豪华的奔驰车驶了过来，停在饭店门口。李一雄手拿一束鲜花，从车上走了下来。她赶紧迎了上去叫了声：“李总……”

李一雄把花送给丁雨晨说：“对不起，我来晚了，这花送给你。”

丁雨晨接过鲜花，故作高兴地说：“哇塞，这花好香，好漂亮！”

两个人一边说笑，一边走进美食城。他们在靠窗的两人桌前坐了下来。李一雄拿着菜单点菜。

“喜欢吃什么？”李一雄问。

“随便点什么都行。”丁雨晨笑笑说。

“女孩子是不能说随便的。”

“李总真会开玩笑。”

“我来点吧，来一盘沙拉。”

“哇，我最爱吃这个了。”

李一雄要了杯啤酒，问丁雨晨喝不喝，丁雨晨说不喝，便要了一杯柠檬汁。李一雄举起酒杯，丁雨晨也举起果汁杯子。

李一雄盯着丁雨晨说：“丁小姐，从我看到你那一刻起，我就意识到世纪集团会有好的发展。”

丁雨晨心里说，碰到我，你们就倒霉了！但嘴上故意说：“李总，您的话我不太明白。”

李一雄说：“你这么漂亮，这么有学问，这么能干，有你这样的人加盟，能给我们公司带来好的形象呀。来，为我们的合作干杯！”

丁雨晨抿了一口果汁,说:“李总,您高抬我了。我没这么大的力量,不过,我会努力做好的。”

李一雄说:“这一点我相信,你能做得到。丁小姐,你真得太漂亮了,你注意到没有,你走在街上,回头率很高,我为有这种缘分感到万分荣幸。”

丁雨晨很清楚他狗肚里藏的什么药,但仍附和说:“李总,您真会鼓励人。”

李一雄怕刚一接触就谈女人,让丁雨晨反感,于是又往公司上扯两句:“我们世纪集团正处在跨越发展时期,世贸大厦也快要竣工了,只要大家齐心合力,用不了两年,我们就会上一个很高的台阶。”

“我真希望公司越来越兴旺,”马上垮掉才好——她心里说,公司的成功,就是您李总的成功。”

李一雄又试探地把身体向前凑凑,小声说:“应该再加上一点,还有丁小姐的美貌天地造化,营造了公司的发展氛围。”

丁雨晨冷笑笑说:“李总,您说话真幽默。美貌也能营造发展的气氛?若真是这样,我真感到万分荣幸。”

李一雄继续挑逗说:“世纪集团能聘到你,实在是幸运。这也是我慧眼识珍珠,你说不是吗?”

丁雨晨好像看他在演戏,笑着说:“李总,您这样抬举我,真的让我受宠若惊。”

李一雄痴迷地盯着丁雨晨,说:“你的男朋友也在天宁吗?”

“您想知道吗?”丁雨晨想吊他胃口。

“可以知道吗?”

“可以。”丁雨晨知道李一雄心里想什么,但是,为了打进世纪集团,现在还不能让他失望,“他在天宁,不过,我们很少来往。大家都忙着工作。我们俩的观点是先立业,后成家。”

“对,对,应该先立业后成家。”李一雄心里话,你一成家,我就捞不到了。不把你弄到手,我是不会让你成家的。“年轻人应该以事业为重,你看我,这把年纪了,不也是没成家吗?”

“是的,是的。李总给我们年轻人树立了很好的样子。”丁雨晨说,“李总,真的,我非常佩服您为人正派,不像有些老总,整天沾花惹草,那样怎么能把事业做大?”

丁雨晨的一句话,把李一雄的淫念压了下去。

这丫头太精,还得慢慢来,心急吃不到热豆腐,反正她逃不出我的手心。

五

方晓频站在门口,戴着墨镜,犹豫再三,还是按响了门铃。

凌玲应声开门,打量着方晓频,问:“请问,你找谁?”

“这是白院长家吗?”

“是的”,凌玲微笑着问,“你是?”

嗬,好个美人坯子,怪不得白天能爱上她呢,她要是个男人也会爱上她的。方晓频含笑摘下墨镜,说:“你是嫂子吧,我是白天的同学,方晓频。”

早就听说这个名字了,也早就知道她和白天曾是热恋的朋友,而且是商界的女强人,只是没见过面,想不到她今天竟能找上门来。你不能不承认她的胆量与气派。见到这样一个漂亮的女老总,凌玲并不吃醋,相反却非常善意地邀请她进屋。

方晓频进门打量了一下客厅的装饰,真不敢想象这就是一个法院院长的家:一个普通的大彩电,算是这间房子的最豪华点缀了。几个大沙发,是旧的,但旧得干净;一个摇头风扇,是立式的,少说也买了七八年;房子没吊顶,墙是刮的仿磁,能引人注目的就是白天自己撰写的于谦的一副楹联:两袖清风朝天去,免得闾阎话短长。

凌玲连忙掸一下沙发,热情地说:“快坐,我们搬过来也没怎么收拾,瞧屋里又乱又脏,真不好意思,坐,我给你倒水。”

方晓频微笑笑说:“嫂子别客气。这要怪我没尽到地主之谊,白天来天宁这么长时间了,我还一次没见过嫂子呢。”

“来天宁,白天倒常提起你这个老同学。”凌玲端来一杯热茶放在茶几上说,“他一天到晚不沾家,我也是个粗心人,总想不到请你们来家吃顿饭。”

凌玲说着又去找瓜子糖果,还要削苹果给方晓频吃,被方晓频拦住了。

方晓频笑着说:“嫂子,你别客气。也别忙了,坐下来,咱们姊妹俩聊聊天。”

凌玲不好意思地坐了下来,顺手剥一块糖果递给方晓频。

方晓频接过糖果,说:“嫂子,我一看到你,就想到你肯定是白天的贤内助。”

“快别笑话我了,我哪配当贤内助。”

“白天的确是值得女人付出一生的男人,你们才真是天作之合……”方晓频自己承认不是一个好女人。她认为好女人就是贤妻良母,整日相夫教子,像她这样天天厮杀于商场,是做不了好女人的。男人需要的是女人,而不是女强人。

听了方晓频的赞叹,凌玲很谦虚地说:“都老夫老妻了,还什么天作之合,冤家对头还差不多。哎,光顾和你说话了,倒忘记问你了,白天知道你来我们家吗?”

“不知道。”方晓频说,“我正好路过这里,以前光听白天说过你们住在这儿,这次没事,正好来看看。”

正说着,门铃响了。凌玲说:“白天回来了。”

凌玲打开房门,接过白天的公文包。白天一抬头看到方晓频,真有点惊讶。

方晓频很端庄大方地站了起来说:“白大院长。”

白天显得很兴奋:“稀客啊,搞突然袭击怎么的,来为啥不打个电话!”

方晓频心里想,我要打电话你能让我来吗?但嘴上说:“我只是路过这里,原来没打算到你家来,后来想,既然来到这儿,何不就势拜访拜访老同学。所以没想着给你打电话。”

白天笑着对凌玲介绍说:“这是我大学同学方晓频,世纪集团的董事长,天宁的第一大女强人呢。”

方晓频说:“我们谈了好一会了,还用你来介绍!”

凌玲很知趣,说:“你们聊吧,我去弄点吃的。”

“把你的拿手厨艺发挥出来,好好招待贵客。”

方晓频说:“嫂子别听他的,我还有事,不能在这儿吃,说说话就走。改天我做东,请你们做客。”

“急什么,难得来一次,哪能来了就走,别嫌嫂子手艺差,吃了我做的饭再走。”凌玲笑了笑,边说边走进厨房。

“忙得怎么样了?”白天没话找话说。他想努力打破这种尴尬的局面。

“总是忙得没头没尾,习惯了。”方晓频说,“哎,这些天我一直想见你。”

“我就知道你无事不登三宝殿。说,什么事?”

“我来,是想感谢你对我们世纪集团的关照。”方晓频明明知道白天没给她帮忙,相反给她增添了不少麻烦,但她仍然口是心非地说出这样话,“我一直想请你吃饭,就是怕你不给面子。”

“我又没给你帮过什么忙,谈何感谢。”白天也知道她说的是违心的话。帮没帮忙,自己还能不知道吗。

“想给我帮忙吗?”

“我以前跟你说过的话,仍然算数。”白天收敛起笑容说。

方晓频干脆单刀直入说:“国鼎厂的事结了,最近我还有一件麻烦事,真的想请你关照一下。当然不是让你办昧心案,那也不是我的性格。现在我只是想请你提供一些方便就知足了。”

“你还真要打官司?”

“不是我要打官司,是人家逼着我,我没有退路。”

白天劝导说:“晓频,你的官司是不是太多了,这样不利于经营。”

“法律上的事总是很无奈。”

“我感觉,官司老是缠身,恐怕与违反商业游戏规则有关。”白天说,“还有,老同学,你来找我,有利用关系牵制法院诉讼之嫌,这样会损坏世纪集团的商业信誉,我这种感觉不知对不对?”

方晓频一听他打官腔就不高兴:“你就那么相信自己的感觉?我们世纪集团是正当经营,经营中发生了纠纷,有些诉讼在所难免,很正常嘛,世纪集团发展到今天,并没有侵犯哪个的利益!”

白天笑笑,想缓和一下气氛:“这事我们别争论了,是是非非,自有公断。只是我认为商业的规则和做人的根本是一样的,法律不会对投机取巧者网开一面,如果什么事违反了这种规则,不仅道德上要受谴责,就是在法律上也要受到惩罚。”

方晓频说:“别忘了,我也是学法律的。我做任何事首先就是讲原则,不管道德还是法律,我都不会出格!”

白天冷笑笑说:“我相信你是这样的,只是有些问题,我劝你,还是要讲究点原则。”

方晓频很不高兴:“老同学,言重了吧!”

白天尽量心平气和说:“晓频,我们上大学的时候,都知道亚里士多德的一句话:法律是推理,而不是激情。我相信,这句话你比我理解得更深刻。”

白天的这话,越发激怒了方晓频,她生气地站起来说:“白天,我并不是来求你什么的,不要总是自以为是!”

“晓频,我们都是法律专业出身,你我都明白,在情与法之间,我们永远只能选择法！”

“我看你没一点老同学的味，你变得让我认不出来了！”方晓频气呼呼地站起来，说，“对不起，告辞！”

白天站起来时，方晓频已经打开房门，扬长而去。

凌玲从厨房走出来惊讶地说：“怎么了，你们吵什么？”

白天摇摇头，不置可否。

“不管怎么说，你们是老同学，又是我们的客人，你怎么能就这样让人家走了呢？”

白天说：“在一些事情上，她可能陷得太深了。我不忍心她这样下去……”

方晓频把车子一直开到海边才停了下来。她走下沙滩，伫立在海水前，看海水拍打着岸边的沙滩和岩石。海风阵阵，不时吹乱了她的头发。她心情很乱，也乱得像她的头发。她走的路到底错了吗？她与白天的区别到底在哪里？她与白天真的是两股道跑的车——走不到一块去吗？自己到底什么地方得罪了白天？从大学到现在，她对他始终如一。讲情的话，是他白天先结的婚，他先毁了情，直到现在，她不是还独身一人吗？讲义的话，她对他处处尊重，她不仅维护他个人的尊严，而且还保护着他妹妹，够义的了吧。是的，她曾委身于向东，可是，她多次向他发出过爱的呼唤，他却置之不理。要知道她也是人，她也有七情六欲。讲事业的话，也不该有冲突。他是法官，自己是商人。在事业上倒是两股道跑的车，相互并不影响呀，他为什么总是给她设障碍呢？她真不明白，这到底怎么啦！

方晓频漫无目的地走在海滩上，走得有点伤感，有点孤独，有点不知所措。

一只海鸥从海面上掠过，两声嘶鸣显得很哀伤，也许哀的是失去伴侣，也许伤的是不遂心愿。

手机响起。

方晓频打开手机，一看是向东打来的，只得回话：“你好，向市长，我是方晓频。”

尽管她跟他上过床，从心理上，她还没有完全接受他。她总觉得她与向东之间是一种买卖关系，她出卖的是肉体，他出卖的是权力。她与他之间，没错，也摩擦出过爱的火花，但那只是昙花一现，他们之间过多的是一种权钱交易，是一种官性交易，也许相互都在玩着猫与老鼠的游戏。

“晓频，我刚刚得到一个消息”，向东急切地说，“省外经贸委的复议结果出来了，他们认为香港金宝利公司，只是以人民币代替美元出资，属履约瑕疵，并没有根本违约，有可能撤销天宁市外经贸委的裁定书。”

方晓频一听这话着急了：“怎么会是这样？”

向东说：“如果这样的话，你们所想做的事，难度就会更大了。”

方晓频焦急地说：“向市长，你说我们应该怎么办？”

“我一时也没好主意，你们看着办吧。”

向东头一次先挂上了电话。

六

第二天一大早，方晓频就让李一雄把余婉妹招了来。

方晓频走进李一雄办公室时。李一雄和余婉妹正在商量什么，看方晓频来后，同时站了起来。

方晓频说：“省外经贸委的裁定书就要下来了，对我们很不利，我们要抓紧时间拿出一个应对办法。”

李一雄显得很沉稳，说：“我接到您电话就把余律师叫来了，我们正商量着呢。"

方晓频催促说:"这事要尽快拿出主意来,事情并不像我们预料的那样,看来很复杂,而且会越来越复杂。"

余婉妹说:"我想等省外经贸委的裁定下来以后,依照程序复议,或者起诉,到时候总会有办法的。"

李一雄安慰方晓频说:"董事长,还不到我们着急的时候,你千万不要心急。"

方晓频说:"不急行吗?火烧眉毛的事,香港方面气势压人,省外经贸委来这一招,我真有点喘不过气来。一雄,我感觉开局不利啊!"

李一雄仍信心十足地说:"事情还没到这种地步,对这一点,我们是有准备的。"

余婉妹说:"董事长,法律上操作虽然麻烦一些,但我认为,还是比较有把握的,您不用担心,我们要关注事态的发展,毕竟我们是主动的。"

方晓频自言自语说:"也许白天说的是对的……"

没过两天,方晓频就收到省外经贸委的裁定书。她让李一雄赶紧把余婉妹找了来。

方晓频把裁定书递给李一雄说:"这就是向市长说的内容,省外经贸委认为香港金宝利公司只是以人民币替代美元出资,数履约瑕疵,并没有根本违约。"

李一雄说:"我们不认可这份裁定。"

余婉妹说:"违约有完全违约,有部分违约,香港方面出资了,是以人民币的形式,而合同中约定的是美元,这可能就是向市长说的履约瑕疵,也就是说,他们是按合同履行,但在履行时,没有完全按照合同约定的内容,存在瑕疵,也可以说是部分违约。"

方晓频说:"噢,是这样。"

李一雄说:"瑕疵也罢,违约也罢,我们就是要追究。"

余婉妹说:"当初我们想操作的就是按他们完全违约,但没考虑到省外经贸委裁定是部分违约,这里面有一定的空间,可塑性也非常大,从法律上说,不论是完全违约,还是部分违约,都构成违约。依照法律都可以追究他们的违约责任。"

"我们下一步怎么办?"方晓频问,"你们有没有方案?"

余婉妹说:"如果我们不服他们的裁定,应该起诉。"

方晓频说:"你们上次叫我找白天,就是为这件事做准备的?"

李一雄说:"正是这样的,我们得准备打官司。"

方晓频沉思了一会儿,说:"这段时间,我们的官司在中院是出了名的,白天那边到时再说吧,你们要从法律上把好关,婉妹,这件事你一定要细致些,要搞扎实,一步一个脚印,步步以法律为证。一雄,既然我们开始出牌了,就要打好牌,打胜牌,不获全胜,决不收兵!"

李一雄和余婉妹同声赞好。

"我这就去准备起诉状!"余婉妹说罢即退出办公室。

方晓频又拨通了向东的电话:"向市长,我们收到省外经贸委的裁定书了,是的,内容就是那些。不管怎么说,金宝利公司的行为都构成违约,我们准备起诉省外经贸委,这是最后一着了,也是关键的一着!"

向东停了好一会才说:"你们看着办吧,不过,我再重申一次,决不能影响世贸大厦的进度!"

方晓频关上了手机,沉重的心情变得开朗起来。

李一雄说:"董事长,向市长没说什么吧! 我们一定要坚定信心,这一招肯定能成功! 咱这一招是,难死公安,气死法院。谁也不会料到,世纪集团会把省外经贸委送上审判台!"

余婉妹的起诉书很快就送到了中院。

陈茵拿着世纪集团起诉省外经贸委的诉状来到白天的办公室。

"白院长,我不明白为什么要调我到行政庭?"

白天放下电话说:"董院长没跟你谈?"

"谈了,他说这次调整,实行轮岗制度,是迈出改革的一小步,调任行政庭任庭长是组织上的决定,既然组织决定,我只能服从。"陈茵说。

“那还有什么问题?”

“我就是觉得别扭。”

“别扭?”

“是啊。白院长,我刚审理过世纪集团的案子,他们一直对我有成见,这次到行政庭来,还让我接手这个案子,你看我是不是应该回避才是。”

白天笑着说:“回避?你审过他们的案子就回避,审判结果不如他们的意就回避,这符合哪条回避条件?这案子还没进入程序,外面可就有眼睛盯着啦,世纪集团又是市里的支柱企业,你审理经验丰富,目前是最合适的人选。我再次强调一点,你并不是民事审判工作做得不好,而是很好。这次调整的范围不大,但非常有力度。陈茵,不管在什么岗位,都要确立一个目标,那就是司法为民,务实高效地审理好案件。这是法官的天职,也是人民赋予我们的使命。我看,你有想法可以理解,这说明想干好工作,现在你要放下包袱,进入角色,行政审判工作需要做很多宣传工作,需要加大力度,至于让你审理世纪集团起诉省外经贸委一案,我们也是再三考虑的。”

陈茵犹豫着说:“白院长,我对自己没信心。”

白天说:“没信心,这可不是你做事的风格。”

陈茵说:“白院长,作为一名法官,我从来就没忘记自己的职责,这么多年来,我也从没怕过什么,只是对于世纪集团的案件,我总感到有压力……”

“压力也是动力嘛。”

“我总觉得世纪集团把打官司当饭吃了。”陈茵说,“他们想要的结果得不到,就不会善罢甘休的。”

白天说:“这也是人家的权利。陈茵,我看你还是要摈弃主观情绪,照章办事,不要有任何推诿的理由。你也不是刚刚接触法院工作,我希望你能明白,任何理由在案子面前都是不成立的。”

陈茵点点头说:“我知道了。”

“噢，对了，前几天张国兴来找过我。他谈起世纪集团和国鼎厂的案子时，看来想说点什么，可是一到关键人物和关键环节，他又不说了。”

陈茵说：“这说明张国兴还有顾虑。”

“国鼎厂的案子已经结案，从法院工作的角度看，我们不需要再去刨根问底，可恰恰是这件事，成了我心头的一块疙瘩。”白天站起来，走到窗前，自言自语说，“这个方晓频……”

陈茵站在一旁，默默地看着白天。

七

人们从会议室鱼贯而出，渐渐散去。

最后从会议室里出来的是李一雄和丁雨晨。

“怎么样，刚才紧张吗？”李一雄一脸笑容问。

“还好。”丁雨晨说，“李总，要是没事，我就回办公室去了。”

“哦，我带你熟悉一下工作环境吧。”李一雄说。

丁雨晨惊诧地看着李一雄说：“让您陪着，这多不好意思。”

“没关系。”李一雄说着就要领着丁雨晨走，突然手机响起，他看了一下号码，然后对丁雨晨说，“对不起，我先接个电话。”

手机里传来方晓频的声音：“办公时间，你怎么不在办公室？”

李一雄说：“我开会刚刚散，是关于公司财务部重组的会议。”

“哦。”

李一雄看了丁雨晨一眼，然后从她身边走开说：“还记得我跟你提过的丁雨晨吗，她现在是财务主管了。”

“什么,你招的不是财务助理吗?”

“这个人的能力很棒。”

“她的能力我不否认,只是……”

“有什么问题吗?”

“只是,一个公司的财务大权,最好不要让新来乍到的人掌握。”

“我想,新手有新手的好处,她不易掌握我们内部情况。”

“我只是有一种感觉,你看着处理吧。要注意提防,知道吗?喂,香港金宝利那边有没有动静?”

“没有。”李一雄说,“只是白帆丢了工作,心情不太好。”

“这个我知道。”方晓频说,“我想安排白帆近期到国外走走,别因为工作没了,再把我们当成死对头,这样对大家都不好。”

“我明白,需要我做什么?”

“我在考虑要不要你陪她一起去。咱们送佛送到西天,好事做到底,让她死心塌地跟着我们……”方晓频说,“你能腾出时间吗?”

听说叫他陪着去,他高兴得差点蹦起来。但在丁雨晨跟前,他尽量压抑这种喜悦的心情。他说:“我的时间是可以安排开的。”

“那就这么定了。别让她看出来是安排的。你现在就安排人到旅行社看看,抓紧把票买了。还有,那个丁雨晨,最好先别让她太多地插手公司业务,试试看,还是谨慎点好,别一看到漂亮女孩就走不动路。”

李一雄看了一眼不远处的丁雨晨说:“董事长您放心好了,我李一雄能是那样人嘛。”

对方挂断了电话。李一雄给秘书打了个电话,安排好购票一事,朝丁雨晨走去。

丁雨晨说:“李总很忙吧,要不我自己去熟悉熟悉。”

“让新来的员工尽快了解公司也是我分内的事”,李一雄手一伸说,“丁小姐请。”

丁雨晨愿意跟他一起走,是想让员工知道,总经理喜欢她,这样对她今后开展工作有利。

李一雄想陪她走,主要是想讨丁雨晨欢心,以便将来好得到她。

"小丁,你说人太出色,是好事还是坏事?"李一雄若有所思地问。

"您说什么?"丁雨晨装作涉世不足啥事不懂的样子问。

"没什么,前面是企宣部,进去看看。"

丁雨晨一声不响地跟着。连转了好几个部门,因有电话找,李一雄才让人事部的人陪丁雨晨去看,他自己则返回办公室。

秘书对李一雄说:"李总,我已经打电话向旅行社确认过了,近期到欧洲旅游的金卡会员团只有一种,我已经按您的意思办了卡,待会我就去取。"

"好的。"

"还有,余律师有事要和您面谈,她已经等了一会儿了。"秘书话还没说完,余婉妹就推门而入了。

李一雄对秘书说:"你先去吧。抓紧把票办好。"

秘书轻轻地带上门。余婉妹很随意地坐在李一雄的办公桌上。

"怎么,又要出去散心了,哪个美女作陪?"

"什么啊,就是一次商务考察,想顺便溜达溜达,会奋斗,也得会享受。你呢?有何贵干?"

余婉妹说:"我这儿有个东西,保准比你出去散心更受用。"

李一雄心不在焉地说:"是吗?什么好东西?"

余婉妹从坤包里取出一份文件,在李一雄的眼前晃了一晃。李一雄刚要伸手去接,余婉妹却将手背到了身后说:"你以前对我的承诺还记得吗?"

"当然记得!"李一雄说,"到什么时候都忘不了。"

"那我就更失望了。"余婉妹故意说,"你记得的事都没有履行诺言,以后我还敢为你付出呀!"

李一雄说:"言重了。我李一雄向来都记得你对我、对世纪集团的好,只是还没来得及报答,你要耐心,给我机会。"

余婉妹半开玩笑半认真地说:"这话听起来很感人,可惜我听得次数太多了。我是个律师,要的是实实在在的,用眼睛可以看得到的东西。”

李一雄笑着说:“到底是律师,我知道你要什么。就是化诺言为金钱,还有精神,这些都能成为证据吧。”

余婉妹说:“这回我算是失望到极点了,你不是个糊涂人,记性又好,却总不给我应得的东西,我做事情是需要动力的。”

李一雄一本正经地说:“听我说,我不糊涂。你这样精明的人也不会和糊涂人共事,只要你帮世纪集团过了眼下这一关,我会重重报答你的!”

余婉妹绕到李一雄身后,将文件放到了李一雄的办公桌上,说:“那我就再信你一次。”

李一雄拿起文件一看,只见上面写着:关于天宁市中级人民法院法官否定省人大法规违法行为的情况反映,顿时大喜过望。他抬头望了一眼余婉妹,问:“嗯,不错,这东西怎么到你手上的?”

余婉妹不屑一顾地说:“虾有虾路,蟹有蟹路。这你就别管了,李总,你可看仔细了,日后这东西可是要升值的。”

李一雄放下文件,喜滋滋地说:“你放心,等它变成我想要的东西,我一定不会亏待你!”

八

咖啡馆里光线朦胧,但气氛温馨。

方晓频坐在咖啡馆的一角,见白帆进来后,连忙对她招招手。

白帆坐在方晓频对面,不像过去那样随意,很拘谨地喊了声“董事长”。

方晓频故作不高兴地说:“哎,怎么不喊我晓频姐啦?”

白帆不好意思地说:“我马上就要成为你的下属了,你是我的上司,我怎么能乱喊你。”

方晓频笑着说:“什么下属上司的,以后在公司里你喊我董事长,在这种场合,你还是喊我晓频姐好,这让我感到亲切。”

白帆笑着甜甜地叫了一声:“晓频姐。”

“哎,我的好妹妹。”方晓频充满关爱地答应着说,“精神还不错,说,想喝点什么?”

“什么都行。”

“怎么,没心情点单?”方晓频用关心的口吻说,“你呀,真是太年轻了,遇一点事就想不开。我来点,卡布其诺,行吧?”

白帆点点头。

服务生上来两杯咖啡,一人一杯。

白帆默不作声地搅着杯中咖啡。

方晓频喝了一口咖啡,伸手将白帆一缕散乱的头发别到耳后,说:“小帆,你知道吗,我在国外读书时,吃了很多常人难以想象的苦,当时我怨天尤人,抱怨老天不公平,现在回想起来,没有什么公不公平的,关键是看你怎么想了。那些遭遇其实都是你的财富。人都是三十年河东三十年河西的,没人会一直走背运的。”

白帆委屈地说:“我干到今天这个位子很不容易,可是,一下子说没有就没有了。”

“怎么能说什么都没有了呢?你还年轻,有的是机会。听我的绝对没错,现在,你最关键的是调整好心态,什么都能垮,但人的精神不能垮!”

“我也试着调整了,可就是没用。”

方晓频从包里取出一张卡片递给白帆。白帆接过一看,惊讶地问:“欧洲旅游,给我的?这很贵呀!”

“与让自己高兴相比，哪个更贵？去远方旅游最大的好处，就是那儿的一切烦恼与你无关。你只是个过客，但是，要是把烦心的事留在那儿，回来去称称体重，保准轻了好几斤。”

白帆感激地说：“晓频姐，真的谢谢你！说真的，我哥都没有像你这样关心我。我被炒了鱿鱼，心里很不好过，他不但不安慰我，相反动不动训我，真让人受不了，我已经是大姑娘了，他还把我当成小孩子一样对待。”

方晓频感慨地说：“他是一院之长，大事小事都要操心，难免会有顾及不周的地方，我们同学这么多年，我了解他，他在心里一定很关心你，你要理解他。”

白帆点头，心想，我要是有这么一个好嫂子多好啊。

第二天，白帆在机场，正要将皮箱放到安检带上时，一双手从后面替她从行李车上提起了箱子。白帆转脸一看，李一雄正冲她微笑呢。她惊喜地说：“李总，你怎么在这儿？”

李一雄说：“是啊，机场是个总能发生浪漫事情的地方。你信不信，现在是以巧合为开头的故事，以后还会有很多的巧合，而且，巧合得会越来越美。”

白帆笑着说：“真不知道，李总，你还是个多情少年呢。你这是要上哪儿？”

李一雄将白帆的箱子放到传送带上，说：“欧洲。你呢？别跟我说你也去欧洲啊。”

白帆吃惊地说：“你也去欧洲？我在戴高乐机场降落，你呢？”

李一雄笑着把自己的机票递给白帆。你不能否认李一雄的演技，这一切，他都装得活灵活现。

白帆接过机票看后更加惊讶：“嘿，跟我同一个班次！怎么这么巧？”

李一雄接过机票说：“你的呢？”

白帆将机票递给李一雄，李一雄接过机票，转身递给换票员说：

“要两个挨着的座位,一个靠窗。”

白帆正愁着一人出门不方便,想不到李一雄来了,这真是天意。

李一雄接过换票员递过来的单子,将其中一张递给白帆。

白帆兴奋地说:“真不可思议,天下竟有这么巧的事!”

“是啊,不可思议的事情,就这样发生了。”李一雄轻轻地拍了拍白帆的肩说,“很荣幸为你效劳!”

方晓频原本想送白帆的,因向东要她去世贸大厦工地,她只好去。好在有李一雄陪着,她还是放心的。唯一不放心的,就是担心白帆太幼稚,经不住李一雄的纠缠。她怕李一雄占有白帆,可又让李一雄去陪着,这不明显是把小羊送到了野狼口?她也不知道自己为什么这样做,可是,她又糊里糊涂地这样做了。她是想用白帆笼络李一雄?不是。她是想用白帆这张牌拍白天的马屁?不是。她是想毁坏白帆的声誉而诋毁白天?不是。她真的想把白帆当作自己的亲妹妹?不是。她到底想在白帆身上做什么文章,自己也说不清楚。也许是白帆的清纯,让她起了女人的怜悯心,她保护了白帆,就是保护了自己的过去,就是保护了自己的影子。可是,过去毕竟过去了,影子只能是影子,一切都是虚的,她必须正视现实。她必须保护真实的自己,保护正在发展的自己,保护自己正将要实现的事业,为了自己,她可以牺牲自己,当然,她更会牺牲别人。

世贸大厦工地没有往日的火热。

向东环视着工地说:“晓频,这工地好像没什么进展,你们得加紧。”

方晓频说:“向市长,世贸大厦倾注了我很大的心血,我也想全力以赴,可是,心有余力不足啊。”

“什么是让你分神的?”向东关切地问。

“还不是那些缠人的官司。”方晓频说,“我已经好久没到工地上来了,更不用说对工程进度的督促了。”

“现在呢?”

“中院那边的结论没定,我也只能等着,如果是金宝利出局,情况就大不一样了。”

“我不赞成你这种想法。”向东不太满意地说,“世贸大厦工程,在市政府办公会上,我是夸下海口的,形象工程不能半途而废,也不能裹足不前。不能让别的事影响工程进度!我想告诉你一件事,市商务局接到省外经贸委的督办通知,让我给先压下了。”

方晓频感到吃惊,他也真够大胆的,竟能把上级的文件给压下!她说:“我就知道你不愿看到世纪集团麻烦重重,也感谢你的好意。可如果这样做,对你有任何不利影响,我心里都会不安、不踏实的。”

方晓频不小心碰歪了头上的安全帽,向东连忙替她戴好,说:“在工地上可要注意安全,别伤了自己。关于省外经贸委通知的事,已经这样了,你也不要有心理负担,说实话,于公、于私,我都会这样做。”

“在哪都要注意,别伤了自己。”方晓频关心地说。毕竟她已经委身于这个男人,她不想他出现任何不好的事情,尤其是不能影响他的升迁。

九

丁雨晨坐在世纪集团财务部主管办公室,显得有点儿得意。

她真没想到自己会这么顺利进了世纪集团,更没想到能坐在财务主管的位子上。郑义鸣说,越是顺利,越要小心;越是顺利,越不是好事。李一雄是个老狐狸,方晓频也是个座山雕,财务部门是他们的咽喉,他们能让你干,说不定里面就会设立圈套,你一定要小心。千万要保护自己,有什么危险,要及时跟院里联系。白天认为,世纪集团能让她坐上财务主管这个位子,很大程度上是李一雄的事。如果是李一雄的作用,别的圈套恐怕不大可能,最大可能,就是李一雄在打丁雨晨人的主意。李一雄是个好色之徒,丁雨晨年轻漂亮,他是想用财务主管的诱饵来钓丁雨晨。丁雨晨心想,如果真是白院说的这样,事情要好办得多。在护卫自己的贞操方面,丁雨晨还是有一套的,何况她还学过柔道。

同事甲进来说:“丁主管,有事需要帮忙吗?”

丁雨晨温和地说:“我需要熟悉一下集团的账务,你打一份财务报表给我。”

同事甲转身要走,丁雨晨又说:“还有,集团和相关部门的业务情况,你也打一份。”

“你说什么?”对方疑惑地问。

“你把集团和相关部门的财务情况一同报来。”

“我那里有报表,是不是拿来给你看?”

“好的。”

同事甲抱来一摞账表,丁雨晨看后问:“都在这里吗?”

“是的,要不要分捡一下?”

“没关系,我慢慢熟悉吧。”丁雨晨说,“你去吧,有什么情况我再叫你。”

同事甲刚转身准备出门,方晓频走了进来。

同事甲含笑叫了声:“董事长好。”

方晓频点点头。

丁雨晨也站起来迎接方晓频。方晓频打量一下丁雨晨说:“刚上班习惯吗?”

“还好,谢谢董事长关心。”

“公司的情况了解得怎么样了?”

“刚刚我才让他们把账目和报表送来。”丁雨晨想掩盖此事,当然掩盖不了,索性亮开说。

方晓频看到这些账目，很不高兴："这些账目是分账会计的事，怎么会到你这里？"

"董事长，作为公司财务主管，应该全面了解公司的业务往来、资金流转，银行账目、以便于及时处理有关问题，不误时机，所以，我必须在最短时间内，把公司的财务情况全面了解一下，好与同事们交流。你说这样做不好吗？"丁雨晨说得条条是道，容不得方晓频半点怀疑。是呀，财务主管，不了解公司财务怎么行？要么，就不让她当。既然叫她当了，那就得让她看。

方晓频故意问："世贸大厦的账目和世纪集团虽是一家，但相对是独立法人，这些账目，我不知道你们是如何处理的。"

丁雨晨说："董事长说的我清楚，世贸大厦和世纪集团分别是两个法人，在账目的处理上，要注意各账各记，尤其要注意资金流转和资金往来，分类账和银行账上，要形成不同的科目，在银行要有不同的户头，账目不能混淆。"

方晓频点点头："集团的上层领导都对你的能力作了肯定，又委以重任，你一定不能辜负公司的希望，最近集团的事物多，资金流动大，你要尽快熟悉业务，适应环境，管理好事务。"

丁雨晨说："谢谢董事长的关心，我知道该怎么做。"

方晓频走出办公室。丁雨晨捏紧的拳头，渐渐松开，手心和身上全是汗水。——那是吓的。说不怕，那是骗人的。

看了一会账单，丁雨晨对同事甲说："这份账你要厘清，我看不明白，这笔账为什么这样做。"

同事甲说："当时是齐经理让我这样做的。"

丁雨晨说："你的职责是什么？《会计法》有规定，不管怎么说，你这样做账是不对的。凭什么有进无出，你要查出原因。"

同事甲说："我当时问过齐经理，她说你这样下就行。"

"你回去再细细查查，必须把这笔账的来龙去脉查清楚。"

一星期后的一天晚上，回到宿舍，丁雨晨正在吃东西，郑义鸣的电话就到了。

“郑局长,我对世纪集团的账目进行审核后,没有发现任何可疑的问题,更不用说与亿豪公司的联系了。”丁雨晨回话说。

“这事不能着急,要慢慢来。”

“我能不急吗,在这种鬼地方多待一会儿我都难受。”丁雨晨说,“郑局长,说实在的,现在我才体会到卧底的艰难。”

郑义鸣说:“怎么,沉不住气了?”

“怎么会。再苦再难我也要干到底。”

“小丁,一定要沉住气,再往下铲一铲子,金子就会出来了。”

丁雨晨说:“我知道。郑局长,这一铲子恐怕要铲就得铲在财务部经理那儿,您看行吗?”

“你看准就行。但一定要看准,千万不能出错。”

“我试图和财务经理谈论亿豪公司的问题,她总是遮遮掩掩,一看背后就是有事。”

“不管怎么说,还是那条原则,安全第一,智慧第一,凡事要多动动脑子,不能贸然行事。”

“局长,您就瞧好了,我一定会给你提供有力证据的。”

郑义鸣开玩笑说:“好,别忘了,法院也会奖励举报人的。”

“郑局长,我真想念在法院的那些日子,还有您。我恨不能现在就回院里上班,我在这儿快闷死了,想跟别人说句话,得考虑半天能不能说,跟朋友也断了联系,前几天在街上看见陈茵庭长了,我真想朝她喊两声,可只能低着头从她身边走过。不仅如此,我一个人要防许多人,许多人也在防着我。尤其是那个方晓频,总是用揣测的眼神看着我,有时着急了,真想走人算了。”

“后悔了?我当初可是让你好好想想的……”

“别的到没什么,就是着急,想你们……”

“小丁,好好坚持,我相信你能成功。好了,我这儿来了当事人,再见!”

丁雨晨恋恋不舍地说："再见。"

挂上手机，丁雨晨躺在床上，呆呆地看着天花板。

天花板是白色的，没有花。

十

一架波音 757 降落在天宁机场。

李一雄和白帆手拉着行李箱，先后走出机场大厅，坐进出租车。

"方董事长，我和白帆刚下飞机……好，我马上到公司找你，先报个到，回见。"李一雄扣上电话，在白帆的额头上轻轻地吻了一下，白帆笑眯眯地看着李一雄，非常幸福地依偎在他那宽大温暖的怀里。突然，白帆从李一雄的怀里欠起身来，望着车窗外，眼里游离着犹豫。

李一雄诧异地问："帆，你在想什么？"

白帆目不转睛地盯着窗外说："我真希望这车子就这么开下去，永远不要停下来，咱们就一直这样坐下去。"

李一雄搂着白帆说："帆，你真的这么想？"

白帆点点头。

李一雄又亲了一下白帆的腮说："帆，那是梦。现在假期结束了，回到现实中来吧，考虑一下，如何实现我们共同的梦想。"

"一回到现实，我就感觉束手无策。"

"小傻瓜，我会帮你的。到世纪集团来吧，让我们携起手来去实现我们的宏图大业。"

"真的？你不会是同情我吧！"白帆睁着迷茫的眼睛望着李一雄说。

李一雄色眯眯地注视着白帆说:“帆,应该说是你同情我,真的,没你我无法活,我需要和你在一起。”

出租车在天宁市中级人民法院家属大院门口停了下来。李一雄从车上下来后,打开另一边的车门对白帆说:“帆,到你哥家了,快下车。”

白帆丝毫不动。她真希望这辆车就是家,——她和李一雄的家。这里没有社会的冷酷,只有爱情。

“你要不想去你哥家,就送你回宿舍?”

“不。”

李一雄说:“那好,快下车吧,回去洗个热水澡,好好休息一下。”

白帆只好下车。

李一雄走到车子尾部,将白帆的皮箱和其他一些包,从后备箱里拿了出来,回到白帆跟前说:“帆,别伤感了,你要知道,短暂的分离是为了长久的相聚,好了,回去吧。”说着,将皮箱和大一包小一包递给白帆,白帆并不接东西。

“怎么,还要我把你送进家门啊?”

白帆什么也不顾,猛地扑到李一雄的怀里。

李一雄怕被人发现,轻轻地推开她说:“好了,快回去吧,别让人看见了。”

白帆不高兴地说:“看见就看见,怕什么?你是不是觉得我们的关系见不得人啊!”

李一雄说:“你怎么会这样想,我,我是怕你哥看见。”

“他看见怎么了?反正早晚都是要让他知道的。”

李一雄不好解释,只是说:“我以后再告诉你,好了,时间不早了,快回去吧。我在这儿看你进去,好吗?”

白帆接过李一雄手中的皮箱和包,依依不舍地转身走去。快到门口时,白帆回头看着李一雄,并对他招招手。李一雄也摆摆手,表示再见。

正在这时,白天的轿车开了过来。开车的白天非常吃惊地看着李一雄和白帆的一举一动。白天将轿车驶过出租车，拐进宿舍大门，他没有进家，而是将轿车停在楼下。

白帆走进大门后，李一雄才急忙钻进出租车，疾驶而去。

透过后视镜，白天看着白帆拉着箱子，提着包，走过轿车。他没有吱声。白帆心还留在李一雄身上，也没注意到哥哥。白天靠在靠背车椅上，很痛苦、很疲倦地闭上眼睛，没有忙着下车。

白帆提着大小包，站在门口，镇定了一下情绪，才欢快地敲门说："嫂子，我回来了。"

凌玲打开门，连忙接过白帆手里的东西，说："小帆，回来了也不打个电话，早上你哥还念叨你呢。"

"难得他还想着我，他又加班了吧？"

凌玲笑着说："大概是吧。路上累了吧，快去洗个澡，一会吃饭。"

凌玲说着就往厨房走，白帆急忙拉住说："嫂子，我这次买了好多衣服，我还给你买了一件。"

白帆从行李包里取出一件一件衣服，展示给凌玲看。她拿出一件大花的裙子，说："嫂子，这是送你的。这件裙子是我费了好大劲才选中的，喜欢吗？"

凌玲接过裙子，笑嘻嘻地说："好看是好看，质量也不错，可是，价钱肯定不招人喜欢吧？"

"给嫂子的东西，什么价不价的，无价。"白帆笑着又掏出一件翻领套头衫，说："看，这件是我哥的。"

凌玲接过来正看着，白天开门走了进来。凌玲说："今天怎么回来这么早？白帆回来了。"

白帆亲热地叫了声："哥！"

凌玲递过新衣服说："这是白帆给你买的。"

白天没有看衣服，而是挡开凌玲的手，将车钥匙重重地摔在桌子上，对白帆说："到我书房来一下，我有话问你！"

白帆莫名其妙地看看他，又看看凌玲。

凌玲不高兴地说:“白帆刚回来,你就唬着个脸,这到底为啥?”

白天没有答话,头也不回地进了书房。白帆忐忑不安地跟了进去。

白天背对着白帆问:“跟谁去的欧洲?”

白帆小声地说:“不是早就跟你说了吗,以前的同事……”

白天气得脖子上青筋直冒,猛地转过身来说:“撒谎!”

白帆从没看过哥哥发这么大的火,吓得浑身一震,仍小声狡辩:“是以前同事嘛。”

“我都看见了,你还在撒谎!”白天大声吼道。

“看到了还问。”既然窗户纸捅破了,白帆索性不在乎起来。

“你……你买的那些东西,也是他花的钱?”白天气得有点结巴起来。

“他愿意。”白帆故作无所谓的样子说。

“你让我怎么说你,天底下没有白吃的宴席!花了人家多少钱,明天抓紧给我送去!

白帆极为恼怒,说:“这是我自己的事,你管不着!你从来不关心我,难道也不许别人关心我?”

白天大声地说:“你以为给你钱,给你甜言蜜语就是关心你?你这是不分好歹!”

“我不要你管!”白帆哭着,猛地冲出书房,重重地带上房门,正在客厅不知所措的凌玲吓了一跳。

白帆跑出大门。无论凌玲在后面怎么喊,白帆也不回头。

外面,月明星稀。

责任如山 CHAPTER 10

一

陈茵来到白天办公室，白天正在审阅世纪集团的材料。

陈茵说："这个案子影响肯定很大，董院长让我抓紧时间开庭，我觉得时间上有点仓促。"

白天说："这个案子非同一般，涉及省外经贸委，如果弄不好，就是全国第一行政诉讼案。陈茵，我非常理解你的压力，要在认真细致研究卷宗的基础上，依法审理。有什么困难就向院里提出来，我们会给予大力支持的。"

"谢谢院长。"陈茵就等他这句话，于是眼珠子一转，计上心来，笑嘻嘻地说，"我现在就需要您的帮助。"

"嗬，你这个女包公，真会见缝插针！"白天笑着说，"说吧，要我什么帮助？但是，必须是我能做到的。"

"当然您能做到。"陈茵微笑着说，"世纪集团诉讼案开庭时间已经定了，我想请求您担任此案的审判长。"

白天回答地很认真，他说："你的提议倒是提醒了我，最近中院准备开展一次调研活动，其中一项，就是院长要亲自办理案件。这对于推动我们审判改革、同时也是院长学习的好机会。我也很长时间没有审过案了，真想尝尝穿法袍的滋味。"

陈茵看院长这么爽快就答应了她的要求，非常高兴地说："如果您同意，我就开始发布公告了？"

“别急，我看看时间能不能腾开。”白天说着便查看日历牌，只见日历牌上写得密密麻麻，时间已占满，于是遗憾地说，“这个月恐怕不行了，我还要到省院参加规范化建设经验交流会，这个案子你就任审判长吧，以后再有什么案子，安排我，我保证担任。”

陈茵看白院长实在没时间，只好自己担任。回到办公室还没坐下，就听董院长叫她，她又来到董启汉的办公室。

“董院长，您找我？”

董启汉问：“陈茵，世纪集团的诉讼案，上面盯得很紧，开庭的时间你定下来了吗？”

陈茵说：“开庭的时间已经定了，可有些情况我应该汇报一下。”

“还这么复杂吗？”

陈茵说：“董院长，从我接手这个案子，就非常慎重。因为这是个新型案件，我意识到案件的难度。从目前的案情上看，原告方世纪集团的一些证据，存在许多不实之处……”

董启汉摆手打断陈茵的话，说：“案子的具体细节就不要多谈了，你们合议后，可以向审委会汇报。这几天上边一再催促，要我们抓紧时间审理，市政府那边，差不多一天三个电话问。”

陈茵很疑惑：“市政府这么急着过问干什么？”

“世贸大厦是市里的重点工程项目，案子牵扯到世纪集团，就势必影响工程进度，市政府能不急吗？”董启汉解释说。

“领导的心情我理解，我也想把工作尽快尽好地完成，但是，不能因为这样，就忽略案子里存在的问题呀。”

“陈茵，行政审批比不得民事审判工作，有许多事情，要从全局出发，需要协调处理。何况我们办案讲究的就是社会和法律双重效果。这些关系，你要权衡一下。”董启汉不高兴地说。

陈茵并不因为院长不高兴就不把话说明白，她继续说：“董院长，您说的这些我也明白，只是……”

电话铃响，董启汉忙着接电话：“什么？赶紧送医院，我这就去！”

董启汉放下电话,匆匆地整理了一下办公桌,然后对陈茵说:“我家里突然有点急事,你那儿有什么问题以后再谈。”说完就匆忙离去。

无奈,陈茵又来到世纪集团。

丁雨晨捧着一摞资料在世纪集团的走廊里与陈茵碰了个正着。

陈茵惊讶地说:“雨……”

丁雨晨愣了一下,赶紧用手捂住了陈茵的嘴,然后迅速地将她拉到走廊拐角处,问:“陈庭长,您来这儿干什么?”

陈茵说:“我还想问你呢。我是来送手续的,你来这儿干什么的?”

“我,我辞职了。我是应聘到这里的。”丁雨晨小声说,“您千万不要告诉别人,尤其是别让世纪集团的人知道我们认识。”

陈茵疑惑地问:“你辞职了? 这么大的事,我怎么不知道。”

“这件事很复杂,三言两语说不清。有空我再告诉您,记住,替我保密!”

陈茵开玩笑说:“你的事我才懒得知道呢。快告诉我,你们董事长办公室在那儿。”

丁雨晨说:“一直走,到前面向左拐就是,门上有牌子。哎,您找她有事啊?”

陈茵笑笑说:“对不起,我也无可奉告。”

陈茵敲开门走进方晓频办公室。方晓频连忙站起来迎接。

“方董事长,我是天宁中院行政审判庭的,今天来给你们送达开庭手续。”

方晓频握着陈茵的手说:“欢迎,欢迎,请问你是……”

陈茵落落大方地说:“我是本案的审判长,我叫陈茵。”

“久闻大名,如雷贯耳。”方晓频很客气地笑着说,“陈庭长,请坐。”

陈茵从公文包中取出送达书,说:“根据此案的情况,我们准备定在本周三开预备庭,希望你们尽快办好出庭手续,依法提供证据,这是手续,请在回证上签个字。”

方晓频接过手续认真看了一下,然后才签字。陈茵接过回证,说:

"打扰你了,方董事长!"

"陈庭长客气了,其实我早盼着办开庭手续了,这案子也拖很久了吧,我们都是很讲究办事效率的。"

"给您的工作带来不便,我深表歉意。不过,我们需要时间调查取证,希望您能理解。"

"看来你们是调查清楚了,这样,我就更有信心了。"

陈茵礼貌地笑笑说:"方总不用着急,法庭上自有公正的论断。"

方晓频也极有分寸地笑着点点头,说:"我们相信法庭。"

陈茵走后,方晓频想了想,便拨通了李一雄的电话。她闭上眼睛,边揉太阳穴,边说:"李一雄,你和余婉妹马上来我办公室一趟,对,马上。"

李一雄和余婉妹先后走进方晓频办公室。李一雄问:"老板召唤,有什么需要我们效劳的?"

方晓频说:"中院行政庭送来了开庭手续,你们看一下。"

余婉妹问:"中院行政庭?"

李一雄喜悦地说:"万事俱备,只欠东风,我们就等开庭这一天了。"

方晓频说:"先别那么自信,审判结果没下来,再自信没什么意义。"

余婉妹说:"我们已经准备好了,应该提交的证据,全部交上去了。我们也对被告的答辩意见进行了分析。其实,法庭上也不会有太多的意外。现在,只是中院的审判人员意见,我们摸不清。"

李一雄说:"陈茵主持开庭审这个案子,对我们不太有利,她总是与我们作对。董启汉那边,我再去做做工作。"

方晓频说:"刚才送手续来的就是陈茵,我看这个女人没那么好对付。这个案子,与喜客来大酒店的情形不一样,它关系到世贸大厦的归宿,也关系着我们的命运。现在帮我们说话的人不太多,对董启汉,我们心里倒是有点谱,但他毕竟在一人之下,关键时候起不了决定作用,我还是亲自出马吧。”

李一雄和余婉妹相互看了一眼。他们对董事长的亲自出马，能否成功，心里也没谱。

二

繁星满天的时候，白天还在办公室里加班。

陈茵把一些材料装进档案袋，对白天说：“情况大概就是这样。我去给方晓频送材料时，她还说盼着早点开庭，好像胜券在握似的。”

“她是个从来不愿服输的人。”白天深沉地说，“哦，小陈，时间不早了，你赶紧回家吧。”

方晓频的车缓缓地停在了天宁市中级人民法院的大楼下边。她放下车窗，向法院大楼看去，只见白天的办公室灯还亮着，就掏出了手机。

白天听到手机响，就接通了电话：“喂，哪位？”

陈茵对白天做了个再见的手势，拿着档案袋走出办公室。

“我是方晓频，我想见你。”

“方晓频？现在？不行，还是过一段时间吧。”

“我就在你法院门口。”方晓频说，“刚好路过，看你办公室灯还亮着，想顺便进去坐坐都不行？”

白天推托说：“我正打算出去办点事。”

“轻易见不到你，这点面子都不给？”方晓频坚持说，“我不会耽误你多少时间的。”

“那，好吧。我在办公室等你，不过，我只有三十分钟时间。”白天将办公室门打得大开，然后坐在办公桌前等候。

方晓频敲了敲开着的门,说:“可以进吗?”

白天强装热情说:“老同学,快请进,来,这边坐。”

方晓频坐在沙发上,很随意地打量着白天的办公室。办公桌上方的墙上,挂着一幅字,上书:无私无畏。字写得很见功底,很醒目。

“来,喝茶。接到电话,我就给你泡上了。我这可是西湖龙井。”白天笑着说。

“是想让我赶紧喝了茶好走人?”方晓频挑战似的一扬眉,笑着说,“我的大院长,古代官场端茶送客的本领学得不错!”

“瞧你说的,我是那样人嘛。”白天说,“你在电话里说随便聊聊,少了茶怎么行?”

方晓频接过杯子,闻了闻说:“味道很纯正,色泽也不错,可这茶的芽都不会竖起来,跟上等龙井比还差了点。”方晓频的言外之意,你白天虽然不错,但你起不来。

“果然是行家,行家就是挑剔。”白天说。白天的言外之意,你方晓频就好挑剔,你挑剔人性,挑剔法制,就是不挑剔你自己。

方晓频说:“是的,我什么都想要最好的。”

白天说:“江山易改,本性难移。你还是过去那个脾气啊!”

“白院长,这说明你还了解我。”方晓频抿了一口茶说,“今天你肯见我很不容易,既然见了,我就有什么讲什么了。”

白天用开玩笑的口气说:“你可犯规了,咱们说好了是闲聊的。”

方晓频微笑笑说:“犯规?你们法院还说我违法呢!说实话,我今天来啊,是寻求法律保护的,你不会又指责我有什么不对吧?”

白天说:“打官司是打官司,怎么能和你本人混为一谈呢?何况你的成功在天宁是出了名的。”

“好,有你这句话我就放心了。你刚才说成功,其中的苦只有我自己知道。从国外回来,我为了闯事业,真是倾注了我所有的精力和心血,外人只看到我今天的风光,哪里能体会到我背后的辛酸!”方晓频说得很动情。这话,她也只跟白天说。

白天表示理解，说："凡是有大作为的人，都得经过这一步。苦其心志，劳其筋骨嘛。"

方晓频说："这些都算不了什么，累，不要紧，苦，不要紧。但是，我就是不能眼看着我的事业、我一点一点积累起来的公司被毁掉！你是一院之长，你也清楚我们世纪集团的情况，我也不知是怎么了，官司接二连三，弄得我焦头烂额。"

"晓频，不是我说你，你要是从一开始就依法经营，认真履行合同，哪会出这么多事！"

"你们是法院的，你们说谁有理，谁就有理。"方晓频一摊双手说，"我呢，我要为集团的利益考虑，要为天宁的经济发展考虑。"

白天说："你这样讲就不对了。我们法院维护的是正当的利益，体现法律尊严。你是学法的，应该懂得这些，怎么能说是我们决定谁对谁错，法律的条款在那儿，谁敢违背？打官司的胜败，并不是哪一个人、哪一家法院能决定的，而是靠法律，靠事实！"

方晓频说："一时的胜负我是不计较的，但是，如果牵扯到我们的命运和集团的前途，我就不能不担心。所以说，对这个官司，我只有胜，不能败！"

白天正色劝说："晓频，你把注押在法院就有点不对头了。"

方晓频也很认真地说："我是不轻易押注的，我也不擅长押注。"

白天心情忧郁地转向办公桌，很无奈地坐在椅子上。

方晓频走近白天，舍着脸说："老同学，看在过去的情谊上，我恳求你帮我一个忙。"

白天沉重地说："你言重了。老同学，恕我直言，我真不明白，你为什么老在打官司上做文章？"

方晓频觉得这话不是味，有点不高兴地说："你这是什么意思？难道我……不走正道？"

白天说："老同学，不要激动嘛。说实话，我非常珍惜我们过去的友谊，我也非常珍惜我们现在的友谊。你对我的关心，我是知道的；你对小帆的爱护，我是清楚的。从内心讲，我非常感谢你！在天宁，我总为我有你这样的同学、挚友感到骄傲。晓频，你是我们同学中的骄傲，也是天宁的骄傲。真的，我不是好吹捧人的人，这一点，你是知道的。能让我佩服的人，也是不多的。你晓频见我佩服过哪一个？作为老同学、作为挚友、作为法官、作为法院的院长，我能够为你做的，我总是尽力去做的。喜客来大酒店的整体拍卖，你承认吧，那是我和我的同事共同努力的结果。这件事的处理，对得起你的世纪集团吧！我时刻都盼望你成功，盼望你的事业有长足的发展。然而，我总有一种预感，也总想跟你说说心里话，可是，我怕伤你的自尊，伤了我们的友谊，虽然你请我喝过酒，吃过茶，我仍没有说出口。今天，我想这话应该说出来了。晓频，我们是儒家文化的传承者，诚、义、信是我们做人的本分。我们不管走到什么地方，不管做什么事，做到什么地步，都不能忘了做人的本分。”

方晓频听白天说的话，有情有意，回身坐在沙发上，长叹了一声说：“有时，我自己想起来，这么多年，在坎坎坷坷的商业之路上，我得到了什么？我失去了什么？实在说，归国的感觉是得失参半。喜客来大酒店给我的教训，就是因为我不熟悉中国的商业规则，丧失了一次发展的机会。世贸大厦令我重新树立了信心，所以我一直努力去做好做大。但有一点，你说的诚、义、信，那是我一贯做人的信条与准则，也是我做人做事的底线。”

白天开了笑颜说：“看来，我们还是有共同语言的。”

“我们本来就是有共同语言。”方晓频说，“你也说对我不错，那么，现在你就眼看着老同学陷入纠纷的泥潭而不顾？”

“在公与私的问题上，尤其是在法律面前，晓频，我不怕你生气，那是不能混淆的，这是原则！”

“我只是希望你考虑一下。”方晓频说，“在泥潭里，我不指望你来拉我一把，但也不希望你把我往下踩！”

“这不是拉不拉、踩不踩的事。”白天说，“如果是其他事，我们可以商量，但是牵扯到案子，尤其是这件案子，我不能令你满意。相信法律会给你一个公正和公平。”

方晓频看他这样不仗义，突然愤愤地站起来说：“白天，你以为你就是公正和公平嘛？”

白天惊讶地看着她，没有说话。

方晓频接着说：“你记住了，水至清无鱼，官至高无友。我看你这个院长是做到天了！对不起，告辞！”说完，将杯中还没喝完的茶水，“噗”地往地上一倒，甩手走出了办公室。

车行到绿岛茶酒楼时，正碰上李一雄，方晓频说：“一雄，走，陪我喝杯酒。”

要了两瓶威士忌，方晓频“咕咕”一下就喝了半瓶。李一雄一看不对头，连忙劝阻说：“董事长，您少喝点。”

“我没事，只是心里烦。”方晓频略有醉意，又喝了一大口，一瓶酒所剩无几。她自言自语说，“我知道他会拒绝，但没想到他会这么绝情。我方晓频还没受过这些呢！”

“董事长，不要再喝酒了。”李一雄夺过方晓频手中的酒瓶，“整他的办法有的是。您说是文整还是武整，是黑道还是白道，只要您发话，我们就办。过去我们是看您面子，不好意思找他事，他太不够意思了！”

“你有什么办法？”

“办法还能没有嘛？”李一雄说，“您现在别喝了，我们回去商议。”

“好，你给我想办法！”方晓频指着李一雄说，“一定给他点颜色看看！”

李一雄扶着方晓频走出茶酒楼，让她坐上奔驰车，向方晓频的海边别墅奔去。

方晓频坐在后座上似醉似醒，口中嘟囔着：“你以为你公正啊，你以为你公平啊，我看你这个官做到头了……你不让我好过，我也不让你舒服……咱们走，走着瞧……”

方晓频的手机响了。李一雄看了看方晓频，方晓频醉意朦胧中拿起了手机:“喂,你……你是谁?”

手机里传来了向东的声音:“晓频,你在哪里?”

“噢,向,向……大市长,我……今天喝酒消愁去了。”

“喝酒?你有什么愁,非要在三更半夜喝酒?”向东问。

“天宁……中院的大院长……真是国家的忠臣,我……倒成了天宁的……经济蛀虫了。”

“你胡说什么!你是不是喝多了?怎么这样不爱护身体!”

“反正……也没人……稀罕我,爱惜什么呀,反正我……也是个忘本的人。”

向东显得很焦急,心痛地说:“你现在在哪?身边有人照顾吗?”

方晓频终于醉倒在后坐上,手机滑了下来。

手机里仍然传来向东的“喂喂”声。

李一雄听得有点烦,伸手关上了手机。

三

丁雨晨走进李一雄的办公室。

李一雄看到丁雨晨,两眼马上冒出绿火。他热情地说:“丁小姐请坐。我走这段时间,听人力资源部的主管说,你工作干得不错。”

丁雨晨淡淡一笑说:“我只做了我应该做的。”

李一雄从抽屉里拿出一个漂亮的礼品盒来:“为了犒劳你,我特意给你带来一件小礼物。”

丁雨晨笑着说:“您太客气了。”

李一雄将礼品盒递给丁雨晨,丁雨晨犹豫着没有接:“李总,这多不好意思。”

李一雄微笑着站起来，走到丁雨晨身后，打开礼品盒，拿出一条闪闪发光的金项链。丁雨晨没有动，但她能感觉到李一雄的动作。李一雄张开手，项链在丁雨晨的脸前垂了下来。丁雨晨看到这条又粗又大的项链，很惊讶。

李一雄双手拿着项链说：“来，我给你戴上。”

丁雨晨一闪身说：“李总，这……？”

“躲什么，水一样的女人就该佩戴这样的首饰。”李一雄一脸淫相说。

丁雨晨故意推托说：“这礼物太贵重了，我担待不起。”

李一雄说：“贵倒没有，重倒是真的。来，我给你戴上。”

丁雨晨急中生智，赶紧用手接住说：“既然李总执意要送，我再拒绝就不好了，这样吧，我先收起来，回去好好欣赏。”

李一雄说：“丁小姐真是个聪明人，拒绝人都拒绝得这么聪明。”

丁雨晨笑笑没答话。李一雄觉得无味，很知趣地坐回到自己的椅子上，然后一本正经地说：“怎么样，工作除了不错，还有不顺心的地方吗？”

“确实是有些不顺心的地方。”

“哦，有人给你出难题了？”

“这倒没有。只是去年有笔账务对不上，钱的去向不太清楚。”

“噢，是这样。”李一雄沉吟了一会说，“你刚来，集团里有些事可能还不太清楚。”

会计甲抱着厚厚的档案资料敲门进来说：“李总，这是齐经理叫我送来的资料。”

李一雄指着一个文件橱说：“放在那里面吧。”

一张软盘从档案袋里滑出，会计甲连忙捡起重新放入袋中，然后悄无声息地退了出去。

丁雨晨当然注意到了这一切，但她装作没事人的样子说：“李总，您刚才说,什么事情我不太清楚?”

李一雄搪塞说:“今天我们不谈这个,晚上有时间我们一起吃饭。”

丁雨晨说:“能陪李总吃晚饭是一种荣幸。不过,我还有事,先回办公室去了,改天我请您吃饭。”

“那好啊,不准变卦。”

“岂敢。”丁雨晨笑着离开李一雄的办公室。

李一雄打开文件橱中的档案袋,看了一会儿资料,然后直奔正平律师事务所。

余婉妹正在电脑前打字,李一雄悄悄地走到跟前,轻轻地拍了拍她的肩膀。余婉妹转脸看是李一雄,娇瞋地说:“吓我一跳,你怎么有空来的?”

“想我的小宝贝了,特来看看。”李一雄说着就往她脸上亲了一口,亲得怪响。

余婉妹用手抹了一下脸上的口水,说:“恐怕不是想我,你是来想电脑里的这个东西吧。”

李一雄俯身对着电脑念道:“现向省人大反映天宁中院违法的情况。天宁中院法官审案时,在判决中,直接否定省人大《农作物种子管理条例》的法律效力……不错,我虽然不是学法律的,但能看出来这文章写得不错。”

“少跟我黏糊。”

“什么时候能打印出来?”

“你给我点钱的时候。”

“看看,又把我不当朋友了不是?办好了,还有那些顾问费,一并支付给你。”李一雄用手指刮了一下余婉妹的鼻子说,“怎么样,我说话还是算数的。”

余婉妹翻了翻白眼,嗔怪地说:“算数?你什么时候说话算数了?你许诺的次数还少吗?我的律师事务所都快等钱等黄了,也没看你的承诺兑现过。”

“这次一定兑现。宝贝,来,亲一下,你的小弟弟受不了了。”李一雄说着就想去关门,被余婉妹制止了。

“你不是急着要材料的嘛,我这就整理好!”

李一雄带着余婉妹起草的材料,兴致勃勃地来到方晓频办公室。

“有什么事?”方晓频抬头问。

“您吩咐的事呀。”李一雄说。

“我吩咐的事? 哦,是那批贷款的事吧。”

“董事长不记得了?”

“什么事呀?”方晓频酒后说的话,早就忘到爪哇国了。

李一雄将材料递给方晓频说:“中院民庭的法官吴小龙,无视省人大制定的地方法规,这个报告送上去,省人大一定会追究下来。不管如何处理吴小龙,白天都会因为领导不力,受到牵连。他这个院长能不能当成,还得打个问号。”

方晓频接过材料,看了一眼,不同意地说:“胡闹! 这是小人做的事,我方晓频岂能干这事! 况且,白天还不至于让你下这样的狠心呀?”

李一雄说:“董事长,您给别人留余地,别人并不领情,相反还把您往死胡同里逼。现在要想做成事,不下狠心怎么行呢!”

方晓频又看了看材料,摇摇头说:“我觉得这样不好。”

虽说她怨白天、恨白天,有时气极了真想找枪毙了白天,可是,真要是有人琢磨白天、加害白天,她还不愿意。她也不知为什么会这样,反正不想让人给白天添麻烦。李一雄这家伙心也太毒了,手段也太卑鄙了。今后还真得提防他。

李一雄说:“您放心,我们材料上说的都是真话。是有据可依的,不是凭空捏造。董事长,这叫作天衣无缝。他白天就是长了八只眼,也看不到我们在做这篇文章,就是长了十张嘴,也说不清这里面的事。”

方晓频站了起来,在办公室里来回走了几趟,说:“我虽然恨他,可这样做……是不是太过分!?”

李一雄看方晓频犹犹豫豫,便挑拨说:“您想他白天对咱们不过分吗？国鼎厂的案子，他能跑到周书记那里告我们，不给他点颜色，他白天不知道我们世纪集团是干什么的！我理解你们同学之间的感情，可感情不能代替商业游戏规则，您不把他搬掉，他终究会成为我们的拦路石，而且是很大的拦路石！”

“别说了，让我再想想。”方晓频又坐回椅子上，双手揉着太阳穴。

李一雄进一步劝说：“董事长，您再想想，干什么事都得赶早不赶晚，那边可就要开庭了。”

“不要再说了……”方晓频很沉重地把材料递给李一雄，默默地走到窗前，不知所措地看着窗外。

外面的高楼竞相拔地而起。

世贸大厦会如何？

四

天宁市人民医院急诊病房内，董启汉父亲躺过的病床已经空了，生前用过的东西也已被收走，整个病房显得空荡荡的。

董启汉弯着腰，动作迟缓地将病床铺平整。

白天推门而入。

“院长。”

“老董，我刚刚去了你家，你爱人说你还在医院。”

“嗯。我父亲去世前就躺在这张床上，不知为什么，我就是不想离开。”

“你的孝心，我们都知道。我想老人在离去之时，也一定很欣慰。”

董启汉默默地点点头。

“大家都希望你能节哀。至于院里的事,我们都会帮你分担。你也不用挂念了。”

“谢谢。”

白天说:“周书记还给我打了个电话,让我代表他来看望你,有什么困难,组织上一定想办法解决。”

董启汉眼圈红了,说道:“请你转告周书记,我会以工作为重,不辜负领导们的关心。”

殡仪馆告别厅内正中央悬挂着董启汉父亲的遗像。

四周摆放着花圈。

葬礼即将举行,气氛显得悲痛肃穆。

董启汉臂上挽着黑纱,正和他的妻子余凤娟忙碌着。

陈茵和吴小龙走进来,神色严肃,四处寻找了一下。

董启汉看到他们,走了过来。

董启汉:“你们俩来了?”

吴小龙:“院长不太放心,让我们先过来帮忙。”

董启汉:“谢谢。”

陈茵:“市里领导和白院长估计一会儿就到。”

董启汉点点头。

白天急匆匆走下台阶,准备去参加董启汉父亲的葬礼。

他打开车门,正准备上车,身后传来工作人员的喊叫声。

白天回头一看,只见一个工作人员气喘吁吁地跑来说:“院长,周书记的电话,让您立即去他办公室。”

白天有些犹豫,问道:“现在?”

“是的,看样子有什么急事。”

白天看看表,显得很无奈,对司机说:“先去市委,路上快点儿。”

葬礼正在举行,殡仪馆告别厅里回响着悲哀的音乐。

人们鱼贯走进告别厅。

董启汉和妻子站在一侧接待来参加葬礼的人。

余风娟悄悄地问:“不是说市里领导也来吗?怎么现在还不见踪影?”

董启汉回道:“问那么多干吗?”

告别厅前,李一雄的奔驰车缓缓停下。

李一雄带着余婉妹走了出来,两人身着黑衣,神色肃穆。

董启汉颇感意外,自言自语道:“他们怎么来了?”

李一雄和余婉妹走进告别厅,在遗体前恭恭敬敬地鞠了三躬。

随后,李一雄走到董启汉跟前,伸出手,沉痛地说:“董院长,听说老人过世的消息,深表不幸。请节哀。”

董启汉有点敷衍地握着李一雄的手说:“谢谢。”

李一雄说:“我虽然没同老人有过接触,但是也很自责,如果我们能早点体谅您的难处,早点安排手术进行,也许还……唉,董院长,您节哀,保重身体。”

李一雄又安慰性地和余风娟握了握手,然后和余婉妹离开站到亲朋好友行列。

余风娟感动地说道:“总听你说这些人不好,我倒觉得人家挺有良心的,还帮你那么大的忙。倒是你们院长,关键时刻,连个面都不露。”

董启汉烦躁地说:“行了,你不说话,没人当你是哑巴。”

余风娟不满地看了他一眼。

白天匆忙赶到周中华办公室。

周中华把一分意见书放到了白天面前,说:“你看看,是怎么一回事?这是刚从省人大发下来的。”

白天看了一下文件,又放下说:“周书记,赵金良这个案子的审判经过我清楚,我认为这份意见书的看法有失偏颇。”

“先别争论这个。”周中华说,“现在省里的态度你也看见了,我急着找你过来,也是想赶紧了解一下情况。先说说这到底是怎么一回事。”

白天说:“此案的主审法官是一位年轻的硕士研究生,那是个很不错的小伙子。他虽然年轻,但这次办案,十分踏实。他不但到实地调查了好几次,还专门去省里考察。调查的结果表明,省人大的种子法规是多年前制定的,早已不符合市场经济体制。如果按照这个法规判决,将给原告赵金良造成巨大的经济损失,这是不公平的。”

周中华说:“白天,你们为什么就不考虑这件事会对省人大造成什么样的影响?”

“周书记,我国现行的体制,审判是独立的……”

“那也不能无视人大的权利。”周中华说,“人大有监督权、罢免权。你们公然宣布人大制定的法规无效,这是犯了原则性的错误。”

白天解释说:“周书记,希望您能体谅法官们的处境。作为判决的两条法规相冲突,那么法官在判案的时候,维护的是公正。省里的种子法规确实太落后了,依此判决,当事人一定不服。”

周中华没有回答。他点了一枝烟,站起来,踱到窗口,停了一会说:“白天,我知道你们也有难处。但是,省里已经下了文件,要求严查此事,我也不能替你遮掩。这也是为了全市工作的大局着想。”

“周书记,这不太合理。他们是对的……”白天争辩说。

周中华说:“不要再争论了,工作上难免会有委屈,我也知道你们可能是委屈的,但是,要服从上级命令,要以大局为重。你说呢?”

“那,我回去和大家研究一下。”

“白天,我不问你怎么研究,但必须从严从速,完了以后,立即向我汇报。”

“是。”白天为难地说。

葬礼结束后，亲友们渐渐散去，董启汉和余凤娟情绪低落地走出告别厅。

李一雄的车缓缓停在董启汉的身边，他下车对董启汉说："董院长，我送您回家？"

董启汉警惕地摆摆手，说："不用了，谢谢你的好意。"

李一雄说："您不要这么紧张，我又不会对你有什么图谋。"

董启汉说："你们公司还在打官司，我们还是避嫌好。"

李一雄说："您真是太清廉了，说实话，我佩服您。不过，您想过没有，您的清廉有没有得到相应的回报呢？"

董启汉说："我是按照我自己的原则办事的。我没求回报。只要办事不违背原则，不违背良心，回不回报，对我来说无关紧要。"

李一雄说："可是您两袖清风，一心为民，有谁记住您呢？您为之服务的那些人，更没有把您放在心上，董院长，您觉得这公平吗？"

"李总，我想我们的追求不一样。"董启汉说完转身与妻子默默离开。

李一雄看着他们的背影，有点不解和不屑。

车里的余婉妹说道："一雄，快走吧，这地方多晦气！"

李一雄上车，启动。

车子超过走在前面的董启汉、余凤娟疾驰而去。

董启汉和余凤娟的背影显得很无助。

轿车内，白天一边拨打电话，一边对司机说："加快点速度。"

"喂，陈茵，我正往你们那边赶呢……结束了？行，知道了。"

白天悻悻地对司机说："算了，回院里吧。"

白天一回到院里，就立即召开一个小型会议，参加会议的有陈茵、吴小龙和民一庭的七八个人。

白天说："周书记着急地把我叫过去，就是商议此事。现在省人大的意见书，你们也看了，有什么想法，尽可以说说。”

陈茵说：“这个案子是我负责的，从调查结果看，我认为现在的判决没有错。我们尊重的是事实，这也是符合《种子法》的。当然，省人大一定要追究，院里为难的话，我来承担这个责任。”

吴小龙说：“不，我是主审法官。出了错，责任应该由我来担。但是，公正地说，省人大制定的种子法规陈旧落后，早就被市场淘汰了。他们现在干涉审判的行为，本身也是不合法的。在法律面前谁也没有特权。我看这份意见书，就是无视法律尊严的表现。”

白天说：“说实话，走出市委办公楼的时候，我觉得很为难，周书记要我严查此事，但我心里认为你们没有错。我为有你们这样一群优秀的法官而骄傲。我为你们这种坚持真理的精神而感动。”

吴小龙看院长这样理解自己，非常感动。

白天说：“可现在，省人大既然提出疑问，我们也不能回避。院里研究以后，可能还会给你们一定的处分，至于省里和市里的压力，我会尽量帮你们分担。别灰心，更不要沮丧，我希望你们相信，在法制日益健全的时代，今天的事情，将来一定会澄清。”

陈茵和吴小龙认真地听着，目光中有无奈，心情中有沉重。

吴小龙回到民一庭就接到舒畅的电话。

“小龙，你在院里吗？”电话里传来舒畅甜美清脆的声音。

“我在院里，你还在省里吗？”

“我刚到天宁，听说你们那儿有一个行政诉讼案，我想去采访，你得帮我？”

“尽量吧。”吴小龙敷衍说。

“我怎么觉得你心情不好呀，有什么不顺心的事吗？”

“没，没有。”

“没有就好。你现在能出来吗？我在滨海公园等你。”

“我马上去。”

滨海公园里的花开得正艳正火。舒畅站在石凳边，心不在焉地踢着小石头。吴小龙拎着纸袋,气喘吁吁地跑了过来:“我的大小姐,你的要求可真不少,又是薯条,又是冰激凌。”

舒畅心满意足地接过东西:“那当然了,从省里来,好不容易有个能使唤大法官的机会,我岂能白白放过。”

舒畅的话正刺痛吴小龙的神经,他不愉快地说:“大法官?我现在是别想做这个美梦了。”

“你怎么了?”

吴小龙把赵金良种子案一事的前前后后,跟舒畅叙述了一遍。他说:“你知道,为这件案子,我花费了多少心血。我依照国家法律办事,还要处理我,你想我恼火吧?”

舒畅安慰他说:“你别太难过了,工作总有不顺心的事,这很正常。”

吴小龙说:“这不是难过。我为在法治社会,发生这样的事情而气愤,感到不平。法律面前,人人平等,不能是一句空言。”

舒畅默默地听着。

吴小龙说:“他们的这种行为,就是在干涉司法的独立。个人得失我倒不在乎,但是,他们不应该有凌驾于法律之上的特权。如果都这样,法治岂不成了虚设!……成天为别人打抱不平,怎么就没有人替我们说说话呢?怎么就没人来维护我们的尊严?”

舒畅依然是默默地听着。

吴小龙看着舒畅,有些自嘲地说道:“我说这些太严肃、太可笑了吧。”

“一点也不。”舒畅真诚地说,“只是我帮不了你。”

“其实,你能让我在你跟前把心里乱七八糟的东西说出来,我已经轻松多了。”

“人都需要一个能当垃圾桶的朋友”,舒畅说,“这样能把那些乱七八糟的东西都扔在里头。”

吴小龙说:“那,以后你就是我的垃圾桶,可不许离开我。”

“我才不愿意呢……”舒畅脸一红,跑掉了。

五

世贸大厦的工地上,建设正如火如荼的进行着。

工人们干得很起劲,整个工地显得很有活力。

方晓频带着世纪集团的员工,正在检查工程进度。

方晓频看着这番热闹景象,既欣慰,又激动。

李一雄一边系好安全帽,一边走过来。

"董事长。"

"一雄,你怎么才来啊。"

"不好意思,昨天睡得很晚。"

"一雄,快来看看,工程进展多快啊。这么高的楼,仿佛一转眼就要建起来了。"

"是啊,大厦一旦建成,世纪也将成为天宁市最耀眼的一颗明星。"

"我每次站到这里,就觉得为它付出再多的代价,也是值得的。"

"董事长,您的雄心一定会实现的,我也会竭尽全力地帮您。"

"上诉的事情准备得怎么样了?"

"您可以放心,现在就等着开庭了。"

方晓频看着远方,点点头。

李一雄有些得意地笑了笑,他无意间一扭头,看到了不远处的丁雨晨正在工棚旁边与一工头模样的人核对着什么。

李一雄走过去,来到丁雨晨跟前。

"丁小姐,怎么也有兴致来这儿了?"

"有几笔工程款要核对一下,我就跟董事长一起来了。"

“工地很乱的,丁小姐还要多小心。以后这些事情,叫别人过来好了。”

“谢谢经理的关心。”

“别客气,丁小姐这么年轻漂亮,应该多照顾。”

丁雨晨有些害羞地笑笑。

远处传来工作人员的呼喊声:“李总,董事长叫您。”

李一雄笑着说道:“我先过去。”他恋恋不舍地走开了。

丁雨晨似乎心有所动。

这是天宁最豪华的购物中心,车水马龙,十分繁华。

白帆站在商场门前的广告牌前等着什么。

奔驰车驶来,停在商场门前的停车位上。

白帆正在四处张望,身后巨大的广告招牌充满时尚气息。

李一雄从车上下来,向白帆走过来。

白帆看到李一雄,露出甜美的笑容。

“等很久了吧,路上堵车。”

“没关系,就是不知道,你突然把我约这儿来,有什么阴谋。”

“阴谋可没有,倒是想送你一个惊喜。”

“惊喜?”

李一雄神秘地笑笑,“走,先进去吧。”

白帆挽着李一雄,像一对亲密的爱人走进购物中心。

中心大厅内,飘荡着轻柔舒缓的音乐。周围的一切,周围的一切似乎对她充满吸引。

在一个珠宝柜台的镜子前,李一雄将一串钻石项链挂到了白帆的胸前。望着镜中兴高采烈的白帆,李一雄赞赏说:“帆,你真漂亮。”

白帆有点羞涩地抚摸着项链,暗暗地欣赏自己。

“我说过,只有最昂贵的东西,才能配上你的气质。喜欢吗?”

白帆摘下项链说:“喜欢,不过太贵了,3 万多呢,我也就看看算了。”

李一雄对服务员说:“小姐,麻烦你替我包起来。”

白帆吃惊地说:“一雄,这太贵了,不行,我……”

没等她说完,李一雄轻轻地捂住了她的嘴,动情地说:“白帆,从我见到你的第一眼,就被你的美丽和高贵打动了,我发誓,一定要让你成为最尊贵、最幸福的女人。给我一个机会,实现我的梦想,好不好?”

白帆十分感动,但又有点不知所措地看着他。

出了购物中心,来到绿谷茶酒楼,李一雄要了一杯鸡尾酒和一杯威士忌。他们在一个僻静的地方,相对而坐。白帆戴着钻石项链更显得妩媚动人。

“帆,你真的美极了。”

“一雄,我今天真的好幸福。”

李一雄举起酒杯说:“为我们以后永远这样幸福干杯!”

白帆陶醉地喝了一大口酒。

李一雄喝了一口酒后说:“帆,等我渡过难关,我一定会给你最好的生活。”

白帆惊讶说:“难关?你这个大经理还会有什么难关?”

李一雄放下酒杯,说:“你不知道,世纪集团现在官司缠身,刚刚又把省外经贸委也告上了法庭。要是有什么疏漏,麻烦就大了。”

“有那么严重吗?”

“关系到好几个亿呢。”

“是这样。”白帆惊诧地问,“你们准备怎么办?”

“我现在正在想办法。”李一雄用眼扫了一下白帆,“不过,有一个人可以帮助我们。”

“谁?”

“你。”李一雄指着白帆说。

“我?”

“对,你。”

“一雄,你不是开玩笑吧?”

“我没有开玩笑。”李一雄认真地说,“只要你跟法官说,你及时把文件送到了金宝利总部,这场官司,我们就赢定了。”

白帆紧张起来,站起来说:“不行,这是作伪证,是犯法的!”

“当时又没别人在场,你说什么就是什么,害怕什么呢?”李一雄一边笑着,一边站起来,走到白帆身旁说,“这次如果胜了,几个亿的钱就是我们的了,风风光光的生活,不正是你向往的吗?”

白帆看了一眼李一雄。

李一雄温柔地替她整理一下项链,说道:“帆,好好考虑一下,这可是不费吹灰之力,我们就会有一个美好的明天了。好了,我还要回公司,先把你送回家,你在家里好好考虑考虑。”

李一雄拉着白帆走出去。

六

已经到了下班时间,世纪集团员工纷纷往外走

透过大玻璃可以看到丁雨晨还坐在电脑前忙着。

李一雄路过丁雨晨办公室,看她还在打电脑,就走了进去。

“下班了,还忙呢?”李一雄问。

“这就好了,马上就走。”丁雨晨看李一雄来了,关上电脑,起来收拾东西。

“我送送你。”李一雄微笑着说。

“谢谢。”丁雨晨犹豫了一下,还是答应了。

两个人有说有笑地走到车前。

李一雄习惯性地摸摸口袋："遭了，今天车钥匙忘在办公桌上了。丁小姐，你在这儿等等，我去拿。"说着就要往回走。

丁雨晨眼珠子一转，说："李总，不如我去替您取吧。"

"不用了，太麻烦了。还是我自己去。"

"李总，无功不受禄嘛，坐了老总的车，我刚好也立点小功表现一下。"丁雨晨淡淡一笑。

"丁小姐的嘴真甜，那，今天我就犯回懒，把这任务交给你。"李一雄将门钥匙抛给了丁雨晨，说道："这是我办公室的钥匙。"

丁雨晨接过钥匙，不紧不慢地往回走。

李一雄悠闲地靠车等待，欣赏着面前的美丽背影。

丁雨晨一上楼，就快速闪进李一雄的办公室，顺手将门反锁。

她走到文件橱前，拉开抽屉，只见抽屉里摆满了文件，她快速地翻查着，努力寻找那天齐经理叫人送来的档案袋。她打开档案袋，抽出里面的文件，一只软盘掉了出来。她顺手拾起软盘装进手提包里，立即收拾好文件，走出李一雄办公室。

临出门时，丁雨晨使了一个小心眼，门没锁死，是虚掩的，她想等离开李一雄时再来一次。

停车场内，李一雄有些焦急地看看表，他转身似乎正要往回走。

不远处传来了丁雨晨高跟鞋的声音。

丁雨晨微笑着出现在李一雄的面前，将门钥匙和车钥匙一起递给李一雄："李总，给您钥匙。"

李一雄接过钥匙问道："钥匙就搁在桌上吧？"

丁雨晨边上车边答道："嗯。不过，我路过财务室的时候，想起来还有几个文件没锁，又回去收拾了收拾。"

李一雄开玩笑地说："我说呢，这么久，还以为你看上我办公室里什么好东西了。"

丁雨晨有点慌乱地掩饰道："我哪敢啊，进了老总的大本营，我可是连大气儿都不敢喘。李总这么紧张,要不要回去再检查一下啊?”

“不,不,只是开个玩笑。”李一雄打开车门,向丁雨晨做了一个上车的手式。

丁雨晨笑了笑,没有作答上了车。

李一雄坐进车内发动车,说:“丁小姐,别介意。其实,我有什么好紧张的,办公室里又没有宝贝。”

李一雄似乎突然想起了什么。

李一雄看了看丁雨晨。

丁雨晨有些心虚地转眼望着窗外。

汽车的后视镜里,李一雄不易察觉地皱了下眉头,开动奔驰车向丁雨晨家疾驰而去。

车到丁雨晨家门口停了下来。

丁雨晨笑笑说:“谢谢您,李总。”

“别客气,丁小姐。什么时候有空,赏脸共进晚餐?”

丁雨晨想了想说:“好啊。”

“那,回头我给你打电话。”

丁雨晨点点头。下车,关好门,往家里走。

刚走几步,就听李一雄喊:“丁小姐……”

丁雨晨转过身,神色有点紧张地看着李一雄。

李一雄从车窗里递出丁雨晨的包,说:“你忘了拿这个。”

丁雨晨接了包,笑着说:“瞧我这记性,谢谢。李总,再见。”

李一雄冲丁雨晨挥挥手,发动了车子。

丁雨晨目送李一雄离开,轻轻松了口气。

丁雨晨打开包,里面赫然放着那张软盘。

回到屋里,丁雨晨急忙打开电脑,插入软盘。

无论丁雨晨的手如何灵巧地敲击键盘,屏幕上仍然显示:无法读取信息。

没办法,她只好赶快返回世纪集团办公大楼。

推开虚掩的门,在李一雄的电脑上,丁雨晨终于打开了软盘。

待读完了软盘里的所有内容,丁雨晨又从自己的包里拿出一张软盘,插入电脑。

屏幕显示文件正在复制。

丁雨晨看着屏幕。

屏幕上显示复制完毕。

丁雨晨将软盘退出,关掉电脑,将软盘塞到自己包里。

丁雨晨走到文件柜前打开抽屉,拿出档案袋,将李一雄的那张软盘放回档案袋。

档案袋那厚厚一叠账目引起了丁雨晨的注意。

丁雨晨抽出账目表,一页页查看起来。

李一雄离开丁雨晨不久,就收到了方晓频的电话:“一雄,你马上到我别墅来一下。”

李一雄说:“我有东西落在公司了,等取了以后再去行吗?”

方晓频说:“金宝利的案子快开庭了,你来商量一下,看有没有疏忽之处。我想,这个更重要。”

“那,我马上就到。”

李一雄挂掉电话。

车子迅速地掉头疾驶而去。

方晓频的海边别墅里正在播放沃夏克的《自新大陆》交响乐。

晒台上,方晓频和李一雄正在交谈。

方晓频说:“我也是刚刚才听说,你们递上去的材料已经引起了省人大的重视,现在正要天宁中院严查此事。”

李一雄说:“这对我们最有利,有这件事牵扯着,白天肯定焦头烂额,估计想管咱们跟金宝利的纠纷,也顾不上了。”

方晓频摇摇头,说:“不一定。看来你不了解白天。”

“是吗?”李一雄不服气地笑笑。

方晓频说:“白天这个人,太理性,太坚定了。这些风波未必能影响他。咱们只有把官司准备得天衣无缝,让他找不到缺口才行。”

李一雄说:“上诉词余律师他们已经反复斟酌过了,应该没问题。”

“那白帆呢?”

“她还没有最后答应。”

“一雄,这都快开庭了……”方晓频着急地说。

“放心吧,董事长。白天我虽然不了解,对他妹妹,还是有把握的。”

“主审法官他们定了吗?”

“还没有。不过,照现在情形看,陈茵他们是不大可能了。只要不是太厉害的角色,就行。”

“总之,我们不能掉以轻心。”

“是。”

方晓频接着问道:“哎,你现在去哪儿?”

“我? ……回公司,那个东西不收好,总是不太放心。”

方晓频点点头:“还是谨慎点好,实在不行,就销毁。”

“好的。”

李一雄上车驶去。

方晓频回身走去。

世纪集团总经理李一雄办公室内,丁雨晨还在看着账目。

突然,她好象听到什么,急忙走到落地窗前向集团大厅看去。

远处李一雄从集团大门方向走过来,边走边将灯打开。

丁雨晨急忙走到文件柜前,将账目表装进档案袋内,放进抽屉。

一把钥匙插进门锁,拧开门锁,门被轻轻推开了。

李一雄走进办公室,打开灯,环视了一圈。

屋里和他离开时一样整齐。

李一雄走到文件柜前,拉开抽屉。

丁雨晨通过虚开着的门缝向外看着。

李一雄从抽屉里拿出档案袋,将里面的东西拿出来。

李一雄看了一眼手中的账目表,似乎放了心。他将软盘拿出,放进自己的兜里,他拿着账本走到碎纸机前。

李一雄摁下碎纸机的开关,把账本放进去。

碎纸机发出平稳的"滋,滋"的声音。

李一雄冷酷地看着账本被打成了一堆碎片。

丁雨晨屏住呼吸向外看着。

李一雄看着碎纸机将账目表粉碎完,深深舒了一口气,向门走去。

突然,他又转回身来走向里屋的门。

丁雨晨紧张地紧贴在门旁的墙上,屏住了呼吸。

李一雄走到里屋门前停住脚步想了想,自嘲地摇摇头笑了笑,转身走向办公室的门。

丁雨晨细听着门外的动静。

外头传来李一雄关灯锁门离去的声音。

丁雨晨如释重负,额头已经冒出一层细密的冷汗。

白帆躺在沙发上,似乎心事重重。

手机响了。

她拿起来看看,心烦意乱的扔到沙发上。

手机又响起。

她只好拿起来:"喂……"

"白帆,你没去上班,打电话又不接,怎么,想躲我?"电话里传来李一雄的声音。

"不,不是。我……"

“我现在就在你楼下。”

白帆吃惊地站起来，走到窗前，拉开窗帘看去，李一雄的奔驰车果然停在楼底。

“肯接见吗？”李一雄望着被夕阳映红了脸的白帆问。

“上来吧。”

李一雄微笑着走进白帆的家。

“我听秘书说你病了，什么病，严重吗？怎么这么不会照顾自己……”

“一雄，上次你跟我说的事，我考虑再三，还是不能帮你。”白帆说。

李一雄看看她，像看一个陌生人一样。

“作伪证是犯罪，一旦查出来，我要坐牢的！”

“我不是说过了吗？你只要一口咬定，没人能证明你说的是假话。况且，你也得考虑考虑自己现在的处境。”

“我怎么啦？”

“金宝利你是肯定回不去了？你不作证，世纪要是再倒台，不但我完蛋，你也没戏，你就再也不是人人艳羡的公关部经理了。你舍得失去现在的一切吗？”

白帆没有说话。

李一雄说：“事情到了这个地步，你、我和世纪是紧紧连在一根绳上的。这不是我一个人的难关，世纪过不了这个坎儿，你也跟着一无所有。”

白帆显然被打动了。

李一雄：“你希望看到这样的结局吗？再想想，如果我们胜诉呢？世贸大厦将完全属于世纪集团，世纪将成为天宁市最雄厚的企业。你还可以继续坐在经理的位置上，指挥着员工替你奔走效劳。”

“可是，我害怕……”

李一雄温柔地理了一下白帆的头发，说：“白帆，你不知道我多么爱你，我真想让你过贵人生活，你马上就要成为世纪集团总经理的太太，有我宠着你、护着你，你怕什么？如果我们胜了，我们将过着上等人的生活，每年都有出国旅游的机会,欧洲、美国、东南亚、澳大利亚,任你去,你想别人会不会羡慕你? 和这个相比,谁会那么傻,选择贫困潦倒呢!”

白帆狠了狠心,说:“我可以帮你,不过你必须发誓。”

“说吧,宝贝。”

“我为你付出那么多,你不能辜负我。”

李一雄说:“放心好了,我哪里舍得。”

李一雄拿着白帆的手,将一把钥匙放在她掌心。

李一雄说:“这是我住所的钥匙,只要你愿意,我随时欢迎。”

白帆娇嗔道:“我才不去呢。”

李一雄得意地将白帆揽入怀中。

从白帆家离开后,李一雄来到世纪集团财务办公室,见丁雨晨正在跟工作人员交代什么,就招招手。丁雨晨看到后,连忙走了出去。

李一雄小声说:“丁小姐,还记得我们的约定吗?”

“李总的吩咐,我哪敢忘了。”

“那好,我已经定了位子,下班后你别走,我来接你。”

“好的,晚上见。”

白天家中,燃气炉上坐着砂锅,热气从锅里喷出来。

凌玲正在厨房里切着菜,白帆在一边洗菜。

“我哥也太不像话了,家里活都甩给你,要是我呀,早跟他吵翻天了。”

“你呀,毛丫头,还没结婚,不懂得体谅。”

白帆笑笑。

凌玲从砂锅里舀出汤说:“你哥这人,除了太顾工作,其他的都很好。讲道理,还没有花花心思,其实嫁人,不就这点最重要?”

白帆调皮地说:“我知道,我哥在你眼里,什么都好。”

“哎,小帆,还说他呢,你也老大不小的了,也不能总是一个人漂着。”凌玲笑着问，“现在有头绪没有？”

“嫂子，要是我告诉你，我快结婚了……”白帆用一种幸福的口气说。

“真的？你怎么早不说。是谁呀？你哥知道吗？”凌玲问。

“我还没告诉他呢。不过，他认识。等到合适的时候，我会把他带回来。”

“你这个死丫头，可真是一点消息都不透。他对你好吗？”

白帆点点头。

凌玲说：“小帆，终身大事呢，可别大意了。”

“知道了，我的好嫂子。”白帆调皮地笑着说，“天晚了，我哥还没回来，不等了，我还是先回去吧。”

“吃了饭回去也不晚呀。”

“不了。”白帆对凌玲说，“嫂子，我要结婚的事，先别告诉我哥，等我跟他说。我走了，再见。”

白帆拎起自己的包转身离开。

大街上，商铺林立，灯火辉煌。

白帆百无聊赖地走在大街上，胡乱看着周围的人流来来往往。

白帆突然站住了，看了看手表，招手拦住一辆出租车。上车后她对司机说：“去西山小区。”

出租车开了二十来分钟，来到李一雄的别墅外。

下了车，白帆迟疑了一会儿，还是径直向别墅走去。

七

这是一家格调高雅的餐厅，侍者穿着礼服，彬彬有礼地穿梭在客人之间。

餐厅一隅,李一雄和丁雨晨坐在桌边。

餐桌上,两支红烛静静燃烧。

“这里真舒服,我在天宁这么久,都没发现这样一个好地方。”丁雨晨环顾四周说。

李一雄得意地说:“这需要好眼光。”

侍者送上菜、酒。

李一雄举起酒杯,兴致勃勃地说道:“能邀请到丁小姐这样的美女,是我的荣幸。请。”

两人碰了碰酒杯,李一雄喝光了杯中的酒。

丁雨晨给他斟满了酒,说:“李总,应该是我先敬您才对。”

“为什么?”

“我复试就是李总主持的,感谢您给了我这么好的机会。”丁雨晨举起酒杯浅浅一笑,“请……”

李一雄得意地笑着,再次一饮而尽。

丁雨晨略略喝了一小口。

李一雄说:“那天看到丁小姐,我就眼前一亮,尽管公司里其他人觉得你太年轻,我还是力排众议录用了你。事实证明,我的眼光还不错。”

丁雨晨再次给他斟满了酒,说:“李总,我十分感激您的照顾,再敬您一杯。”

李一雄摇摇头,说:“不行,我喝得太多了。”

丁雨晨佯装生气,说道:“我听说您是海量,怎么今天几杯酒就把您喝垮了?是不是觉得我位分低,没资格?”

李一雄:“不敢,不敢,丁小姐多心了。”

李一雄端起酒杯,一饮而尽。

丁雨晨沾了沾酒杯,狡黠地笑了。

丁雨晨搀扶着李一雄从西餐厅走出来。

李一雄显然喝醉了。

丁雨晨小心地扶着他,歪歪扭扭地朝车子走去。

走到车前,李一雄有些醉意地靠着车。

丁雨晨边推他边喊:“李总,李总。”

李一雄拿出钥匙,兴奋地说:“丁……小姐,我大概……醉了,都……怪你,太……迷人了,酒不……醉人,人……自醉。”

“那,我送您回去吧。”

丁雨晨接过钥匙,打开车门,扶着李一雄上了车。

丁雨晨坐到驾驶位置上,她看了一眼李一雄,开车直奔李一雄的别墅。

来到李一雄的西山小区别墅,丁雨晨将李一雄扶进客厅,让他躺在沙发上。

丁雨晨到洗手间绞了一块湿毛巾,敷在李一雄的额头上。

李一雄突然抓住丁雨晨的手,借着醉意说:“丁小姐,面试那天,你穿一身套裙,窈窕迷人,我一看就被迷上了。真的……”

丁雨晨用力抽出双手,李一雄却趁机想扑上来。

丁雨晨挡住他,匆忙说:“李总,其实我很佩服您。还和别人研究过您。”

“研究我?”李一雄略感惊讶,“怎么不简单,你说说看。”

“您这么年轻,就是世纪集团的总经理了。”丁雨晨看这李一雄说,“首先,您的心机不简单。”

“接着分析。”李一雄饶有兴趣地说。

“机谋深,才能一一铲除自己的对手啊。”

“我看着,有那么阴险吗?”

“商场上,尔虞我诈是免不了的。只要您赢了,别人就只会敬佩您。”

李一雄赞赏地点点头。

丁雨晨接着说:“其次,您的经历也不简单。李总,听说您是白手起家,这一点我非常感兴趣,您是怎么一步一步闯出来的?”

李一雄炫耀说:“我小时候家里很穷,很多同学都过得比我好,可是受受穷也有好处,就是让你能明白钱是多么重要。当年我决定辞职经商的时候,好多人都劝我要慎重,如今,那些人还在为生计奔波,我却跨入了上流人士的行列。”

“可是,也有很多人下海以后弄得一败涂地……”

“那是他们不够聪明,有些人把自己的公司看得太重,其实,公司算什么,把钱捞到手才是关键。”

“您要是拿了不该拿的钱,不怕别人发现吗?”

“发现?”李一雄轻蔑地笑了一下,说,“别人看的都是你的账目表,这些都是做出来的,那些破表格,想怎么填就怎么填。”

丁雨晨说:“我不信。哪有那么容易。我学的就是经济,公司资金必须要和账目对上的。”

李一雄笑笑说:“丁小姐,你太年轻了,一个聪明的会计,就没有做不平的账。”

丁雨晨疑惑地看看李一雄。

李一雄看丁雨晨惊奇的神色,卖弄地笑了,说:“知道亿豪公司吗?”

丁雨晨一愣,随即说:“亿豪?听说早就破产了。”

“知道吗?我曾经就是那里的老总。”

“自己的公司垮了,您就不可惜吗?”

“亿豪虽然垮了,可我在国外的银行里多了一个私人账户。”李一雄不经意地说,“我要一个公司的虚名干什么。”

“李总,您这是玩火,您就不怕将来翻船?不怕法院来查您?”

李一雄扑哧一笑,不屑地说:“丁小姐,听说过水涨船高吗?我用钱铺平了道路,谁会来查我?亿豪现在无影无踪,他们上哪查?”

李一雄盯着丁雨晨,试图拉过她的手。

“雨晨,你放心,我一定不会亏待你。”

丁雨晨露出一丝害怕的神色,她匆忙站起来。

“李总,您醉了。我看我还是先回去了。”

李一雄已经从身后扑上来。

丁雨晨惊叫一声,被李一雄压在身下。

丁雨晨拼命地挣扎着。

正在这时,门外传来锁被拧开的声音。

白帆既高兴,又害羞,打开房门后,笑嘻嘻地喊:“李一雄……”

听到喊声,李一雄惊慌失措地站了起来,丁雨晨坐起来。看到这种情景,白帆又羞又恼,满眼是泪,愤怒地将钥匙往李一雄身上一扔,掉头就跑。

李一雄慌慌忙忙跟着追了出去,小区的路上,早已没了白帆的身影。

回到房里,丁雨晨早已杳无踪迹。

八

方晓频将一份文件甩在桌子上。

“愚蠢!你怎么能犯这种低级错误呢?”

李一雄理亏地站在桌前,低声说:“董事长,我……”

“现在是什么时候,马上就要开庭了,你却把证人气跑了,你是公司总经理,孰轻孰重,分不清吗?”

李一雄显得很狼狈,嘟囔说:“我也没想到,她会突然来。”

方晓频说："她在我那儿哭了大半夜，说很后悔跟你在一起。如果她决定不作证了，如果她在法院说了实话，你说怎么办？李一雄，是你的私欲重要，还是公司前途重要？"

李一雄说："我马上去找她。"

方晓频道："一雄啊，你也该改改你那寻花问柳的毛病了，要不然，它会害了你的。"

"董事长说得是。"

"我回去再做做白帆的工作。"方晓频说。

回到别墅，方晓频看白帆两眼哭得通红，就在厨房的冰柜里取出两块冰，用小手帕包好，递给白帆说："怎么啦，还哭得梨花带雨似的，值得吗？拿着敷在眼睛上，肿就消了。"

白帆感激地说："谢谢。"

白帆仰靠在沙发里，将冰敷在眼上。

方晓频坐到白帆身边，慢慢开导说："其实男人都会有这个毛病。但是能让他拒绝别的女人，死守你一辈子，很不容易，就看你怎么调教他了。你也不要草率作决定，如果你觉得李一雄最爱的还是你，肯对你好，你也不要轻易放弃。何况他还有被改造好的机会。"

白帆没有吱声。

这时，传来门铃的响声。方晓频打开门，只见李一雄抱着一捧玫瑰花，站在门外。

"你来干什么？"方晓频故意问道。

"董事长，我来看看白小姐。"

白帆听到李一雄的声音，马上从沙发上站起来，要往楼上走。李一雄看方晓频示意，赶紧冲到客厅里，挡住白帆说："帆，帆，你听我解释。"

白帆躲开李一雄，要上楼。

李一雄急忙挡住白帆的去路，恳求说："小帆，你听我说一句嘛！"

白帆气得眼泪滚了下来,大喊:“你给我滚！我不想见你!”

“小帆,你别生气,都是我的错。”李一雄说着将花举到白帆面前。

“昨晚,有应酬,所以我喝醉了,也不知道……”李一雄哭丧着脸,求饶道。

方晓频看着他们说:“你们聊吧,我出去到海边散散步。“说着走出门。

白帆接过花使劲扔到李一雄的脸上,大喊:“你不要跟我解释,我不愿意听。”说着走回到沙发处坐下。

李一雄急忙跟到沙发处,跪在白帆跟前,握着她的手说:“小帆……”

白帆将手挣脱出来。

白帆说:“你给过我承诺不辜负我,你没有做到,我是不会再帮你了。”

李一雄正色道:“白帆,不要拿正事来开玩笑。”

白帆冷冷地看着他。

李一雄站起来说:“你已经没有后退的余地了。我把所有的过程都录了下来。”

白帆十分惊讶,问:“你说什么?”

李一雄从兜里掏出一盘小 DV 录音带,扔到白帆面前。

“我把你答应作伪证和泄露经济情报的过程全部录了下来,如果你还这么顽固,我就会把它寄到法院。你考虑后果了吗?”

白帆气愤地说:“你……”

李一雄叹了一口气,缓缓地说:“白帆,其实我也不想闹成这样。昨天是我错了,以后不会再发生这样的事了,你也别再要小孩子脾气,好吗?”

李一雄说着坐在白帆身边,把手轻轻搭在白帆肩上。

白帆有些躲避着。

李一雄把脸凑到白帆脸前,温柔地说:“别因为一时的误会,毁了我们的前途。你不是很想出国吗？我正在给你办移民手续。”

白帆惊异地看着他。

“昨天就是因为找人办这个，才喝多了的。我想，等这些事情完了以后，我们一起去加拿大，你喜欢吗？”

白帆委屈地流下眼泪，说道：“你说的是真的吗？”

李一雄一把将白帆楼进怀里，眼中含着眼泪，颤声说：“帆，请你相信我。”

白帆流着泪：“一雄，你不知道昨晚我有多伤心……”

“我明白，我明白，你昨天晚上走了以后，我也非常伤心。”

白帆哭出声来。

李一雄替白帆擦干泪水。

“我一定不会再让你伤心了，等去了加拿大，咱俩开开心心地生活。我会买好房子，在花园里种满了花，好吗？”

白帆抬起头，道：“你要答应我，案子一宣判，我们就走。”

李一雄毫不犹豫地点点头。

九

“听说院里要给你处分？”郑义鸣问。

“嗯。”陈茵无奈地回答。

“那怎么行！我去跟院长说说……”

“算了，别难为院长了。那份意见书我也看了，省里追着要严办，给处分还是轻的呢。”

郑义鸣深有感触地说：“咱们办事真难，判得不公道，老百姓有意见，背后戳咱脊梁骨。得罪了上头，又要受批评，真让我们左右为难呐！”

这时，两人已走到郑义鸣的办公室门前，郑义鸣刚要开门。

陈茵道：“郑局长。”

郑义鸣转身看着陈茵。

陈茵说道：“我那天到世纪集团送开庭通知，你猜我碰到谁了？”

郑义鸣故意问道：“碰到谁了？”

“丁雨晨。”

郑义鸣一楞：“哦，她说什么？”

陈茵说道：“她干得挺不错的，这孩子干得好好的，怎么就辞职了呢？再说，世纪集团也真让人摸不透……”

郑义鸣掩饰道：“丁雨晨……丁雨晨她。”

这时，屋内电话铃响。

郑义鸣急忙说道：“我去接电话。”说着打开门跑进办公室。

陈茵疑惑地看看郑义鸣，正要去庭里，只见郑义鸣走出办公室，招手对她说：“陈庭长，白院长找你。”

吴小龙已经站在院长办公室里。

白天说：“经过研究决定，陈茵同志，院里给你警告处分，给吴小龙记过一次。这是处罚决定书。”

陈茵接过处罚决定书看了看，又递给吴小龙。

白天安慰说：“你们别把它太放到心上，更不能有情绪影响工作。我知道，你们是委屈的。”

陈茵和吴小龙交换了一下眼神。

陈茵说：“我能理解院里的苦衷。权当是个教训吧，它提醒我们以后办案更要谨慎。”

白天赞赏地点点头说。

白天经过走廊，走到董启汉办公室门前。

白天思索片刻,敲了敲门。

“请进。”

白天推门走进董启汉的办公室。

“老董。”

董启汉抬起头,说:“前几天请假没上班,积了好多事,不赶紧处理,不行啊。你看,世纪集团那个案子快要开庭了,审判长还没定呢。”

“我也在考虑这事,本来陈茵挺合适的。”

董启汉问:“现在让她担任,市里头会不会有意见?”

“等等再定吧。你这段也挺累的,别太拼命了,有些事情,我们可以帮你。”

董启汉点点头。

“那天你父亲的葬礼,本来是要过去看望的,没想到周书记临时来了电话……”

“我已经听说了,没关系。”

“我觉得……”

“院长,这事您别放在心上,我也不介意。”

“那,好吧。你先忙你的。”

白天说着走了出去。

白天站在院长办公室的窗边,看着窗外,若有所思。

敲门声响起。

“进来。”

陈茵推开门,问道:“院长,您找我?”

白天说:“世纪集团诉省外经贸委的案子,我反复考虑,还是让你来担任审判长。过几天就要开庭了,多做些准备。”

陈茵露出犹豫的神色。

“怎么,有困难吗?”

陈茵迟疑了一下,说:“现在这个时候,我接手这个案子合适吗?”

白天笑笑说:“这本来就是你办的案子,我怎么能临阵换将?你不要有心理负担,我刚才就说了,赵金良的种子案你们判得没错,只是判决书的措辞有点小问题,不是已经处理了吗?”

“可影响还在,这个时候,仍让我当审判长,我怕给您增添压力。”

白天说:“其他事情你不要考虑,一切有我呢。这次案子,市里很重视,你经验丰富,办事公正,我想,只有你才是最合适的人选。”

“好,我现在就去察看卷宗。”

陈茵起身离去。

几天后,天宁市中级人民法院大审判庭内,陈茵和四名法官身着法袍走进审判厅。

陈茵走到审判长席上看了一下全场,神情庄严。

书记员喊道:“天宁市中级人民法院行政审判庭现在开庭审理世纪集团诉省外经贸委一案,请全体起立。”

旁听席上的人们站起来。

被告省外经贸委的人及代理律师站起来。

李一雄和余婉妹坐在原告席上。

李一雄似乎胸有成竹,缓缓站了起来。

审判有条不紊地进行着。

陈茵:“请证人白帆出庭。”

白帆随着执行人员走进审判厅。

李一雄看着白帆。

白帆神情有些紧张,她紧张地看了李一雄一眼。

李一雄也在看她,目光既复杂又有些凶狠。

白帆走到证人席上。

白帆开始有些紧张:“我叫白帆,原香港金宝利集团天宁办事处公关经理。我可以证明,天宁市工商局于8月1日将注册资金催缴通知书送达天宁办事处。”

李一雄看着白帆。

白帆说着："由我签收。我认为事情重大，马上将通知书电传给香港总部，并用电话向叶嘉熙总经理报告了有关情况，当时，叶总指示我侧面了解一下情况。事情的经过就是这样。"

白帆的额头上渗出了汗珠。

李一雄与余婉妹交流了一下。

李一雄露出了一丝微笑。

庭审后，朱民生对陈茵开玩笑说："陈庭长，看来生意场上，真是风云变幻，奥妙无穷啊，一着不慎，就会满盘皆输。看看金宝利，一个马虎眼，4 个亿就打了水漂！"

陈茵说："老朱，这个案子，你认为过错在金宝利这一方？"

"事情不是明摆着嘛，文件送上去了，却没有及时发现问题，大意失荆州。"

陈茵自言自语道："可我总觉得没这么简单。"

下午，在审委会会议上，陈茵汇报案情后，大家众说纷纭。

朱民生说："从审理情况来看，世纪集团出具的证据十分确凿，金宝利集团是通过它在境内的一家公司汇来的人民币。同时，金宝利公司公关部经理白帆也证明，她在接到催交通知书后，立即发给了香港总部，他们的领导层没有及时作出反应，既然是过错方，就应该承担责任。"

陈茵看了大家一眼，说道："有过错，就得承担责任是对的。但是，这个过错属于什么性质？是否会导致严重后果？以美元出资，在他们的合同里，并非是关键。我认为，我们要搞清本案的核心问题是什么。"

会场静了下来。白天也在认真地听着。

陈茵继续说："世纪集团起诉的是省外经贸委，这是一起行政案件。《行政诉讼法》里规定的很明白，法院审理行政案件，对具体行政行为是否合法进行审查。因此,省外经贸委作出的这份复议结果的合法性,才是我们审查的对象。而金宝利集团是否依合同约定履行了出资义务,只是参考因素,不能成为判断依据。”

吴小龙说:“我赞同陈庭长的意见。作为行政诉讼,法院不需要介入到合同当事人之间的民事争议中去。现在不是在讨论金宝利集团还有没有股东资格,而是应该审查被告复议结果的合法性。这是两种性质。”

白天赞许地说:“看来这个案子并不简单呀。其实,对于我们来说,也是一个启示。作为司法人员,需要严格的法律思维。譬如本案的焦点,如果不搞清楚,我们就可能误入歧途,甚至导致错误的判决。好了,大家还有什么想法吗?”

白天环顾四周,会场无人应答。

白天说:“那么,陈茵,你就按照你们的方向尽快审理。今天就到这吧,散会。”

离开法院后,白帆总感觉不是滋味,她觉得自己好像陷入了沼泽,不可自拔。

李一雄把白帆送到公寓楼下,然后殷勤地打开车门,白帆心事重重地走了出来。

李一雄亲昵地吻了一下白帆,从西服口袋里拿出一张精美的请柬,说:“这个给你。”

白帆有些疑惑地接了过来。

李一雄说:“下周俄罗斯国家芭蕾舞团来演出天鹅湖,我想你一定喜欢看,所以给你留了一张贵宾席的票。”

白帆打开一看,兴奋地扑到李一雄身上,撒娇地说:“你真好!出席这种场合,是不是要穿很正式的衣服?我还没有礼服,也没有情侣装,你现在就跟我去挑。”

李一雄为难地说:“我就不去了,现在是非常时期,咱们总是出双入对不合适。你毕竟是证人,别忘了!"

白帆情绪突然低落了下来:"你也担心呀?"

李一雄解释说:"我这是为了确保万无一失。"

白帆说:"其实我心里总是忐忑不安的,今天上法庭的时候,我真害怕,感觉好像满屋的人都知道我在撒谎,就等着看我的笑话呢,一雄,我……"

李义雄打断她的话说:"好了,好了,你今天表现得很正常,很好,放心吧,你不是需要礼服吗?去挑挑看,看好了,我买单。一定要买高贵典雅的礼服,这样才能适合你的气质。"

"真的?"一听说同意她买衣服,白帆马上就精神起来。

李一雄搂着白帆,安慰并略带一丝威胁地对她说:"记着,到了这一步,就别想再走回头路。当时的事情,只有你一人知道,只要你坚持,没有人会怀疑你。"

白帆点点头,说:"事到如今,只能这样了。"

李一雄说:"早点休息吧。"

白帆顺从地离开,向公寓楼的门走去。

看着她的背影,李一雄的嘴角露出一丝得意的笑容。

法网恢恢

CHAPTER **11**

一

方晓频走进省人大常委会主任家。

这是一个幽静的院子，栽满了花草，宋主任拿着喷壶，细心地浇水。

“宋叔叔，您把这些花草照顾得可真好。”方晓频一脸笑容说。

宋主任直起腰，扭头看了看，笑着说：“是晓频啊，呵呵，我一生没有别的爱好，就是爱侍弄花草。你可别轻看了这些花呀草的，它们娇弱得很哪，很难伺候。什么时候该浇水了，什么时候该松土了，可都大有讲究。”

方晓频接过宋冠中手中的喷壶，边喷水，边亲热地说：“看您这儿，姹紫嫣红，一片盎然生机，再想想我家那院子，光秃秃的，没有一点鲜活气，将来还得找您好好取取经。”

宋主任露出亲切的微笑，说：“今天怎么想着上我这儿来啦？”

方晓频说：“有些事情，想来想去，还得找您反映。”

宋主任：“走，咱们屋里谈。”

走进客厅，还没落座，方晓频就忿忿不平地叙说起来：“身为审判员，在赵金良的种子一案上，审判员竟公然宣布省人大制定的地方法规无效，本身就是严重的违法行为。可是天宁中院对此事的处理轻描淡写。说明了法院的领导层就存在一种错误的思想。他们认为自己是在替老百姓说话，替老百姓撑腰，法院是在群众中树立了威望，然而他们想过没有，这种做法又将人大、政府的威信置于何地？”

宋主任端起茶杯，摇头感叹道：“看来，这些干部只顾树立自己的形象,不能从大局出发。”

方晓频旁敲侧击道:“宋叔叔,难道人大和政府就不是在为民做主吗?”

宋主任渐渐显出严厉的神色。

周中华正在伏案办公。

他的秘书走了进来。

秘书说:“周书记,省人大宋主任的电话。”

宋主任问:“天宁中院判决书一事处理的怎么样了?”

周中华在电话里回答:“白天同志已经跟我汇报过了。当事的法官受到了严厉的批评。”

“周中华同志,省人大认为,这是极其严重的错误,是无视法律,无视人大的表现。”

周中华答道:“是,是。”

宋主任继续说:“而且,现在有人反映,天宁中院的反省并不深刻,处理草率。必须撤销当事法官的职务,追究他们院领导的责任。不能姑息啊。”

周中华:“是,我一定抓紧办。”

周中华放下电话,皱紧了眉头,为难地靠在椅子上。

周中华拨通秘书电话,说:“小林,通知白天,立即到我的办公室来一趟。”

方晓频回到天宁后,直接去了工地。刚到世贸大厦工地,就接到向东的电话:“世贸大厦工程进展顺利吗?”

“很顺利,我现在就在工地。”

“你们与省外经贸委的官司,有进展了吗?”

方晓频走到一个偏僻的地方说:“还在等消息,怎么了?”

“省里已经是接连三道金牌,催促我们执行行政复议书,追得很紧啊。”

“给你添麻烦了。”

“那倒没什么,毕竟世贸大厦的建设也是天宁市的一个重要项目,能对天宁的经济发展起到推动作用,我这个做市长的,不能不扶持。”

“我明白你的心思。世贸工程正在加紧进行,期待它早日完工。我们虽然辛苦了一场,但作出了成就。”

“对了,天宁中院院长白天好像是你同学吧?”向东问。

“是呀,老同学了。”

“他现在被停职了,你知道吗?”

“停职?”方晓频愣住了,紧张地问。

“有个案子的判决出了问题,当事的法官已经撤职,白天被命令停职检查,目前由副院长董启汉全面主持工作。你们在打官司,多少也得留心法院的动向。”

“知道了,谢谢。”方晓频迟疑地放下电话,心情复杂地看着远方。

很快,董启汉就接到市里电话,说白院长停职检查,让他主持工作。

董启汉放下电话,考虑了片刻,站起身来,走出门。

他心情沉重地来到白天的办公室,轻轻地敲开门后,看白天正在收拾东西,不知说什么好,只是喊了一声:“白院长……”

白天抬起头问:“老董有事吗?”

董启汉说:“也没什么,就是有点担心,来看看。”

白天问:“怎么?担心我受了打击,意志消沉?”

董启汉说:“这件事情太突然了,而且,市里给的处分,我们也觉得很意外,过于严重了。”

白天说:“其实,周书记早就找我谈过话了,这个结果,我也能预料到。”

董启汉说:“要不要再找市里解释一下……”

白天自我解嘲地笑了笑,说:“我相信一定会调查清楚的。就当给自己放个长假吧。偷得浮生半日闲,趁着这个机会,放松放松。这里一大堆事,可都交给你了。”

董启汉说:“就当是一次学习吧。”

白天将整理好的材料交给董启汉，说："你来得正好，这几个案子，你可能还不太了解情况。有些需要加紧审判的，不要因为这事耽误法院工作。"

董启汉接过厚厚的卷宗，伸出手诚恳地说："说实话，我的业务水平没有你好，处在这个位置上，压力也很大。希望事情早点搞清楚，你也早点回来。"

白天感动地握着董启汉的手，说："谢谢。"

市里的通知下达到天宁市中级人民法院，大家听到后都很震惊，反响有些激烈，忍不住纷纷议论起来。民一庭办公室里显得很热闹。

工作人员甲："真没想到，这次处分地这么厉害。"

工作人员乙："是啊，两个法官都被停了职，院长也受了牵连。其实就是个小案子，闹出这么大的影响。"

工作人员甲："哎，平地一声惊雷啊。"

吴小龙走了进来，屋里一下子安静了。

吴小龙默默走到自己的位置，面无表情地收拾着东西。

工作人员甲同情地看着他，想说什么，又咽回去了。

陈茵走了进来，拍拍吴小龙的肩膀："怎么一声不吭？"

吴小龙很内疚地说："陈姐，都怪我办事不仔细，还连累了你和白院长。"

"说这些干吗？我们都有责任。怎么？遇这么一点小挫折，你就失去信心了？"

正说着，郑义鸣情绪激动地走了进来，说："给你们的处分，我刚才听说了。这太不合理了，我看我们应该去上头反映。"

陈茵说："老郑，您先别激动。"

郑义鸣说："这不是激动。种子案的情况我是了解的，光去当地调查，都跑了多少趟？哦，就因为判决书里写错了一句话，连工作都丢啦？这，这分明是欲加之罪，何患无词。"

陈茵冷静地说："没丢工作，只是停职检查。工作出了失误，有个机会反省，也好。"

郑义鸣忿忿地说:“我就不服气,小龙,别这么窝囊了,咱们一起说理去,大不了,都甩手不干了。”

郑义鸣拽住吴小龙的手就想往外走。

吴小龙边劝解边试图拉住他。

陈茵说:“您现在应该忙您的工作,不要受我们的影响。”

郑义鸣说:“现在是共渡难关,我不能看着我的同事受冤枉。”

陈茵说:“郑庭长,我们现在是站在什么地方?”

郑义鸣不解地说:“现在?法院呀……”

陈茵说:“对,这是法院。这是代表公平和正义的地方,我相信,既然我们站在这里了,就一定会得到一个公平合理的答案。”

“好,这才是法官的真本色!”

大家回头一看,原来白天和董启汉不知什么时候已经站在门口。

白天径直朝他们走来,说:“我知道大家都很委屈,尽心尽力,却没有得到相应的回报,但是,发泄怒火并不是解决问题的途径。我希望大家能沉着冷静地面对事实。组织上也不会冤枉任何一个人,我们需要时间和耐心。”

白天看着他们。

几个人的神态都很严肃。

二

省报记者办公室内一片繁忙。

正是上班最紧张的时候,大家都在忙碌。

舒畅正认真地看着电脑。

小娟走到舒畅桌前,递过一叠资料,说:“给你。”

舒畅看着电脑,心不在焉地说:“什么?先搁桌上。”

小娟答:“主任刚刚发话,说天宁中院最近有点新闻,让你追踪采访。这是部分材料。”

舒畅问:“天宁中院?出什么事了?”

“好像是一个种子案审错了,主审法官都被撤职了。”

舒畅惊讶地说:“种子案?那不是吴小龙办的案子吗?”

“吴小龙?就是你常说的那个铁哥们?”小娟问。

舒畅自言自语:“这么大的事,怎么也没听他说呀?”

舒畅匆忙拿起电话,拨了过去。

电话没有应答。

舒畅放下电话,心神不定地说:“不知道他怎么样?我得赶紧过去看看。”

舒畅拿了包,飞快地冲了出去。

小娟从桌上捡起资料,想追过去,已经来不及了:资料还没带呢?真跟一阵风似的,说跑就跑了。

来到大宁市中级人民法院民一庭,吴小龙桌子上已经空了,人也不在,舒畅不禁有些担忧。在走廊里碰到朱民生,舒畅不好意思地问:“朱庭长,你看到吴小龙了吗?”

“小龙?他走了。”

“走了?”

“这两天因为案子问题,他情绪不太好,你见到他,多安慰安慰。”

舒畅失望地说:“好的,我再找找他吧。”

舒畅边疾步走出楼门边给吴小龙打电话,但是电话里始终只传来“嘀嘀”的声音。

舒畅的脸上露出焦急不安的神情。

吴小龙站在湖边,不时地捡起小石子儿扔向湖中。

石子打在水面上,溅起一朵朵涟漪。

看得出,他很烦。手机响了,打开看,是舒畅的,不接。他不想让舒畅知道此事,更不想让她为自己担心。手机第二次响时,一看还是舒畅的,干脆关了手机。

“怎么?工作不顺心,手机也不接啦?”

“白院长,你怎么也来了?”

“在办公室里待得太久,觉得气闷,就想着出来走走,真巧,就碰到了你在湖边发愣。”

吴小龙笑笑。

白天看着四周的风景,说:“这儿真美啊,你看,这荷花出污泥而不染,婀娜多姿,真美。”

“我可没心思欣赏这些。”

“看得出来。”白天淡淡一笑,接着说,“在院里你就垂头丧气的。”

吴小龙诉苦道:“今天这个结果我真没想到,当初你让我接手这个案子,我满腔热忱,这就是我的处女作呀。唉,费尽了心血,倒摔了个大跟头。”

“你的心情,都可以理解。”

“白院长,你说我是不是真判错了?”

“小龙,你刚来的时候,我们都认为你有能力,也很有激情。你具备成为优秀法官的潜质。”白天说

“院长,您过奖了,其实我现在就特别没信心。”

白天笑着说:“所以说你还年轻,还缺少磨炼。现实中哪有一帆风顺的事呢?并非你投入了精力,就一定会成功的。但是,千万不要丧失信念。”

吴小龙默默听着。

白天说:“作为法官,一切都以公正为准则,你是按照事实来判的,就不会错。只是现在有外界因素的干扰,那更应该坚持正义。相信公正的存在,并会得到最终的胜利。”

回到家,吴小龙正要关门,门猛地被抵住了。

吴小龙奇怪地打开门,发现舒畅提着大包小包站在门外。

“我说是谁呢,吓我一跳。”吴小龙捂着胸口说。

“你做什么亏心事了,心虚成这样?”

吴雄龙尴尬地笑了笑。

“你手机怎么也关了?到处找不到你,我在这儿等了你半天了。”

吴小龙嘿嘿地傻笑着。

“你笑什么?还要把我拒之门外?还不快把东西接过去。”舒畅假装生气说。

“哦,哦。”吴小龙连忙接过舒畅手中的包。

舒畅大大咧咧地走进屋内。

吴小龙顺手关上门。

“冰箱在哪?”舒畅往里走着问道。

吴小龙提着东西问:“什么?”

舒畅看到厨房,径直走了进去。吴小龙也莫名其妙地跟了进去。

“真空,什么都没有。”舒畅打开冰箱,白了吴小龙一眼,“幸好我都自备了,要不然今晚准得饿肚子。快,把包里的东西拿出来放到冰箱里。”

吴小龙急忙掏出包里的东西——速冻水饺、火腿肠、鸡蛋、面包……他边向冰箱里放东西边问:“你今晚住这儿?”

舒畅看着满满一冰箱吃的东西很满意地说:“对啊。”

吴小龙转过身来,笑着说:“大小姐,你又心血来潮……”

“我不是心血来潮,得熬夜赶稿子。”舒畅走出厨房说。

吴小龙跟着出来,说:“又要加班呀。”

“替你加班,我怕你一个人熬不过去。”舒畅指着吴小龙的鼻子,蛮横地说,“你得陪我!”

吴小龙不解地问:“替我?”

“你们被撤职的事,我已经知道了,我为你们抱不平!”

“那又怎样?”

“我想过了,可以利用舆论的力量。你这样无精打采地等待是没有用的。政府不了解情况,我们恰好可以借助报纸,把整个事件都登出来。”舒畅说。

吴小龙认真地听着,心里似乎有所触动。

舒畅从包里掏出资料,兴致勃勃地说:“我今天到中院去找你,没找到,就回报社了,查了很多资料。你又精通法律,咱们辛苦几天,我相信一定会……”

舒畅抬起头,恰好碰上吴小龙动情的目光。

舒畅忽然显得害羞。

吴小龙感激地抱住舒畅说:“谢谢你。”

舒畅温情地看着吴小龙问:“你怎么谢我?”

吴小龙看着舒畅,猛地吻了一下舒畅。

吴小龙振奋地说:“我去煮面条,生了一天的闷气,肚子饿坏了。得把损失的能量补回来,才有力气工作。”

他想放开舒畅。

舒畅反而搂住吴小龙不放,问:“这回不躲我了吧?”

吴小龙摇摇头。

舒畅,问:“还不接电话吗?”

吴小龙说:“坚决不敢了。”

舒畅甜蜜地笑了。

三

李一雄边开车边打手机,余婉姝坐在他的身旁。

“董院长您好?”

董启汉神色阴沉,极不情愿地回答道:“李总,有什么事吗?”

“听说中院的工作由您全面主持,恭喜恭喜。”

“你们的消息,真灵通啊。”

“信息时代嘛。怎么样,晚上一起吃顿便饭,庆贺一下?”

“这就算了吧,心意我领了。”

“董院长太见外了,要不等会我去接您?您什么时候下班?”

“不,不用……还是你把地点告诉我吧。”

李一雄志得意满:“那,咱们晚上见。”

随即挂断电话。

余婉妹说:“你也真有本事,连董启汉这样的人也被你牵着鼻子走。”

“这不都是你的功劳吗?”

“我可不敢居功,你别忘了就行。”

奔驰车停在余婉妹律师事务所所在的写字楼前。

李一雄说:“你到了。”

余婉妹说:“你不想进来吗?事务所这一阵很清闲,你能多陪陪我吗?”

李一雄敷衍道:“现在正是官司的关键时刻,你也看见了我有多忙,晚上还得跟董事长去陪董启汉。”

余婉妹酸溜溜地说:“我就知道,只要方晓频啦、白帆啦,这些人一出现,你马上就把我忘了。”

李一雄不耐烦地说:“行了,赶紧上班去吧。对了,最近估计没时间接送你了,以后,你就自己坐车吧。”

余婉妹怄了一口气,不怒反笑,平缓地说:“李一雄,我也告诉过你,我是最不喜欢过河拆桥的人。过去咱们一直合作得很好,我希望以后也不要发生什么意外。”

余婉妹带着怒气下了车,李一雄开车离去。

余婉妹看着李一雄的车子绝尘而去,不由冷笑了一下。

一家十分气派的酒楼,不到掌灯时分,却已灯火辉煌。

方晓频的红色跑车停在大门前,方晓频气度雍容地下了车,走向酒楼大门。

李一雄快步从酒楼出来,迎接方晓频。

方晓频:“安排好了吗?”

李一雄:“应该没问题。”

方晓频:“他什么时候来?”

李一雄:“说是下班以后。就咱俩跟他谈。”

方晓频应道:“嗯。”

李一雄:“先去里头等他吧。”

方晓频点点头。

此时,董启汉坐在办公桌前想着什么。

一只手上夹着一根烟,烟灰已烧了很长了。

伴随着一阵敲门声,董启汉回过神来,说道:“请进。”

一位法官推门而入。

法官说:“董院长,我们行政庭这几个案子的判决书,请您过目。”

董启汉说:“好的。”

董启汉接过来,漫不经心地翻了一下。

世纪集团与省外经贸委一案的判决书映入眼帘。

董启汉将这份材料抽出来看着。

董启汉有些意外,问道:“你们的意见是让世纪集团败诉?”

“噢,这案子陈茵庭长是主审法官,当时开会的时候,白院长对她的意见十分支持。”

“哦,你先去吧。”

法官走出办公室的门。

董启汉看着判决书,陷入沉思。

一直等到晚上七点半，董启汉仍然没有赴约。

方晓频等得有点不耐烦看了看表，对李一雄说："这都几点了，还不见踪影？"

李一雄忙拿出电话，回道："我再催催他。"

李一雄拨通了电话，手机里传来接通的声音，就是没人接电话。

李一雄显得有些急躁。

屋里不断响着电话铃声。

董启汉面带忧色坐着。

一口烟喷在空中，办公室里烟雾缭绕。

电话铃一声比一声尖利刺耳。

董启汉似乎决心拿起电话。

手伸到电话旁，又放下了……

"啪"的一声合上手机，李一雄对方晓频说："只怕，今天是被他涮了。"

方晓频猛地站起身，沉着脸说："以后要把事情搞定了，再来找我。"

方晓频头也不回地走出去。

李一雄站在原地，露出尴尬气恼的神情。

董启汉想摆脱李一雄的纠缠，提着公文包正匆匆赶至家中。正要开门，突然背后传来李一雄的声音："董院长。"

董启汉吃惊地扭头看去，李一雄面带微笑站在他身后。

"你怎么在这儿？"董启汉诧异地问。

"董院长今天真是不给面子。"李一雄以一种玩笑的口气说："怎么，莫非我们那儿设的是鸿门宴？吓得您不敢来了？"

"开会晚了，我也不方便通知你们，抱歉。"董启汉连忙搪塞。

李一雄笑着说："没关系，我想您肯定是太忙了，估计再约您也困难，索性来这儿等您了。"

董启汉推托不得，只好让他进家。李一雄还没坐下，就说："董院长，我也不愿意绕弯子了，其实，我今天找您，很想了解一下官司的情况。"

董启汉没有吱声。

李一雄说："目前，世贸大厦的进度都受到官司的严重影响，我们也很焦急。您现在主持中院……"

董启汉打断他的话说："那我也不能干扰司法公正。"

李一雄说："绝对不会有这方面的问题。您放心，在这场经济纠纷中，世纪集团在钱上干干净净，我们的账目清晰明了，随时欢迎您检查，关于世贸大厦，一旦建成，将成为天宁市的标志，甚至要带动整个天宁市的经济发展。董院长，这是为民造福的事情，天宁市政府对此也很支持。"

"我会考虑考虑，但是……"

"董院长，您一直是个清官、好官，我想谁也不希望出现波折。只要这事皆大欢喜地了结了，我们谁都可以松一口气，您说呢？"

李一雄仍然微笑地看着董启汉。

董启汉立刻感到了重重的压力。

李一雄很疲倦地回到别墅。客厅里没亮灯，只有月光从落地窗外泻进。李一雄打开灯，发现余婉妹坐在客厅的沙发上。

"你怎么来了？"

"你好像不太欢迎我？"

李一雄脱掉西服，松开领带，很惬意地躺在宽大的沙发上。

"不是跟你说了嘛，我最近很忙，不要老是来找我。"

余婉妹走过来坐在李一雄身旁，殷勤地给他按摩说："我明白，所以没生你的气。"

李一雄微闭着眼睛，舒服地享受着。

余婉妹边按摩边说道："我今天在杂志上看到一款车，好漂亮。我觉得一定适合我开。一雄，你看是不是把它买下来，这样，以后也免了你辛苦地接送我。”

李一雄漫不经心地闭着双眼说道：“你来，就是为了这个？”

余婉妹看着李一雄笑笑，动情地说：“一雄，我们结婚吧。”

李一雄睁开眼：“什么？结婚？”

余婉妹含情地点点头，说“我今天来，是真心实意跟你谈这个事的。我希望你能给我一个圆满的答复。”

李一雄站起来，朝吧台走去，不置可否地笑笑：“结婚，你不是开玩笑吧？”

“其实，我早就想结束这种孤单漂泊的生活，每天回到一个人的屋子里，真是太寂寞了。”

李一雄打开一瓶酒，倒在酒杯里。

余婉妹边走过来边说道：“这可是你早就答应过我的。”

李一雄严肃地说：“婉妹，你不觉得你提出结婚是多么荒唐的事吗？”

“一雄，你可是曾经说过，要给我安全稳定的生活。这几年我替你卖命，冒着被封杀律师资格的风险，去打通上下的关系。就连这次官司，要不是我给你们指条生路，你们能扳倒白天吗？李一雄，我不能总是在付出和等待。该是我获得回报的时候了，该是我拿回应该拿回的钱的时候了。”

李一雄猛地将酒杯重重地放在吧台上，大吼道：“钱，钱，钱！你就知道钱！余大律师，你是不是太贪心了！我给你银行卡上每个月打过去的一大笔钱，难道不是回报吗？你梳妆台里的珠宝首饰，不是回报吗？你住的房子，你的律师事务所，难道不是回报吗？我给你的已经不少了，我邀请的是个律师，不是一个永远也填不满的无底洞！”

余婉妹气愤地说：“你！”

李一雄继续说道：“说实话，我并不习惯维持过久的感情，至于结婚，就更不可能。当然，你要愿意，我们还可以保持这种关系。至于车子,我们的交易已经两清,我劝你就别再狮子大开口了。”

“李一雄,你的意思是,我要落个一场空?”

“我是要告诉你,得学会知足。”

余婉妹恼羞成怒地看着李一雄,突然挥起手来狠狠地扇了他一记耳光。

李一雄被打得愣在那里。

余婉妹指着李一雄大喊:“李一雄,你是个大混蛋!我告诉你,我是贪你的钱,我是和你干过一些见不得人的事,可是你别忘了,我是你们世纪集团聘用的律师,你和方晓频那点脏底子,我都一清二楚,要是把我逼急了,就别怪我不给你们留情面!”

余婉妹说完,拿起小挎包就要走。

李一雄缓过神来冲上去拦住余婉妹轮圆了扇了她一记耳光。

余婉妹倒在沙发上,嘴角流出了鲜血。

李一雄恶狠狠地说:“余婉妹,我也告诉你,你别以为你能吓住我,你别忘了,咱俩是一根绳上栓着的蚂蚱,大不了一起蹲监狱,我奉劝你一句,好好跟我合作,把官司给我打赢了,你会得到你想要的钱。”

李一雄说着打开提包,从里面拿出一摞钱来扔到余婉妹眼前说道:“你先拿着。何去何从,你自己看着办。”说完边解开上衣边走向浴室。

余婉妹流着泪,看着钱,掏出手绢擦着嘴角,眼里既怨恨,又无奈。

四

中院大审判庭内,董启汉和两位法官走进来。

李一雄、余婉妹看着董启汉。

省外经贸委的人看着董启汉。

法庭内立即安静下来。

董启汉走到审判长席上站住。

董启汉:“现在我宣布世纪集团诉省外经贸委一案审判结果,请全体起立。”

李一雄、余婉妹站了起来。

省外经贸委的人站起来。

审判厅内所有的人都站了起来。

董启汉:“天宁市中级人民法院行政审判书:根据《中华人民共和国行政诉讼法》第五十四条第二项之规定,判决如下:……经审议,撤销省外经贸委作出的行政复议决定书。如不服本判决,可在接到本判决书之日起十五日内提起上诉。”

审判厅里一片窃窃私语之声。

省外经贸委的代表律师惊讶而焦急地商议着。

李一雄的嘴角浮现出一丝得意的笑容。

余婉妹表情复杂地看了看李一雄,又凝视着董启汉。

董启汉看了一眼全场,大声宣布:“现在闭庭。”

李一雄带着余婉妹从天宁市中级人民法院审判庭走了出来。

董启汉低着头,离开审判庭准备上楼回办公室。

“董院长……”李一雄张着胜利的笑脸喊董启汉。

董启汉抬头看到李一雄,眼里闪过一丝不情愿。

李一雄对董启汉伸出手,说:“刚才听到判决的结果,我们十分感动,多谢董院长对世纪集团的扶持和厚爱。”

董启汉面无表情地说:“这不存在什么扶持关爱,一切都是按司法程序办事,你们也不必感谢。”说着走上楼去。

李一雄讪讪地缩回了手,笑了笑。

方晓频正在健身房的跑步机上轻松地锻炼着。李一雄拿着判决书,抑制不住内心的喜悦,兴奋地说:“董事长,和省外经贸委的那个官司,判决结果出来了。”

方晓频停住了跑步机,走下来,很平静地说:“看你的样子,就知道肯定对我们有利。”

李一雄奉承地说:“董事长精明过人,什么都满不住您呀,中院判省外经贸委的那份行政复议书无效。仍然依据市里作出的裁定书进行处理。这是刚刚下达的判决书。”说着将手中的判决书递了过去。

方晓频接过判决书,边看边朝休息厅走去。

李一雄笑嘻嘻地说:“恭喜你,董事长,您要成为天宁第一商的梦想,看来马上就会实现了。”

方晓频微微一笑说:“一雄,我让你拟定的世贸大厦发展策划书,你作得怎样了?”

李一雄说:“已经做好了,我去拿来给你。”

方晓频回到办公室,把李一雄送来的策划书看了一下,就去找向东。

向东穿着休闲服正兴致勃勃地玩着保龄球。

方晓频在一旁观看笑着鼓掌。

向东又一次轻巧地抛出了球。

球迅速地滚动,球瓶应声而倒。

方晓频忍不住又一次拍手喝彩。

向东甚是得意,笑着说:“晓频,你也来玩一下。”

方晓频笑着说道:“我可比不得向市长,把把中彩。”

“这种彩中不中无所谓,世贸大厦可是我们的重彩。”

“向市长,请您稍微休息一下,我正想跟您谈谈世贸大厦的事。”

向东和方晓频走进休息室。

沙发的茶几上,摆着两杯酒。两人坐下后,向东端起一杯酒递给方晓频,自己端起另一杯,说:“来,干一杯。”

方晓频抿了一下酒说:“今天中院下了判决,官司我们赢了。”

“真的?”

方晓频点点头。

“这样就好,我也可以松口气了。省委一直催着要按行政复议书办,我一直顶着,现在,总算能名正言顺地拒绝执行了。”向东心情舒畅地说。

“金宝利既然已经出局,世贸的发展方向也随之变动,我想找您讨教讨教。”

“讨教谈不上,你可是专业人士,我哪敢班门弄斧。”

方晓频拿出一份资料递给向东,说:“向市长,这是我们新拟订的策划书。”

向东翻看了一会儿策划书,笑着说道:“不错,世纪的腾飞,指日可待了。”

方晓频笑着说:“别光顾夸我们。”

向东认真地说:“真的,晓频,当我决心要把你从国外带回来时,我就坚信,你一定会在天宁闯出一番新天地的。来,为我们将来携手并进干杯!”

方晓频微笑着端起酒杯一饮而尽。

方晓频去请示向东的时候,白天却在寻张国兴。他在张国兴的家门口,等了很长时间,张国兴才从街道的拐角处走了出来。

“张厂长,你?”

“其实我已经在那儿躲了很久了。”张国兴尴尬地笑笑,“本来不打算出来见您。”

白天开着玩笑道:“躲我干什么?现在你不是国鼎厂的厂长,我这个院长也被卸了职,就当是两个平头老百姓,在一起聊聊,行吗?”

张国兴说:“走,咱们找个安静地方坐坐。”

俩人走到街边的一家小饭馆,张国兴要了半斤散酒,两盘菜:一荤一素。

两杯酒下肚，张国兴便开了口："向副市长找我谈过好几次，说国鼎厂前途渺茫，即使收回了那块地，也帮不上大忙。而世纪集团正有着良好的发展前景，将来也许能带动整个天宁市的经济。劝我从大局出发。"

"那你是什么反应？"

"我始终坚持没表态。我想世纪集团的好坏我管不着，可是收回那块土地，是国鼎厂的正当权利。谁想到呢，几天之后，一纸调令就下来了。"张国兴苦笑着喝了一口酒。

"新任厂长知道这个情况吗？"

张国兴点点头说："我走之前都交待清楚了，还特意叮嘱过他，现在上头对咱们是有压力，但该是咱国鼎厂的，不能轻易放弃。"

白天紧皱着眉头。

张国兴说："后来我一琢磨，算是明白了。既然让他上任，肯定是早就谈妥了的。"

白天说："怪不得呢，黄忠诚来撤诉，我们怎么劝他都不听。"

"白院长，您和陈法官来找我，不是我不帮你们，而是鞭长莫及呀。说实话，我一心为国鼎厂奔忙，却落下这个结局，也真是心灰意冷。"

从小饭馆出来，白天和张国兴走在回家的路上，心情都有些沉重，不约而同地停住脚步。

白天说："张厂长，谢谢你今天的坦诚。"

"咳，谢什么谢，我也就能发发牢骚了。"

"不一定。"

"不一定？"张国兴惊讶地看着白天。

白天说："因为黄忠诚撤诉，法院已经是管不着了，但是你可以。"

"我？"

"你是最知情的人，如果你肯站出来，去找领导反映事实……"

张国兴说:“找领导反映？当时就是领导们在给我压力。”

“向东毕竟不能代表整个天宁市委。”

张国兴摆摆手说:“算了,白院长,我理解您的苦心。可我已经是一个离职的人了,心有余而力不足。”

张国兴没有再看白天,蹒跚着转身走了。

白天对着张国兴蹒跚的背影说:“张厂长,我相信人间自有公道,可是如果连你也保持沉默,那么国鼎厂,国鼎厂上千名职工就更不用说了。”

张国兴停了停,没回答,又继续走了。

白天回家路过一家商场,发现了白帆。他走到白帆跟前说:“小帆,你在这儿干什么？”

白帆说:“闲着无聊,买点东西打发时间。”

收银员说:“你好小姐,一共 2400 元。”

白帆毫不在意地从包里拿出一张卡。白天惊得瞪大了眼睛说:“2400？你买什么,这么贵,你现在可是越来越奢侈了!”

白帆无所谓地说道:“护肤品嘛,当然要用好的。花钱多就是奢侈了？这是追求生活品质。”

“跟你相比,我这个当哥哥的真是太落伍了。”

“哥,你也应该顺应顺应潮流,别老抱着旧观念不放。”

白天想要说些什么,还是忍住了。待白帆取了东西后,他说:“走,哥请你到那边咖啡厅喝杯咖啡。”

白帆坐下喝了一口咖啡,用玩笑的口气说:“院长大人今天请我喝咖啡,有什么重大命令要发布呀？”

白天看看白帆,严肃地说:“小帆,听说你要结婚了？”

白帆愣了愣,低下头。

“这事到底是真的还是假的？”

白帆抬起头,问:“是嫂子跟你说的？”

“她埋怨我平时对你关心不够。小帆,这可是人生大事,不能随便开玩笑。”

“我没开玩笑。”

“对方是谁？是干什么的？为人可靠吗？”

“他是,是我的上司,世纪集团的总经理。”

“李一雄？”白天惊异道。

“嗯,他工作上对我一直挺照顾的。”白帆说,“我们已经商量好了,等他忙完世贸大厦的事,就结婚。”

“小帆,我不赞成。”

“哥,他对我很体贴……”

白天语重心长地说道:“世纪集团的问题不少,这个李一雄更是有好几个案子牵扯其中,他甚至可能是犯罪嫌疑人,嫁给这样的人,你放心吗？”

白帆生气道:“你不能这样武断地下结论,你并不了解他!”

“可我知道他触犯了法律,只是现在侥幸逃脱了制裁。但总有一天,他会受到惩罚。白帆,我不希望你将来后悔。”

“法律,法律是你办事的准则,但是,你不能要求每一个人都跟你一样。李一雄有他的抱负,他做得很成功,就是有一点小手段,在现在这个社会并不过分。”

“白帆,你怎么变得这么追求物质了？”

“追求物质有什么错？是你的观念太落后。过富有的生活不好吗？”

白天说:“你误会了,我不反对有钱。但是,我坚决反对不正当的财富。维护社会发展的前提就是要遵从法律,这应该成为每个人的准则。”

白帆拿起了包和化妆品的包装袋,匆匆冲了出去。

白天对着白帆的背影,默念道:“白帆……”

五

张国兴跟白天分手后,在街上毫无目的地闲转。

他看到前面围着几个人,就走了过去。

张国兴走到人群外,无意中向人群方向看去。

一个简陋的路边小摊,一男一女正忙碌着蹦爆米花。

张国兴看到那一男一女,不觉一愣,走过去。

那男人招呼完一位客人,转过头来,看到张国兴,原本笑意盈盈,却一下子愣住了。

“老刘……”

“张厂长……”

“你,你怎么……”

老刘打着哈哈:“厂里效益不好,孩子读书又要交学费。”

张国兴沉重地说:“唉,你都是老技术员了……”

刘妻一把拽过老刘手里的东西,抢白说:“老技术员怎么?还不是混不上饭吃!”

“你瞎说什么?”老刘不高兴地训斥妻子,又对张国兴说道,“张厂长,您别怪她,她是个直肠子。”

张国兴很内疚地说:“不,不,是我的责任,我没有当好这个厂长。”

老刘说:“您别自责了,现在这个状况也不是您一个人造成的,再说了,谁都会碰到困难,其实我们都相信,厂里的困难,一定会过去的。”

张国兴感动地说:“老刘……”

老刘又说:“自打您搬了家,就再也没消息了,大家伙儿还挺想您的,有空回来看看我们。”

张国兴点点头:“我现在虽然不是你们的厂长了,可是只要我能做到,我一定会帮助国鼎厂振兴起来。”

这时又有人来蹦爆米花,张国兴就告别了他们,没再多想,掉头朝市委的方向走去。

张国兴想见周中华,被周中华的秘书——林荫挡住了道。

张国兴红着脸说:“我不是来寻事的,可我真的有重要的事情要向周书记汇报。”

林秘书:“张厂长,周书记昨天忙了大半夜,好不容易休息一会儿,你有什么事,等他醒来,我替你说,行吗?”

张国兴:“林秘书,我不会耽误太久……”

里间的门打开了,周中华站在门口。

林秘书慌忙解释:“周书记,他非要见您……”

张国兴对着周中华,诚恳地说:“周书记,我没想打扰您休息,可是事关国鼎厂上千名员工的利益,我不能不……”

周中华摆了摆手,止住张国兴的解释,亲切地说:“老张,进来说吧。”

张国兴跟着走进办公室。待坐下,张国兴不好意思地说道:“周书记,真是不好意思。”

周中华玩笑地说:“老张啊,你的脾气我最了解,不撞南墙不回头,我今天要是不出去见你,这觉肯定也是睡不成?”

张国兴:“周书记……”

周中华:“行啦,甭解释了,我知道你来,肯定有难处。”

张国兴:“周书记,今天,我是来替国鼎厂的工人们讨个公道的。”

周中华眼神一跳:“说。”

张国兴:“周书记,按理我已经调走了,不应该再管这么多,可是您也知道,我在厂里干了那么多年,那里是凝聚了我的心血的。看到厂里的老工人,辛辛苦苦半辈子,到头来衣食不保,还要靠在路边儿支个小摊谋生,心里真不是滋味。”

周中华叹了口气,转过身来。

张国兴:“国鼎厂现在面临困境,也有可能倒闭,但是不能就连个公道都讨不回。那块地是国鼎厂的,又在黄金地段,本来我们还有个发展计划的,可是市里匆匆就作了决定,连个机会都不给我们。”

周中华:“老张,你的心情,我都可以理解。这件事,我会立即通知纪委调查清楚。如果情况属实,不但会妥善解决土地问题,对于市里一些领导私自干涉的行为,也会追究。”

张国兴激动地站起来,说道:“那我代表国鼎厂上千名工人谢谢您。”

周中华:“你们要相信,政府不会抛弃你们,其实,国鼎厂的问题,我们每时每刻都放在心上。”

张国兴的眼圈渐渐红了。

周中华:“国鼎厂以前是为天宁市的发展作过贡献的,这一点谁都没有忘记,市委现在也在积极地想办法,也期待着国鼎厂重振辉煌。”

张国兴倍受鼓舞,兴奋地说:“周书记,只要市委肯支持我们,我和厂里的工人们一定会努着劲儿地搞好工作,不会给你们丢脸。”

六

星期日。

太阳已升了一杆高,吴小龙还在家里闷头睡觉,几线阳光透过窗帘射进来。

靠在床边的电话突然响起。吴小龙睡眼惺忪地钻出被子,接电话。

“小龙,还在睡懒觉吗?”电话是舒畅打来的,“告诉你一个好消息。”

“什么好消息?”吴小龙打了一个哈欠,懒散地说。

“文章已经见报了。”

“真的?”吴小龙兴奋地跳下床,耳朵上夹着电话,慌慌张张地套了件T恤。

吴小龙:“你等着,我马上来找你。”

在省报记者办公室,吴小龙认真地看着舒畅拿给他的新报纸。

舒畅说:“我想一定会引起大家的关注。现在,你不愁没人替你们说话了吧?”

吴小龙放下报纸,开心地说:“这次多亏了你的好主意。”

舒畅说:“只要你不整天耷拉个脑袋就好啦。”

吴小龙脸红地笑了笑,说:“这是我停职以来最放松的一天。本来心里一直沉甸甸的。倒不是因为丢了工作,而是需要一个能伸张正义的地方,希望大家也能关注到法官的困境。”

舒畅:“事情总有一个发展过程,只要我们不断努力,一定能够澄清事实。”

吴小龙点点头,说:“走,今天星期天,我们去歌舞厅跳舞,庆祝一下怎么样?”

“当然好呀!”舒畅笑着说。

舞厅门前一群年轻的男女说笑着走进舞厅。

白天穿着一身合体的西裤、T恤与穿漂亮连衣裙的陈茵站在大门外,低声说话。

穿着时髦服装的吴小龙和舒畅跑过来。

“你们这两个家伙,急匆匆把我们叫到这儿,自己倒迟到了。”陈茵笑着说。

吴小龙看着白天和陈茵,开玩笑说:“二位大领导,今天你们一个是大帅哥,一位是大靓姐,肯定是舞场上的最佳搭档。”

白天笑着说:“小龙啊,舒畅是我们请来的大记者,你怎么把她笼络到手的,你要向我汇报一下。”

吴小龙不好意思地看了舒畅一眼。

舒畅倒很大方,说:“白院长,不是笼络,是吸引。”

白天听了笑了起来。陈茵笑着说:“不管是笼络,还是吸引,今天把我和白院长引到这儿是谁的鬼主意?”

“是我。你们院里的情况,我都听小龙说了。怕你们心情不好,特让你们出来散散心。这本来是小龙惹的事,请你们出来时应该的。另外……”

舒畅和吴小龙对视一笑,然后从包里掏出一份报纸,递给白天说:“这是我才发表的一篇文章,请你们多多指教。”

白天疑惑地接过来看着:“哦,是关于种子案的。”

舒畅说:“小龙告诉我,你们因此被停职,我很为你们鸣不平。可是又帮不上忙,不过我想把事情如实地报道出来,大家自会有公论。”

“现在省里有好几家报纸都转载了这篇文章,而且纷纷评论处分过重。”吴小龙说,“更重要的是,很多专家学者,都认为我们的判决没大错误。”

陈茵很感激地对舒畅说:“谢谢你,舒畅,难为你了。”

舒畅腼腆地笑了笑

吴小龙说:“咱们进去吧,站在这儿,跟四尊门神一样。”

四人走进舞厅。

舞厅里环响着节奏强烈的舞曲,彩灯不断变换着色彩,舞者伴随着舞曲的节奏,激烈地摆动着身躯和手臂。吴小龙和舒畅忘情地跳着,融入了那一群兴奋的年轻人中。白天和陈茵却安静地坐在舞厅的休息区,边喝着饮料,边欣赏跳舞。

白天感叹地说:“还是年轻好,活力无穷。”

陈茵说:“我前两天去了您家,嫂子说,您还是整天在外头忙。”

“哦,我去找了张国兴,国鼎厂突然撤诉,我觉得这里头有蹊跷,想调查清楚。”白天说,“张国兴告诉我,说当时向市长不断给他施加压力,叫他支持世纪集团的发展。如果按这个原则办事,那还要法律何用? 那些弱小者又去哪儿寻找公平?”

白天讲到这儿,扭头一看陈茵低着头,有点疑惑,问道:“怎么了?”

“我在想,有时候您的毅力和定力,真让我佩服。”

“我? 你就别给我戴高帽子了。”

陈茵说:“真的,刚停职那会儿,我也相信委屈一定会澄清。可是一觉醒来,看到人家都忙忙碌碌上班去了,我却什么事也没有,心里就忍不住怀疑起来,也许不再追查了呢,也许事情就这样定局了呢?”

白天说:“我也是这样,我也动摇过,我也怀疑过。”

“可是,您还在坚定不移地实现您的信念,您还是像以往一样坚强。”

“你错了,担忧、害怕,这是人之常情,谁都会有。”

陈茵摇摇头说:“至少我看不出来。”

白天说:“那是因为我想到,光靠担心是没有用的,有时候能守得云开见月明,但是,有时候却需要自己动手拨开云雾。其实这也不仅仅是为了自己,而是给所有在云雾中人的公平。”

陈茵默默地喝着饮料,她在思考着白天的话。

白天:“我也不是没想过退缩,只是研究了二十多年的法律,‘公平’二字已经深入到了我的骨髓,我想摆脱也摆脱不掉。”

“可这正是我最佩服您的地方。”

“其实我也从中享受到了乐趣,每次维持公平的时候,不是满心欢喜吗?”

陈茵说:“尤其是站在法庭的时候,就是付出再多的辛苦,我想我们也是值得的。”

陈茵和白天谈得最投入时,吴小龙和舒畅赶过来了。

“怎么不跳了?”陈茵问。

吴小龙没有回答,而是拉了一把椅子坐了下来:“听说金宝利那个案子判决世纪集团胜诉了?”

陈茵点点头。

吴小龙说:“咱们不是已经议定过了吗,怎么彻底推翻了?”

陈茵看了一眼白天说:“那是董院长最后定的。”

吴小龙显得很沮丧:“坏消息真是一个接一个。”

白天说:“怎么又愁眉苦脸了,要有信心嘛。司法的独立与公正不是一朝一夕就能完成的。但是我们要相信它一定能实现。这并不是年轻时所认为的是个崇高理想,它和人们的生活息息相关。”

舒畅说:“所以,我们报社打算对此要进行连续地跟踪报道。我们希望能有更多的人参与进来。”

白天说:“我相信真理会越辩越明。”

这时,一首慢节奏的乐曲响起,白天笑着说:“走,我们去跳舞。”说着站起来。

陈茵等也站起来走向舞池。

七

世纪集团的财务室里,传真机里正在吐出传真件。

传真机旁,会计小宋急等着接收一份传真。

丁雨晨走到传真旁边的饮水机那儿,倒了杯水。

突然电话铃响,一工作人员接电话后喊:“小宋,电话。”

小宋为难地看了看还没吐完的传真,不知怎么才好。

丁雨晨走过来,问:“有什么要帮忙的吗?”

小宋说:“李总让我收到传真立即送到他办公室,偏偏这会儿又来电话。”

“我帮你把传真送过去吧。”

“那……”小宋迟疑了一下,“谢谢你,丁主管。”小宋走开了。

丁雨晨搁下水杯,看着传真机。

传真机吐出最后一张传真纸,丁雨晨拿起传真边看边向李一雄办公室走去。

传真上是一家国外银行的详细资料,最后一行是一组数字。

丁雨晨停下脚步,思索片刻,四处看看,掉头快速来到写字楼前的电话亭。

“郑局长,我刚刚收到李一雄的几份传真。李一雄无意中说他在国外有私人存款嘛,我怀疑亿豪公司的钱就存在这家银行。如果没错的话,这个就是他的账号……”

“好,太好了,我马上去查,已经记录了……再见。”

郑义鸣回过话,拿着刚刚纪录的数字就匆匆走了。

丁雨晨气喘吁吁跑回财会室时,突然发现方晓频站在面前,猛地站住了。

“丁小姐,你去哪儿了?”方晓频用一种怀疑和审视的眼光看着丁雨晨。

丁雨晨迟疑了一下,说:“我想起来个急事,因为是私人长途,就出去打了。”

方晓频走过来,眼睛掠过丁雨晨手中的传真。

丁雨晨镇定地看着方晓频。

方晓频说:“以后工作时间,不准做私事。”

“是。”丁雨晨望着方晓频离去的背影说道。

郑义鸣拿着材料直奔白天家中。

“从现在掌握的证据来看，李一雄的确把亿豪公司的资金转移到了国外，并划到了自己的私人名下。”郑义鸣说。

白天说：“好！那就给他来个顺藤摸瓜，动作要快，防止他察觉潜逃。”

“嗯。”

白天掩饰不住内心的喜悦，笑着说：“没想到这么快就有了进展。义鸣，你马上找董院长汇报此事。”

郑义鸣没有吱声。

白天看他神情不对，不解地问：“怎么啦？”

郑义鸣皱了皱眉说：“我就是不想找他，才到您这里来的。”

白天感到奇怪，问：“为什么？”

“董院长现在跟变了个人似的，听说他每天喝得醉醺醺的，前两天开会，大家等了他一个多小时也不见人影，后来才知道，他喝多了，躺在家里，起不来。”

白天想了想，说：“老董的父亲刚去世，也许情绪不稳定。”

“那也不能影响工作呀？”郑义鸣说，“再说啦，世纪集团和省外经贸委那个案子，判得莫名其妙，我很怀疑……”

“你怀疑什么？”

“没什么？”郑义鸣把要说的话咽了回去，“院长，我们都盼望您早点回去。”

白天：“这得由组织决定。不过不管回不回去，我都不会停止自己的工作。”

郑义鸣垂下头。

白天：“郑局长，现在情况紧急，你必须向董院长汇报，并取得他的支持。去吧，我相信他。”

郑义鸣似信非信的神情。

从白院长家出来后，郑义鸣就来到董启汉的办公室外，他举手想敲门，想想又放下了。一想到董启汉的最近举止，郑义鸣无论如何对他相信不起来。他转身正要离去，董启汉的门打开了。

“郑局长，有事吗？”

郑义鸣转过身来。说：“董院长，我想向您汇报一点事情。”

董启汉看完郑义鸣拿来的材料，没有吱声，而是端起茶杯默默地喝起茶来。

“对亿豪公司的调查，已经有了实质性地进展，可以证实，亿豪公司的幕后操纵者，就是世纪集团现任总经理李一雄。”郑义鸣说。

一听到李一雄三个字，董启汉端茶杯的手，不由自主地颤动了一下。

这个细节，郑义鸣看在眼里，他说：“启明星欠款案，还有拖欠民工费用一案，都是因亿豪公司引起的。李一雄对外宣称亿豪公司破产，实际上是把大量资金转移到国外，如果现在还不及时追回，所有跟亿豪公司有关的案子，就都成了再也执行不了的死案。”

董启汉喝了口茶，放下茶杯，态度突然坚决起来，他说：“立即就办。现在，你赶紧把材料汇总一下，对亿豪公司进行彻底清查。”

郑义鸣感到很意外，连忙说：“好的”，转身要走，被董启汉叫住。

董启汉说：“对了，还有，这个案子因为牵扯到世纪集团，很棘手。我们千万不能大意，一定要追查到底！绝不能让贪赃枉法之徒逍遥法外！”

看董院长决心如此之大，郑义鸣非常振奋，大声说：“董院长，我现在就去布置。”

郑义鸣走到门口，刚拉开门，又转过头来说：“董院长，我误会您了。”

“什么？”

“我来之前，心里还在打鼓，以为您还会偏袒世纪集团。”

董启汉沉默片刻，低声说：“郑局长，我不是一名不称职的法官。如果说在这条路上，我犯过错误，我也愿意付出一切来弥补。”

八

纪委书记刘仁和一名办事员坐在沙发上,向东坐在他们对面。

这是在天宁市纪委办公室。

“向副市长,我们想找您了解一些情况。”刘仁说。

向东微笑地点点头。

刘仁说:“国鼎厂和世纪集团之间的土地纠纷,您知道吗?”

“知道。我不仅知道,还作过批示。”

刘仁和办事员用疑惑的眼光看着这个雄心勃勃的向东。

向东坦然迎接着他们略带疑问的目光,他说:“当时世纪集团的董事长方晓频找到我,说他们用了国鼎厂的一块土地,但是,因为资金困难,暂时无法付款……”

纪委书记问道:“那您是怎么解决的?”

向东回答得很坦率:“我作了调查,发现那块地对国鼎厂用处不大。国鼎厂收回去,也是闲置在那儿,觉得很可惜。世纪集团不一样,他们有详细的开发计划,而且很可行。所以我作了决定,先由世纪集团使用这块土地,产生效益后,再行付款。”

刘仁说:“那您考虑过维护工人们的利益吗?您这种做法,对国鼎厂太不公平了吧!”

向东思索了片刻,说:“但是我认为要想获得成功,没有牺牲,不付出代价是不可能的。我抓的是经济工作,只要是对天宁市的经济发展有帮助,我就一定会毫不犹豫地去做。我希望世纪集团的兴旺,能带动天宁市的经济发展。这可以说是出于私心,也不能完全说是私心。”

“世纪集团有没有给过你什么暗示?”刘仁问。

“暗示?”向东说,“你是指钱上的交易吧?”

“对。说得干脆一点,就是有没有从中谋取私利?”

向东摇摇头,说“我从未想过谋取私利。对世纪集团有偏爱之心,也是出于对天宁市经济大局的考虑。也许,我的方式过于偏激了,但是初衷也希望组织上能够理解。”

在豪华的大厅里,方晓频坐在宽大的沙发上。

向东双手抱在胸前,站在落地窗前,遥望窗外。

向东缓缓地转过身来,对方晓频说:“晓频,市纪委已经找我谈话了。我向东一向光明磊落,这些年来,没有拿过不该拿的一分钱,没有昧着良心办过一件不利于老百姓的事情,也没有出现过决策方面的失误,我对党对人民都能交代过去。”

方晓频站起身,静静地听着向东的倾诉。

向东继续说:“晓频,自从你从海外归来,在天宁开始创业,客观地讲,我对你是有所关照。可这些都是为了大局,为了天宁的全面发展,为了天宁能尽快跻身于全国经济发展的前列,难道说,这也错了吗?”

方晓频倒了一杯茶,递给向东,由衷地说:“这些年没有您的支持、帮助和关照,世纪集团不可能发展这么快,这么大,我内心时时想起这些,感激之情真是难以言表。咱们两个都不是外人,这些都不说了,我只是担心您在世贸大厦这个案子中受牵连,这样的话,我会于心不安的……”

向东说:“凭心而论,在世贸大厦工程问题上,我是说过一些话,做过一些有利于你和世纪集团的事,但做这些事情,主观上都是为了尽快建成世贸大厦,为了天宁的发展上一个新台阶呀,这些事,就是换成李晓频、王晓频,我都会去做。从另一个角度讲,为了天宁的大局,换成张东、李东,在我这个位子上,同样会这样做的。”

方晓频说:“我知道,一直以来,世贸大厦是我的梦想,更是您的梦想。现在事情到了这一步,我真的担心您……”

“对我来讲,事情很简单,我一不贪污,二不受贿,最多换个岗位,可你就不一样了,一旦陷入这种旋涡,企业无一例外受影响最大,在世贸大厦这个问题上,我最担心的恰恰是你,晓频!”

方晓频扑到向东的怀里,喃喃地说:“谢谢你……”

向东轻抚着方晓频的后背,轻轻地说:“晓频,我考虑了很久,打算辞职。”

“辞职?”方晓频一惊,抬起头来,说:“你要辞职?”

向东点点头:“对,辞职。”

方晓频凝视着向东,用手轻抚着向东的脸庞,把头埋到向东胸前。

她依偎在向东怀里,动情地说:“难得你对我一片苦心,可是,你想过没有,一旦辞了职,不仅是呼风唤雨、前呼后拥的感觉没有了,更重要的是你的政治前途将不复存在,你的政治理想也将付之东流。唉,你要是真辞职的话,就到我的公司来吧。”

向东笑着说道:“你开什么玩笑?”

方晓频激动地说:“我没开玩笑。我来天宁这几年,市里的经济工作一直是你抓,天宁的经济建设有了长足的发展,跟你的努力是分不开的。我相信,你不但在仕途上是一位有理想、有抱负的精英,在商场上,你也会是一位纵横四海的儒商。因为,你懂得政策,知道如何去做,如果我们俩真的携手经营世纪集团,不久的将来,就别说是天宁第一商了,我们将会成为全省第一商。”

向东微笑着说:“好宏大的设想啊!”向东轻抚着方晓频的秀发,“不过,我可能会让你失望的。”

方晓频诧异地问:“为什么?”

“我已经想好了,我永远不会有失落感,也不会放弃政治理想。在什么地方跌倒,就在什么地方爬起来,重新创建新的事业。晓频,希望你能支持我,答应我。”向东深情地看着方晓频说道。

“你叫我答应什么?”

“永远和我在一起,好吗?”

方晓频无言地把头埋在向东的怀里更深了。

向东轻轻地吻着方晓频的额头……

九

世纪集团所在写字楼门前,李一雄从车里下来,有点紧张地边走边打电话:“你确定他汇报了那块地的事吗……有新动静了,立即通知我。好,再见。”

财务部齐经理迎了上来。说:“李总,我正四处找您。”

“到我办公室说。”

齐经理随李一雄来到办公室。

“什么事?”

“李总,情况似乎不妙。”

“怎么了?”李一雄一愣。

“法院好像在重新审查亿豪的账目。”

“怕什么,咱们做得天衣无缝。”

“可是,他们在追问拍卖那栋手续不全的楼的事,问那笔钱哪儿去了?”

李一雄慢慢转身盯着他。

齐经理嗫嚅地说:“而且,而且存在国外银行的手续不知道出了什么问题,突然通知停办了。”

李一雄故作镇静,说:“好,我知道了。”

“李总,我们是否要早做准备?”齐经理问。

“你先回去吧。”

齐经理转身走出门。

李一雄慌乱地松开了衣服上的领结,随即来到方晓频办公室。

李一雄急切地说:“董事长,我刚接到消息,那个张国兴去找周书记汇报了咱们低价买地一事,现在纪委已经介入调查了。”

方晓频皱紧眉头,生气地说:“怎么搞的,当时不是让你处理好善后工作的吗?”

李一雄气愤地说:“我也没想到,他会去告状,还直接找了市委书记。”

“好了,你先回去吧,让我考虑考虑再说。”

李一雄悻悻地离开方晓频办公室,方晓频伸手拿起电话,拨了一个号码,电话里传来“嘟”的一声,通了,她却猛地挂上了,然后靠在椅子上,陷入沉思。

突然,电话铃响,方晓频从沉思中惊醒,但她没有接电话。

桌上的电话响着。

方晓频不得已拿起电话:“喂,哦,是白天啊。”

白天走在大街上,一边走,一边打电话:“晓频,你找我?怎么电话响一声就挂了?”

“我,不知道该说什么。”方晓频小声说道。

“那咱们见面谈?”

“好啊,我本来还怕请不动你呢……那,咱们晚上老地方见。”

傍晚,海浪涌动,涛声依旧。

白天和方晓频走在海边。

方晓频说:“真想不到你今天会主动来约我。”

白天答道:“老同学了,我有不周之处,你也可以谅解。”

“以前你就是这样,记得吗?”

白天看着她。

方晓频继续说:“读书的时候,你就总是忽略身边的人,总是在说原谅我,原谅我,……十多年了,你竟然一点也没改变。”

白天笑着说:“当时,你也是最看不惯我的女生。总是抱怨我冷漠、麻木、不解风情。”

方晓频笑了笑。

“时间真快,说没有改变是不可能的,可是内心里有些东西,反而更坚定了。”

“我听说,你被停职了?”方晓频岔开话题说。

白天点点头。

“为什么?”方晓频明知故问。

“生活总会有挫折。”

“不对,这不是挫折。”方晓频摇摇头说,“你还看不明白?”

白天迎着方晓频的目光。

方晓频警告他:“这是有人在陷害你,有人在你背后捣鬼,他们看不惯你,视你为眼中钉,想除掉你。”

白天:“晓频。”

方晓频:“你后悔吗?在学校的时候,你就是个理想主义者,你一直坚定不移地为你的理想服务,可是一旦你得罪了某种势力,你就立即被搬倒了。被你视为天条一般的法律也帮不了你,你的付出值得吗?”

白天缓缓地说:“这早已不是付出与回报的关系,也不是年轻时的理想主义,法律已经融入了我的生活,不管面对的是什么。”

“有时连我也会被你感动,忍不住相信你的话了。也许,你也可以理解……”

“如果我对世纪集团也毫不留情呢?”

方晓频愣了愣。

“别忘了,你们公司还牵扯到好几个案子呢。”

方晓频冷笑道:“可是我们刚刚胜诉。”

“那并不是最后的结果。我相信,真相肯定会大白。”

“我也并不惧怕真相。”

白天叹了口气,说:“这样最好。”

方晓频有些敏感，忙问："怎么？又有什么风吹草动，惹得你这样感慨？"

白天："这不是感慨，晓频，我倒觉得你进入商场后，改变了很多。其实利益并不是第一位的……"

"可在商场上，利益就是第一位的。在法院，法律是不可动摇的准则，那利益就是商场的准则，我也只能按照这个准则办事。"

说完方晓频独自向前走去。

白天看着方晓频的背影，脸上浮现出忧虑的神色。

十

省人大常委会宋主任办公室，周中华坐在宽大的沙发上正在向宋主任汇报关于种子案判决书事件的有关情况。

周中华认真地说："我们根据您的指示，专门成立了调查组，调查组夜以继日地工作了一个多月，一方面查清了这起案件的来龙去脉，另一方面进北京赴上海，求教了十几位专家，并专门就有关法律适用问题与全国人大、最高法院的有关部门交换了意见。我们认为，对这起案件的承办人处理过重，特别是对白天同志，停职检查……"

听到这里，宋主任摆了摆手，示意周中华不要再说下去，他站起身背着手在屋里踱着步。

周中华看着宋主任的后背欲言又止，也站起身静静地垂手而立。

宋主任慢慢地转过身，沉重地说："中华同志，这些天来，媒体对这件事炒得够热的，舆论基本上是一边倒，可以说是众炮齐轰啊！我也一直在想，这件事的意义已经远远超过了事情本身，起码是我们省法治建设的里程碑,同时也具有了全国影响,这是民主与法治建设进程中的重要一页。”

周中华专注地听着,点着头。

宋主任长舒了一口气,道:“中华同志,你今天来得正好,你想说什么我也猜得到,对于这件事情,现在我们的看法是一致的!”

周中华的脸上露出了一丝不易察觉的笑容,仍在专注地听着。

宋主任示意周中华坐下,接着说:“你们报来的调查报告和建议,我和几位副主任都认真看了,准备这一两天开一个常委会,专门就这个问题进行研究。社会主义初级阶段的法治建设任重道远,唉,有些事情急不得,但有些事情又等不得,时不我待啊!”

周中华认同地点着头道:“宋主任,您说得太对了。”

宋主任转过身,对周中华道:“你的心情我完全理解,你先回去,从党委的角度可以让白天同志先把工作抓起来!”

周中华激动地站起身,握住宋主任的手说:“谢谢您对天宁工作的支持,真是太好了,我马上按您的意见办!”

宋主任笑着点点头。

二人的双手紧紧地握在一起。

丁雨晨背着双肩包,轻松地在人行道上走着。

一辆小轿车从后面驶来,缓缓地停在了她的身边。后车窗落下,白天带着墨镜探出头来,招呼丁雨晨:“小丁。”

丁雨晨一愣,打量着白天。

白天忙摘下墨镜,丁雨晨吃惊地叫道:“院长!”

“快来!上车再说。”

丁雨晨打开车门,迅速地坐到后座上。

小轿车快速起步,沿着林荫道向前开去。

丁雨晨急切地问:“院长,您怎么亲自来了,有急事吗?”

白天笑着说:“想急也急不得呀……”

丁雨晨十分理解白天的心情,欲言又止:“院长……您……”

白天说:“小丁,你的情况义鸣跟我讲了,不简单啊,你!”

丁雨晨不好意思地说:“院长,您过奖了,我只不过想把这件事做好,把执行工作进行到底。”

白天说:“小丁,等这个案子一完,还回法院工作吧!”

丁雨晨有些不知如何回答:“院长,这个问题我还没认真想过……不过,不管在不在法官岗位上,我都会记住‘公正’二字,不管从事何种法律工作,我都会为‘公正’而奋斗的!”

白天深深地点了点头,话题一转:“小丁,告诉你一个好消息,根据你上次提供的财务报表,我和义鸣进行了深入分析,在有关银行的帮助下,基本查清了亿豪公司的资金流向,包括亿豪公司用一栋违章建筑抵债的事实,从目前掌握的情况看,亿豪公司转移资金,恶意破产,逃废债务的嫌疑很大。”

丁雨晨说:“其实,我没做什么。”

白天:“义鸣多次提到你,为执行工作冒了很大风险,令人敬佩啊!”

“我跟郑局长说过,我做这些只是为了公平和正义,为了对法律负责,这些观念还得益于您的教导呢。”

“这是一种境界,值得倡导。”

“境界?在您面前我可不敢谈境界。”

“雨晨,到现在我也不能明白。法官职业不值得你追求吗?当然,法官的现状的确不太令人满意,待遇问题、地位问题,还有职业保障体系问题,都需要改革加以解决。我认为一名出色的法官,应该有献身精神,但首先应该是一个道德高尚、勤奋敬业、执著追求的人。

“院长说得很对,我是望尘莫及。”

白天:“应该说,你是法官们的一个榜样,可惜啊……如果有机会,你再选择的话,你还会选择法官职业吗?”

丁雨晨不好意思地说:“院长,我真的没想过。”

白天说:“在当前形势下,有许多问题制约着队伍建设,没有人才,就没有一切……”

丁雨晨专注地听完白天的话，接上说：“那我下一步……”

白天：“我今天专门来找你，就是要谈这个问题。现在的关键是要进一步搞清亿豪和新世纪的关系，特别是财务上的关系，现在我们已经确定李一雄就是亿豪的老板，但他现在摇身一变成了新世纪的老板，这三者之间到底有什么联系，一定要找到确凿的证据。”

“我最近也正朝这个方向努力，利用财务主管的便利，掌握了一些线索，正在查找相应的财务票据和报表。”

白天：“很好，我现在最担心的是证据不扎实，这个工作大部分要靠你来做了。”

丁雨晨点点头，说：“院长，我能行。何况我还有个特殊身份，大家都知道李一雄是我的‘保护伞’啊。”

白天也笑了：“注意安全第一，一旦有什么意外情况，一定要马上撤出来！”

丁雨晨：“放心吧，离开那个鬼地方的时间不会太久了！”

白天欣慰地笑了，这时手机响起来。

白天接听手机：“喂，您好，噢，是周书记，我……我，还行吧，什么，现在就到您办公室？好！”

丁雨晨看着白天，神情里带着希望和兴奋。

白天挂断手机，看着身边的丁雨晨，会心地微笑说：“小丁，你得去执行任务去了，我也得去领取市委交给的任务。我等着你胜利归来！”

“保证完成任务！”丁雨晨做了一个鬼脸，下了车子。走了很远，她还看到白天的车子停在那儿，白天对她又握了一下拳头，以示胜利，然后才开车离开。

白天和周中华面对面站着，周中华抬起右手拍在白天的肩膀上，缓缓地说：“白天同志，在这件事情上，我对你的要求，只有两个字：理解！”

白天目光炯炯地看着周中华：“周书记，我完全理解！”

周中华兴奋地说："理解万岁！"

白天："中国民主与法治的进程，中国的法院工作，都离不开社会主义初级阶段这个最大的背景、最大的现实，这是生产力发展的必经时期。在这个大前提下，我们思考问题，部署工作才能符合实际，贴近群众。周书记，您放心，我会把这些问题处理好的。"

周中华："市场经济终究要成为法治经济。最近天宁市法院审理的几起案件，发生的一系列事件更加印证了这个判断。白天同志，在保证处理好的同时，还能不能搞得快一些，时不我待，时不我予，时不再来啊！"

白天："您的心情我理解，我会尽力的！"

回到家，白天兴高采烈地一把抱起凌玲，在她脸上亲了一下，说："我要解放了！"

凌玲指了指屋里，嗔怪地说："你看你，小帆在家。"

白天有点不好意思，说："噢，小帆来了……"

白帆看到这一幕，笑着说："想不到我哥还这么浪漫！"

说着从袋子里拿出一个盒子，递给白天，"哥，看我给你买的什么礼物。"

"哟，小妹还给我送礼？"白天边说边打开。

盒子里原来装的是一部高档手机。

白帆右手托腮，看着白天说："哥，你看你那部手机，都老掉牙了，早该换了。这部手机是专为有品位的男士打造的。怎么样，喜欢吗？"

白天看着手机，脸色沉了下来："小帆，这种手机少说也得五六千块，大概相当于你一两个月的工资，你平时消费也不低，哪来这么多钱给我买手机？"

白帆看着哥哥的脸色，有些不自然，但嘴上还硬："人家给你买东西还要挨批评，你……"

白天口气有些缓和："小妹，我担心有人利用你的特殊身份……"

白帆没好气地说："我有什么特殊身份，以前我哥哥是法院院长，说我有点特殊身份还行,可现在呢,你也不过是平民一个,我有什么可以特殊的,哼,老把自己当回事儿。”

白天尴尬地笑了笑:“小妹,哥哥只是担心你被别人利用,现在,有些人为了个人利益,不惜一切,有些事情你不能不多想想,有些人你不能不防啊!小妹,这段时间工作还好吗?”

白帆若有所思地说:“还行吧,承蒙你的老同学照顾,晓频姐对我很好。”

“那位李总经理,最近忙什么?”

白帆有点不好意思地说:“瞎忙呗,不提他。”

“噢,瞎忙?不提他?我今天就是想跟你说说他。”白天语重心长地说,“小妹,看一个人不能只看表面,对李一雄尤其如此!我今天以哥哥的身份忠告你,从现在开始,一定要离他远点!”

白帆关切地问:“为什么?”

“你可以回想一下,这些天发生的事,好好体会一下,不管怎么样,你要听哥哥的话,好吗?”

坐在一边的凌玲悄悄把化妆品收进塑料袋中,对白帆说:“小妹,你还小,今后各方面的机会还很多,你哥也是为你好。”

白帆无可奈何地说:“好吧,请你们放心,我会把握好自己的。我先回去了。”

白帆说着站起来就走。

凌玲说:“吃完饭再走吧。”

白帆推托说:“不了,公司还有事儿。”

白天把手机连同盒子递给白帆,说:“听话,别乱花钱,把它退了吧。”

白帆愣愣地看着白天,眼睛里充满了泪水,一把夺过盒子,转身跑出了门。

白天呆住了。

凌玲忙喊:“小帆,小帆……”

白帆抹着泪,跑下楼去。

十一

一辆出租车停在李一雄别墅前。

白帆从车上走下来，两眼哭得通红。她匆匆走进李一雄的别墅。

在别墅门口，白帆按响门铃。

李一雄正在卫生间里焚烧账本，听到门铃响，愣了一下。他慌忙跑出卫生间，来到客厅门口，从可视电话里看到神色黯然的白帆，松了一口气，按下了开门的按钮。

白帆跌跌撞撞地冲进房间，一头扑进李一雄的怀里，抽泣起来。

李一雄被突如其来的白帆弄得措手不及，他把白帆扶到沙发上坐下，安慰说："好宝贝，别哭，怎么啦？谁欺负你了？"

一边说着，一边将白帆扶到沙发上坐下。

这时，从卫生间的门缝里，泻出了浓烟。

白帆被烟味呛的咳嗽起来，说："你这儿什么东西烧着了？"

李一雄回头看了看卫生间。

卫生间里泻出浓烟。

李一雄忙推开白帆，说："不好了，着火了！"

李一雄转身快步跑向卫生间。

白帆这才注意到客厅里弥漫着烟雾，烟雾不断地从卫生间里飘出来。白帆被呛地直咳嗽，她也跟着跑进卫生间。

白帆冲进卫生间，惊呆了。

李一雄忙着将正冒着烟的账册从烧账册的浴缸里拿出来，重新点燃。

白帆看到散落在地上的一本本账册和会计报表,还有李一雄丢魂丧魄的样子,若有所悟,厉声说:"李一雄,你在干什么?!"

李一雄停住烧账册,站起来,吃惊地打量着白帆,说:"帆,你怎么这样对我说话,你怎么了?"

白帆愤怒地说:"李一雄,你到底在干什么!你欺骗了我!我今天终于明白了,我哥哥说得没错,你是个大骗子!"

白帆说完就想走,李一雄双手猛地抓住她的双肩,说:"你说什么?你哥说我什么了?"

白帆挣开李一雄,说:"我哥说你是个坏蛋!我真后悔当初没听我哥的。"说着说着,泪便流了下来。

李一雄上前抱住白帆哄骗说:"帆,我这一切都是为了你。你相信我,我没骗你。我爱你!"

白帆气得脸色苍白,猛地打了李一雄一耳光:"你毁了我!毁了我的青春,呜……呜……"白帆哭着跑出卫生间。李一雄急忙追出去:"帆——帆——"

白帆哭着跑向门。

李一雄追上来一把抓住白帆的胳膊,把他揽进怀里。

李一雄好言相劝道:"帆儿,你先冷静一下,听我说。"

白帆推开李一雄,坐在沙发里哭泣。

李一雄点燃一支烟,来回踱着步,像是自言自语,又像是说给白帆听:"这些年来,我在商场里拼搏,终于干成这个样子。俗语说得好,常在河边走,难免会湿鞋。天天和钱打交道,难免会有些闪失。老实跟你说,违法的事我干了不少,可是,那都是被逼的。要想挣大钱,谁能不碰高压线!"

李一雄说毕仰面朝天叹了一口气。

白帆停止了哭泣。

李一雄柔情地看着白帆说:"帆儿,这些天来,我一直在想,我要是出了问题,犯点什么事儿,倒也罢了,我到这个份上,苦过了、乐过了、失败过、成功过、拥有过、失去过,该经历的都经历了,不该经历的也经历了,没有什么可遗憾的。可你就不同了,你还年轻,你也是第一个让我真正动心的女孩儿,我能丢下你不管吗?今天你既然看到了这一切,我也实话告诉你,我的事儿不算小!”

白帆惊异地抬起头来,说:“那,那怎么办?去找我哥,让他帮忙……”

李一雄不屑地摆摆手说:“没有用的,不过,你放心,你的事我都安排好了。你还年轻,先出去读几年书,美国的哈佛大学,我已经联系好了,护照、签证、入学通知,我的美国朋友都替你办好了。走,我拿给你看。”

白帆眼里泛出希望的光:“真的?”

李一雄狡猾地笑笑,说:“跟我来,我的小宝贝,等你出去了,我好去陪读啊。”

李一雄说着就拉白帆上楼。

从抽屉里拿出护照和一叠文件,李一雄将它们递给白帆。

白帆急忙接过来观看。

李一雄看着白帆,嘴角又露出一丝令人难以捉摸的笑容:“宝贝,这是一个两全其美的办法。如果你留在国内,仅作伪证一项,就够受的了,更别说什么泄露经济情报了。”

白帆白了李一雄一眼:“别再说人家了……”

李一雄揽过白帆,二人倒在了床上……

十二

天宁市中级人民法院会议室内,白天、董启汉、郑义鸣、朱民生及四五个人正在开会。

董启汉说:“今天的会议是白天同志提议召开的。我这个主持工作的副院长,也早盼着白天同志出来工作。现在终于盼来了,下面请白天同志主持会议。”

大家用期待的目光看着白天。

白天用亲切的目光环视了一下众人,说:“同志们,客套话就不说了,因为案件复杂,情况紧急,今天请大家来,就是专门研究亿豪公司、新世纪公司和李一雄的问题,尽快拿出解决办法。现在先请郑义鸣同志把有关情况讲讲。”

郑义鸣说:“根据目前掌握的证据看,亿豪公司和新世纪公司,都是世纪集团的子公司。现任世纪集团总经理李一雄,曾经是亿豪公司和新世纪公司的老板。亿豪公司和新世纪公司有千丝万缕的关系,表面上,两家公司的账目都要汇总到世纪集团总财务部,但是,暗地里李一雄与世纪集团现任财务部经理齐小建,联手将亿豪公司的资金,利用各种形式转移到新世纪公司和李一雄在国外的账户上。有确凿证据表明,亿豪公司是典型的转移资产,逃废债务。”

董启汉问:“证据是不是扎实?”

朱民生说:“上次跟你汇报过了。经过我们这一段时间的工作,证据没问题,我们都通过各方面核实过。”

董启汉说:“既然证据没问题,我看可以对李一雄和新世纪公司采取强制执行措施。”

白天点点头:“对,我同意老董的意见。马上对李一雄和新世纪公司进行强制执行!”

董启汉说:“我建议兵分两路,一路由郑义鸣带领,去银行和世纪集团查封有关新世纪公司的账户;另一路由我和朱民生前往李一雄的住所,对其采取强制执行措施。”

白天专注地听完,略一思忖,说:“我同意老董的部署,兵分两路,马上出发。”

此时,在别墅内,李一雄与余婉妹还未起床。

余婉妹睡眼惺松地看了看闹钟,推了推身边的李一雄:"一雄,快十点了,该起床了,我下午还要开庭呢。"

李一雄伸了个懒腰,伸手抱住余婉妹:"有个律师在身边,有安全感,睡觉也踏实,再睡一会吧。"

说着,李一雄凑上去亲余婉妹。

余婉妹一把推开李一雄:"看你,离开女人不能活啊!"

李一雄坐起来抱住余婉妹:"那还不是因为你迷人嘛,再说,男人就是为女人而生……"

余婉妹半推半就地与李一雄重又躺下。

一辆法院的警车快速地行驶在街道上。

董启汉和朱民生及另一名法官,身穿制服坐在车内。

董启汉拨打手机:"义鸣,你那里情况怎么样了?"

"这边很顺利,银行账户已经查封了,现正在赶往世纪集团总部。"郑义鸣回答。

"好,我们也正在路上,大概还有十分钟就能赶到李一雄住处。保持联系。"董启汉说。

"明白。"

郑义鸣来到世纪集团,直奔财务主管丁雨晨办公室。

丁雨晨从座位上站起来,很礼貌地问:"先生,请问你找谁?"

郑义鸣:"请问,哪位是财务部的负责人?"

丁雨晨会意道:"齐经理不在,有事请跟我讲吧。"

郑义鸣说:"我们是天宁市中级人民法院执行局的,奉命查封世纪集团所属子公司新世纪公司的所有账目,请予配合。"

"请跟我来。"丁雨晨略一迟疑,带着郑义鸣和两名法官,来到财务部办公室。她对满屋忙碌的工作人员拍拍手,说"这几位法官是来查封新世纪公司与集团公司来往账目的,请你们马上把所有的账目整理一下,列出清单,移交给法院的同志。”

众人没有动,相互交流了一下。

财会人员甲说道:“丁主管,这事是不是请示一下李总,出了问题,我们可担不起这个责任。”

郑义鸣看了一下丁雨晨,然后向财会们说道:“我们是天宁市中级人民法院的,奉命查封世纪集团所属子公司新世纪公司所有账目,请你们积极配合。”说着掏出证件向大家示意。

财会人员开始边议论边整理账目。

郑义鸣和丁雨晨相视微笑。

这时,财务部齐经理推门进来,看了一眼郑义鸣,大喊:“请问,你们这是干什么?”

丁雨晨向齐经理说道:“齐经理,他们是天宁法院的。”

郑义鸣将手中的证件递给齐经理,说:“我们依法查封新世纪公司的账目,请支持。”

齐经理看了看证件,说道:“这件事我们没有接到通知,请你们停止查封,到李总办公室说清楚”,然后又对众财会人员说道:“停下,停下。谁让你们整理账目的。”

财会甲说道:“是……是丁主管。”

齐经理生气地对丁雨晨:“你怎么也不请示就擅自作主移交账目?”

丁雨晨不甘示弱:“配合司法机关工作是每个公民的义务,我这么做有什么不对!”

财务部齐经理:“你!你,李总真是看错人了!”

丁雨晨一笑:“你说对了,李总是看错了!如果我们不配合司法机关工作,相信你也知道法律后果!。”

财务部齐经理愣住了。

众人开始窃窃私语。

李一雄正与余婉妹缠绵。

床头柜上的电话响起来。

李一雄一惊,放开余婉妹,拿起电话:“喂,我是李一雄。”

“李总,我是财务部老齐,法院执行局查封了我们新世纪公司的银行账户,正在集团财务部清理账目!丁雨晨已经让工作人员给法院整理账目……”

李一雄大惊:“你说什么,查封我们的账目,他们简直疯了。还有这个丁雨晨,真不懂事!”

“我们该怎么办?”

李一雄稍稍稳定了一下情绪,说:“查封账户我们不怕,反正上面已经没有多少钱,我马上给董事长打电话!你先注意观察,有什么情况马上报告。”

李一雄半天才放下听筒。

余婉妹已经从通话中听出了事情的大概情况,急切地问:“法院执行局动手了?”

李一雄没有回答,愣了一会才回过神来:“嗯,看来这次麻烦不小。”

李一雄说着起床穿衣,拉开窗帘向别墅外望去,发现远处来了一辆警车停在楼下,朱民生和董启汉正在下车,向别墅走来。

他猛地拉上窗帘,有点慌张地自言自语道:“他们来了。”

余婉妹也惊慌失措起来,她边穿着衣服,边紧张地问:“谁,谁来了?”

李一雄目光中闪着凶狠,怒吼道:“还能有谁,该来的都来了!”

说着拿出手机,边拨手机边自言自语道:“都是女人惹得祸,女人啊,女人……”

手机接通,李一雄对看门的打手下命令:“法院有人来了,就说我不在,给我拦住,决不许他们上楼……对,有特殊情况打我手机。”

别墅大厅里,六个穿黑衣服的马仔与董启汉、朱民生和法官对峙着。

董启汉坐在沙发上,面前站着两个穿黑衣服的马仔。

朱民生和法警走到楼梯口,欲上楼,被另外四个穿黑衣服的马仔上前拦住:“不许上楼。”

董启汉从沙发上站起来,愤怒地质问:“你们凭什么阻碍执法！你们明白吗？你们正在犯罪！今天我们一定要搜查这栋别墅,叫李一雄出来!”

马仔们全都默不作声,但没有作任何让步,盯着董启汉等法院的执行人员。

朱民生还欲上楼。

两个彪形大汉把朱民生档住。

朱民生用手推开其中一人,这个马仔大喊:“打人啦,打人啦……”

说话间,两个彪型大汉把朱民生推推攘攘挤在中间。

被推搡得站不稳的朱民生据理力争道:“你们想干什么!？你们这是在阻碍执法!”

朱民生的喊叫都无济于事,大汉们继续推搡着。

站在一旁的法官想上去制止,被站在一旁的马仔拽住。

那名法官与马仔们纠缠在一起。

董启汉站起来冲了过来大声斥责着:“你们这是抗法,是犯罪!”

站在董启汉身边的两个马仔跟着冲上来,说:“什么抗法!”

六个马仔将董启汉三人围在中间,开始动起手来,叫喊声和打人声响成一片。

一个马仔与李一雄通话:“老板,弟兄们和法院的人动起手来了,如果他们再派人来怎么办？”

“他们一共几个人？”

“三个。”

李一雄恶恨恨地:“把他们全给我扣起来,带到老地方,把他们的电话收了,记住,一定要快!”

李一雄挂断电话,自语道:“妈的！你董启汉自己屁股都不干净,还敢来找我麻烦,我就让你走着瞧!”

余婉妹不安地看着李一雄道:“一雄,这样做不合适,可是犯罪啊!”

李一雄哈哈大笑:“犯罪,什么叫犯罪？谁有多少钱就可以犯多大的罪,我有钱,你懂吗？我想怎么犯法就怎么犯法,钱,都能摆平!”

余婉妹感到不寒而栗,小声说:“一雄,我怕……”

李一雄:“怕,怕什么,给你钱你什么都不怕。哈哈,我早就说过,酒嘛、水嘛、钱嘛、纸嘛、这人嘛、鬼嘛,阴阳只是一线之间,对不对？哈哈,哈……”

余婉妹不解地盯着李一雄说:“一雄,这事闹大了可不好办……”

李一雄鄙夷地看了看余婉妹,用手托起她的下巴,说:“宝贝,懂吗？女人,女人都是祸水!”说着从兜里掏出一张信用金卡,在余婉妹眼前晃着:“你不是想要钱吗？这里有10万,10万美金,你只要老老实实听话,都是你的。”

余婉妹战战兢兢,往后躲:“不,不要……”

李一雄一个劲的冷笑,突然用手卡住余婉妹的脖子,说:“你真是个臭婊子,看到我现在落难了,想躲,没门!”

余婉妹惊恐地看着李一雄,李一雄使劲将余婉妹推倒在地板上。

李一雄面露狰狞,说道:“你在这儿待着,一会法院有人来问,就说一直在等我,还没见着。”

说着李一雄收起信用卡,穿上外衣,走上阳台。

楼下传来激烈的打斗和吵闹声。

李一雄从二楼阳台跳下,疾步走到奔驰车前,看四处无人,开车疾驶而去。

十三

世纪集团的财务部内,法官们正在往一些柜子上贴封条。

郑义鸣在一旁反复拨打着手机。

郑义鸣自言自语道:“董院长那边怎么也联系不上,会不会出事?”

这时,方晓频出现在财务部门口,她镇静地走到屋里说:“我刚刚接到电话,才知道法院的同志在查封新世纪公司的账目。”

郑义鸣、丁雨晨和法官们转身看着方晓频。

丁雨晨介绍说:“方董事长,这是天宁法院执行局的郑局长。”

方晓频主动伸出手来与郑义鸣握手:“郑局长,久闻大名。”

郑义鸣与方晓频握手道:“方董事长在天宁可说是呼风唤雨的人物,世贸大厦工程就是您的杰作。”

方晓频笑笑说道:“您过奖了,郑局长也非等闲之辈。怎么,来公司也不打招呼,我们也好远迎啊。”

郑义鸣:“不请自到是我们一贯的作风,请凉解。”

方晓频打量着贴好的封条。

方晓频:“这可不是好习惯,在这里动手动脚,我想问一句,你们查封新世纪公司的账目,有什么根据?”

郑义鸣说道:“据我们了解,亿毫公司为了逃避债务,李一雄和世纪集团财务部齐经理联手将亿豪公司的资金转移到新世纪公司和李一雄在国外的账号上,亿豪公司宣布倒闭。确凿证据表明,亿毫公司是典型的转移资产,逃废债务。”

方晓频说:“你们也看看这是什么地方,亿豪公司与世纪集团有什么关系!找亿豪,为什么查封我们的财务!法律依据不足,就采取措施,造成的影响和损失,你们能承担得起吗?”

郑义鸣说道:“方董事长！你不用发脾气。没有依据的事,我们不做,就是做错了,我们会承担责任！我们已经与有关方面联系,冻结了李一雄在国外的银行账号。”

方晓频恼羞成怒道:“我抗议,说话要有依据。”

郑义鸣说:“你可以提出异议,我们会认真审查的。不过在异议期间,不影响查封。”郑义鸣紧接着转身对工作人员说:“抓紧工作!”

方晓频的气势弱了下来,无奈地说道:“亿毫公司和新世纪公司都是李一雄一手操办注册的,老板也是他,我一直没有过问过公司的经营情况,只是在喜客来酒店的兼并问题上帮过一些忙,其他的我什么都不知道。”

郑义鸣说道:“但是,亿毫公司和新世纪公司毕竟是世纪集团的子公司,账目的往来都经过世纪集团总公司。所以,方董事长还要有思想准备。”

这时,一法官走过来说道:“郑局长,都封好了。”

郑义鸣说:“好,我们马上走。”说着和丁雨晨几个走出财务部办公室。

方晓频看着他们走出去,无力地坐在椅子上。

白天在办公室内背着手看着窗外,好像在思索着什么。

陈茵和吴小龙出现在办公室门口,二人都穿着整齐的法院制服。吴小龙看见白天,张口想喊,陈茵示意他不要出声。

陈茵和吴小龙悄悄进屋,站在沙发旁,静静地看着白天的背影。

白天自语道:“唉,公正,公正何在……”

陈茵小声说:“公正永在我们心中……”

白天这才转过身:“噢,陈茵、小龙,你们来了……”

陈茵和小龙走上前来,异口同声:“院长……”

白天伸出右手握住陈茵的手,左手拍了拍小龙的肩膀,三人无言。

吴小龙打破了宁静,自责地说:“院长、陈姐,都怪我,对不起……”

白天笑了:“小龙,我们不都挺好吗,这个时候不许说这种话。”

陈茵也温和地看着吴小龙。

白天招呼二人坐下,三人相互凝望着,谁也没有先开口说话。

过了一会儿,白天一字一顿地说:“经院党组研究,决定调陈茵、吴小龙去刑事审判庭担任庭长、副庭长,你们继续做搭档。当然,目前最重要的还是继续把世纪集团的案子办好,我总感觉一场更猛烈的暴风雨就要来了……”

陈茵点点头:“那就让暴风雨来得再猛烈些吧!”

吴小龙信心十足地看着白天和陈茵。

白天桌上的电话铃响起,白天接电话:“您好,我是白天。”

“哥,我是白帆,我……我想,想找你谈谈,你有空吗?”

白天意识到白帆的情绪有问题,劝她:“别着急,小帆,你现在来吗?”

白帆:“我不想去你办公室,咱们就到旁边的一个茶楼好吗?”

“好,我这就过去,你等着哥哥,千万别着急,啊。”

陈茵和吴小龙疑惑而又期待地看着白天。

白天匆忙赶到茶楼,白帆站起来:“哥……”

白天关切地说:“小帆,别着急,有什么事慢慢说,哥哥帮你想办法。”

白帆欲言又止:“哥,其实也没什么,我只是……只是想向你咨询两个法律问题……”

“说吧,这事难不倒你哥哥。”

“如果,如果一个人在法庭上说了假话,是不是,嗯,是不是犯罪?”

白天神情严肃起来:“小帆,我知道你迟早会问这个问题的,你一定要告诉哥哥事情的真相,我好帮你想办法。”

白帆吞吞吐吐:“哥,你干嘛虎着个脸,我不过是随便问问嘛。”

“小帆,今天你一定要给哥哥说实话,不能再一条道走到黑了!”

白帆双手绞在一起,低着头不说话。

白天静静地等着。

突然,白天的手机响起来。

白天看了一眼号码,马上接听:“义鸣,怎么样?”

“院长,世纪公司的账目已经查封了,但是和董院长一直联系不上,朱民生的电话也打不通!”

白天警觉地:“什么,和老董联系不上?好,你们马上去李一雄住处,我带法警队马上出发!一定要注意安全!”

白帆听到李一雄三字,惊异地看着白天。

白天盯了白帆一眼,有些不舍,口气缓和地说:“小帆,哥哥有急事,你先回家,我让你嫂子在家等你,听话,等哥哥处理完这件事,哥哥再好好和你聊,好吗?”

白帆的眼泪就要下来了,点点头:“嗯!”

白天起身又回头看了白帆一眼。

白帆伸手上前,哭着说:“哥哥,你不要走,帮帮我……”

白天回来扶住白帆:“好妹妹,听话,先回家,啊。”

白帆无奈地点头,呆呆地目送白天离去。

十四

白天带着数名法警冲进李一雄居住的别墅,郑义鸣迎上来。

“白院长,李一雄不在这儿,也没见董院长他们,只看到他们的车,大厅里有打斗的痕迹。”

白天:“马上通知市公安局,请他们协助。”

郑义鸣说道:“是。”掏出手机走出去。

丁雨晨跑过来:“白院长。”

白天握住丁雨晨的手,说:“小丁……你辛苦了!”

丁雨晨指指余婉妹,说道:“院长,李一雄的代理律师余婉妹。”

白天问:“律师?”

白天走近余婉妹,丁雨晨对余婉妹说:“余律师,这是我们白天院长。”

白天说:“余律师,我们在法律上应该有更多的共同语言,我们现在想知道李一雄把法官们带到哪里去了?”

余婉妹突然大哭。

众人焦急地注视着这一幕。

白天胸有成竹地盯着余婉妹,示意郑义鸣不要着急。

余婉妹停止了哭泣,甩了一下头发,像是下定了决心,哽咽着说:“走吧,我带你们去。”

海边的不远处,矗立着一座废旧的厂房。

废旧厂房内,董启汉脸上流着血,显然他已被打伤,躺在一个破旧的沙发上。

朱民生和法官脸上也是青一块紫一块,他们站在董启汉身边。

几个马仔在四周垂手而立。

朱民生俯身呼唤着:“董院长,董院长!”

董启汉嘴唇翕动着,没有说出话来。

朱民生气愤地对周围的马仔说:“我告诉你们,你们胆敢暴力抗法,重伤法官,法律饶不了你们!让李一雄出来!”

马仔面面相觑。

一名马仔匆匆跑去,来到李一雄的房间。

李一雄正抽着烟在房间里来回转圈子。

“老板,手下人出手有点重,那个姓董的心脏病犯了,恐怕不行了……”

李一雄大惊失色道:“啊! ……”

马仔陪着小心,继续说:“那个姓朱的一直嚷嚷着要见您……”

李一雄狠狠地揿灭烟头,长叹一口气,镇定了一下,整理了一下领带,对马仔说:“走,去看看。”

李一雄带着马仔走进关押董启汉、朱民生和法官的地方。

李一雄满脸堆笑地招呼着:“朱法官。”

朱民生气愤地冲向李一雄,大骂:“李一雄,你这个混蛋,还不快叫救护车,董院长他很危险!”

马仔拉住欲挣扎上前的朱民生。

李一雄故作镇静地走到董启汉身边,轻声呼喊:“董院长。”

董启汉艰难地睁开眼睛,许久,看清是李一雄,嘴唇翕动着:“李一雄,还还,还你的钱,我……我准备好了!”

说着闭上眼睛,头又垂了下来。

朱民生忙上前:“董院长,董院长……”

李一雄起身对马仔说:“快送医院!”

突然,“砰”地一声门被撞开,一群特警战士端着枪冲了进来,他们高喊着:“不许动! 不许动!”枪指向了李一雄和马仔们。

李一雄和马仔们被眼前的情景震惊了。

这时,白天、郑义鸣、丁雨晨等法官带着余婉妹走进来。

李一雄看到余婉妹,眼中露出恶狠狠的目光,大喊:“女人! 女人是祸水啊! 这是天意啊!”

白天命令道:“带走!”

特警们押着李一雄及马仔们向门外走去。

李一雄故作轻松地与白天、郑义鸣对视。

白天严厉地看着李一雄。

李一雄被特警押了出去。

朱民生扑到董启汉跟前:“老董! 老董!”

白天、郑义鸣、丁雨晨及法官们直奔董启汉。

白天跪下伏在董启汉脸前:“老董,老董……”

董启汉没有反应。

白天大声招呼:“快,叫救护车!”

郑义鸣在一旁说道:“救护车马上就到。”

白天再次轻声呼喊着:“老董,老董,我是白天……你要挺住,一定要挺住。”

董启汉的身子动了一下,艰难地睁开眼睛,说:“白院长,你来了……”

白天轻轻点点头。

董启汉的脸上露出了微笑:“我这次恐怕是不行了,就盼着能见你一面,你真的来了,还是咱们有缘分……”

白天紧紧抓着董启汉的手,眼含热泪喊道:“老董……”

董启汉也紧紧抓着白天的手,说:“白天,我心脏一直不好,可能是遗传吧,你还记得吧,我父亲就是心脏病去世的。我父亲住院期间,我犯了一个一生中最大的错误。李一雄派人交了20万元的住院费,最近我已经还了5万,剩下的也都准备好了,在你嫂子那里。”

白天双眼含着泪水,说:“老董,不要说了,钱的事儿,咱们一起想办法……”

董启汉摇了摇头,泪水涌出了眼眶,说:“借债还钱,天经地义……白天,我有些难过,只是觉得我们今后不能在一起了……”

董启汉的眼泪夺眶而出。

白天哽咽着:“老董,老董,你一定要挺住,救护车马上到……”

董启汉深情地看着郑义鸣、朱民生、丁雨晨和法官们……

郑义鸣、朱民生、丁雨晨流着眼泪,在场的人无不动容。

董启汉微笑着摇摇头,缓缓地闭上了眼睛。

紧握着白天的手松开了。

白天、郑义鸣、朱民生、丁雨晨齐声呼唤:“董院长……老董……”

血红的落日漂浮在海面上。

十五

白帆拉着一个大旅行箱包,来到天宁国际机场检查站。

随着人流,白帆走到安检柜台,递上护照和机票。

边防警官反复核对着护照,他收起白帆的护照说:“小姐,请你跟我来一下。”

这时,两个警官已经站在了白帆身边,做了个请的手势:“小姐,请这边走。”

白帆有些惊慌,自言自语道:“到底怎么回事,我怎么了?”

两位警官一左一右带着白帆离开了检查站,白帆惊恐地不断回头望着。

白帆被两名边防警官带进办公室。

白帆有些惊慌,问道:“请问,你们把我带到这来,有什么事吗?”

边防警官翻看着护照严肃地说:“小姐,你的护照是伪造的,请你如实说明来源。”

白帆一下子懵了:“不,不可能,这不可能……”,白帆的眼泪夺眶而出,喃喃地道:“我真的被他骗了,这是真的吗……”

天宁市人民检察院对方晓频、李一雄、余婉妹正式提起公诉。

天宁市中级人民法院大审判庭内,白天亲自担任审判长,陈茵、吴小龙担任审判员。

旁听席上坐满了人。

郑义鸣、舒畅、朱民生等人坐在旁听席上。

白天的手郑重地举起法槌一击。

白天浑厚的声音回荡在法庭上:“现在开庭,带被告上庭。”

方晓频、李一雄和余婉妹在法警的押送下,进入法庭,站在被告席上。

白天看着方晓频。

方晓频看着白天。

陈茵心情复杂地看着李一雄。

李一雄看着陈茵,好像还带着玩世不恭。

庭审有条不紊地进行着,白天说:“现在,请被告人作最后陈述。”

李一雄清了清嗓子,说:“今年是我李一雄的本命年,我认命,让这场戏快点结束吧!”

余婉妹缓缓地说:“我本不该站在这里。”

余婉妹满是怨恨地盯了李一雄一眼。

李一雄转过脸去。

余婉妹继续说道:“我作为律师,今天却无法为自己辩护。”

白天的目光落在方晓频脸上,是希望、是鼓励、是抱怨,还是歉意,难以捉摸。

方晓频镇定了一下,甜美的女中音响起来:“我是无罪的!”

全场一阵骚动。

李一雄诧异地看着方晓频。

白天冷静地看着方晓频。

方晓频稳稳地接着说:“尊敬的审判长、审判员,十六年前,我毕业于南江大学法学院,十六年间,我的专业知识第一次用在为自己辩护上。”

整个法庭鸦雀无声。

方晓频接着说:“尊敬的公诉人,对于我涉嫌行贿罪的指控,本人不能同意。大家知道,行贿罪的构成,必须具备主客观两方面的要件。首先,从主观上讲,你们没有任何证据证明我有行贿的动机;其次,在客观上,我从国外回到天宁三年多时间里,没有从事过一次行贿活动。公诉人的唯一证据,只因为我是企业的法定代表人,便简单地推定我是行贿活动的知情者,甚至是支持者、决策者。在这个问题上,我只想问一句话:证据何在?”

公诉人在相互交换意见,白天和陈茵、吴小龙也在商量着什么。

方晓频顿了一下,说:“判断一个人行为的罪与非罪,法律更相信证据,而不是推理,更不可能是激情。尊敬的审判长先生,我现在只要证据,证明我有罪的证据。审判长先生,我对自己的无罪辩护陈述完毕。”

白天和陈茵、吴小龙耳语了几句。

白天宣布:“现在休庭!”

过了一会儿,白天、陈茵、吴小龙威严地走出合议室。

白天说:“现在继续开庭。经本案合议庭合议,现在对本案进行宣判——全体起立。”

人们庄重地站起身来。

李一雄和余婉妹看着白天。

方晓频看着白天。

白天环视周围,庄重沉稳地宣读判决书:“被告李一雄犯行贿罪,判处有期徒刑五年;犯拒不执行法院判决、裁定罪,判处有期徒刑三年;犯妨碍公务罪,判处有期徒刑三年;犯侵占罪,判处有期徒刑十年;数罪并罚,决定执行有期徒刑十八年,并处没收财产。”

李一雄嘴角挂着一丝冷笑。

白天继续宣判:“被告余婉妹犯行贿罪,有自首和立功情节,判处有期徒刑两年,缓期两年执行。”

余婉妹流下了眼泪。

白天停顿了一下,目光落在方晓频脸上。

方晓频看着白天。

白天接着宣读判决书:“起诉书指控被告方晓频犯行贿罪,证据不足,无罪释放。”

方晓频抬头看着白天,眼中充满了泪花。

法庭一片寂静,只有“无罪”的宣判声回荡在法庭。

走出天宁市中级人民法院办公大楼,方晓频站在高高的台阶上,抬头眯眼望着天空。

蓝天白云。

强烈的太阳光发出耀眼的光芒。

方晓频感到有些不适应,用手遮挡阳光。

“晓频,”一个亲切的声音在不远处传来,向东正笑津津地站在台阶下向她招手。

方晓频疾步走下台阶,高喊:“向东……”

向东也向方晓频跑来,二人在台阶上靠近。

向东与方晓频对视着……

“晓频,我已经正式辞职了。”向东轻声说,“省里已经批准了我原来报去的天宁市城市规划建设方案,周书记叫我去负责这件事,我没同意,官场险恶,不是我待的地方,我很想跟你在一起,去发展我们俩共同的事业。你同意吗?”

方晓频微笑着点点头。

白天、陈茵、郑义鸣、吴小龙、朱民生等出现在大楼门口。

白天等人看到了这一幕。

方晓频和向东并肩走着,方晓频回头,看到了白天。

白天凝视着方晓频。

方晓频凝视着白天。

白天欲言又止。

方晓频轻甩飘逸的秀发,对白天微笑了一下,从容地挽起向东的胳膊。

二人信步走下台阶……

白天与陈茵相视着,信任、希望自在不言中。

舒畅从后面追上来,挽住吴小龙的胳膊。

白天等人站在台阶上,凝望着远方。

审判大楼上悬挂的国徽在阳光下熠熠生辉。

一个洪亮的声音在空中回响:

——公正,只有公正,是一位法官永远的座右铭……

后　记

2019年，是“用两到三年时间基本解决执行难问题”的收官阶段，也是由“基本解决执行难”向“切实解决执行难”迈进的转折阶段。一个历经波折的故事即将再次展现在读者面前。

已经是十几年前的事了。

一位记者，两名法官，共同创作了剧本《英雄三部曲之法院院长：〈强制执行〉》，由北京光明媒景文化传播有限公司联合中国电影合作制片公司、最高人民法院影视中心等，于2004年拍摄同名电视连续剧，并于2005年分别与全国十几家省级电视台陆续签约播出。该剧VCD、DVD碟片由广东音像出版社出版，由广东鹏龙音像发展有限公司发行。

2011年初，剧本作者发现由凤凰出版传媒集团、江苏文艺出版社出版（ISBN 978－7－5399－3413－6）、署名作者为黄云峰的《权力：法院院长》一书正在各地新华书店公开销售。该书与《强制执行》剧本内容除地名不同外其他内容几乎完全相同，并添加了不少低俗的情节，其剽窃行为严重侵犯了剧本作者的著作权。于是，剧本作者周伟、赵贵龙、朱坤雷向法院提起了诉讼。

诉讼一波三折，最后由山东省高级人民法院于2013年9月10日指定济南市中级人民法院管辖。2014年9月5日，济南市中级人民法院下达（2013）济民三初字第922号《民事调解书》，确认《法院院长》著作权属原告所有；被告黄云峰未经原告同意，将原告享有著作权的剧本《强制执行》改写为长篇小说《法院院长》出版发行向原告表示歉意；黄云峰和出版社分别向原告支付一定数额经济赔偿金。

调解书生效后，出版社很快履行了赔偿义务。因黄云峰未主动履行生效法律文书确定的义务，周伟、赵贵龙、朱坤雷向济南市中级人民法院申请执行。2015 年 5 月 21 日，《人民法院报》以《〈强制执行〉作者申请强制执行》为题作了报道。2015 年 6 月 29 日，济南中院下达了(2015)济中法执字第 317 号《结案通知书》；2019 年 8 月 29 日，济南中院向原告退回案件受理费 2150 元。案件执行完毕。

事情似乎告一段落了。但是，最近几年，笔者为准备博士论文到多所大学图书馆查阅资料时，发现《法院院长》一书仍赫然摆在各大图书馆的书架上。

鉴于此，受周伟、朱坤雷委托，笔者在济宁市中级人民法院研究室、执行局同事们的大力帮助下，以原剧本和盗版小说为基础，进行了长时间的书稿校正梳理工作，最终形成此书。也算对基本解决执行难向切实解决执行难迈进尽一份绵薄之力吧。

山东省枣庄市薛城区人民法院执行局局长赵贵虎曾参与剧本创作工作，山东文思达律师事务所陈士乾主任、陈祥枢律师为著作权案付出了辛勤努力，在此一并谢忱。

因主要故事情节发生于十几年前，加之时间精力有限，错误和不当之处在所难免，敬请各位方家指正。

赵贵龙

二〇一九年十二月于济宁

图书在版编目(CIP)数据

强制执行 / 周伟, 赵贵龙, 朱坤雷著. -- 北京 : 法律出版社, 2020
ISBN 978-7-5197-4216-4

Ⅰ. ①强… Ⅱ. ①周… ②赵… ③朱… Ⅲ. ①强制执行-研究-中国 Ⅳ. ①D925.04

中国版本图书馆 CIP 数据核字(2020)第 022698 号

强制执行
QIANGZHI ZHIXING

周 伟 赵贵龙 朱坤雷 著

策划编辑 薛 晗
责任编辑 薛 晗
装帧设计 汪奇峰

出版 法律出版社
总发行 中国法律图书有限公司
经销 新华书店
印刷 固安华明印业有限公司
责任校对 杨锦华
责任印制 胡晓雅
编辑统筹 法商出版分社
开本 A5
印张 15.5
字数 410 千
版本 2020 年 4 月第 1 版
印次 2020 年 4 月第 1 次印刷

法律出版社/北京市丰台区莲花池西里 7 号(100073)
网址/www.lawpress.com.cn
投稿邮箱/info@lawpress.com.cn
举报维权邮箱/jbwq@lawpress.com.cn
销售热线/400-600-8393
咨询电话/010-63939796

中国法律图书有限公司/北京市丰台区莲花池西里 7 号(100073)
全国各地中法图分、子公司销售电话:
统一销售客服/400-660-8393/6393
第一法律书店/010-83938432/8433
西安分公司/029-85330678
重庆分公司/023-67453036
上海分公司/021-62071639/1636
深圳分公司/0755-83072995

书号:ISBN 978-7-5197-4216-4
定价:68.00 元